現代ASEAN経済論

石川幸一・朽木昭文・清水一史 ［編著］

文眞堂

ASEAN 地図

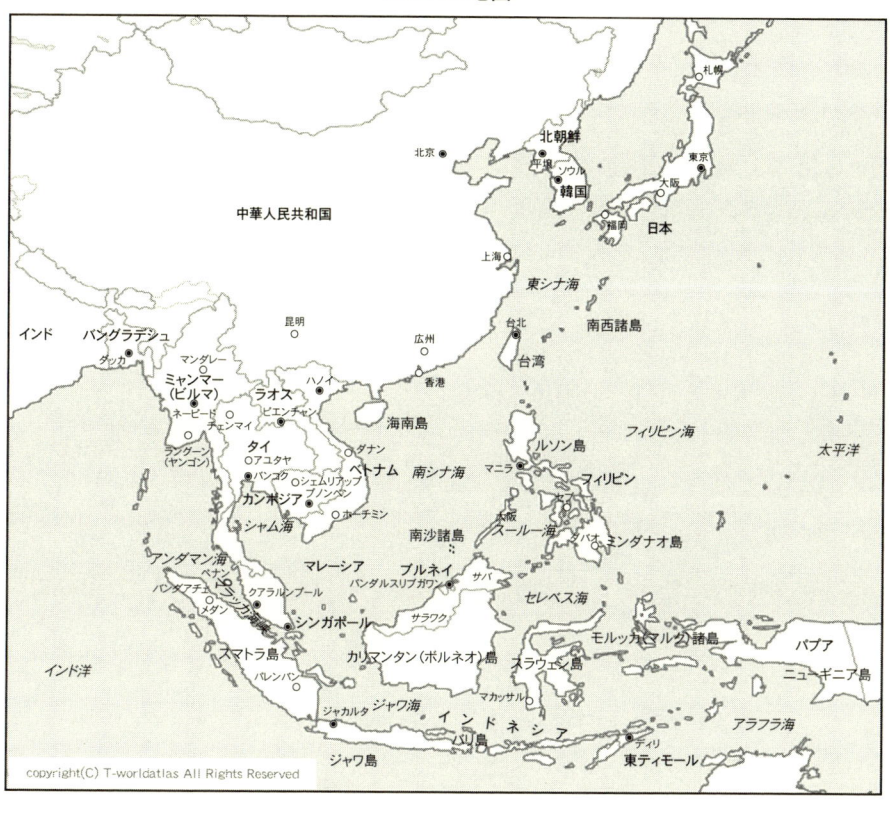

はしがき

　ASEAN は，世界経済の成長の牽引役となっている。着実な経済発展による所得上昇により中間層が拡大し，有望な成長市場として注目され，同時に東アジアの生産ネットワークを支える生産基地として評価が高まっている。日本の ASEAN と中国への直接投資はほぼ拮抗してきたが，2013 年 ASEAN への投資が対中投資の 2.6 倍と逆転し，2014 年は 3.0 倍となっている。世界全体からの投資受け入れでも ASEAN は中国を上回っており，ASEAN に対する高い評価は日本だけの現象ではない。日本企業だけでなく世界の企業が ASEAN への関心を高めているのは，中国のコスト増など投資リスクへの警戒があるのは確かだが，経済統合が進んでいるからでもある。

　ASEAN は，東アジアの経済統合の中心である。ASEAN は 1993 年に ASEAN 自由貿易地域（AFTA）創設に向けて経済統合に本格的に取り組み始めた。AFTA は現在では世界でも自由化率の高い FTA となり，日本企業が最も良く使う FTA の一つとなっている。2015 年末には物の貿易だけでなく，サービス貿易，投資，熟練労働者の移動，資本の移動などの自由化，貿易円滑化，輸送やエネルギーの協力など極めて広範な自由化や協力を行う ASEAN 経済共同体（AEC）が創設される。AEC により ASEAN に人口 6 億 2000 万人の巨大な統合市場が誕生し，中国やインドに対抗できる大規模経済圏となる。

　さらに ASEAN は，アジア太平洋の主要国と 5 つの ASEAN＋1 を締結しており，東アジアの FTA ネットワークの要となっている。AFTA と ASEAN＋1FTA は，多国籍企業により形成された東アジアの生産ネットワークを制度的に支えている。

　ASEAN は 1967 年に創設された。創設時の加盟国は，インドネシア，マレーシア，フィリピン，シンガポール，タイの 5 カ国だった。現在，ASEAN は 10 ヶ国に拡大し，東チモールが加盟していないものの，東南アジアのほぼ

全域が ASEAN となっている。ASEAN は，世界で最も成功した途上国の地域協力機構と評価され，東アジアの地域協力，経済統合では中心的な役割を果たすなど政治・経済面で極めて重要なプレーヤーとなっている。

創設当時の ASEAN の GDP は日本の 18% であり，一次産品を輸出し工業製品を輸入する諸国だった。2013 年の ASEAN の GDP は，日本のほぼ 5 割に達している。ASEAN は，タイの最大の輸出品がコメから自動車に変わったことに象徴されるように，中国と並んで機械を中心とする製造業品の世界の生産基地となっている。

創設以来 50 年間の歩みは全て順調ではなく，1997 年〜98 年のアジア通貨危機，2008〜09 年の世界金融危機という大きな危機を短期間で克服することにより，着実な発展を実現してきた。ASEAN の経済発展の原動力となってきたのは外国投資であった。特に 1985 年のプラザ合意後に，日本（そして NIES）からの輸出指向型の製造業投資は，ASEAN の工業化を一挙に進め，高度成長を実現させた。ASEAN の経済統合も，そのような工業化を支援してきた。現在，世界金融危機後の変化の中でも，ASEAN は急成長を続けている。同時に経済統合を推進し，経済共同体を実現する。世界経済における ASEAN の存在は，以前とは比べものにならないほどに大きくなってきている。

日本は，このような ASEAN と，きわめて緊密な関係を保ち続けてきた。貿易や投資の関係も緊密である。ASEAN は日本企業にとっても最重要な生産拠点と市場である。現在，日本と ASEAN の関係はさらに重要となってきている。これまでの経済関係と友好協力関係の延長に，日本は ASEAN との関係をさらに深めるべきである。

本書の狙いは，ダイナミックに発展する ASEAN 経済の現在，課題，展望を多角的な視点で描出することである。そのために，世界経済の変化とアジアの経済発展過程の中で ASEAN の経済発展と統合を把握するようにした。また，国別の分析ではなくテーマ別に，統合で一体化が進む ASEAN を理解するように工夫している。対象とする時期は ASEAN 創設の 1967 年以降から現在までである。

本書は 3 部で構成されている。第 1 部は，経済発展の歴史とメカニズム，経済の現状と課題，貿易投資，金融，都市化と消費，人口動態などを論じてい

る。第2部は経済統合をテーマとし，世界経済の構造変化に関連付けて統合の進展を概観するとともに，ASEAN経済共同体の現状と課題，東アジアの統合と輸送，ASEAN統合の将来展望を論じている。第3部は，ASEANの産業と企業を取り上げ，自動車産業，電機電子産業，サービス産業，日系企業とASEAN企業の発展の現状を描き出している。そして，最後にASEANと日本の関係の現状と展望を論じている。

執筆者は全員がASEANの経済，産業を永年にわたり調査・研究してきた第1線の専門家である。全員がASEANでの滞在，事業，現地調査・研究を経験しており，そうした体験に基づき判りやすい記述を心がけた。本書が，ASEAN経済について関心をお持ちの方々やASEAN経済について知りたいという方々のご参考になれば幸いである。

なお，序章の図表のいくつかにおいては，九州大学大学院経済学研究院専門研究員の猿渡剛氏に助力頂いた。最後に，2013年刊行の『ASEAN経済共同体と日本』に引き続いて，ASEAN経済に取組んだ本書の出版を快諾され，編集の労をとられた文眞堂の前野隆社長と前野弘太氏ほか編集部の方々に心から御礼を申し上げたい。

2015年9月

編著者　石川　幸一
　　　　朽木　昭文
　　　　清水　一史

目　　次

はじめに …………………………………………………………………………… i

序　章 ……………………………………………………(石川幸一・清水一史)… 1

　　はじめに ………………………………………………………………………… 1
　　第1節　多様性が大きな特徴：東南アジア地域 ……………………………… 1
　　第2節　高い経済成長と格差の存在 …………………………………………… 6
　　第3節　ASEANの設立から経済共同体の実現へ …………………………… 14

第1部　ASEANの経済発展 ……………………………………………………21

第1章　ASEAN諸国の経済発展
　　　　　―工業化と発展のメカニズム― ……………………(小黒啓一)… 23

　　はじめに ……………………………………………………………………… 23
　　第1節　経済発展の沿革 ……………………………………………………… 24
　　第2節　大きな転機～機会と危機 …………………………………………… 27
　　第3節　経済成長の諸要因 …………………………………………………… 32
　　第4節　国際市場統合と成長の好循環 ……………………………………… 35
　　第5節　成長力持続の課題 …………………………………………………… 40

第2章　現代のASEAN経済と課題
　　　　　―マクロ経済，中所得国の罠など― ………………(朽木昭文)… 46

　　はじめに ……………………………………………………………………… 46
　　第1節　2025年にマレーシアが「中所得国の罠」から脱出 ……………… 47
　　第2節　外部条件としての人口・エネルギー・食糧自給と2025年を

　　　　　　見据えた課題 …………………………………………52
　第3節　転換点から中所得国の罠，そこからの脱出 ……………58
　第4節　中所得国の罠からの脱出の方策としての消費の質の向上 ……60
　第5節　サービス産業の方向としての「農・食・観光産業クラス
　　　　　ター」の形成 ………………………………………………61
　第6節　結論 ……………………………………………………………65

第3章　ASEANの金融改革と通貨金融危機 ………(高安健一)…66

　はじめに ……………………………………………………………………66
　第1節　3つの通貨金融危機 ……………………………………………67
　第2節　金融制度改革 ……………………………………………………75
　第3節　金融改革の今後の課題 …………………………………………79

第4章　ASEANの貿易と投資 ……………………(助川成也)…82

　はじめに ……………………………………………………………………82
　第1節　ASEANの貿易の特徴 …………………………………………83
　第2節　ASEANの投資の特徴 …………………………………………97
　おわりに〜ASEANにおける貿易・投資面での課題〜 …………………108

第5章　都市化と消費社会の進展 …………………(牛山隆一)…110

　はじめに ……………………………………………………………………110
　第1節　都市化の進展 ……………………………………………………110
　第2節　ASEAN消費市場の動向 ………………………………………113
　第3節　耐久消費財の需要動向 …………………………………………117
　第4節　サービス需要の高まり …………………………………………120

第6章　「少子高齢化国」と「若い国」に二分 ……(可部繁三郎)…126

　はじめに ……………………………………………………………………126
　第1節　全体の人口：なぜ人口の多さが注目されるか …………………126
　第2節　ASEANの人口の基本特性：全体では若い社会 ………………128

第3節　人口構造の変化で二分：少子高齢化国と若い国………………132
第4節　労働力と学歴……………………………………………………135
第5節　結婚動向…………………………………………………………137

第2部　ASEAN経済統合とASEAN経済共同体の形成 ……141

第7章　世界経済の構造変化とASEAN経済統合
　　　　　―AECの実現へ向けて― ………………………(清水一史)…143

はじめに………………………………………………………………………143
第1節　ASEAN域内経済協力の過程 ……………………………………144
第2節　AECへ向けての域内経済協力の深化 …………………………146
第3節　ASEANを中心とする東アジアの地域経済協力………………149
第4節　世界金融危機後のASEANと東アジア …………………………151
第5節　2015年末のAEC実現と東アジア………………………………154
おわりに………………………………………………………………………157

第8章　ASEAN経済共同体の創設と課題 …………(石川幸一)…161

はじめに………………………………………………………………………161
第1節　ASEAN経済共同体創設への経緯と背景………………………162
第2節　ASEAN経済共同体とは何か……………………………………164
第3節　ASEAN経済共同体はどこまで進展しているのか……………168
第4節　ASEAN経済共同体の展望と日本企業…………………………171
おわりに………………………………………………………………………173

第9章　AFTAと域外とのFTA……………………(助川成也)…176

はじめに………………………………………………………………………176
第1節　ASEAN自由貿易地域（AFTA）の構築とその背景…………177
第2節　ASEANの域外FTA形成の動き ………………………………191
おわりに：RCEP実現に向けて求められる環境整備……………………200

第 10 章　ASEAN 連結性と格差是正
　　　　　　―交通・運輸分野の改善とネットワーク化―……（春日尚雄）…205

はじめに……………………………………………………………………205
第 1 節　ASEAN の経済格差の状況と格差是正への取り組み…………206
第 2 節　ASEAN 連結性：陸上交通，交通円滑化……………………208
第 3 節　ASEAN 連結性：海上交通・内陸水運，航空…………………218
第 4 節　ASEAN 連結性と CLM への波及効果…………………………220

第 11 章　ASEAN 経済統合の将来展望………………（福永佳史）…226

はじめに……………………………………………………………………226
第 1 節　ASEAN 経済共同体における「2015 年」の意義　………227
第 2 節　ポスト 2015 ビジョンに向けた検討の経緯　………………229
第 3 節　「ASEAN 共同体のポスト 2015 ビジョンに関する
　　　　ネピドー宣言」の概要………………………………………230
第 3 節　AEC2015 の宿題と AEC2025……………………………237
第 4 節　まとめ……………………………………………………………240

第 3 部　ASEAN の産業と企業……………………………………243

第 12 章　ASEAN の自動車産業
　　　　　　―域内経済協力と自動車産業の急速な発展―…（清水一史）…245

はじめに……………………………………………………………………245
第 1 節　現在の ASEAN 自動車産業　……………………………246
第 2 節　2013 年と 2014 年の ASEAN の自動車生産・販売・輸出……249
第 3 節　ASEAN 域内経済協力と自動車産業……………………………254
第 4 節　ASEAN における自動車生産ネットワーク―トヨタ自動車の
　　　　IMV と自動車部品補完・生産ネットワーク―………………258
第 5 節　AEC が自動車産業に与えるインパクト　………………262
おわりに……………………………………………………………………264

第13章　ASEANと電機電子産業
　　　　　—めまぐるしく変化をする市場とアジア主要企業の対応—
　　　　　………………………………………………………(春日尚雄)…266

　はじめに………………………………………………………………………266
　第1節　電機電子産業のアジア生産状況……………………………………267
　第2節　ASEAN経済統合と電機電子産業…………………………………273

第14章　ASEANのサービス産業
　　　　　—日本企業の進出を中心に—………………(北川浩伸)…281

　はじめに………………………………………………………………………281
　第1節　なぜサービス産業が海外進出するのか……………………………281
　第2節　ASEANにサービス産業が進出する際の「視点」………………291
　第3節　サービス産業の海外展開の意義……………………………………294
　第4節　サービス産業のASEAN展開の課題………………………………297
　第5節　地域から海外へという新しい潮流…………………………………300
　第6節　ASEANで市場を獲得するために
　　　　　—ジャパン・ユナイテッドの必要性—……………………………301

第15章　ASEAN進出日系企業とASEAN企業…(牛山隆一)…306

　はじめに………………………………………………………………………306
　第1節　日本企業に注目されるASEAN経済………………………………306
　第2節　ASEAN経済が注目される要因……………………………………307
　第3節　在ASEAN日系企業の動向…………………………………………310
　第4節　日本企業の新たな動き………………………………………………314
　第5節　ASEAN企業の動向…………………………………………………318
　おわりに………………………………………………………………………320

終 章　ASEANと日本
―相互依存の深まりと対等な関係への変化―
………………………………………………（石川幸一・清水一史）…323

はじめに……………………………………………………………………………323
第 1 節　日本とASEANの経済関係　………………………………………324
第 2 節　経済連携協定の締結………………………………………………331
第 3 節　日本とASEANの協力―AECの実現へ向けて― ……………336
索引 ……………………………………………………………………………………344

序　章

はじめに

　ASEAN（東南アジア諸国連合）は東南アジアの 10 カ国で構成されている。1967 年 8 月に創設されたときは，インドネシア，マレーシア，フィリピン，シンガポール，タイの 5 カ国であり，その後，1984 年にブルネイ，1995 年にベトナム，1997 年にラオスとミャンマー，1999 年にカンボジアが加盟し 10 カ国体制となった。2002 年にインドネシアから独立した東チモールは 2013 年に加盟申請を行っている。

　ASEAN は国際政治と経済の両面で重要性を増しており，日本にとっても非常に重要な地域である。中国とインドの間に位置するという地政学的重要性，6 億人を超える人口を有する新興成長市場，中国と並ぶ製造業の生産基地，東アジアの地域統合と協力の要であることなど重要性には多くの理由が挙げられる。

　本章は，ASEAN 経済を多角的に分析する本書を読む上で前提となる東南アジアとその経済についての基礎的な事項を説明している。また現在の ASEAN 経済を知る上で必要な ASEAN の現代史にも触れておきたい。

第 1 節　多様性が大きな特徴：東南アジア地域

1．極めて多様な地域

　東南アジアは，北は中国，西はインド（およびバングラデシュ）に挟まれ，東は太平洋，南はインド洋に面している地域に位置している（地図を参照）。東西は約 5000 キロ，南北は赤道を挟んで約 5200 キロの広大な地域である。東

南アジアは，大陸部と島嶼部に分けられる。大陸部には，ミャンマー，タイ，ラオス，カンボジア，ベトナムの5カ国が位置しており，21世紀に入ってから道路・橋など輸送インフラの整備により経済的結びつきを強め「陸のASEAN」と呼ばれている。島嶼部には，インドネシア，マレーシア，シンガポール，フィリピン，ブルネイ，東チモールが位置しており，「海のASEAN」と呼ばれている。マレーシアはマレー半島部分が大陸部に連なっているが，民族，文化などの点でインドネシアと共通点が多く，島嶼部に分類されている。

東南アジア (Southeast Asia) という言葉が使われるようになったのは第2次世界大戦後である。第2次世界大戦中にこの地域に侵攻した日本軍への反撃作戦を行うために連合国軍が1943年にセイロン（現在はスリランカ）に「東南アジア司令部」を設けてからといわれている。第2次世界大戦前は，日本ではこの地域を漠然と「南方」あるいは「南洋」と呼んでいた。

東南アジアは，高温多湿な気候，コメと魚を中心とする食文化，インドと中国の影響，タイを除いて植民地化されたこと，日本軍の占領あるいは統制下にあったことなど共通点や類似点は多いが，最大の特徴は多様性である（序-1表）。

国土の大きさでは，日本の5倍の面積を持ち，東西5000キロ（ニューヨークからロスアンゼルスまでの距離に等しい）の広大な領域のインドネシアから淡路島とほぼ同じ面積のシンガポールまで差が大きい。人口でもインドネシアは世界4位の2億5000万人（2014年推定）の人口大国であり，フィリピンも1億人を超える人口を抱えるが，ブルネイは42万人に過ぎず，シンガポールは552万人である。

民族と言語も多様だ。すべての国が多民族国家であり，インドネシアには300を超える民族が住んでいるといわれ，ミャンマーは100を超える少数民族，ベトナムには50を超える少数民族がいる。華人はほぼすべての国に居住し，経済的に重要な役割を果たしており，タイやフィリピンでは華人系の首相や大統領を輩出している。マレーシアやシンガポールではインド人の人口も多い。

2. 歴史がもたらした多様性

宗教も多様であり，世界の4大宗教がすべて信仰されている。大陸部の国は

序-1表　東南アジアの多様性

	面積万平方キロ	人口100万人	主要民族	主要言語	主要宗教	旧宗主国
インドネシア	181.2	252.1	ジャワ人，スンダ人などマレー系300種族，華人	インドネシア語および各民族語	イスラム教87％，キリスト教9％，ヒンドゥ教2％，仏教1％	オランダ
マレーシア	33.0	30.1	マレー人53％，その他土着民族12％，華人27％，インド系8％	マレー語，中国語，タミル語，英語	イスラム教，仏教，ヒンドゥ教，キリスト教	イギリス
フィリピン	98.4	110.0	マレー系，華人系，スペイン系	フィリピノ語，英語	カトリック85％，イスラム教4％，プロテスタント3％	スペインアメリカ
シンガポール	0.69	5.5	華人76％，マレー人15％，インド系7％	マレー語，中国語，タミル語，英語	仏教，イスラム教，ヒンドゥ教，キリスト教	イギリス
タイ	51.1	67.2	タイ人系75％，華人14％，マレー人，クメール人，山岳少数民族	タイ語，ラオ語，クメール語，マレー語，中国語	上座部仏教95％，イスラム教4％	
ブルネイ	5.8	0.42	マレー人69％，華人18％，先住民族5％	マレー語，中国語，英語	イスラム教	イギリス
ベトナム	31.0	92.5	ベトナム人90％，華人，タイ人，チャム人など60の少数民族	ベトナム語	仏教55％，カトリック8％，カオダイ教3％	フランス
ラオス	23.6	6.89	ラオ人60％，メオ人など60以上の少数民族	ラオ語	上座部仏教95％	フランス
ミャンマー	67.7	51.4	ミャンマー人69％，シャン人9％，カレン人6％など130の少数民族	ミャンマー語，カチン語，シャン語，カレン語など	上座部仏教90％，キリスト教4.6％，イスラム教3.9％	イギリス
カンボジア	18.1	15.1	クメール人93％，華人3％，ベトナム人3％	クメール語	上座部仏教ほか	フランス
東チモール	1.5	1.18	テトゥン人（メラネシア系），華人，マレー系，ポルトガル系	テトゥン語，ポルトガル語	カトリック	ポルトガル

（参考）　日本の面積は37万7800平方キロ，人口は1億2700万人。
（出所）　日本ASEANセンター（2013）「ASEAN情報マップ」，人口は2014年。
　　　　民族，宗教，言語は藤巻正巳・瀬川真平（2003）「現代東南アジア入門」古今書院。
　　　　東チモールは外務省による。

序-2表　ASEAN・日本・中国・インドの人口推移（単位：百万人）

	1980年	1990年	2000年	2010年	2013年
ASEAN	316.0	397.0	514.4	589.0	612.0
ブルネイ	n/a	0.3	0.3	0.4	0.4
カンボジア	n/a	8.0	12.2	14.4	15.1
インドネシア	147.5	179.4	206.3	237.6	248.0
ラオス	3.2	4.2	5.4	6.4	6.8
マレーシア	13.9	18.3	23.5	28.6	29.9
ミャンマー	n/a	n/a	46.4	49.7	51.0
フィリピン	48.3	61.5	76.8	92.6	97.5
シンガポール	2.4	3.0	4.0	5.1	5.4
タイ	46.5	56.3	61.9	67.3	68.3
ベトナム	54.2	66.0	77.6	86.9	89.7
日本	116.7	123.5	126.8	128.0	127.3
中国	987.1	1,143.3	1,267.4	1,340.9	1,360.7
インド	682.3	847.4	1,029.2	1,194.6	1,243.3

（出所）　IMF World Economic Outlook Database.

序-1図　2013年ASEAN人口の各国構成

ブルネイ 0.1%
カンボジア 2.5%
ベトナム 14.7%
タイ 11.2%
シンガポール 0.9%
フィリピン 15.9%
ミャンマー 8.3%
マレーシア 4.9%
ラオス 1.1%
インドネシア 40.5%

（出所）　IMF World Economic Outlook Databaseから作成。

仏教国である。タイ，カンボジア，ラオス，ミャンマーで信仰されているのは，上座部仏教であり，日本の大乗仏教とは異なる。ベトナムの仏教は大乗仏教である。インドから伝わったヒンドゥ教は衰退し，インドネシアのバリ島とインド人が信仰しているのみである。13世紀に伝わったイスラム教はインドネシア，マレーシア，ブルネイに信者が多く，マレーシアとブルネイは国教である。ちなみにインドネシアは世界最大のイスラム人口を抱える国であるが，イスラム教は国教ではない。キリスト教国はフィリピンで85%がカトリック信者である。フィリピン以外でもインドネシアやミャンマーなどの少数民族にキリスト教徒が存在する。経済面でも格差が大きく，産業や輸出品目も極めて多様である（次節）。

　こうした東南アジアの多様性は歴史に起因するところが大きい。東南アジアでは紀元1世紀頃からインド文明の影響を受けた古代国家が形成され，インド化と呼ばれている。一方，ベトナムは約1000年にわたる支配を行った中国の強い影響を受けた。13世紀にはイスラム教がマレーシア，インドネシアに伝わり，イスラム化が進み，大陸部ではスリランカから上座部仏教が取り入れられた。16世紀になると，ポルトガル，スペインが東南アジアに進出し，17世紀にはオランダ，18世紀には英国，19世紀にはフランスが進出，植民地化が進んだ。

　植民地支配の影響は極めて大きい。現在の東南アジア諸国の領域は植民地時代の勢力圏にほぼ一致している。例えば，1824年の英蘭協約によりマラッカ海峡を挟んで東は英国，西はオランダの勢力圏に分けたことにより，民族，言語，文化的にも共通していたマレー系の人々の領域が分割され，独立後はインドネシアとマレーシアに分かれてしまった。マレーシアは，マレー人，華人，インド人の3つの民族が居住する典型的な複合民族社会であるが，華人とインド人は英国の植民地統治時代にスズ鉱山とゴム農園の労働力として中国とインドから移入された人々の子孫である。東南アジアの歴史については，概説書をひも解いていただきたい[1]。

　重要なことは，多様性に富む東南アジアの国々が2つの意味で統合を進めていることである。国民国家としての国の統合であり，東南アジアの地域としての統合である。地域としての統合はASEANの創設と拡大である。ASEAN

は現在10カ国で構成され，2015年末にASEAN共同体を創設する。2つの統合の動きはともに「多様性の中の統一（Unity in Diversity）」を目指すものと呼ぶことができよう。

第2節　高い経済成長と格差の存在

1. 高成長を実現した原加盟国

　ASEANの人口（2013年）は6億2500万人でEU（欧州連合：5億700万人），NAFTA（北米自由貿易協定：4億7000万人），メルコスール（南米南部共同市場：2億9100万人）を超えている。2013年の名目GDPでみると，2兆4060億ドルであり，EU（17兆3600億ドル）の14%，NAFTA（19兆8800億ドル）の12%に過ぎず，メルコスール（3兆2190億ドル）にも及ばない。2013年の1人当たりGDPは3485ドルで，EU（3万4123ドル），NAFTA（4万2318ドル）は言うに及ばず，メルコスール（1万5602ドル）にもはるかに及ばない。一方，貿易総額（2013年）では2兆5800億ドルでEU（17兆6900億ドル），米国（5兆3400億ドル）と比べると小さいが，メルコスール（7630万ドル）や日本（1兆5500億ドル）を超えている。人口規模は大きいが，経済規模および豊かさでは発展途上にあり，開放的な経済政策を採用してきたために貿易規模は相対的に大きいというのが，他の経済統合と比べたASEANの特徴である。

　ASEANの経済は，原加盟5カ国（インドネシア，マレーシア，フィリピン，シンガポール，タイ）にブルネイを加えた先行ASEAN 6カ国と新規加盟4カ国（CLMVとも呼ばれる）に分けて論じられることが多い。先行ASEAN 6カ国とCLMVは1人当たりGDPでみた豊かさ，産業の発展段階，厚生レベルなどで大きな差がある。

　ASEANが注目されてきた理由は経済成長である。日本，NIESに続く工業化による経済発展を実現したアジアの地域として世界の成長センターの一翼を担ってきた。1993年に世界銀行が発表した報告書「東アジアの奇跡」では，所得の平等を維持しながら高成長を実現した国として東アジアの8カ国をハ

イ・パフォーマンス・アジア経済群と名づけており，シンガポール，インドネシア，マレーシア，タイのASEAN原加盟国の4カ国が含まれている（残りは，日本，韓国，台湾，香港）。また，ノーベル経済学賞を受賞したマイケル・スペンスは，持続的な高成長を実現する（25年以上，年率7％が基準）ことに成功した途上国は13あるとしており，ASEANからシンガポール，マレーシア，インドネシア，タイをあげ，ベトナムも加わる可能性があると論じている[2]。ASEANの工業化による経済発展は，日本から始まりNIES，ASEAN原加盟国，中国，CLMV，インドへと移行する工業化と構造転換の枠組みで捉えるべきであり，その原動力となっているのは外国投資である。その過程では，産業（例えば繊維）が日本からNIES，ASEAN，中国へと移転するとともに，1国内では繊維など労働集約型工業から鉄鋼，家電，自動車など資本集約型あるいは技術集約型の重化学工業や機械工業に産業構造が転換している（構造転換連鎖）。構造転換は輸入代替による国産化から輸出，そして後発国の追い上げにより競争力を失い後発国に生産移管を行い輸入に転じるというパターンで展開している（雁行形態型発展）。アジア大ではASEANを含むアジア各国は先行国を追いかける形で進展している（キャッチアップ型工業化）[3]。

　ASEANが創設された1967年のASEANの名目GDPは227億ドルで日本の18％に過ぎなかったが，2013年は2兆4000億ドル（構成国も増えたが）で日本の48％に達した。1人当たりGDPでは，最も高かったシンガポールが618ドルで日本の半分だったが，2010年に日本を追い抜き，2013年には日本の1.4倍の5万4776ドルとなっている。ASEAN原加盟国は1950年代末から60年代末にかけて輸入代替工業化を開始した。1965年にマレーシアから分離独立したシンガポールは1967年に輸出指向工業化に転換し，他の国も1970年代から1980年代に輸出指向工業化に転換した。1997年～98年のアジア通貨経済危機と2008年の世界金融危機という2回の大きな危機に見舞われたが，予想を上回るスピードで回復し，現在も経済成長を持続させている。特に1985年のプラザ合意から数年を経て日本やアジアNIESから輸出指向型の製造業投資が急増し，高い経済成長を記録し工業化が進展した。1990年前後はASEANの高度成長期であり，輸出工業化が一気に進み，都市の風景が日本と

序-3表　ASEAN・日本・中国・インドの名目 GDP 推移（単位：10億 US ドル）

	1980年	1990年	2000年	2010年	2013年
ASEAN	238.1	366.2	625.5	1950.6	2456.8
ブルネイ	n/a	3.5	6.0	12.4	16.1
カンボジア	n/a	0.9	3.7	11.2	15.4
インドネシア	104.3	137.5	179.5	755.3	912.5
ラオス	1.0	0.9	1.6	6.8	10.8
マレーシア	24.6	43.4	93.8	247.5	313.2
ミャンマー	n/a	n/a	10.3	49.6	56.8
フィリピン	36.0	49.0	81.0	199.6	272.1
シンガポール	12.1	38.9	95.8	236.4	302.2
タイ	32.4	85.6	122.7	318.9	387.3
ベトナム	27.8	6.5	31.2	112.8	170.6
日本	1,087.0	3,103.7	4,731.2	5,495.4	4,919.6
中国	309.1	404.5	1,192.9	5,949.6	9,469.1
インド	181.4	326.6	476.6	1,708.5	1,875.2

（出所）　IMF World Economic Outlook Database.

序-2図　2013年 ASEAN 名目 GDP の各国構成

ブルネイ 0.7%
カンボジア 0.6%
ベトナム 6.9%
タイ 15.8%
インドネシア 37.1%
シンガポール 12.3%
フィリピン 11.1%
ミャンマー 2.3%
ラオス 0.4%
マレーシア 12.7%

（出所）　IMF World Economic Outlook Database から作成。

序-4表　ASEAN・日本・中国・インドの1人当たりGDP推移　(単位:USドル)

	1980年	1990年	2000年	2010年	2013年
ASEAN	753.4	922.4	1,216.1	3,311.4	4,014.3
ブルネイ	n/a	13,893.0	18,476.9	31,981.9	39,658.8
カンボジア	n/a	112.9	300.0	781.9	1,018.2
インドネシア	707.1	766.3	870.2	3,178.1	3,680.1
ラオス	310.2	215.5	291.7	1,069.7	1,593.6
マレーシア	1,769.2	2,374.2	3,991.9	8,658.7	10,456.9
ミャンマー	n/a	n/a	221.6	998.4	1,113.4
フィリピン	744.1	796.3	1,055.1	2,155.4	2,790.9
シンガポール	5,003.8	12,766.1	23,793.1	46,569.4	55,979.8
タイ	695.8	1,521.0	1,983.3	4,735.8	5,670.1
ベトナム	514.0	98.0	401.6	1,297.2	1,901.7
日本	9,312.8	25,139.6	37,303.8	42,916.7	38,633.0
中国	313.1	353.8	941.2	4,437.0	6,958.9
インド	265.9	385.4	463.1	1,430.1	1,508.2

(出所)　IMF World Economic Outlook Database.

序-5表　ASEAN原加盟国の実質GDP成長率　(単位:%)

	1980-90	1990-2000	2000-10	2011	2012	2013	2014
インドネシア	6.1	4.2	5.3	6.2	6.0	5.6	5.0
マレーシア	5.3	7.0	5.0	5.2	5.6	4.7	6.0
フィリピン	1.0	3.3	4.9	3.7	6.8	7.2	6.1
シンガポール	6.7	7.2	6.0	6.2	3.4	4.4	2.9
タイ	7.6	4.2	4.5	0.1	6.5	2.9	0.7
日本	3.9	1.0	0.9	−0.5	1.8	1.6	−0.1
世界	3.3	2.9	2.7	4.2	3.4	3.4	3.4

(出所)　World Bank, World Development Indicators およびIMF, World Economic Outlook 2015 April.

変わらない高層ビルが林立するものに一変した時期である。タイが1988～90年と3年連続で2桁成長を達成したのを初め，シンガポール，マレーシアは9～10％前後，インドネシアも7％台の高成長を続けた。フィリピンは，1970年代から政治経済の混乱が続き，他の原加盟国のような外国直接投資ブームから取り残され，経済の低迷が長く続いた。しかし，2010年にアキノ政権になってから政治の安定と経済改革への取り組みが好感され外国直接投資流入が本格化し，海外出稼ぎ労働者からの豊富な送金による堅調な消費による下支えもあり，2012年以降成長率が高まっている。ASEANの経済発展の歴史と発展のメカニズムは第1章で詳しく論じているのでお読みいただきたい。

2．大きな新規加盟国との格差

一方，CLMVは第2次世界大戦後長期間に渡り対外戦争あるいは内戦を戦い，最終的に平和が訪れたのは1991年のカンボジア和平以降である。また，ミャンマーの仏教式社会主義を含め4カ国とも社会主義経済を採用し，産業国有化を行うとともに貿易や外国投資を制限する閉鎖的な経済運営を行い，経済の停滞を招いていた。1986年にベトナムがドイモイ（刷新）と呼ばれる経済改革を実施し市場経済化と経済開放を進めたことを皮切りに各国とも経済改革に取り組んだ。CLMVは21世紀に入り高い経済成長を実現する一方で先行ASEAN6カ国の成長率は低下してきているため，格差は徐々に縮小しているものの，現在でも依然として極めて大きく，格差縮小はASEAN経済共同体の4つの目標の1つである。

序-6表　CLMVの近年の実質GDP成長率（単位：％）

	2000－10	2011	2012	2013	2014
カンボジア	8.7	7.1	7.3	7.4	7.0
ラオス	7.2	8.0	7.9	8.0	7.4
ミャンマー		5.9	7.3	8.3	7.7
ベトナム	7.5	6.2	5.2	5.4	6.0

（出所）　World Bank, World Development Indicators およびIMF, World Economic Outlook 2015 April.

1人当たりGDPでは，ミャンマーとシンガポールでは61倍の差がある。ただし，CLMVの経済は2000年代に入り高い経済成長を続けていることから1人当たりGDPは着実に上昇している。ベトナムは2012年に1500ドルを越え，ラオスも1500ドルに近づいている。日本の発展段階に当てはめるとカンボジアは日本の1960年代，インドネシア，フィリピン，タイは1970年代，マレーシアは1980年代の日本に相当し，シンガポールは2010年に日本を上回った。このことは多様な消費財とサービスへの需要があることを意味する。

　産業構造を見ると，インドネシア，マレーシア，フィリピン，タイは工業の比率が40％台，農業は10％台だが，CLMは農業の比率が30％台と高く，工業の比率が小さい。CLMVでは，ベトナムが農業と製造業の比率がほぼ等しいレベルに達している。ASEANの輸送や金融のハブとなっているシンガポールはサービス産業が72％と日本と同レベルである。経済の発展段階に応じて産業構造が第1次産業中心から第2次産業，第3次産業に移るという「ペティ＝クラークの法則」がブルネイを除くASEAN各国に当てはまっている。ブルネイはGDPの68％，輸出の97％が石油・天然ガスと関連製品であり，極端な石油天然ガス依存経済である。

　一方，輸出が名目GDPに占める比率である輸出依存度は，シンガポールが133％と極めて高く，ブルネイ，マレーシア，タイ，ベトナムも60％を超えている。縫製品輸出が増加しているカンボジアも56.1％となっている。輸出商品構成をみると，マレーシア，フィリピン，タイでは，製造業品，特に機械が大きな比重を占めている。コメの世界一の輸出国だったタイの最大の輸出品は今や自動車・同部品となっている。CLMでは，鉱物，木材，農水産品が主要産品となっており，製造業品では縫製品や履物が大半を占めている。ただし，ベトナムは電機電子製品が25％程度を占め輸出工業化の進展を示している。

3. 社会開発指標でも大きな差

　社会開発指標では，特にカンボジア，ラオス，ミャンマーの遅れが顕著である（序-7表）。貧困率は，ラオスが極めて高く，カンボジア，ベトナムは40％台である。インドネシア，フィリピンも貧困率は高く，貧困問題が先行ASEAN6カ国の一部の国では依然として課題であることを示している。平均

序-7表　ASEAN加盟国の経済社会指標

	インドネシア	マレーシア	フィリピン	シンガポール	タイ
名目GDP(2013年)	8,887億ドル	3,269億ドル	2,849億ドル	3,081億ドル	3,738億ドル
1人当たりGDP(2013年)	3,510ドル	10.548ドル	2,790ドル	54,766ドル	5,674ドル
産業構造(2010年)	農業15％，工業47％，サービス産業38％	農業11％，工業44％，サービス産業45％	農業12％，工業33％，サービス産業55％	農業0％，工業28％，サービス産業72％	農業12％，工業45％，サービス産業43％
輸出依存度	20.5％	69.9％	18.9％	133.2％	60.2％
主要輸出品	鉱物性燃料，動植物性油脂，原油・天然ガス	電気電子，パーム油，石油製品	電気電子，木材，鉱物	電気電子，一般機械，化学品	自動車・部品，コンピューター・部品，精製燃料
1日2ドル以下の所得・支出の人口比率	43.3％(2011年)	2.3％(2009年)	41.5％(2009年)		4.1％(2010年)
平均寿命	69.3歳	74.3歳	68.8歳	81.9歳	74.1歳
成人識字率(15歳以上)(2011年)	90.4％	93.1％	95.4％(2008年)	95.9％	93.5％(2005年)
幼児死亡率(出生1000当たり)	32人	7人	25人	3人	12人
1000人当たり医師数	0.29人	1.20人	1.15人	1.92人	0.32人
電化率(家庭)	91.1％(2010年)		83.3％(2008年)		96.1％(2005年)

　寿命（2010年）は，シンガポールの81.9歳を筆頭に他のASEAN加盟国が70歳台あるいは70歳に近い60歳台であるのに対し，カンボジアが63歳，ラオスが67.4歳，ミャンマーが65.2歳となっている。平均寿命の低さは幼児死亡率の高さによるものであり，幼児死亡率（1000人当たり）はタイが12人，マレーシアが7人に対し，カンボジアが43人，ラオスが42人，ミャンマーが62人となっている。幼児死亡率の高さは医療水準の低さが原因であり，例えば人口1000人当たり医師数でも格差が大きい。また，識字率は他のASEAN加盟国が90％台であるのに対し，カンボジアが73.9％，ラオスが72.2％と低い。ただし，ミャンマーは92.3％と高い水準である。このように，衛生環境や教育の普及でも依然として大きな格差があることが示されている。電化率は，カンボジア，ラオス，ミャンマーが非常に低くなっており，インフラ整備の遅れの典型的な例となっている。

序-7表 つづき

	カンボジア	ラオス	ミャンマー	ベトナム	ブルネイ
名目GDP	166億ドル	117億ドル	628億ドル	1,861億ドル	151億ドル
1人当たりGDP	1,016ドル	1,477ドル	869ドル	1902ドル	39,942ドル
産業構造	農業36%, 工業23%, サービス産業41%	農業33%, 工業30%, サービス産業37%	農業36%, 工業26%, サービス産業38%	農業21%, 工業41%, サービス産業38%	農業0.6%, 鉱業56.5%, 工業15.2%, サービス産業27.7%
輸出依存度	56.1%	31.6%	12.1%	61.6%	76.1%
主要輸出品	縫製品, 天然ゴム	鉱物,電力, 縫製品, コーヒー	天然ガス, 翡翠,豆類, 縫製品	電話機, 縫製品, 電子部品	原油, 天然ガス
1日2ドル以下の所得・支出の人口比率	49.5% (2009年)	66.0% (2008年)		43.4% (2008年)	
平均寿命（2011年）	63.0歳	67.4歳	65.2歳	75.1歳	78.1歳
成人識字率（15歳以上）(2011年)	73.9% (2009年)	72.7% (2005年)	92.3%	93.2%	95.2%
幼児死亡率 (出生1000人当たり) (2011年)	43人	42人	62人	22人	7人
1000人当たり医師数 (2010年)	0.23人	0.27人	0.50人	1.22人	1.36人
電化率（家庭）	31.1% (2010年)	46.3% (2002年)	47.0% (2002年)		

(注) 東チモールは，名目GDP45億ドル，1人当たりGDP3637ドルである。
(資料) IMF, World Economic Outlook, April 2014, Asian Development Bank (2013), Key Indicators for Asia and the Pacific 2013, World Bank (2013), World Development Indicators 2012 など。

　ASEAN諸国は，1人当たりGDPを基準とすると4つのグループに分けられる（第2章を参照）。すなわち，シンガポールとブルネイが日本を超える高所得国グループ，マレーシアとタイが上位の中所得国グループ，インドネシアとフィリピンが下位中所得グループ，そしてCLMVである。CLMVは世界銀行の分類に従うとベトナムとラオスは下位中所得国，カンボジアとミャンマーが低所得国となる[4]。工業化の進展状況や輸出の規模と品目構成などからみると，ベトナムがフィリピンを追走しており，インドネシア，フィリピン，ベトナムのグループとCLMに分けるほうが適切になりつつある。

第3節　ASEAN の設立から経済共同体の実現へ

1. ASEAN 設立と域内経済協力の開始

本節では，1967年の ASEAN の設立から，経済共同体の実現に向かっている現在までの約50年の ASEAN の現代史を，世界政治経済の変化とともに簡単に振り返ることにしたい[5]。ASEAN の歴史を学ぶことは，現在の ASEAN をより深く理解することにつながる。また ASEAN の今後を考える上でも重要である。

ASEAN は，1967年8月8日の「ASEAN 設立宣言（バンコク宣言）」をもとに，インドネシア，マレーシア，フィリピン，シンガポール，タイの5カ国によって設立された。その後1984年1月には，イギリスから独立したブルネイが加盟し，ASEAN は6カ国体制となった。

ASEAN の設立は，ベトナム戦争やラオス危機といった当時のインドシナ情勢を背景とし，直接には1963年のマレーシアの成立を巡る域内紛争の緊張緩和の過程からであった。原加盟の5カ国は，独立を維持したタイを除き，第2次世界大戦後に独立を果たした諸国であった。1960年代半ばの状況で，反共主義に立った国内支配体制を維持しつつ近代化を望んだ各国は，地域協力の設立と参加を望んでいたのである。現在，「東南アジア」という呼び方とともに，「ASEAN」という呼び方が広く使われているが，この「ASEAN」という呼び方は，1967年の ASEAN の設立に始まる。そして設立からの10年は，政治協力の10年であった。

1976年には，世界政治経済の急激な変化を背景に，第1回 ASEAN 首脳会議が開催された。第1回首脳会議では「ASEAN 協和宣言」が出され，同時に「東南アジア友好協力条約」が締結された。協力強化の背景には，ASEAN を取り巻く世界政治経済の急激な変化があった。1975年にはベトナム戦争が終結してベトナム・ラオス・カンボジアのインドシナ3国が社会主義化し，ASEAN 各国は政治協力の一層の強化と成長による安定を求めた。また1973年からのオイルショックを契機とする不況に対して各国は，ASEAN としての

対処と域内経済協力を求めた。

　こうして当初の政治協力に加えて，域内経済協力が開始された。1976年からの域内経済協力は，当時の各国の工業化を背景にして，外資に対する制限の上に企図された各国の輸入代替工業化をASEANが集団的に支援するというもの（「集団的輸入代替重化学工業化戦略」）であったが，政策の実現などから見て挫折に終わった。

2. ASEAN諸国の急速な発展・冷戦構造の変化と域内経済協力の展開

　1980年代後半からはASEAN諸国の急速な発展がはじまった。1985年9月のプラザ合意以降，円高・ドル安を背景にNIESそしてASEANへの日本からの直接投資の急増といった形で多国籍企業の国際分業が急速に進行した。そしてASEAN各国も発展成長戦略を転換し，80年代後半からの外資主導かつ輸出指向型の工業化によって，急速な経済発展がはじまったのである。この発展は「東アジアの奇跡」とも呼ばれる急速な発展であった。域内経済協力も，世界経済の構造変化を基に，1987年の第3回首脳会議で，「集団的外資依存輸出指向型工業化戦略」へと転換した。プラザ合意以降のASEAN各国の工業化を，ASEANが集団的に支援達成するというものであった。

　1990年代はじめからは，ASEANを取り巻く政治経済状況がまた大きく変化した。まずはアジア冷戦構造の変化であった。中国やベトナムは，政治体制においては社会主義体制を維持したまま，経済においては「計画経済」から「市場経済」への移行を始めた。またインドシナ情勢も一変し，1991年にはパリ和平協定が結ばれ，1978年にカンボジアへ侵攻したベトナム軍のカンボジアからの最終撤退とカンボジア和平が実現した。他方，冷戦構造の変化に関連して，経済的にも巨大な変化が現れてきた。最も大きな変化は，1992年からの改革・開放に基づき，中国が急速な成長を始め，中国への対内直接投資が急増してきたことであった。

　ASEANを取り巻く政治経済の大きな変化を受け，1992年の第4回首脳会議からはASEAN自由貿易地域（AFTA）が推進されてきた。AFTAは，適用品目の関税を2008年までに5％以下にすることを目標とした。そして冷戦構造の変化を契機に，1995年にはASEAN諸国と長年敵対関係にあったベト

ナムが ASEAN に加盟した。1997 年にはラオス，ミャンマーが加盟，1999 年にはカンボジアも加盟し，ASEAN は東南アジア全域を領域とすることとなった。国際資本移動による相互依存性の拡大と冷戦構造の変化による領域の拡大こそは，グローバル化のきわめて重要な要因であった。ASEAN はこれらの両方を含み，世界経済の構造変化の焦点となった。

3. アジア経済危機と ASEAN

しかしながら 1997 年のタイのバーツ危機に始まったアジア経済危機は，ASEAN 各国に多大な被害を与えた。アジア経済危機は，これまでの矛盾が噴出し近隣諸国に伝播したものであった。90 年代に急速に成長していた ASEAN 各国では成長が鈍化し，さらにはマイナスに落ち込んだ。1998 年にはインドネシア，マレーシア，フィリピン，タイの 4 カ国はいずれもマイナス成長となった。国際資本移動の急速な拡大は，1980 年代後半からの ASEAN 各国の急速な発展・成長を基礎づけたが，他面ではアジア経済危機の要因となった。

1997 年のアジア経済危機後に，ASEAN を取り巻く世界経済・東アジア経済の構造はさらに大きく変化してきた。すなわち第 1 に，中国の急成長と影響力の拡大である。中国は 1997 年以降も一貫して 7 ％以上の高成長を維持し，この成長の要因である貿易と対内投資が急拡大した。第 2 に，世界貿易機関（WTO）による世界大での貿易自由化の停滞と FTA の興隆であった。第 3 に，中国を含めた形での東アジアの相互依存性の増大と東アジア大の経済協力基盤・地域協力の形成であった。これらの変化のもとで，ASEAN にとっては，さらに協力・統合の深化が目標とされた。

4. ASEAN 経済共同体の提案

2003 年 10 月に開かれた第 9 回首脳会議の「第 2 ASEAN 協和宣言」は，ASEAN 安全保障共同体（ASC），ASEAN 経済共同体（AEC），ASEAN 社会文化共同体（ASCC）から成る ASEAN 共同体（AC）の実現を打ち出した。AEC は ASEAN 共同体を構成する 3 つの共同体の中心であり，「2020 年までに物品・サービス・投資・熟練労働力の自由な移動に特徴づけられる単一

市場・生産基地を構築する」構想であった。AECにおいても依然直接投資の呼び込みは非常に重要な要因であった。中国やインドのような強力な競争者が台頭してきたからである。そして協力・統合の深化が目標とされるとともに，域内経済格差の是正も重要な目標とされるようになってきた。

2007年1月の第12回ASEAN首脳会議では，ASEAN共同体創設を5年前倒しして2015年とすることを宣言した。2007年11月の第13回首脳会議では，第1に，全加盟国によって「ASEAN憲章」が署名され，第2に，AECの2015年までのロードマップである「AECブループリント」が発出された。ASEAN憲章は翌年12月に発効し，その制定はAECとAC実現のための重要な制度整備であった。AECの実現に直接関わる「AECブループリント」は，3つの共同体の中で最初のブループリントであり，AECに関するそれぞれの分野の目標とスケジュールを定めた。2010年10月の第17回ASEAN首脳会議では，AECの確立と域内格差の是正を後押しするために「ASEAN連結性マスタープラン」が出された。

こうしてASEANでは，AECの実現に向けて，着実に行動が取られてきた。AFTAなどの域内経済協力も着実に進められ，域内経済協力によって国際分業と生産ネットワークの確立も支援された。またASEANは，ASEAN＋3やASEAN＋6などの東アジアの地域経済協力においても，中心となってきた。

5. 世界金融危機後の変化とASEAN

2008年からの世界金融危機後の構造変化は，ASEANと東アジアに大きな転換を迫った。これまでのアメリカの過剰な消費と金融的蓄積に基づいた東アジアと世界経済の成長の構造は転換を迫られてきた。他方，ASEANと東アジアは世界で最も重要な成長センターとなってきた。G20に見られるように，新興国の世界経済における発言力も大きくなってきた。

ASEANと東アジアは，他の地域に比較して世界金融危機からいち早く回復して成長を持続し，現在の世界経済における最重要な成長地域となった。ASEANと東アジアは，世界の主要な生産基地であるとともに，成長による所得上昇と巨大な人口により，主要な消費市場にもなってきている。そして域外

との地域経済協力・FTA の構築とともに，ASEAN や東アジアにおける貿易自由化などが一層必要となってきた．

アメリカにおいては輸出を重要な成長の手段とすることとなり，オバマ大統領は 2010 年 1 月に輸出倍増計画を打ち出し，アジア太平洋にまたがる環太平洋経済連携協定（TPP）への参加を表明した．こうして東アジアの需要と FTA を巡って競争が激しくなってきた．また TPP への日本の接近が，さらに東アジアの FTA に大きな影響を与えた．

これらの変化の中で，2011 年 11 月に ASEAN は，東アジアのメガ FTA である東アジア地域包括的経済連携（RCEP）を提案し，RCEP はその後，確立に向けて急速に動き出すこととなった．

6. 2015 年末の AEC の実現と ASEAN

世界金融危機後の世界経済の構造変化は，世界経済における ASEAN の重要性を増すとともに，ASEAN 統合の深化を迫っている．現在の ASEAN の最大の目標は，2015 年末の AEC の実現である．関税の撤廃に関しては，AFTA とともにほぼ実現に向かっている．サービス貿易の自由化，投資や資本の移動の自由化，人の移動の自由化も進められている．輸送プロジェクトやエネルギープロジェクト，経済格差の是正，知的財産における協力等多くの取り組みもなされている．域外との FTA も整備される．また AEC が RCEP を規定し，東アジアの経済統合を牽引している．

ASEAN は，遅れがちではあるが，時間を掛けながら着実に AEC の実現に向かってきている．現代世界経済の変化に合わせて着実に AEC の実現に向かい，さらには世界の成長地域である東アジアにおいて経済統合を牽引している ASEAN の例は，現代の経済統合の最重要な例の 1 つとなっている．

ASEAN 諸国も，急速な発展によって GDP が大きく拡大し，また 1 人当たり GDP も大きく拡大してきた．現在では，世界の成長センターとなり，また新興国の代表にもなってきている．

ASEAN にとって 2015 年 12 月 31 日は大きな節目になる．そして ASEAN は，変化を続ける世界経済と東アジアの中で，AEC を核にさらに経済統合と発展を追求して行くであろう．

歴史的に見ると，ASEAN の経済統合は大きく深化してきた。領域も拡大してきた。また ASEAN 各国も大きく発展し，世界経済の中での位置もより大きくなってきた。ASEAN は現代の世界経済の構造変化の焦点でもある。ASEAN を知ることは，ASEAN だけではなくアジアと世界を把握することにもつながるであろう。

　本章で ASEAN の基礎的状況を踏まえた上で，ASEAN の経済発展，経済統合，産業などに関して，さらに次章以下の各章をご覧頂きたい。

注
1) 専門家による東南アジアの歴史についての概説書として，石川・野村・淵本（1994），桐山・栗原・根本（2003），清水・田村・横山（2011），加納啓良（2012）をあげておく。
2) マイケル・スペンス（2011），73-75 頁。
3) 構造転換連鎖については，大野・桜井（1997），15-22 頁，雁行形態およびキャッチアップ型工業化については，末廣昭（2000），42-56 頁を参照。
4) 世界銀行の World Development Indicators 2014 は，1 人当たり年間所得が 1 万 2616 ドル以上を高所得国，4086 ドルから 1 万 2615 ドルを上位中所得国，1036 ドルから 4085 ドルを下位中所得国，1035 ドル以下を低所得国に分類している。
5) 本節の内容に関しては，本書第 7 章も参照。ASEAN の現代史に関して詳細は，清水（1998, 2011），参照。また ASEAN 各国の現代史に関しては，清水・田村・横山（2011）の各章を参照されたい。

参考文献
石川幸一・清水一史・助川成也編（2009）『ASEAN 経済共同体――東アジア統合の核となりうるか』日本貿易振興機構（JETRO）。
石川幸一・清水一史・助川成也編（2013）『ASEAN 経済共同体と日本』文眞堂。
石川幸一・野村亨・淵本康方（1994）『東南アジア世界の実像』中央経済社。
大野健一・桜井宏二郎（1997）『東アジアの開発経済学』有斐閣。
加納啓良（2012）『東大講義　東南アジア近現代史』めこん。
桐山昇・栗原浩英・根本啓（2003）『東南アジアの歴史』有斐閣。
清水一史（1998）『ASEAN 域内経済協力の政治経済学』ミネルヴァ書房。
清水一史（2011）「ASEAN――世界政治経済の構造変化と地域協力の深化――」清水・田村・横山（2011）。
清水一史・田村慶子・横山豪史編（2011）『東南アジア現代政治入門』ミネルヴァ書房。
末廣昭（2000）『キャッチアップ型工業化論』名古屋大学出版会。
マイケル・スペンス（土方奈美訳）（2011）『マルチスピード化する世界の中で』早川書房。

（石川幸一・清水一史）

第 1 部

ASEAN の経済発展

第 1 章

ASEAN 諸国の経済発展
―工業化と発展のメカニズム―

はじめに

　ASEAN 諸国の経済政策は成功と失敗の経験を重ねた結果，市場重視による統合市場の形成という方向に収斂してきた。域内各国の格差は大きく，1 人当たり所得は 2013 年でみてシンガポールの 5 万 4000 ドルからカンボジアの 950 ドルと開いている。域内格差の主因は初期条件よりもマーケット・フレンドリーな政策を実施した時期にあり，成功体験に習うために基本的な方向が決定された。域内人口は 6 億 2180 万人，GDP 合計 2.4 兆ドル，輸出額合計 1 兆 2665 億ドル，輸入額 1 兆 2425 億ドルという統合市場は大きな機会となる。
　先発 ASEAN 諸国の経済発展は後発性の利益と輸出指向工業化，高貯蓄・高投資による投入増大依存と解釈されてきた。現象的にはその通りであるが，そのメカニズムの合理性を再評価する必要があろう。先発域内諸国の GDP に対する輸出入比率が際立って高いことが相対的な高成長の基盤であり，今後も長期に利点を提供しよう。また，投入増大型の外延的成長であり，近い将来に壁にぶつかるという評価もあるが，その正当性も検討する必要がある。そこには質的変化とかなりの期間にわたる持続可能性があり，市場メカニズムによる合理性がある。
　西欧諸国の経済学者の間では，かつて東アジア諸国の経済には悲観的な予測が主流であったのに，現実はまったく逆の結果となった。その最大の理由は自由貿易システムの効果を過小評価したことにある。また 1960 年代までの欧米諸国の空前の高成長，さらにペティ＝クラークの法則として知られるサービス

経済化の速度が予想を上回ったのかも知れない。日本，A-NIEs（台湾，韓国，香港，シンガポール），マレーシアに続いて，タイ，インドネシアも政策を転換した。輸入代替工業化から輸出指向への転換の時期が産業基盤の水準，所得格差となっている。

先行する米国，西欧，日本の経済成長による市場拡大，輸入需要の増大という機会を活用した途上国は成長率を高めた。ASEAN 諸国もその潮流に乗り出した。しかし，1980 年代には中国，90 年代にはインドという巨大人口をもつ国が競争に参入してきた。ASEAN 諸国にとっては機会と競合の両面をもっている。世界経済の中では経済規模の小さい ASEAN 諸国は国際環境に大きく影響される。両大国との競合が ASEAN 共同体結成を促した。域内で多くの格差のある統合市場は，違いを利用して利潤を上げる市場経済の運動法則から多くの機会を提供できる。

域内諸国の工業化の転機となったのは 1985 年 9 月のプラザ合意以降の急速な円高，それに対応した日系企業の生産拠点の再編成，さらに韓国，台湾企業への波及が，国際分業体制を急激に実現した。この時期にタイ，マレーシア，インドネシアなどの工業化は格段に進んだ。しかし，その反動もあって 1997～98 年には東アジア経済危機が発生，域内経済に大打撃を与えた。21 世紀に入ると米国の輸入市場の急速な拡大，中国経済の急成長による 1 次産品価格の急騰などが ASEAN 諸国に大きな影響を与えた。2007～8 年の国際金融危機など国際経済環境に翻弄されることもあったが，どちらかというと巧みに対応し，その経済基盤は着実に強化されてきた。経済成長自体が新しい可能性を拡大しており，域内市場統合が期待通りに実現できれば多くの問題を克服できる。

第 1 節　経済発展の沿革

ASEAN 諸国は地理的には隣接する東南アジア 10 カ国が市場統合を目指すという自然の方向のように見えるが，つい最近まで経済関係は緊密ではなかった。それは，域内貿易比率が 1992 年の ASEAN 自由貿易地域（AFTA）発足

時の20%から上昇したといっても2013年で26%程度に過ぎないという現実が示している。第2次大戦前まではシンガポール，マレーシア，スマトラは実質的に統合経済圏であり，マレー半島にはスマトラから多数が移住した。スカルノのマレーシア対決政策により，1960年代前半まで，両国は対立したこともあったが，シンガポール航路はインドネシア群島の内航航路と位置づけられており，マレーシアでは1980年代に150万人のインドネシア人労働者が働いていた。タイ沖積平野の稲作はマレー，スマトラのプランテーション労働者への供給を目的に発展した。ベトナム，カンボジア，ラオスは仏領インドシナとして統合運営されていた。

　現実の生活圏としての緊密さと国際貿易面での疎遠が対照的なことは，大戦後に各国の政策が大きく相違したことにある。シンガポールの貿易統計は1980年代までインドネシアからの輸入を非公開としていた。錫鉱石などインドネシアの輸出禁止品目が現実には大量に入っていたからである。1950年代までヤンゴン（当時はラングーン）はマレー半島の富裕層のショッピング・センターであり，ミャンマーは医師，大学教員などの供給国であったが，社会主義政権は国を閉ざしてしまった。インドシナは戦場となってしまった。タイ，インドネシア，フィリピンも輸入代替工業化政策を採用した。

　独立戦争を戦った国はナショナリズムが強く，途上国一般に反植民地感情から外資に対し警戒感があった。当時は社会主義の影響力も強く，民間企業も十分に育っておらず，政府主導の経済発展を志向する動きが強かった。この時代的潮流が政府介入と輸入代替工業化，保護・育成策を実施させた。この政策はすぐに行き詰まり，低成長と国際収支赤字を招いた。輸出1次産品のない国は輸出重視政策に転換せざるを得なくなり，輸出加工区の設立から輸出指向型工業化政策が採用された。1次産品輸出収入の豊富な国は輸入代替政策が長期に継続された。東アジア諸国が先行するラテン・アメリカ諸国を追い越す結果となった主な要因である。

　香港，シンガポールなどの都市国家は中継・加工貿易以外に選択の余地はなく，自由貿易港としての機能を強化した。効率的な経済が生存の条件であり，自由な経済活動を当然としながら，住宅供給など市場が上手く機能しにくい分野には強力に介入した。台湾，韓国も政府が積極的に経済に介入して輸出企業

を支援したが，初期条件の相違から台湾では中小企業が発展し，韓国では財閥グループが形成された。

　マレーシアはシンガポールと一体であったが，独立の際に華人系住民の経済力を警戒するマレー系住民が分離を選択，ボルネオ島北部の英領であったサバ，サラワクと合体した。英国植民地から平和的に独立し，自由な経済政策が継続された。1970年代は石油価格が急騰し，それに連れて他の1次産品価格も上昇した。インドネシアは石油収入で強気となり，強力に外資を規制，強引な輸入代替工業化を図った。タイも外資規制を強化した時期があったが，すぐに行き詰まり1970年代末には実質的に自由化していたが，外資の投資意欲は乏しく，累積対外債務の重圧に悩んでいた。1980年頃のタイの年間輸出額は約80億ドル，農産物輸出が主体であった。タイ同様に成長鈍化に悩んだフィリピンは，マルコス政権のもとに積極介入政策を実施したが，当時の輸出額は40億ドルとタイの半分，対外債務の管理が不可能となって政権崩壊，長期の低迷を招いた。

　タイは財政収入の制約から政府の介入が少なく，1980年代に入ると構造調整政策を採用，市場重視の経済政策を実行した。改革はときに後退することもあったが，着実に実施され信頼を勝ち得た。1997年の危機を迎えるまで，タイ経済は好調であった。石油・ガス収入に依存したインドネシアも1981年末からの原油価格下落により危機に直面し，1983年3月のルピア切り下げと構造調整策の発表から市場重視に転換したが，国内の抵抗は大きかった。しかし，1985年に原油価格がバレル10ドル割れを起こすと，構造調整という自由化を加速させた。この効果は予想以上の輸出増大となり経済はブームを迎えた。しかし，既得権グループは巻き返しをはかり，1998年に深刻な危機となった。

　ASEAN諸国の経済は第1-1表の1人当たりGDPが示すようにシンガポールの5万4040ドル，LNG輸出依存の首長国ブルネイを別格とすると，マレーシアが1万400ドル，域内で最も工業基盤が整備されたタイでも5370ドルにすぎない。中国にも追い抜かれ，韓国，台湾の2万ドル水準はまだ遠いが，逆に成長の余地は大きいとも言える。域内の所得水準の順位はマーケット・フレンドリーな政策を採用した時期によって決定されている。この事実を認識し

第 1-1 表　1人当たり GDP の比較（米ドル）

	1990	1995	2000	2005	2010	2013
シンガポール	12,040	23,610	23,670	28,370	44,790	54,040
マレーシア	2,370	4,010	3,420	5,240	8,150	10,400
タイ	1,490	2,750	1,960	2,600	4,320	5,370
インドネシア	620	1,000	570	1,230	2,500	3,580
フィリピン	720	1,030	1,230	1,530	2,740	3,270
ブルネイ	12,550	15,800	14,740	22,920	31,076	39,778
ベトナム	130	260	400	680	1,270	1,730
カンボジア	140	300	300	460	740	950
ラオス	190	350	280	450	980	1,460
中国	330	540	920	1,740	4,240	6,560
インド	390	380	460	740	1,290	1,570
韓国	6,480	11,650	10,750	17,800	21,320	25,920
台湾	8,321	13,355	14,372	17,075	19,252	21,591
香港	12,660	23,500	26,930	28,890	33,620	38,420
日本	27,560	41,270	34,970	39,140	42,190	46,140

（出所）　ADB Key Indicators.

て，貿易自由化，外資歓迎についてコンセンサスが形成されたことが最も重要であり，共同体構想推進の原動力となった。

第2節　大きな転機～機会と危機

ASEAN 諸国の長期成長率は第 1-2 表のように平均で年率 5 ％程度となるが，タイの 1984～89 年，1990～94 年の各 5 年間の成長率が 9 ％，8.7％と非常に高く，1995～99 年には 1.5％に急落している。1988～90 年の 3 年間は平均 12.2％という未曾有の高成長であったが，1997 年は －1.4％，98 年は －10.5％ となっている。インドネシアにも同じ傾向がみられ，98 年は －13.1％ と落ち込

第 1-2 表　ASEAN 諸国の長期経済成長率（%）

	1980-84	1985-89	1990-94	1995-99	2000-04	2005-09	2010	2011	2012	2013
シンガポール	9.1	6.5	8.9	5.3	5.2	5.3	15.2	6.1	2.5	3.9
マレーシア	6.9	4.9	9.3	5.2	5.5	4.1	7.4	5.2	5.6	4.7
タイ	5.6	9.0	8.7	1.5	5.0	3.0	7.8	0.1	7.7	1.8
インドネシア	6.7	6.1	7.4	1.7	4.6	5.6	6.2	6.5	6.3	5.8
フィリピン	1.3	2.7	1.6	3.6	4.5	4.4	7.6	3.7	6.8	7.2
ブルネイ	−4.3	-0.4	3.6	1.7	2.6	0.3	2.6	3.4	0.9	−1.8
ベトナム		4.6	7.4	7.5	6.7	6.5	6.4	6.2	5.2	5.4
カンボジア			6.9	8.5	8.2	6.0	7.1	7.3	7.4
ラオス		4.2	6.0	6.4	6.0	7.7	8.5	8.0	8.0	8.5
ミャンマー	5.8	−2.0	6.2	7.2	12.9	11.9	9.6	5.6	7.8	
中国	9.6	9.9	9.6	9.1	9.2	11.4	10.4	9.3	7.7	7.7
インド	5.5	5.9	3.4	6.8	5.6	8.2	10.3	6.6	4.7	5.0

（出所）　World Development Indicators.

んでいる。この時期に域内先発国で比較的人口の大きい両国，さらにマレーシアに非常に大きな転機があった。

1. 円高による産業移転

　1985 年 9 月のプラザ合意，それ以降の急激な円高は日本企業に生産，供給体制の再編成を余儀なくさせた。当初は韓国，台湾企業からの調達拡大のための技術支援から開始され，1987 年頃からタイ，マレーシア，インドネシアでの生産拠点確立が本格化した。タイの投資認可額は過去 20 年分を 1 年で上回る規模となり，港湾設備などのインフラはパンク，許容量を上回った。次の選択はマレーシアとなり，遅れを取ったインドネシアも自由化を加速しようやく間に合った。フィリピンは政情不安が懸念されこの投資ブームに乗り遅れた。
　日系企業の直接投資は韓国，台湾などの A-NIEs 企業の投資も誘発した。急激な円高により日系企業との競争で優位に立った企業も，日系企業が低コスト生産拠点を確立すれば不利となると判断，自らも直接投資に乗り出した。かつ

ての関税保護に依存した輸入代替型の小規模な投資は輸出市場を守るために現地政府の政策誘導で実施された受身の性格があった。しかし、この時期以降の投資は輸出供給拠点の確立であり、コスト削減のための現地サプライヤーの育成にも本気で着手した。マレーシアのエコノミストは「歴史的日本機会」と表現したが、この3カ国にとって本格的な輸出工業化を実現させるものとなった。この投資により、3カ国の工業品輸出は急激に増加した。一方で、投資用資本財、中間財、インフラ建設資材など輸入も急増した。

　タイが最初に選択されたのは、100％出資が実質的に可能となるなど外資規制が自由化され、輸出生産用の中間財の輸入も無税で、労働力供給も十分に余裕があると判断されたからである。それまでの経済発展の経験の蓄積が近代産業部門で利用可能な労働供給も拡大していた。1970年代までタイを含めた域内諸国の労働力の評価は高くなく、エリジブル（利用可能）な労働者は少ないという評価が一般的であった。しかし、この時期には非常に高く評価されるようになっていた。これは、近代化にともなう基礎教育の拡充、都市生活への適応など社会的能力（social capability）の向上があったからである。この用語は、エリジブルな労働力（eligible labor force）と並んで頻繁に使用されたが、この時期には消えてしまっていた。

　さらに、生産技術の進化による標準化の急速な進行が重要である。この面で日本企業の貢献が大きい。改革・改善の積み重ねで生産技術は大きく変わり、品質の安定を実現、その設備を開発してきた。1980年代後半になると、それまで途上国では生産が難しいとされていた産業、工程がいとも簡単に移転されるようになっていた。典型的な例が半導体などの電子部品で、金さえあれば誰でも生産できると日系企業の技術者が言うようになっていた。

2. 東アジア通貨・経済危機の衝撃

　外資企業の輸出生産拠点の拡大、供給ネットワークの延長は地場企業にも大きな刺激を与えた。自国でも先進国と同様な輸出産業が可能であることが確信され、必要があれば退職、リストラされた日本企業の技術者を採用すれば世界で競争できると判断するようになった。1990年代初めにバブルが崩壊した日本から技術は東アジア全体に急速に拡散した。

域内先発国では経済発展の経験の蓄積と同時に有力な地場企業も育っていた。政府規制が最も強力であったインドネシアでも構造調整策により輸出産業への重すぎる負担が撤廃された。石油価格下落で経済危機を繰り返したインドネシアの企業は，伝統回帰でパーム油などの農園など1次産品部門，加工部門への投資を拡大，また労働集約財への投資に活路を求めた。タイと並んでインドネシアでも輸出部門を先導にブームが生じていた。しかし，1994年ごろから当時のスハルト政権は自由化にブレーキをかけ，利権追及を強化する行動を示し，市場は不信感を強めていた。

順調だった経済に異変が生じたのは1994年の中国人民元の実質的な大幅切下げによる輸出攻勢であった。1989年の天安門事件のショックから回復した中国は輸出を拡大しており，ASEAN諸国と競合していた。さらに，域内諸国の金融自由化政策により，外国からの借り入れが容易になったため，有力な企業は国内金利より格段に低利の国際資本市場を利用するようになった。金利差は7～10％あり，短期の商業手形（C／P）を発行して資金を調達，現地通貨で運用すれば利幅が大きく，当然，資金調達額は膨張することになった。過剰資金はバブルを発生させ，不動産投資ブームとなった。外貨借りで現地通貨貸し，短期資金の長期貸しというダブル・ミスマッチは基本的に脆弱であった。域内諸国の輸出収入の鈍化と経常収支赤字の拡大傾向が観察されると，一気に危機が到来した。商業手形の借り換えが停止され資金は流出，現地通貨は暴落，多数の企業が破綻した。

これが1997～98年東アジア通貨・金融危機で，タイ，インドネシア，韓国はIMFに救済を求める事態となった。深刻な危機はマレーシア，ミャンマーなどの周辺国にも影響した。市場が機能していたシンガポールは影響を回避でき，経済不振が続いて借入の少なかったフィリピンも危機とならなかった。しかし，域内全体にルール重視の透明な市場経済が不可欠という認識が共有されることになった。また，多くの企業が倒産，リストラされたが，生き残った企業はより強力になり，健全経営となった。さらに，庶民も危機に対応して外国に稼ぎに出た。第1-3表は経常収支の対GDP比率を示すが，出稼ぎ送金がマクロ経済に大きな影響を与えるほどの規模となっている。

政府・中銀は国際的な資金の流れの監視強化，国内金融市場の健全化をはか

第1-3表 経常収支の対GDP比率（%）

		1990	1995	2000	2005	2010	2011	2012	2013
シンガポール	財貿易収支	-4.3	12.0	16.9	37.5	26.6	25.4	22.1	22.8
	サービス収支	10.7	7.0	-1.6	-7.6	-0.2	1.0	0.3	0.3
	経常収支	8.0	16.4	10.6	21.9	23.7	22.8	17.5	18.3
マレーシア	財貿易収支	6.0	-3.8	22.2	23.7	17.2	17.1	13.3	10.4
	サービス収支	-3.7	-9.8	-3.0	-1.5	-0.2	-0.7	-1.5	-1.5
	経常収支	-2.1	-4.5	9.0	14.4	10.9	11.6	6.1	3.8
タイ	財貿易収支	-11.1	-2.4	4.3	1.8	8.8	4.6	1.5	1.5
	サービス収支	0.1	-3.7	-1.3	-3.6	-3.2	-2.9	-0.9	0.9
	経常収支	-8.1	1.0	7.4	-4.0	3.0	2.4	-0.4	-0.7
	出稼ぎ送金	1.1	973	1.3	0.6	1.1	1.2	1.2	1.3
	送金額（100万ドル）	973	1,695	1,697	1,187	3,580	4,554	4,713	5,555
インドネシア	財貿易収支	4.7	3.2	15.2	6.1	4.3	4.1	1.0	0.7
	サービス収支	-3.1	-4.0	-6.3	-3.2	-1.4	-1.1	-1.2	-3.3
	経常収支	-2.6	-3.2	4.8	0.1	0.7	0.2	-2.8	-3.3
	出稼ぎ送金	0.1	0.3	0.7	1.9	1.0	0.8	0.8	0.9
	送金額（100万ドル）	166	651	1,190	5,420	6,916	6,924	7,212	7,614
フィリピン	財貿易収支	-9.1	-12.1	-7.4	-11.8	-8.4	-9.1	-7.6	-6.8
	サービス収支	3.3	3.3	-2.3	2.1	2.9	2.9	2.5	2.5
	経常収支	-5.8	-4.4	-2.7	1.9	3.6	2.5	2.8	3.5
	出稼ぎ送金	3.3	7.2	8.6	13.2	10.7	10.3	9.8	9.3
	送金額（100万ドル）	1,465	5,360	6,961	13,561	21,369	23,058	24,641	25,351
ベトナム	財貿易収支	-0.6	-11.3	1.2	-4.2	-4.4	-0.3	6.3	5.1
	サービス収支			-1.8	-0.5	-2.1	-2.2	-1.9	-0.8
	経常収支	-4.0	-9.0	3.6	-1.0	-3.7	0.2	5.8	-5.1
	出稼ぎ送金			4.3	5.5	7.1	6.3	6.4	6.4
	送金額（100万ドル）			1,340	3,159	8,260	8,600	10,000	11,000
カンボジア	財貿易収支	-5.5	-9.7	-14.7	-16.1	-13.9	-14.8	-17.5	-19.4
	サービス収支		-2.1	2.8	7.6	6.2	6.9	7.1	
	経常収支	-3.5	-3.1	-2.7	-3.6	-3.6	-3.7	-7.4	-10.5
	出稼ぎ送金		0.3	3.3	2.6	1.4	1.3	1.8	1.8
	送金額（100万ドル）		12	121	164	153	160	256	278

（出所）ADB Key Indicators 2014.

り，直接投資を誘致できる政策を模索した。中国，インドという競合国に対抗するには共同市場の効果を訴える必要をさらに強く認識するようになった。両人口大国の経済発展は大きな機会であるが，工業化の面では正面から競合する。域内諸国の経済発展にはいかなる展望があるのか，過去の成長要因を検討し，環境変化への対応の可能性を以下に検討する。

第3節　経済成長の諸要因

1. 経済成長とは何か

　経済成長は一般に実質GDP成長率で示されるが，公的な国民所得統計は1941年，米国で最初に作成された。大戦終了後に西欧諸国，日本で作成され，急速に世界的に拡大，推計の技術も進歩した。その結果，経済成長を各種の要因に分けて説明できるようになった。

　国内総生産（GDP）をYとして，人口（N），就業者（L），総労働時間（H）との関係は，Y＝(Y/N)*N＝(Y/L)*L＝(Y/H)*Hのように示される。この関係式の微分を求めて変化率で示せば次のようになる。経済成長率（dY/Y）＝1人当たり所得成長率（dY/N）＋人口増加率（dN/N）＝就労者1人当たり生産性増加率｛d(Y/L)/(Y/L)｝＋就労者数増加率（dL/L）＝労働生産性増加率｛d/(Y/H)/(Y/H)｝＋総労働時間の増加率（dH/H）となり，経済成長は生産性と労働投入という2要因によって説明される。

　労働投入についてはもう少し詳しく要因を分解すると，就労者数の増加率（dL/L）＝就労人口比率の増減率｛d(L/N)/(L/N)｝＋人口増加率（dN/N）であり，総労働時間の増加率（dH/H）＝就労者1人当たり労働時間の増加率｛d(H/L)/(H/L)｝＋就労者増加率（dL/L）である。基本的に人口増加率が高ければ労働人口が増加，就労者数も増加する。しかし，多数の労働者が失業あるいは不完全就労という状態であれば，もし何らかのショックで経済成長が開始された場合，当初の成長率は非常に高くなる可能性がある。

　生産性の向上は基本的に4つの要因により決定される。①貯蓄・投資による資本蓄積，②労働者の質の向上など人的資本の育成，③技術，④生産性の

低い部門から高い部門への資源の移動である。②と③は計測が困難であるが①と④は計測が可能である。しかし，人口爆発という戦後期を経験した途上国の場合，資本ストックの推計，部門間労働移動の計測が非常に難しくなる。経済成長の効率性を示す指標として全要素生産性（TFP）が推計されるが，東アジアの高成長国の場合，その貢献度が過小に評価されてしまう。

2. ASEAN 諸国の成長要因

かつてモンスーンによる稲作経済地域の経済発展に悲観的な見解があったのは，すでに人口稠密な農村と戦後の人口爆発が経済成長の制約要因になると判断されたからである。1人当たり所得＝経済成長率—人口増加率であり，低所得・低成長で貯蓄・投資水準が低くなり，貧困の悪循環になると考えられた。1960年代末に緑の革命と喧伝された，高収量品種の稲，小麦などが期待を高めたが，高成長は予想されていなかった。期待は貧困の緩和であった。人口圧力が負担とされ，都市のスラムの拡大が懸念されたが，一度成長が開始されると人口ボーナスと評価は一転した。

不完全就労人口の存在は工業化の原動力となるというモデルもあるが，短期間で高成長可能とは予測していなかった。もし，閉鎖経済で需要不足による低水準均衡が継続していれば，不幸な予測が現実となった可能性がある。しかし，輸出市場が利用できるなら，国内市場の制約は突破できる。経済成長を実現したのは輸出をエンジンとした経済であった。しかし，その過程は香港，シンガポールのような都市国家を別として時間を要した国が多く経験の蓄積が必要であった。域内先発国も農園，鉱山などの輸出産業はあったが，それは伝統的な社会の中では小さな部分であった。人口に比べ輸出資源の豊富なマレーシアは輸出加工区でも先行したが，基本的に輸出1次産品の多様化のおかげで域内では豊かな国となった。タイも1980年初めまではコメ以外に，砂糖，メイズ，キャッサバなどの農産物輸出で外貨収入を得て，工業化の基礎としていた。

後発国にとって有利な機会は，米国，西欧諸国の予想以上の高成長による所得向上が労働集約財の海外からの輸入を急増させたことである。第2次大戦が終了した後，米国は復員兵に雇用を提供できるか強い懸念があった。しかし，

1950年代，そして黄金の60年代と言われる好況で，完全雇用を実現できた。西欧諸国も戦後復興と高成長，完全雇用を達成した。この主要因は，ケインズ経済学の普及によるマクロ経済政策の技術的向上，大戦中の総動員体制の経験，さらに多くの一般兵士の犠牲により，その貢献への報酬として福祉国家の実現が合意されたことである。富裕層は非常時の増税を受け入れ，この時期に先進国では所得分配が相対的に平等化し，産業革命以来の需要不足が解消され，労働力不足による賃金上昇，インフレ圧力の強い経済となった。農村人口は急速に都市に移動し，第2次産業部門が成長，さらに急速なサービス経済化も進んだ。

所得水準の上昇は，需要の拡大と労働集約財の輸入，高級財の大衆化を促進し，高度大衆消費社会を実現した。この機会に，最初に参入したのが日本で，急速に発展，次いでA-NIEsが成功した。域内先発国は次のランナーとなったが，後発国は先頭集団の経験を学び，自らに不足するものは外資を利用することで補った。成長の原動力は輸出部門を中心とする近代部門での雇用創出，拡大であった。

先進国から導入される近代部門と農業を中心とする伝統部門の生産性格差は非常に大きい。人口爆発期に生まれた人々が就労年齢に達した段階で近代部門に雇用機会が不足すれば，農村部に滞留して不完全就労するか露天商，日雇い労働者などの都市のインフォーマル・セクターで働かざるを得ない。この部門では生産性の上昇はほとんどなく，貧困の悪循環が継続する。しかし，近代部門，特に製造業は生産性を上昇させる技術革新が累積され，伝統部門の10倍以上の相対付加価値生産性を実現できる。例えば伝統部門に100人が就労，100円の付加価値を生産している単純な経済で，就労者が10人増加，生産性10倍の近代部門で雇用されれば100円の付加価値が生産される。伝統部門の生産額は変わらないので総生産額は両部門を合計すると200円，経済規模は倍増する。その期間が7年であれば年率10％，10年であれば7％の実質成長率となる。

ASEAN諸国など成功した途上国の経済発展は，農村人口は同じ規模を保ちながら，余剰人口を近代部門に供給している。これが経済発展の現状であり，まだ農村人口の顕著な減少は発生していない。経済部門は3つに分けられ，第

1次産業部門が農林水産業，第2次部門が鉱工業，建設，電気・水道・ガス，第3次部門は運輸・通信，商業，金融，その他サービス（政府部門を含む）である。途上国の場合，近代部門を中心とする第2次部門での雇用増大が成長の中核となる。ペティ＝クラークの法則は経済発展により当初は第2次部門の比率が上昇，やがて所得向上によりだ3次部門の比率が上昇するとする。

第4節　国際市場統合と成長の好循環

1. 国際市場統合の深化

　域内諸国の経済発展の特性はマクロ経済指標に鮮明に示される。第1-4表は最終財アプローチによるGDPに占める輸出入比率を示している。日本のその比率が高度成長期でも10％前後で，比率上昇は21世紀に入ってからであり，2013年でも輸出16.2％，輸入19.1％であるのに対し，中規模国家のタイは2005年に輸出入とも7割近い水準であり，後発のベトナムは8割の水準に達している。中国，インドも日本よりはるかに貿易依存度が高い。一般に人口の大きい国は貿易依存度が低くなる傾向があったが，グローバル化により米国でもこの比率が上昇してきた。日本経済の相対的な地位低下の主因は国際市場統合の遅れであり，ASEAN諸国，中国の上昇は統合の深化による。

　生産性の上昇のためには近代部門での雇用拡大が不可欠であり，最大の制約は市場である。販売見通しがあれば企業は供給体制を整える。輸出市場に参入できる可能性があれば，国内市場の制約は突破できる。ASEAN域内の企業は外資の輸出生産，A-NIEs企業の経験に学び，労働集約財から輸出部門に参入を開始した。電子産業などハイテク部門に分類される業種も最終組立は労働集約的であり，輸出財の大部分は依然として労働集約財である。産業高度化のためには外資の直接投資がまだ不可欠な段階にある。輸出市場は主に先進国市場を対象としてきた。輸入する資本財，中間財の主たる供給先も先進国であった。

　ASEAN全体のGDPが2.4兆ドル，輸出額1兆2665億ドルと経済規模に比較して輸出額が大きいため，所得水準の低い域内市場は十分な需要を提供でき

第1-4表　GDPに占める輸出入比率（％）

	1990 輸出	1990 輸入	1995 輸出	1995 輸入	2000 輸出	2000 輸入	2005 輸出	2005 輸入	2010 輸出	2010 輸入	2,013 輸出	2,013 輸入
シンガポール	177.2	167.1	181.2	164.5	189.2	176.9	226.1	196.3	199.3	172.8	190.5	167.5
マレーシア	74.5	72.4	94.1	98.0	119.8	100.6	93.3	91.0	93.3	76.3	82.9	74.0
タイ	33.1	40.6	41.6	48.3	64.8	56.5	68.6	69.6	66.6	61.0		
インドネシア	25.3	23.7	26.3	27.6	41.0	30.5	34.1	29.9	24.6	22.9	23.7	25.7
フィリピン	27.5	33.3	36.4	44.2	51.4	53.4	46.1	51.7	34.8	36.6	27.9	32.0
ブルネイ	61.8	37.3	59.7	55.8	67.4	35.8	70.2	27.3	81.4	32.9	76.2	32.5
ベトナム	26.4	35.7	32.8	41.9	55.0	57.5	63.7	67.0	72.0	80.2	83.9	79.8
カンボジア	2.4	8.4	31.2	47.4	49.9	61.7	64.1	72.7	54.1	59.5		
ミャンマー	1.9	3.6	0.8	1.7	0.5	0.6	0.2	0.1	0.1	0.1		
中国	19.0	15.6	20.2	18.6	23.3	20.9	37.1	31.5	29.4	25.6	26.2	23.8
インド	7.1	8.5	11.0	12.2	13.2	14.2	19.3	22.0	22.0	26.3	24.9	28.8
日本	10.4	9.4	9.1	7.7	10.9	9.4	14.3	12.9	15.2	14.0	16.2	19.1

（出所）ADB Key Indicators.

第1-5表 外国直接投資受取額（純流入、100万ドル）と対GDP比率

	1990 金額	1990 %	1995 金額	1995 %	2000 金額	2000 %	2005 金額	2005 %	2010 金額	2010 %	2013 金額	2013 %
シンガポール	5,575	14.3	11,535	13.1	16,484	17.2	18,090	14.2	55,078	23.3	63,772	21.4
マレーシア	2,332	5.3	4,178	4.7	3,788	4.0	3,925	2.7	10,886	4.4	11,583	3.7
タイ	2,444	2.8	2,068	1.2	3,366	2.7	8,055	4.3	9,104	2.7	12,833	3.1
インドネシア	1,093	1.0	4,346	2.2	−4,550	−2.8	8,336	2.9	13,771	1.9	19,618	2.2
フィリピン	530	1.2	1,478	2.0	2,240	2.8	1,664	1.6	1,070	0.5	3,860	1.4
ベトナム	180	2.8	1,780	8.6	1,298	4.2	1,954	3.4	8,000	6.9	8,900	5.2
カンボジア			151	4.4	149	4.0	379	6.0	783	7.0	1,557	11.1
ラオス	6	0.7	95	5.4	34	2.1	28	1.0	279	4.1	294	3.2
ミャンマー	161	0.7	277	0.3	258	0.1	235	0.0	901	0.0	2,243	2.8
中国	3,487	0.9	35,849	4.9	38,399	3.2	111,210	4.9	272,987	4.6	347,849	3.8
インド	0	0.0	2,144	0.6	3,584	0.8	7,606	0.9	27,397	1.6	23,996	1.3

（注）インドネシア、カンボジア、ラオス、ミャンマー、インドは2012年。
（出所）ADB Key Indicators 2014.

ない。日系企業中心に形成された工程間分業も全体の貿易額からみれば小さくなる。さらに，1990年代以降の中国経済の急成長は1次産品需要の急増となり，中国市場が輸出を吸収した。アジア域内市場への貿易依存度が60％を超えるのにASEAN域内貿易依存度が26％にすぎないのは当然の結果である。市場に先導された合理的選択の結果であり，域内全体の所得水準が上昇すれば域内市場も拡大，域内貿易比率も上昇する可能性はあるが時間を要しよう。

シンガポールを別にして域内諸国の比較優位の源泉は低コスト労働力である。労働集約財に資源を集中して，自国で生産すると費用が高くなるものは輸入するという経済構造は高成長を目標とすれば最も合理的な選択である。必要条件は過度の経常収支赤字とならないようにバランスを維持することである。インフラ投資など潜在需要が大きく，投資比率が高いので経常収支の赤字が拡大しやすい構造がある。第1-3表に示されるように経常収支の赤字を出稼ぎ送金で補填する割合が高まっている。フィリピンなどは送金額の増大が経済成長のエンジンとなっている。

域内経済が安定的に成長する鍵は外国直接投資をいかに誘致できるかである。対外借入に依存した投資は信認が揺らぐと危機を招く可能性があり，直接投資が最も安定したエンジンとなる。第1-5表は直接投資のネット受取額と対GDP比率を示しているが，相対的に非常に高いと言える。日本との対比でみればGDPの1％は約5兆円なので，タイの例でみても3％という比率は成長に大きな影響をあたえる。さらに直接投資は投資金額を遥かに超える貢献をしており，生産性向上の案内役と言っても過言ではない。途上国にとって最適の訓練場を提供しており，かなり長期にわたって成長の先導役の役割を果たすことになろう。

2. 成長の好循環

政治・社会が安定し，経済成長が一定期間継続すると貧困の悪循環と真逆の成長の好循環が始まる。成長率が高く，長期に継続するほど内外企業の将来への期待感が高まり，この期待は自己実現的予想（self-fulfilling expectation）となる。過剰な期待は時に行き過ぎて経常収支赤字の拡大，あるいはバブルとなることもあるので，金融政策が重要な役割を果たす。投資が拡大・継続する

第1-6表 GDPに対する投資と貯蓄比率（市場価格、%）

	1990 投資	1990 貯蓄	1995 投資	1995 貯蓄	2000 投資	2000 貯蓄	2005 投資	2005 貯蓄	2010 投資	2010 貯蓄	2013 投資	2013 貯蓄
シンガポール	35.6	45.7	33.8	50.5	34.9	47.2	21.4	51.2	27.9	54.3	29.1	52.1
マレーシア	32.4	34.4	43.6	39.7	26.9	46.1	22.4	44.3	23.3	40.3	26.3	35.2
タイ	41.6	34.1	42.9	36.2	22.3	30.7	30.5	29.4	25.5	31.2	25.5	29.4
インドネシア	30.7	32.3	31.9	30.6	22.2	31.8	25.1	27.5	32.3	34.4	33.6	35.1
フィリピン	24.2	18.7	22.5	14.5	18.4	16.4	21.6	15.9	20.5	19.7	19.7	16.8
ベトナム	14.4	2.9	27.1	18.2	29.6	27.1	33.8	27.8	35.7	27.4	26.6	28.8
カンボジア	8.3	2.3	14.3	2.5	16.9	8.1	18.5	9.9	17.4	12.4	17.4	12.3
ミャンマー	13.4	11.7	14.2	13.4	12.4	12.3	13.2	13.1	23.2			
中国	36.1	35.2	41.9	39.6	35.1	38.0	42.1	46.3	48.2	51.7	49.3	48.6
インド	26.0	22.8	26.2	24.4	24.3	23.7	34.7	33.4	36.5	33.7	26.6	28.4

(注1) タイ、カンボジアは2012年。
(注2) 投資は粗固定資本形成（在庫投資を除く）、貯蓄率は国民貯蓄（民間貯蓄＋財政収支）。
(出所) ADB Key Indicators 2014.

と必ずインフラが不足し，投資が必要となる。投資が投資を促進する時期が成長期で，先進国との格差を急速に縮小できる期間である。しかし，その必要額は大きな負担ともなるが，成長のボトルネックは明白であり，優先順位の選択に迷いは少ない。

ASEAN を含む東アジア諸国は，基本的に高貯蓄・高投資を維持し対外債務の累積を回避してきた。第 1-6 表は GDP に対する貯蓄・投資比率を示している。他の地域に比較して異常に貯蓄率が高いのが最大の特色である。民間貯蓄＝可処分所得－消費，政府貯蓄＝財政黒字＝税収－政府支出であり，国民貯蓄＝民間貯蓄＋政府貯蓄となる。国民所得勘定恒等式は，民間貯蓄－投資＝政府財政収支＋純輸出（＝輸出－輸入）となり，貯蓄不足と財政赤字が経常収支赤字をもたらすことになる。特に放漫財政による赤字が最も深刻な課題をもたらすが，東アジア諸国はこの 25 年間は財政均衡を基本的に維持してきた。中国を先頭に貯蓄過剰が経常黒字を拡大しグローバル・インバランスをもたらしたことが問題であった。

相対的に貯蓄率の高くないフィリピン，カンボジアは出稼ぎ送金が経常収支バランスを支えており，まだ産業基盤の不足する国でも高成長が可能となるモデルを提供している。高投資が資本装備率を上昇させ，生産性を上昇させる。遅れて近代経済成長を開始した国はその効果が大きい。極端な事例となるが荷車からトラックに，泥道から舗装道路になるだけで輸送効率と経済活動機会は飛躍的に向上する。投資の増大を支える貯蓄，あるいは出稼ぎ送金が確立できれば，成長の必要条件が実現される。これに着実に成長できる近代部門を民間企業が確信できれば十分条件となり，高成長が可能となる。

第 5 節　成長力持続の課題

この 25 年間に ASEAN 諸国は急速に近代化を実現した。第 1-7 表が示すように第 2 次産業部門が付加価値生産の面で比率を上昇させピーク時には 40～50％に達し，次第に雇用の面でも役割を増大させるが，経験的にみてその比率は 30％程度が上限となる。マレーシアのような先発国では経済のサービス化

第1-7表　部門別GDP構成 (%)

		1990		2000		2010		2013	
		付加価値	雇用	付加価値	雇用	付加価値	雇用	付加価値	雇用
マレーシア	第1次産業	15.0	26.0	8.3	16.7	10.5	13.6	9.4	13.0
	第2次産業	41.5	20.5	46.8	23.8	41.6	18.2	41.0	17.6
	第3次産業	43.5	53.5	44.9	59.5	48.0	68.2	49.6	69.4
タイ	第1次産業	10.0	63.3	8.5	44.2	10.6	38.2		41.7
	第2次産業	37.2	9.9	36.8	15.0	40.1	14.2		15.0
	第3次産業	52.8	26.7	54.7	40.8	49.3	47.6		43.2
インドネシア	第1次産業	19.4	55.9	15.6	45.3	15.3	38.3	14.4	35.0
	第2次産業	39.1	10.8	45.9	13.5	47.5	13.9	45.7	14.3
	第3次産業	41.5	33.3	38.5	41.2	37.7	47.7	39.9	50.6
フィリピン	第1次産業	21.9	44.9	14.0	37.1	12.3	33.2	11.2	31.0
	第2次産業	34.5	10.6	34.5	10.4	32.6	9.0	31.1	8.9
	第3次産業	43.6	44.4	51.6	52.5	55.1	57.8	57.7	60.0
ベトナム	第1次産業	38.7	72.1	24.5	64.4	18.9	49.5	18.4	46.8
	第2次産業	22.7	8.8	36.7	10.1	38.2	21.0	38.3	14.5
	第3次産業	38.6	19.0	38.7	25.5	42.9	29.5	43.3	38.7
カンボジア	第1次産業	56.5		37.9	73.7	36.0	72.3	33.8	64.3
	第2次産業	11.3		23.0	7.0	23.3	9.2	25.7	8.1
	第3次産業	32.2		39.1	19.3	40.7	18.6	40.5	27.6
ラオス	第1次産業	61.2		48.5	8.1	30.6	72.2		
	第2次産業	14.5		19.1	19.7	29.8			
	第3次産業	24.3		32.4		39.6			
ミャンマー	第1次産業	57.3	65.6	57.2		36.9			
	第2次産業	10.5	7.7	9.7		26.5			
	第3次産業	32.2	26.7	33.1		36.7			

(注)　空欄はデータが得られない。
(出所)　ADB Key Indicators 2014.

が始まっている。付加価値生産の面で農林水産業の比率低下は顕著であるが、後発国では特に雇用の面でシェアが大きい。先進国では第1次産業部門の雇用シェアは5％以下となり、農産物生産・輸出の面で圧倒的な競争力をもつ米国でも2％を割っている。近代経済成長は共通の性格をもち、生産性の向上が最も実現されやすい製造業でも雇用が減少しサービス部門が受け皿となる。サービス部門の生産性向上は特に対人サービスの面で限界があり、先進国の成長率は2％前後に収斂、部門間の生産性格差も小さくなる。ボーモル病として知られる成長の制約である。

後発性の利益を活用して先進国経済を模倣する途上国ではボーモル病の制約ははるか先のことで、10％を超える成長の継続が可能な局面もある。1人当たりGDPが1万ドルに達していないタイ以下のASEAN諸国はまだしばらくは高成長を実現できる局面にある。

第1-8表は域内主要国の第1次産業部門に対する第2次、第3次部門の付加価値生産性の倍率を示すものである。マレーシアでは第2次部門は3倍、第3

第1-8表　ASEAN主要国の部門別付加価値生産性（第1次部門比倍率）

		1990	2000	2010	2013
マレーシア	第2次部門	3.51	3.96	2.96	3.22
	第3次部門	1.41	1.52	0.91	0.99
タイ	第2次部門	23.79	12.76	10.18	
	第3次部門	12.52	6.97	3.73	
インドネシア	第2次部門	10.43	9.87	8.55	7.77
	第3次部門	3.59	2.71	1.98	1.92
フィリピン	第2次部門	6.67	8.79	9.78	9.67
	第3次部門	2.01	2.61	2.57	2.66
ベトナム	第2次部門	4.81	9.55	4.76	6.72
	第3次部門	3.78	3.99	3.81	2.85
カンボジア	第2次部門		6.39	5.09	6.04
	第3次部門		3.94	4.39	2.79

（注）　第1次産業部門（農林水産業）の付加価値を1とした場合の倍率。
（出所）　ADB Key Indicators.

次部門はほぼ同等と先進国レベルの平準化が進んでいるので，簡単に高成長を達成できないと思われる。タイは第2次部門が1990年に比べると半減しているが2010年でも10倍，第3次部門も3.7倍であり，就業者の40％が第1次部門に留まっているので成長余力はある。農村人口が多い場合，労働市場への若い新規参入者は近代部門に就労する可能性が高いので成長率を底上げする効果が継続する。

第1-9表は2004～13年の成長率を就業者の増加による部分と生産性の向上による部分を推計したものであり，ASEAN諸国を上回る高成長を達成した中国と比較している。域内先発4カ国では第3次部門が成長に最大の貢献を果たしており，タイ以外は就業者の増加が生産性の上昇より大きな役割を果たしている。さらに問題なのはタイに400万人，マレーシアには670万人の外国人労働者が就労しているとされるので，生産性の上昇は過大に評価されてしまう可能性がある。第1次部門の就業者が減っているのはインドネシアだけで，それも年率マイナス0.2％，9年間で65万人と僅かである。一方，中国は10.2％の成長のうち就業者増加で0.4％，生産性向上で9.8％，しかも第1次部門の就業者は年率4％減，1億660万人も移動している。このため第1次部門の就業者1人当たり生産性が8.5％と驚異的な伸びを示している。中国経済の高いパフォーマンスは近代部門の雇用創出が伝統部門から労働力を吸引するレベルに達したことにある。

対象期間は2007/008年の国際金融危機を挟んでいるが，1次産品価格のスーパーサイクルによりインドネシア，マレーシアは巨大な輸出収入を享受できたブーム期でもある。出稼ぎ送金の増加したフィリピンと合わせて消費ブームが生産性を大幅に向上させたはずであるが，中国に大きく遅れをとっている。タイはタクシン政権をめぐる政治混乱，洪水の影響がある割には堅実と評価できる。しかし，中国に比較すると雇用創出が相対的に少なく，近代部門の成長が遅いと判断される。これが，ASEAN諸国の課題となっている。

ASEAN諸国は外資誘致で中国に遅れをとったことが最大の問題である。インフラ建設など政治権力が強くシンガポール型の実行力を持つ中国は非常に速いスピードで対応し，巨大人口の購買力に期待する外資を引き付けてきた。しかも成長の主要因は労働力投入の増大ではなく生産性の向上であり，付加価値

第 1-9 表　セクター別成長率と生産性伸び率，就業者増加率（2004-2013，%）

		GDP	就業者	生産性	成長寄与率
マレーシア	合計	4.8	3.2	1.6	100.0
	第1次部門	2.8	1.9	0.9	4.5
	第2次部門	2.7	1.3	1.4	24.3
	第3次部門	7.1	4.0	3.1	71.2
タイ	合計	3.8	1.4	2.4	100.0
	第1次部門	2.0	1.3	0.7	4.2
	第2次部門	3.8	0.6	3.2	38.4
	第3次部門	4.0	1.8	2.2	57.4
インドネシア	合計	5.9	2.2	3.7	100.0
	第1次部門	3.6	−0.2	3.8	8.5
	第2次部門	4.6	3.4	1.2	33.5
	第3次部門	7.8	3.9	3.9	58.0
フィリピン	合計	5.2	2.1	3.1	100.0
	第1次部門	2.1	0.4	1.7	4.9
	第2次部門	5.3	0.8	4.5	33.4
	第3次部門	5.9	3.3	2.6	61.7
ベトナム	合計	6.2	2.6	3.6	100.0
	第1次部門	3.5	0.0	3.5	11.0
	第2次部門	6.5	4.3	2.2	40.1
	第3次部門	7.3	6.0	1.3	49.0
カンボジア	合計	7.7	0.9	6.8	100.0
	第1次部門	5.6	1.6	4.0	21.2
	第2次部門	9.1	−1.1	10.2	36.6
	第3次部門	7.7	−0.1	7.8	42.2
中国	合計	10.2	0.4	9.8	100.0
	第1次部門	4.5	−4.0	8.5	7.3
	第2次部門	11.0	3.7	7.3	50.4
	第3次部門	10.9	3.0	7.9	42.3

（注）　タイは 2004-2012 年。
（出所）　ADB Key Indicators.

生産性の高い雇用を創出できたからと判断される。大躍進政策，文化大革命などの強烈な経験から政府に抵抗する危険を認識する中国では成長政策が成功してきたが，大量生産によるコスト低下が原動力と思われる。しかし，高付加価値産業の発展が必要な段階に従来の政策が有効か否かは不明である。

　ASEAN諸国は中国型の政策主導よりルール・オリエンテッドな市場重視政策を強化すべきと思われる。投資を決定するのは民間企業に任せ，政府は補完的公共投資に集中するべきである。過去の失敗を考察すれば，政府の介入，特に産業政策では失敗が多い。成功事例と自賛するマレーシアの国民車，インドネシアの合板産業も問題の方が大きい。資源の現地加工義務と輸出規制は機会費用を考慮すると損失の方が大きい。中国経済の成長鈍化，リスクの増大に対応してASEAN諸国への評価が高まっている現在，外資誘致に有利な環境がある。大衆迎合主義的な政策，特に最低賃金の急速な上昇や外資規制は機会費用が高いことを考慮する必要があろう。共同体の発足による自由化，国境障壁の撤廃は各国の制度も収斂させる可能性があり，市場重視の経済の実現は成長を促進できる。

参考文献

大野健一（2000）『途上国のグローバリゼーション』東洋経済新報社．
ガーシェンクロン，アレキサンダー（1962）『後発工業国の経済史』絵所秀紀・雨宮昭彦・峯陽一・鈴木義一訳，2005年5月，ミネルヴァ書房．
クズネッツ，サイモン（1966）『近代経済成長の分析（上下）』塩野谷祐一訳，1968年5月，東洋経済新報社．
ジョーンズ，E. L.（2000）『経済成長の世界史』天野雅敏・重富公生・小瀬一・北原聡訳，2007年1月，名古屋大学出版会．
ジョーンズ，チャールズ・I.（1998）『経済成長理論入門』香西泰監訳，1999年9月，日本経済新聞社．
世界銀行（1993）『東アジアの奇跡〜経済成長と政府の役割』白鳥正喜監訳・海外経済協力基金開発問題研究会訳，1994年6月，東洋経済新報社．
ノース，ダグラス・C.（1990）『制度・制度変化・経済成果』竹下公視訳，1994年12月，晃洋書房．

（小黒啓一）

第 2 章

現代の ASEAN 経済と課題
―マクロ経済,中所得国の罠など―

はじめに

　本章は,ASEAN の置かれた経済概況を述べ,その外部条件と今後の課題を明らかにする。その後に ASEAN 経済の向かうべき方向を示す。それを次の 7 つの手順で行う。

　第 1 に,マクロ経済の概況を主要経済指標に従って示す。マクロ経済は,成長と安定について明らかにする。「経済成長」は GDP 指標により示す。「安定」は,物価上昇率と国際収支における対外経常収支で示す。第 2 に,2025 年の 1 人当たりの GDP 予測値を示す。第 3 に,ASEAN を 4 つのグループに分類する。その後,第 4 に,ASEAN の置かれた外部経済条件を人口,エネルギー,食糧自給に関して明らかにする。第 5 に,課題として,高齢化への対応,高等教育の必要,都市化への対応,ハードインフラの必要性,ソフトインフラの今後の課題,所得格差の是正があることを示し,第 6 に,これらの課題に対応するために産業構造の高度化,つまり,生産構造の高度化,消費の質の高度化が必要であることを明らかにする。

　国際協力機構(2014)の予測では,中所得国の罠を 2025 年に脱する ASEAN の国はマレーシアだけである(すでに先進国の水準にあるシンガポールとブルネイを除く)。この水準を脱するためには,外部制約条件をクリアーし,「消費の質」を向上する必要がある。このためには,第 3 次産業のうちサービス産業の振興による産業構造の転換を必要とする。

　以下,第 1 節で,アジアの中所得国の罠について説明する。第 2 節で外部条

件としての人口, エネルギー, 食糧自給について明らかにする。また, 2025年を見据えた課題を示す。第3節で中所得国の罠からの脱出の方策を提示する。その1つが消費の質の向上である。これを具体的に述べるのが第4節の農・食・観光産業クラスターの形成である。最後に結論を述べる。

第1節　2025年にマレーシアが「中所得国の罠」から脱出

　中所得国の罠とは, IMF (国際通貨基金) Duval などが定義した1人当たり国内総所得 (GDP) が2000～1万5000ドル (2005年固定価格 PPP) の国の罠である。中国は, それが2014年時点で6000ドルに達し, 中南米が経験した罠を警戒している。

　マクロ経済は, 一般的に大きく分けると4つの課題をかかえた。(1)経済成長, (2)経済安定, (3)所得格差, そして(4)環境問題である。

　第1に, 経済成長の課題は, 国際競争力のある企業の育成である。企業の国際競争力は, 特に21世紀に入って一層の規制緩和により世界的な競争にさらされるために必要となった。外資を利用することにより国内産業を世界企業に育てることができるかどうかが重要な課題となる。第2に, 経済の安定の課題は, 3つからなる。つまり, 雇用増大, インフレの沈静化, 国際収支の安定である。第3に, 所得格差が大きくなると社会不安になる。所得格差の問題は, マクロ経済で常に指摘される。第4に, 環境問題に関しては, 工業化の進展により意識されている地域がある。

1. マクロ経済の状況：タイを除く順調な成長と CLMV の不安定性
(1)-1　経済成長：ブルネイとタイに課題

　ASEAN の GDP 成長率に関して, 2008年から2014年の7年間の平均成長率は, 5％前後であり, ブルネイとタイを除くと順調に成長している。この時期に, ブルネイとタイの成長率が低い。2008年のリーマンショックの影響が弱い (第2-1表(a))。

　2010年から2014年の平均成長率は, 2008年のリーマンショックの影響を除

いた成長を意味する。ブルネイは資源国であり，例外的な動きを示す。タイに関しては，2008年以降に政治の混乱が継続しており，2011年の洪水が影響し，平均成長率が3.78%にとどまる。しかし，その他のASEANは，ほぼ6%前後の平均成長率を達成している。

(1)-2 財政収支：カンボジア，ラオス，ベトナムに課題

一方で，CLMVについては，マクロ経済の安定性を欠いている（第2-1表(b)）。中央政府の財政赤字のGDP比に関して，2008年から2013年の平均でシンガポールとブルネイを除くとマイナスである。特に，カンボジア，ラオス，ベトナムの3カ国が悪く，それぞれマイナスの6.4%，8.13%，5.93%である。この危険ラインはマイナス8%で，これらの3カ国は，2008年から2013年にかけてマイナス8%を超える年がある。また，ミャンマーに関して6%を超える年がある（第2-1表(c)）。CLMV以外の国は，マクロ経済の安定を達成している。

(1)-3 貨幣供給：ラオス，ミャンマー，ベトナムに課題

財政赤字は，貨幣供給を増やすこと，いわゆるマネー・プリントにより補てんする国がある。したがって，財政赤字は貨幣供給の伸び率に一部反映されることある。CLMVのその伸び率が，カンボジアを除いて20%を超えている。カンボジアのそれは19.75%であり，ほぼ20%である。ラオス，ミャンマー，ベトナムのそれは，それぞれ28.58%，34.13%，21.95%である。CLMV以外のASEANのそれは15%以下であり，安定している。

(1)-4 国際収支：カンボジア，ラオス，ベトナムに課題

財政赤字の影響は国際収支の対外経常収支のGDP比に反映され，カンボジア，ラオス，ベトナムの比率が，マイナス8%を超え，それぞれ9.16%，23.56%，0.74%である。ベトナムのそれは，2008年にマイナス11.9%であったが，徐々に改善した。なお，マレーシアのそれがマイナス3.19%と良くない。インドネシアのそれは，マイナス1%に達しておらず悪い状況にはない。マクロ経済の全般の状況に関して，インドネシアとフィリピンに関して，成長率が順調

第2章 現代のASEAN経済と課題　49

第2-1表

(a)

GDP成長率(%)	2008	2009	2010	2011	2012	2013	2014	2008-2014平均	2010-2014平均
東南アジア	4.4	1.4	7.9	4.8	5.7	5.0	4.6	4.83	5.60
ブルネイ・ダルサラーム	−1.9	−1.8	2.6	3.4	0.9	−1.8	1.1	0.36	1.24
カンボジア	6.7	0.1	6.0	7.1	7.3	7.2	7.0	5.91	6.92
インドネシア	6.0	4.6	6.2	6.5	6.3	5.8	5.3	5.81	6.02
ラオス	7.2	7.3	7.5	7.8	7.9	7.9	7.3	7.56	7.68
ミャンマー	4.8	−1.5	7.2	5.2	5.6	4.7	5.7	4.53	5.68
マレーシア	3.6	5.1	5.3	5.9	7.3	7.5	7.8	6.07	6.76
フィリピン	4.2	1.1	7.6	3.7	6.8	7.2	6.2	5.26	6.30
シンガポール	1.7	−0.8	14.8	6.1	2.5	3.9	3.5	4.53	6.16
タイ	2.5	−2.3	7.8	0.1	6.5	2.9	1.6	2.73	3.78
ベトナム	6.3	5.3	6.8	5.9	5.2	5.4	5.5	5.77	5.76

(b)

財政収支(GDPに占める%)	2008	2009	2010	2011	2012	2013		2008-2013平均	2010-2013平均
ブルネイ・ダルサラーム	30.2	−1.5	15.9	26.9	20.2	−		18.34	21.00
カンボジア	−2.7	−8.6	−8.1	−7.5	−6.5	−5.0		−6.40	−6.78
インドネシア	−0.1	−1.6	−0.7	−1.1	−1.9	−2.3		−1.28	−1.50
ラオス	−5.9	−5.8	−8.9	−7.9	−7.9	−12.4		−8.13	−9.28
ミャンマー	−4.6	−6.7	−5.4	−4.8	−4.5	−3.9		−4.98	−4.65
マレーシア	−2.5	−4.9	−5.5	−4.6	−3.9	−4.9		−4.38	−4.73
フィリピン	−0.9	−3.7	−3.5	−2.0	−2.3	−1.4		−2.30	−2.30
シンガポール	0.1	−0.3	0.3	1.2	1.6	1.1		0.67	1.05
タイ	−1.3	−4.4	−2.6	−0.9	−4.1	−2.0		−2.55	−2.40
ベトナム	−3.1	−8.5	−6.7	−3.8	−6.4	−7.1		−5.93	−6.00

(c)

貨幣供給率(%)	2008	2009	2010	2011	2012	2013		2008-2013平均	2010-2013平均
ブルネイ・ダルサラーム	21.6	9.7	4.8	10.1	0.9	−		9.42	5.27
カンボジア	4.8	36.8	20.0	21.4	20.9	14.6		19.75	19.23
インドネシア	14.9	13.0	15.4	16.4	15.0	12.7		14.57	14.88
ラオス	18.3	31.3	39.5	28.7	31.0	22.7		28.58	30.48
ミャンマー	13.4	9.5	7.2	14.7	9.7	8.4		10.48	10.00
マレーシア	23.4	34.8	36.3	26.3	46.6	37.4		34.13	36.65
フィリピン	15.6	9.9	10.0	7.1	8.9	32.7		14.03	14.68
シンガポール	12.0	11.3	8.6	10.0	7.2	4.3		8.90	7.53
タイ	9.2	6.8	10.9	15.1	10.4	7.3		9.95	10.93
ベトナム	20.3	29.0	33.3	12.1	18.5	18.5		21.95	20.60

第 2-1 表

(d)

対外経常収支 (GDPに占める%)	2008	2009	2010	2011	2012	2013	2014	2008- 2014平均	2010- 2014平均
東南アジア	4.4	7.0	6.1	5.4	2.7	2.2	2.5	4.33	3.8
ブルネイ・ダルサラーム	48.5	40.2	48.5	52.4	47.0	43.0	44.0	46.23	47.73
カンボジア	−11.1	−6.0	−7.9	−7.0	−10.0	−10.8	−11.3	−9.16	−8.93
インドネシア	0.0	2.0	0.7	0.2	-2.8	-3.3	−2.9	−0.87	−1.30
ラオス	−18.5	−26.9	−18.3	−15.8	−28.5	−29.5	−27.4	−23.56	−23.03
ミャンマー	17.1	15.5	10.9	11.6	6.1	3.8	4.1	9.87	8.10
マレーシア	−3.1	−1.3	−1.5	−2.1	−4.4	−4.8	−5.1	−3.19	−3.20
フィリピン	2.1	5.0	3.6	2.5	2.8	3.5	3.4	3.27	3.10
シンガポール	14.9	17.8	26.8	22.5	17.8	18.2	19.1	19.59	21.33
タイ	0.5	8.3	3.1	1.2	−0.4	−0.7	−0.1	1.70	0.80
ベトナム	−11.9	−6.2	−3.7	0.2	5.8	6.5	4.1	−0.74	2.58

(e)

物価上昇率(%)	2008	2009	2010	2011	2012	2013	2014	2008- 2014平均	2010- 2014平均
東南アジア	8.5	2.6	4.1	5.5	3.8	4.2	4.1	4.69	4.3
ブルネイ・ダルサラーム	2.1	1.0	0.4	0.1	0.1	0.4	0.1	0.60	0.25
カンボジア	25.0	−0.7	4.0	5.5	2.9	2.9	4.4	6.29	3.83
インドネシア	9.8	4.8	5.1	5.3	4.0	6.4	5.8	5.89	5.20
ラオス	7.6	0.0	6.0	7.6	4.3	6.4	5.0	5.27	6.08
ミャンマー	5.4	0.6	1.7	3.2	1.7	2.1	3.3	2.57	2.18
マレーシア	22.5	2.3	8.2	2.8	2.9	5.8	6.6	7.30	4.93
フィリピン	8.3	4.1	3.9	4.6	3.2	3.0	4.4	4.50	3.68
シンガポール	6.6	0.6	2.8	5.2	4.6	2.4	2.0	3.46	3.75
タイ	5.4	−0.9	3.3	3.8	3.0	2.2	2.2	2.71	3.08
ベトナム	23.0	6.9	9.2	18.7	9.1	6.6	4.5	11.14	9.62

(出所) アジア開発銀行, Asian Development Outlook 2013 を基に朽木昭文作成。

であり, 安定がある点は, 特筆すべきである (第 2-1 表(d))。

(1)-5 インフレ率：カンボジア, ラオス, ベトナムに課題

貨幣供給率の高い伸び率の影響はインフレ率に反映され, カンボジア, ラオス, ベトナムのそれは, 2008-14 年平均でそれぞれ 6.29%, 5.27%, 11.14%の危険ラインにある (第 2-1 表(e))。マレーシアとインドネシアのそれが, それぞれ 7.3%と 5.89%であり, 5%の危機ラインを超える。

2. 2025年のGDP予測値：ASEANの4つのグループ

2011年の1人当たりGDPに関して，CLMVが1500ドル以下である。フィリピンとインドネシアが3000ドル以下である。タイとマレーシアが9000ドル以下である。ブルネイとシンガポールが3万ドル以上である。ASEAN10カ国を4つのグループに分ける。

CLMV：カンボジア，ラオス，ミャンマー，ベトナム
ASEAN4グループ1：フィリピンとインドネシア
ASEAN4グループ2：タイとマレーシア
BS：ブルネイとシンガポール

である。結論として，BSを別としてマレーシアが中所得国の罠を脱出する。

国際協力機構（2014）[1]の予測の前提条件は次の3つである。第1に，インフラについては，アジア開発銀行が必要と予測する総額の30％が上乗せされると想定する。第2に，関税は2015年までに撤廃される。第3に，非関税障壁は2025年に50％削減される。

その予測によれば，2015-25年の1人当たりGDP成長率は，CLMVが8-9％であり，先発ASEANが3.5-6.5％である。したがって，域内格差は是正される。ミャンマーとシンガポールの1人当たりGDPの格差は，61倍から36倍に縮小する。

2025年の1人当たりGDPに関して，CLMVは4000ドル以下にとどまる。ASEAN4グループ1（フィリピンとインドネシア）は7000ドル以下である。ASEAN4グループ2（タイとマレーシア）のうちタイが9734ドルであり，マレーシアが1万5056ドルである。BS（ブルネイとシンガポール）は5万ドルを超える。

つまり，シンガポールとブルネイの先進ASEAN以外では，マレーシアを除いて1万5000ドルから脱することができない。いわゆる「中所得国の罠」の範囲に留まる。ここに，ASEANの課題がある。2025年までに政策が必要である。

3. ASEANの4グループが中所得国の罠から脱出するための処方箋

CLMVは，アジア生産ネットワークに参加することが望ましい。つまり，

チャイナ・プラス・ワンやタイ・プラス・ワンの実現である。中国に工場を持つ企業はCLMVにも工場を持ち，タイに工場を持つ企業はラオスやカンボジアにもう1つの工場を持つ。

ASEAN4グループ1（フィリピンとインドネシア）は，生産と消費の両面の対策が必要である。生産面ではCLMVと同様にアジア生産ネットワークへの参加が望ましい。また，消費の質の高度化である。この点を第3節以降で明らかにする。

ASEAN4グループ2（タイとマレーシア）も，消費の高度化が必要であり，サービス業への経済構造の転換を必要とする。

BS（ブルネイとシンガポール）に関して，ブルネイは資源国であり，資源価格に依存する。シンガポールは，最先端の産業構造の実現を目指している。ヘッドクオーターオフィスの集積，バイオクラスターの形成，金融センター，ITクラスター，観光産業クラスター形成のための総合リゾート（Integrated Resort）など先端的な政策を実行している。

第2節　外部条件としての人口・エネルギー・食糧自給と2025年を見据えた課題

ASEANの将来を予測するときに重要な外部条件は，人口，エネルギー，食糧自給である。

第1に，人口に関して，ASEANではむしろ増えないことに問題がある。第2に，エネルギー需要は，所得の増加とともに大きく伸びる。この需給は，エネルギー価格や代替エネルギーの発見に依存する。また，原子力エネルギーの使用とも関連し，数多くの不確定要素がある。したがって，地球的な規模では環境問題が制約である。第3に，食糧自給に関して，アジアだけで需要と供給を調整する必要はなく，アジアで自給できない分をグローバルに供給されることを考えればよい。この点で南米の食糧供給力に期待がある。

1. 人口：約7億人で中所得層の増大

ASEAN の人口は，年平均1％で増加し，2025年に6億9500万人と予測されている。特に，生産年齢人口はインドネシアとフィリピンで特に増加する。また，中所得層以上の割合が，56.4％から76.5％に増加する（United Nations Population Division (2012)）。

ASEAN の2010年から2025年までに，国内市場が約4倍に増加し（国際協力機構 (2014)），貿易額（輸出額と輸入額の合計）が2.3倍に増加する（Petri, Plummer and Fan Zhai (2012)）。国内市場に関しては，インドネシアが5倍になり，ベトナムが8倍になる。

2. エネルギー消費の拡大

エネルギー消費は，2011年から2030年までに経済成長とともに急増し，ベトナムで2.4倍に，他の国でも1.7-2倍になる（国際協力機構 (2014)）。

3. 食糧自給率の減少

食糧自給率は，2004年から2030年までに97％から85％に減少する（ADBI (2013)）。

4. アジアの課題

アジアの課題は，主に6点ある。①「高齢化」への対応が必要である。これを第2-2表に示す。シンガポール，タイ，中国は2002年までに高齢化している。フィリピンとラオスだけは，高齢化が遅れる。2024年までには，ベトナム，ブルネイ，マレーシア，ミャンマー，インドネシア，カンボジア，インドの国が高齢化社会（65歳以上の人口の全体に占める割合が7％以上）へ移行する。高齢社会（65歳以上の人口の全体に占める割合が14％以上）への移行は，シンガポール，タイ，中国，ベトナム，ブルネイで2032年までに起こる。

高齢化社会は，生産従事人口の減少をもたらす。ただし，富裕層がアジアに多く存在し，この層が大きな消費財の需要を，そして健康産業や医療産業の需要を生む。

人口ボーナス期とは，15歳から64歳までの人口を分子とし，それ以外の人

第 2-2 表　高齢化社会から高齢社会への移行年

	(A)高齢化社会	(B)高齢社会	倍加年数(B)−(A)
日本	1970	1995	25
シンガポール	1999	2021	22
タイ	2002	2022	20
中国	2001	2026	25
ベトナム	2016	2033	17
ブルネイ	2020	2032	12
マレーシア	2021	2045	24
ミャンマー	2022	2046	24
インドネシア	2023	2045	22
カンボジア	2022	2048	26
インドネシア	2024	2055	31
フィリピン	2035	2070	35
ラオス	2038	2057	19

（出所）　国連経済社会局人口部（World Population Prospects: the 2012 Revision）中位推計を基に JICA 作成。国際協力機構（2014）p.90。

口を分母として得た値が 2 を超えた時期をいう。人口ボーナス期の終了の時期を第 2-1 図に示す。ラオス，フィリピン，カンボジア以外のすべての ASEAN は，人口ボーナス期を 2026 年までに終える。労働需給に関する失業率に関して，ASEAN で低い。フィリピンは 2018 年に 7 ％以上で高い（国際協力機構(2014)）。

　ASEAN はこれまでは労働集約産業の成長に依存してきた。労働力がひっ迫してくると，成長戦略の変更が必要となる。労働集約型産業から資本集約型産業や知識集約型産業への転換が必要な国が出てくる。

　②「高等教育」の必要性がある。これを第 2-2 図に示す。それに関して，1000 人当たり労働者に対する研究者数は，日本，韓国，シンガポールで 13 人を超える。しかし，ASEAN に関して，マレーシアで 4.53 人，タイで 1.6 人である以外は，すべての ASEAN で 1 人以下である。100 万人当たりのトップ 450

第 2-1 図　各国の人口ボーナス期

国＼年	1960	1965	1970	1975	1980	1985	1990	1995	2000	2005	2010	2015	2020	2025	2030	2035	2040	2045	2050
シンガポール	1965											2011							
タイ		1970										2013							
ベトナム		1969											2014						
マレーシア	1965												2019						
ブルネイ	1966												2019						
ミャンマー	1968												2017						
インドネシア	1972													2026					
ラオス										2010							2044		
フィリピン	1965																		2049
カンボジア	1965										2012		2021			2036			

（資料）　国連経済社会局人口部（World population Prospects: The 2012 Revision）中位推計を基に JICA 作成。国際協力機構（2014）p.91。

位に入る大学の数は，シンガポールで11，マレーシアで4.1，タイで0.9，フィリピンで0.4，インドネシアで0.3であり，それ以外の ASEAN で0である（国際協力機構（2014））。今後の産業構造の高度化を考えると，高等教育の重要性が浮き彫りになる。高等教育は，理系だけではなく文系についても言える。

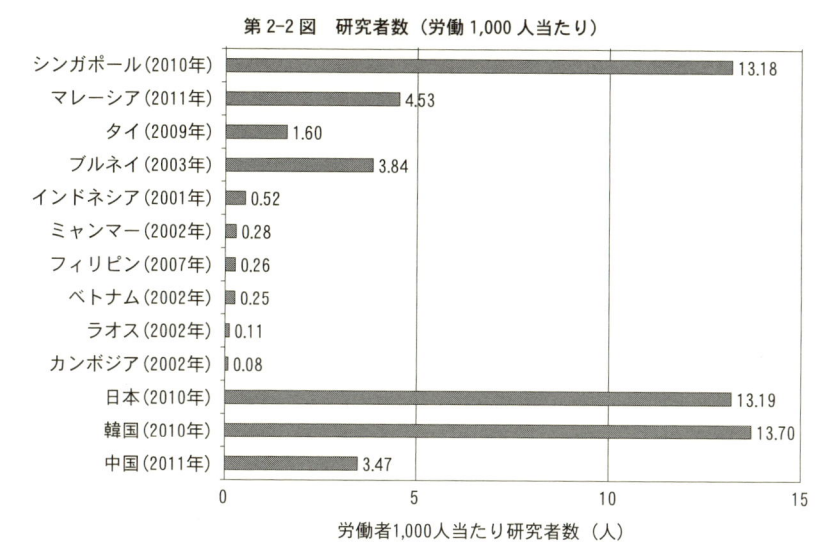

第 2-2 図　研究者数（労働 1,000 人当たり）

国（年）	労働者1,000人当たり研究者数（人）
シンガポール(2010年)	13.18
マレーシア(2011年)	4.53
タイ(2009年)	1.60
ブルネイ(2003年)	3.84
インドネシア(2001年)	0.52
ミャンマー(2002年)	0.28
フィリピン(2007年)	0.26
ベトナム(2002年)	0.25
ラオス(2002年)	0.11
カンボジア(2002年)	0.08
日本(2010年)	13.19
韓国(2010年)	13.70
中国(2011年)	3.47

（出所）　UNESCO を基に JICA 作成。国際協力機構（2014）p.106。

③「都市化」が2025年までに急速に進み，対応が必要である。ASEANの都市人口は，1.4倍に増加し，52％の人が都市に居住する。2025年までにCLMVは都市化率が50％を超える。このことにより都市の自動車保有台数が急増する。2025年にジャカルタで55万台，マニラで44万台，ヤンゴンで40万台，バンコクで39万台と予測されている。

④「ハードインフラ」の資金需要が大きい。都市化が進展すると都市でのハードインフラの需要が大きくなる。ASEANでは都市だけではなく，そのほかの需要も莫大である。

ADBの試算を第2-3図に示す。それでは，2010-20年のエネルギー，交通，通信，上下水のインフラの資金需要は，1兆ドルを超える。インドネシアで4500億ドル，マレーシアで1880億ドル，タイで1730億ドル，フィリピンで1270億ドル，ベトナムで1100億ドルである（Bhatercharyay（2010））。電化率が低いのは，ミャンマーの26％，カンボジアの24％，インドネシアの73.7％，ラオスの78％である（国際協力機構（2014））。

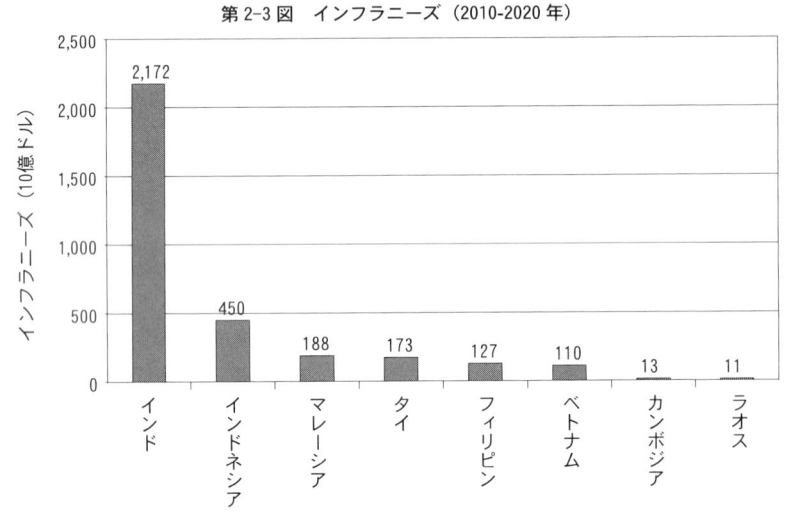

第2-3図　インフラニーズ（2010-2020年）

国	インフラニーズ（10億ドル）
インド	2,172
インドネシア	450
マレーシア	188
タイ	173
フィリピン	127
ベトナム	110
カンボジア	13
ラオス	11

（出所）　ADBI（2010），（Estimating Demand for Infrastructure in Energy, Transport, Telecommunications, Water and Sanitation in Asia and the Pacific: 2010-2020）を基にJICA作成。国際協力機構（2014）p.113。

⑤「ソフトインフラ」に関して，交通・貿易円滑化などのソフトインフラの整備が必要である。これを第2-4図に示す。2013年の世界銀行のビジネス実施容易度ランキングでは，シンガポールが1位，マレーシアが6位，タイが18位である。それ以外の国は，ベトナムが99位であり，そのほかの国は100位以下である（国際協力機構（2014））。

ASEAN経済共同体の2015年成立に向けて，物品の自由化は進んでいるが，制度面の自由化があまり進んでいない。制度に関するソフトインフラ面での整備がこれから必要な課題である。

⑥「所得格差」に関しては，ほとんどの国で危険な水準に近い（国際協力機構（2014））。国内格差が成長するとともに拡大する可能性がある。格差の指数の1つであるジニ係数は，40以上が社会不安につながるといわれる。これを第2-5図に示す。それによれば，マレーシアで46（2009年），フィリピンで43

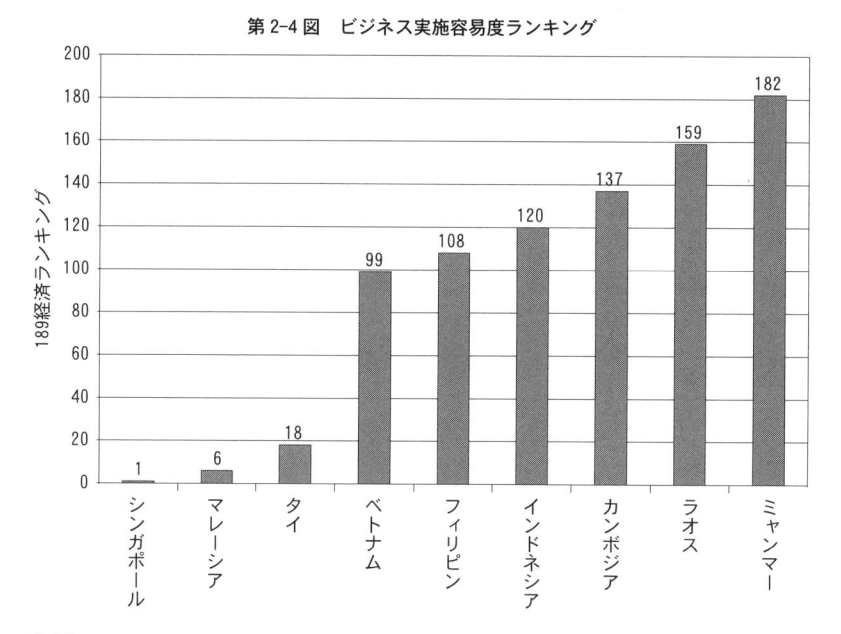

第2-4図 ビジネス実施容易度ランキング

国	189経済ランキング
シンガポール	1
マレーシア	6
タイ	18
ベトナム	99
フィリピン	108
インドネシア	120
カンボジア	137
ラオス	159
ミャンマー	182

（資料）World Bank, グループ (2013)（Doing Business 2014 Economy Profile）を基にJICA作成。国際協力機構（2014）p.74。

(2009年）である。また，タイで39（2010年），インドネシアで38（2011年），ラオスで37（2008年），ベトナムで36（2008年），カンボジアで36（2009年）であり，高水準にある。

これから高度経済成長が続くと，さらなる格差拡大の可能性があり，ASEANで継続する課題である。格差の是正がアジアの地域統合を進めるうえでの条件である。

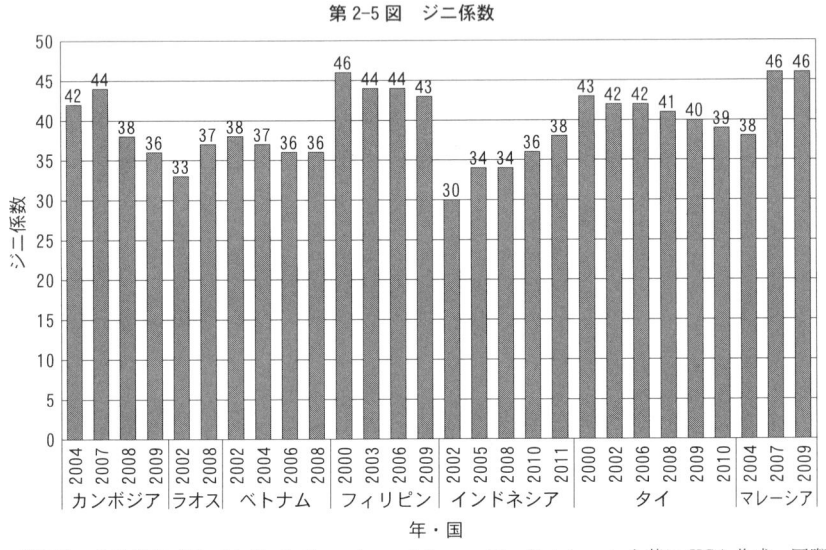

第2-5図 ジニ係数

(出所) 世界銀行「World Bank Poverty and Inequality Database」を基にJICA作成。国際協力機構（2014）p.80。

第3節 転換点から中所得国の罠，そこからの脱出

アジアでは単純な労働集約型産業の立地条件が，1人当たり所得の上昇により大きく変化している。これは，経済学では「転換点」の通過である。経済発展の初期には，人々は生存水準で雇用される。生存水準には，生理的な生存水準と社会的な生存水準がある。労働需要が増大し，労働供給に接近し，上回る

と賃金は生存水準を上回って上昇を始める。この需給が逆転する点が転換点である。賃金が上昇し、「中所得国の罠」に向かう。

　労働集約型産業のシフトは、チャイナ・プラス・ワン、タイ・プラス・ワン、そしてベトナム・プラス・ワンという言葉に表れている。この状況をベトナム南部のホーチミンを中心に調査した（丸屋・朽木、2014年11月4-9日）。これが第2-3表であり、方向性が見える。単純労働集約については、台湾と中国沿海部については成立が難しく、撤退または産業構造の高度化である。タイについては現状維持の方向であり、さらにシフトすることは考えにくい。ベトナム南部については、ホーチミン、ホーチミン南部、そしてベトナム中部へのシフトが考えられる。さらなるベトナム・プラス・ワンとしてのシフト先としては、ミャンマーとインドネシアが考えられる。ただし、ミャンマーは現状でも人気があり、インドネシアも同様である。インドネシアの首都ジャワでは投資が多く、ジャワ島内への投資を進めないという意見もある（2014年2月19日インドネシア・ジャカルタ・国際協力機構）。

　さて、アジアの最後の労働集約産業の拠点として、南アジアがある。インド

第2-3表　労働集約型企業の今後のチャイナ・プラス・ワン行動

企業	産業	台湾	中国	タイ	ベトナム	ホーチミン	中部	南部	カンボジア	ミャンマー	インドネシア	インド
1	繊維（スポーツ・シャツ）	×	△	現状維持		○			○	○	◎	?
2	繊維（防水）	×	△	現状維持	△	○			△	◎	○	?
3	靴	×	△	現状維持			○	◎	×	◎	○	○
4	鋳型	×	△	現状維持	◎				×	○	○	○

(人口規模小)(人口規模中)

○：現在の主力
◎：今後の主力
×：なし
△：労働集約はシフト
?：今後に考える

(資料)　丸屋豊二郎・朽木昭文調査（2014年11月4-9日）より、著者作成。

は，労働人口も大きく，労働集約産業の吸収が可能である（2015年1月1-9日ムンバイ，ニューデリー調査）。

第4節　中所得国の罠からの脱出の方策としての消費の質の向上

　アジアの各国は「中所得国の罠」にあるという危惧があるが，この罠を避けるために，これまでの投資，人口，グローバル化のボーナスによる成長から市場化，内需，社会発展のボーナスに転換すべきであるという考え方がある。新しい発展の理念では，モノ中心から「ヒト中心」へ変化した。今後の方向は，構造調整と発展パターンの転換である。中所得国の罠からの脱出の1つの方向は「産業構造の高度化」である。それは，生産面の設備の向上と，消費面の質の高度化がある。

　生産面において，企業はサプライチェーン・マネージメントから「バリューチェーン・マネージメント」への転換が必要である。つまり，顧客満足度を高めるためのR&D（研究と開発）機能の強化，製品の高付加価値化，製造過程における機械化・ロボット化，販売（ロジスティクス）の強化などがある。「バリューチェーン・マネージメント」の経営には，アウトソース，M&A（買収と合併），提携などの戦略も必要となる。

　経済成長モデルとして，経済成長を規定する変数として，「貯蓄率」と「資本の生産性」がある。貯蓄率については，外国からの貯蓄率を高くすることが1つの方策としてある。つまり，外国直接投資（Foreign Direct Investment）である。資本の生産性については資本設備の質の向上がある。中所得国において，設備投資として，ロボットなどが採用される。新しい産業を創出するためには，また技術革新のためには外資導入が必要である。

　中所得国の罠からの脱出のためには，生産面の進歩と共に「消費の質の高度化」が必要である。アジアは，これまでの生産一辺倒から消費と両面の重視への転換が必要である。ここで，消費者の効用関数の独立変数として，健康，教育，所得を採用する。これは，HDI（Human Development Index：人間開発指数）に依拠する。

Becker（1965）は，余暇効用が時間（t）と財とサービス（x）による生産であると指摘した。本章は，余暇効用の質を考慮に入れる。質とは，財とサービスの質の向上であるデザイン（art）の質（S）の向上に依存する。文化が，デザインを生むための産業インフラとなり，ブランド価値を生む（未来経済研究室（2002））。文化を「ブランド価値を生む産業インフラ」としての公共財とみなす[2]。

第5節　サービス産業の方向としての「農・食・観光産業クラスター」の形成

1. サービス業

　第3次産業の定義が第2-4表にある。公共サービスの電気，通信，運輸などがある。経済成長とともに人々の効用を高めるために必要な産業は，「M　宿

第 2-4 表　第 3 次産業活動指数の対象範囲

1）	F	電気・ガス・熱供給・水道業
2）	G	情報通信業
3）	H	運輸業，郵便業
4）	I	卸売業，小売業
5）	J	金融業，保険業
6）	K	不動産業，物品賃貸業
7）	L	学術研究，専門・技術サービス業
8）	M	宿泊業，飲食サービス業
9）	N	生活関連サービス業，娯楽業
10）	O	教育，学習支援業
11）	P	医療，福祉
12）	Q	複合サービス事業
13）	R	サービス業（他に分類されないもの）

（資料）経済産業省「第3次産業活動指数の対象範囲，2014」を基に著者作成。

第 2-5 表　企業活動基本調査

	中分類 78　洗濯・理容・美容・浴場業
780	管理，補助的経済活動を行う事業所（78 洗濯・理容・美容・浴場業）
781	洗濯業
782	理容業
783	美容業
784	一般公衆浴場業
785	その他の公衆浴場業
789	その他の洗濯・理容・美容・浴場業
	中分類 79　その他の生活関連サービス業
790	管理，補助的経済活動を行う事業所（79 その他の生活関連サービス業）
791	旅行業
792	家事サービス業
793	衣服裁縫修理業
794	物品預り業
795	火葬・墓地管理業
796	冠婚葬祭業
799	他に分類されない生活関連サービス業
	中分類 80　娯楽業
800	管理，補助的経済活動を行う事業所（80 娯楽業）
801	映画館
802	興行場（別掲を除く），興行団
803	競輪・競馬等の競走場，競技団
804	スポーツ施設提供業
805	公園，遊園地
806	遊戯場
809	その他の娯楽業

（資料）　経済産業省「企業活動基本調査，2010」を基に著者作成。

泊業，飲食サービス業」でホテルやレストランなどがある。また，生活関連サービス，教育，学習支援，医療，福祉などが大きく伸びる可能性がある。

第 2-5 表が特に生活関連サービスの中分類を示す。中分類 78 では洗濯・美容・理容業などがある。日本の QC ハウスという低価格の理容チェーンは 2014 年にアジアで急速に成長した。そのほかで成長する可能性があるのは，旅行業，冠婚葬祭，スポーツなどがある。

2．観光業：ホテル，レストラン

観光産業は，産業分類になく，観光に関する業種の総称である。含まれる業種は，旅行業（旅行代理店など），宿泊業，飲食業，運輸業，製造業（名産品など）である。また，新しい観光産業として，観光資源を活用したエコツーリズム，グリーンツーリズム，ヘルスツーリズム，産業ツーリズムがある。近年では，製造工場の工場見学も観光に含まれる。国土交通省のホームページによれば，すべての人が楽しめる旅行としてのユニバーサルツーリズムの促進事業が実施されている（2014 年 12 月 13 日時点）。

3．6 次産業クラスター

6 次産業化とは，それら「地域資源」を有効に活用し，農林漁業者（1 次産業従事者）がこれまでの原材料供給者としてだけではなく，自ら連携して加工（2 次産業）・流通や販売（3 次産業）に取組む経営の多角化を進めることで，農山漁村の雇用確保や所得の向上を目指す。こうした経営の多角化（6 次産業化）の取り組みは，地域の活性化に繋がることが期待されている。農業から食品産業，そして流通産業で付加価値を地域内で生むことが 6 次産業化である。留意する点は，6 次産業という産業は産業分類に存在しないことである。

4．農・食・観光産業クラスター

ところで，消費の質の高度化の手段の 1 つが，「農・食・観光産業クラスター」の形成であり，それは産業連関効果の最大化を目的とする。農・食文化産業クラスターの発展段階は，順番に第 1 次産業（農・水産物），第 2 次産業（食品加工），第 3 次産業のそれぞれの企業集積段階がある。それぞれの集積段

階で組織部門の形成が必要である。第3次産業に関して，ロジスティクス，エンターテインメント業，観光業（特に，アジアなど外国からの観光客），金融業，IT産業，製造業の研究・開発がある。さまざまな第3次産業の業種の存在が農・食・観光産業クラスターを形成するために必要である。

5. 消費の質の高度化

「消費の質の高度化」として，医療，美容，スポーツ，介護産業などが興隆することが1つの方向である。環境ビジネス，教育ビジネス，コンテンツビジネス，カルチャービジネスの活性化がある。紙おむつ，ナプキンなどの安心・安全の要素も含む品質向上が見られる。新しい食品産業が興り，新しい食品のチェーンなどが普及することがある。商品の流通について，市場（イチバ）で買っていた商品をスーパーで買うように経済発展で変わる。スーパーでは，「固定価格」（交渉なし）で商品を買う。品質は野菜では，「清潔，安心，安全，環境」の管理された商品になる。また，公害を出さない商品を購入する。消費価格が割高で，中間マージンが高く，流通革命が予想される。物流について，政府は，介入しないがインフラや制度の整備をする。流通は，卸売マージンや小売マージンが高すぎるために合理化が必要である。いわゆる流通革命が必要であり，「ロジスティクス」の整備が必要となる。

新しいサービス業として，トヨタのカイゼン・アプリ，NTT，富士通のデータ管理サービスがある。これらは，製造業企業がサービス産業に参入したケースである。1企業のなかで異なる産業分類である製造業とサービス業が混在している。

ここで，第3次消費関連サービス産業として次の産業が考えられる。
① 社会サービス（医療・介護・スポーツ，美容　等），
② 情報サービス（スマホアプリ，オンラインゲーム　等），
③ 文化サービス（文化および関連産業：アニメーション，映画，芸術品，レストラン，観光　等），
④ 経済サービス（金融制度，ロジスティクス　等）。

この発展方法は，人材の自国での育成，外国からの導入である。また，企業の自国での育成，外国からの導入がある。

第6節　結論

中所得国の罠から脱するためには，消費の質の向上が必要である。その政策としては，日本の私鉄モデルの導入や農・食・観光産業クラスターの形成が考えられる。6次産業クラスターの定義は，1次産業，2次産業，3次産業の産業連関効果を最大化する集積とする。農・食・観光産業クラスターは6次産業クラスターの1種である。その際に文化要因の強化が不可欠である。

注
1）　国際協力機構（2014）の調査には，本章の著者とともに石川幸一，植村仁一，プライスウォーター・ハウス・クーパースが参加した。
2）　効用関数が，U＝U(x,t;S) となる。文化について，①オリンピックは文化競技を行い，建築，彫刻，絵画，文学，音楽（1912〜1952年まで）が実施種目であった。②世界遺産は，自然遺産と文化遺産からなる。自然遺産として生物多様性，雪，海，空があり，文化遺産として建築，移籍（複合遺産）がある。③伝統文化は，日本について，相撲，書道，和食，能，茶道などがある。

参考文献
Becker G. (1965), Leisure: A Theory of the Allocation of Time, *the Economic Journal*, V.75, No. 299.
Bhatercharyay, B. N. (2010), Estimating Demand for Infrastructure in Energy, Transport, Telecommunications, Water and Sanitation in Asia and Pacific: 2010-2020" ADBI.
Peter A. Petri, Michael G. Plummer and Fan Zhai (2012), "The Trans-Pacific Partnership and Asia-Pacific Integration: A Quantitative Assessment, Policy Analysis" Washington: Peterson Institute for International Economics and East-West Center.
United Nations Population Division (2012), World Population Prospects: The 2012 Revision Medium Fertility.
国際協力機構（2014）「ASEAN2025 に係る情報収集・確認調査ファイナルレポート」，国際協力機構
未来経済研究室（2002）「商業規制」，『The World Compass　9月号』，三井物産研究所機関紙。

（朽木昭文）

第 3 章

ASEAN の金融改革と通貨金融危機

はじめに

　一般的に，国内貯蓄が不足している開発途上国（経常収支赤字国）は，経済発展に必要な資本を国外から調達するために，金融の自由化と国際化を推進してきた。その一方で，資本の急激な流出入により，開発途上国は金融システムと実体経済に大きなダメージを被る副作用に悩まされてきた。ASEAN 諸国の金融監督機関は 1990 年代初頭から今日に至るまで，金融グローバル化の進展に伴い国際資金フローが急拡大する環境下において，国境を越えた資本流出入の円滑化と金融システムの安定性維持の同時達成に腐心してきた。本章の目的は，ASEAN 諸国が 1997 年のアジア通貨危機後に実施した金融改革が，先進国に起因するグローバル金融危機の国内金融システムへの波及回避に貢献したことを明らかにすることである。

　本章の構成は，次の通りである。第 1 節では，ASEAN 諸国が 1990 年代以降に直面した 3 つの通貨金融危機について，アジア通貨危機の震源地となったタイの事例を中心に整理する[1]。第 2 節では，アジア通貨危機後の金融危機管理（financial crisis management）と金融再建策（financial sector restructuring）が，その後の危機回避（crisis prevention）の制度的基盤になったことを指摘する。第 3 節では，ASEAN 諸国の金融監督機関が直面している課題のうち，産業構造の高度化，個人部門の金融ニーズの充足，金融サービスへのアクセスの改善について触れる。

第1節 3つの通貨金融危機

1. 危機の構図

　第2次世界大戦終結後，ASEAN諸国は自らの手で工業化を柱とする経済開発戦略を策定し，その実現に資する金融システムの構築に取り組んだ。1980年代前半の経済低迷期に世界銀行の構造調整プログラムが適用されたタイやインドネシアでは，1990年代にかけて金融の自由化と国際化が推進された。具体的には，外国為替管理の緩和による国境を越えた資本取引の円滑化，貸出金利や預金金利に関わる規制撤廃などの金利自由化，金融機関の新規参入や業務範囲の拡大による競争促進などが実施された。これらは，開発資金の確保，限られた資金の効率的配分，そして競争を通じた金融サービスの向上などを狙った措置と解釈できる。1990年代に入り，経済規模が小さく金融資本市場整備が不十分であったASEAN諸国に大量の資本が流入し，不動産市場や株式市場における資産バブルの温床となった。

　国境を越えた資本取引の動向は，資本収支に含まれる投資収支（financial account）を構成する3つの項目から確認できる（本章では1990年から2014年までの国際収支統計を，IMF国際収支マニュアル第5版に準拠した項目分類で記述する）。まず，直接投資は株式取得などで永続的な経済利益を追求するもので，出資割合は原則10%以上である。生産設備の取得や建設を伴うため，通貨金融情勢の変化を受けて，短期間のうちに流出する可能性は小さい。次に，ポートフォリオ投資は，株式やその他の負債性証券を企業の経営権取得を目的とせず，配当や売買益を狙って獲得するものである。世界的に国際分散投資が拡大するなか，ASEAN諸国の株式市場や債券市場への投資が活発化した。最後に，「その他投資」は，主に国境を越えた銀行借入の動きを示す。ASEAN諸国の場合は90年代より，民間企業が先進国銀行からの資金調達額を急増させた。

　通貨金融危機の原因は，「内的要因」と「外的要因」に分けることができる。前者は，当該国の国内要因が対外的な信用力の低下や通貨価値の急落につなが

るケースである。公的債務の膨張，経常収支の悪化，対外債務の累積，インフレ高進などの経済指標に加えて，資産バブルの生成と崩壊，金融機関のバランスシートの毀損などが含まれる。後者は，外国で発生した通貨金融危機が，輸出入，資本流出，金融資本市場などの経路を通じて国内に波及することを指す。

以下で取り上げる3つの通貨金融危機のうち，アジア通貨危機は通貨価値の急落，金融危機，そして実体経済の急激な落ち込みが同時並行的に進んだケースである。為替レート急落後に，金融機関の3つの基本機能である，① 貯蓄超過の経済主体から貯蓄不足の経済主体へ資金をシフトさせる資金仲介機能，② 信用創造機能，③ 決済機能（一部の国）が低下し，深刻な不況を招いた。一方，2007年に顕在化した米国発の金融危機と，2011年のギリシャ債務問題に端を発するユーロ危機については，アジア通貨危機後の金融制度改革の成果と国際収支構造の改善により，輸出低迷や景気の落ち込みが金融システムの安定性を損なう事態は回避された。

2. アジア通貨危機
① 概要

タイ中央銀行は1997年7月2日，外国為替市場での投機筋による売り圧力に屈し，バーツの価値を主に米ドルで構成される通貨バスケットに連動させる事実上のドル・ペッグ制を放棄し，管理フロート制（変動相場制）に移行した（第3-1図）。長年にわたり1ドル＝25バーツ前後で推移していたバーツ相場は急落し，一時1ドル＝50バーツを割り込む展開となった。インドネシア，マレーシア，フィリピンなどの通貨もドルに対して大きく減価した。

タイ政府は翌8月より，国際通貨基金（IMF）や世界銀行などの国際金融機関，そして日本を筆頭とする諸外国の支援を得て，金融再建と経済改革に本格的に取り組んだ。為替レートや国際収支の安定化を狙った金融引締政策に緊縮財政が重なり，1998年の実質GDP成長率は前年比▲11.0％と2桁の落ち込みを記録した。景気後退が長期化するにつれて，企業部門の資金繰りは一段と悪化し，商業銀行の不良資産は雪だるま式に膨らんだ。不良債権比率は1999年5月のピーク時に52.0％に達し，貸出残高の過半が不稼働資産となった。

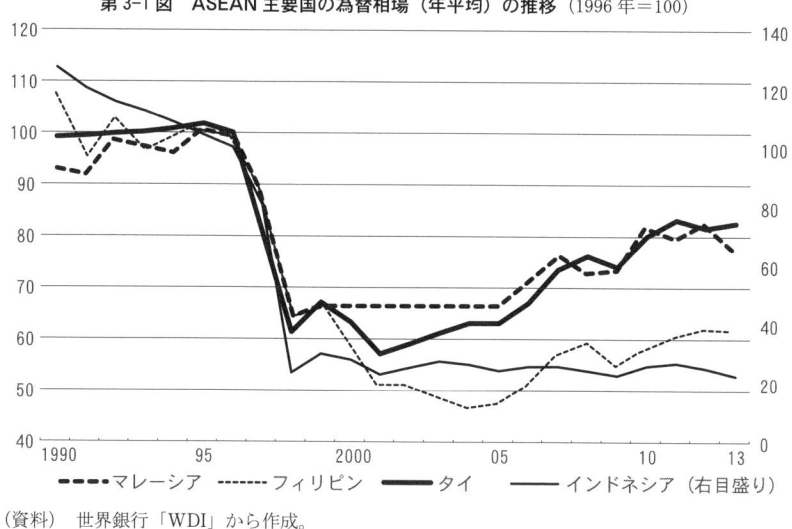

第 3-1 図　ASEAN 主要国の為替相場（年平均）の推移（1996 年＝100）

- - - - マレーシア　‥‥‥‥ フィリピン　―――― タイ　――― インドネシア（右目盛り）

（資料）　世界銀行「WDI」から作成。

　他方，国際収支統計に目を転じると，経常収支の調整が急激に進んだ。タイでは，アジア通貨危機前に経常収支赤字（1996 年に対名目 GDP 比 7.9％）を，外国からの資本流入で埋め合わせる構図が定着していた。輸出が急拡大したものの，素材・部品産業が脆弱であったため輸入も増加し，貿易・経常収支は慢性的に大幅な赤字を計上していた。それが景気後退下での輸入急減にバーツ下落を反映した輸出増が加わり，1998 年に経常収支黒字は対名目 GDP 比＋12.7％を記録した。わずか 2 年で 20.6 ポイントもの調整が進んだことになる。

② 4 つのキーワード

　アジア通貨危機の原因と特徴に言及する際に欠かせないキーワードが 4 つある。第 1 は，3 つの「過剰」である。つまり，国内外から過剰に借り入れた資金（over-borrowing）が，不動産を含む非生産的部門への過剰投資（overinvestment）と民間部門による過剰消費（overconsumption）に費やされた。

　第 2 は，通貨危機と金融危機がほぼ同時に進行する「双子の危機」（twin crises）である。1997 年に IMF 支援プログラムが適用されたタイとインドネ

シアにマレーシアを加えた3カ国の通貨が大きく減価，なかでもインドネシア・ルピアの対ドル・レートはおよそ5分の1に急落した。同国では，急激な預金流出，商業銀行の経営破綻，不良債権の急増など，金融危機も深刻化した。

第3は，「通貨のダブルミスマッチ」である。1980年代前半の対外債務問題の焦点が政府部門の借り入れであったのに対し，アジア通貨危機では民間部門が抱える対外債務が焦点となった。例えば，タイの対外債務残高は1996年末に名目GDPの59.7%に相当する1087億ドルに達していたが，うち民間部門は919億ドルを占めた。そして，商業銀行を含む民間部門の対外借入の多くが外貨建てで，収入（返済原資）が内貨建てという「通貨のミスマッチ」を抱えていた。対外借入の「期間のミスマッチ」も金融危機を誘発した。民間部門は，長期資金の調達手段が限られていたため，返済期限が1年未満の短期借入を借り換えることで，実質的に長期資金を調達していた。先進国銀行が借り換えに応じなくなると，民間部門の資金繰りは急速に悪化した。

第4は，危機の「伝染」（contagion）である。恐らくアジア通貨危機は，短期間のうちに通貨金融危機が多くの新興国に伝播した初のケースであろう。1997年7月のバーツ急落から半年のうちに，インドネシアとマレーシアからも資本が流出し，通貨危機に陥った。その理由の1つとして，国際分散投資を進める先進国の機関投資家が，タイに類似した政治・経済構造を持っていると見做した国々から資金を引き揚げたことが考えられる。

③ 金融再建策

タイ，インドネシア[2]，そしてマレーシアでは，商業銀行と民間企業による自力再建が極めて困難な状況下，政府主導の金融再建が3つのプロセスに分けて実施された。まず，金融監督機関は通貨危機発生直後に，全額預金保護制度を導入して預金流出を食い止めるとともに，不振金融機関を政府の管理下に置いた。信用不安の拡大によるシステミック・リスクを回避し，商業銀行の資金仲介機能を維持することで，金融再建に必要な時間を確保した（金融危機管理）。

次に，金融監督機関は，不良債権の分類基準を国際標準に則して厳格にした

うえで商業銀行が保有している資産を精査することから，金融再建を本格化させた。その結果に基づいて個別商業銀行の自己資本の過不足を算出し，公的資金を投入して存続させる商業銀行と，破たん処理や他行との合併の対象となる商業銀行に分類した。このプロセスが終わると，健全な商業銀行のみが営業を継続することになり，金融システムへの信頼性が徐々に回復した。

続いて，金融監督機関は，自己資本が回復した銀行に，不良債権の抜本的な処理を求めた。タイでは，1998年6月に，企業債務の再構築を推進する枠組みである企業債務再構築諮問委員会（Corporate Debt Restructuring Advisory Committee: CDRAC）を設立した。不振企業の債務処理と商業銀行の不良債権処理を表裏一体で進めるための組織である。ところが商業銀行が多額の不良資産をバランスシートに抱えた状態を改善できなかったため，2001年2月に発足したタクシン政権は，同年7月に財政資金を投入してタイ資産管理会社（Thai Asset Management Corporation: TAMC）を設立した。TAMCは商業銀行から多額の不良資産を買い取り，集中的に処理を進めた。バランスシートから不良資産が切り離されたため，商業銀行の不良債権比率は2001年末に10.5％に低下した（第3-2図）。アジア通貨危機発生から5年余りが経過した2002年9月に，商業銀行の貸し出しはようやく前年比で増加に転

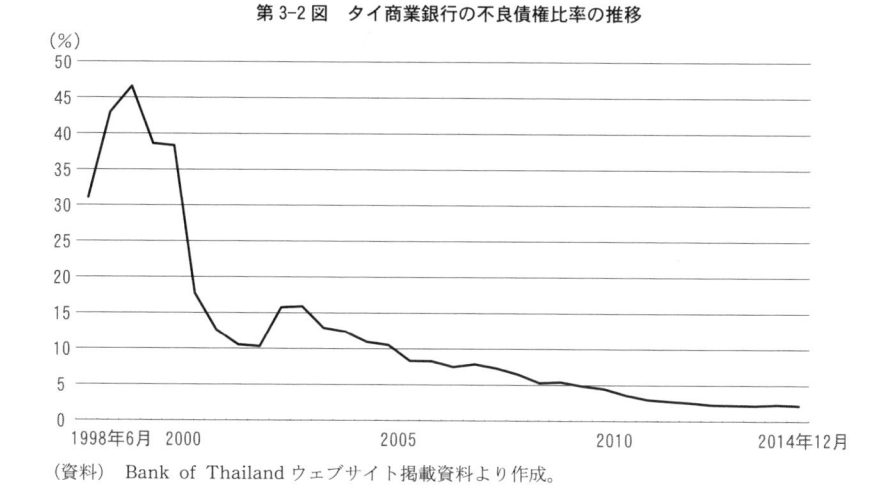

第3-2図　タイ商業銀行の不良債権比率の推移

（資料）　Bank of Thailand ウェブサイト掲載資料より作成。

じた。

ASEAN 諸国のうち，金融危機に陥ったタイ，インドネシア，マレーシアの 3 カ国では，広範な金融制度改革，企業債務再構築のための組織の新設，不振金融機関の処理に必要な公的資金の注入，資産管理会社の活用などで構成される「政府主導型アプローチ」により，金融再建を達成した。

3. 先進国を震源地とするグローバル金融危機

本章では，サブプライムローン（低所得者・信用力の低い顧客向けの住宅ローン）問題およびリーマン・ショックから成る米国発の金融危機と，ギリシャの債務問題に端を発するユーロ危機を，先進国が震源地（crisis originating countries）となったグローバル金融危機として扱う。ASEAN 諸国は 2000 年代中盤以降，グローバル金融危機の影響を被る国々（crisis affected countries）の立場から，金融システムの安定性維持に取り組んできた[3]。

グローバル金融危機は，「実体経済面」では，欧米諸国への輸出減少などを通じて ASEAN 諸国の経済成長率を押し下げた。景気の落ち込みは，輸出依存度（財・サービス輸出額/名目 GDP，2013 年）が高いシンガポール（190.5％），マレーシア（81.7％），タイ（73.6％）で大きかった反面，インドネシア（23.7％）やフィリピン（27.9％）などの内需主導型の国々では限定的であった。タイの実質 GDP 成長率は 2008 年第 4 四半期から翌年第 3 四半期まで前年比でマイナスを記録し，2009 年通年では▲2.3％に落ち込んだ。四半期ベースでは米国で同時多発テロが発生した 2001 年第 3 四半期，通年ではアジア通貨危機後の 1998 年以来のマイナス成長となった。その後 2010 年に 9.8％へ急回復したものの，ユーロ危機が発生した 2011 年に，洪水被害の影響もあり 0.1％へ落ち込んだ。

次に，「金融面」から，グローバル金融危機の国内への波及を整理する。第 1 に，金融機関はサブプライムローンが組み込まれた高リスク金融商品をほとんど保有していなかった。タイの商業銀行が 2008 年 10 月時点で保有していた外国証券は総資産の 1.03％にすぎず，しかもその大半は国債であった[4]。

第 2 に，資金繰りが悪化した欧米金融機関による対外資産の急速な回収が引き起こした世界的な流動性不足の影響は，対外債務管理が適切に行われていた

ため軽微であった。多額の対外債務を抱えていた韓国、ロシア、東欧諸国のような大規模な資金流出は回避された。インドネシアなど一部の国で銀行間市場金利が急騰したものの、中央銀行による流動性供給、政策金利引き下げ、全額預金保護制度の延長（タイ）などの「平時」の政策対応で、金融市場の安定を維持することができた。

第3に、債券市場と株式市場はグローバル金融危機の影響を色濃く受け、資金流出に見舞われた。例えば、タイでは、2007年から2009年まで3年続けてポートフォリオ投資がネットで流出した（第3-3図）。株式市場のみならず債券市場からも資金が流出した背景として、2000年代に入ってから債券発行残高が急拡大（2014年9月末の国債発行残高の対名目GDP比は57.4％）する過程で、外国人保有比率（15.8％）が上昇したことがある[5]。

以上のように、ASEAN諸国はグローバル金融危機の影響を主に輸出と金融

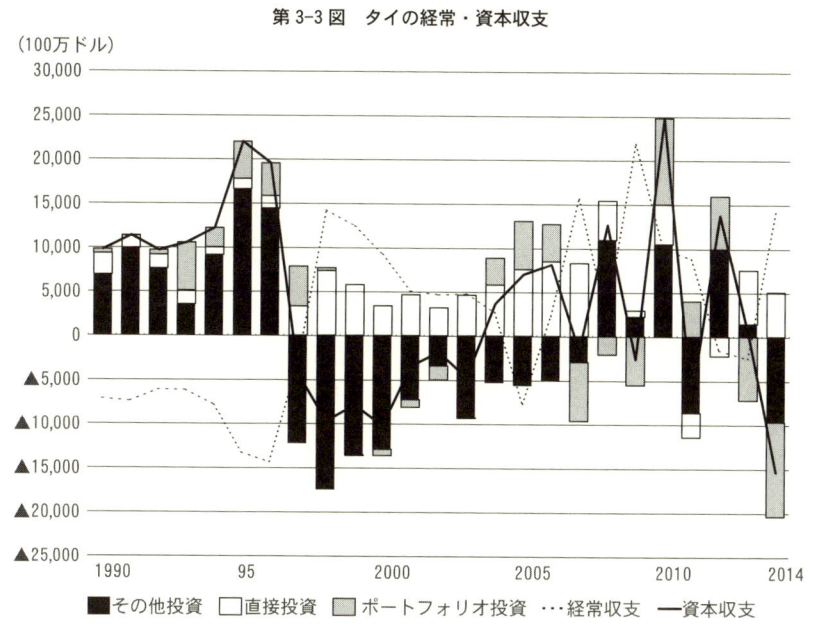

第3-3図　タイの経常・資本収支

（資料）　アジア開発銀行「Key indicators」およびBank of Thailandウェブサイト掲載統計より作成。

資本市場を通じて受けた。ASEAN 諸国にとって幸運だったのは，アジア通貨危機後の金融再建が終了し，金融システムが健全化したタイミングでグローバル金融危機が発生したことである[6]。不良債権比率や自己資本比率などの健全性指標の悪化は回避された。タイの商業銀行の不良債権比率は 2008 年 6 月末の 3.42％から 2009 年末に 2.67％へ低下し，その後も 2％台で推移した。2010 年の自己資本比率は 16％を超え，国際基準である 8％を大きく上回った。

　グローバル金融危機の金融システムへの影響を遮断できた理由として，国際収支構造が強靱さを増し，対外的な資金繰りが安定していた点も見逃せない。タイでは 2000 年代に入り，好調な輸出に支えられて貿易・経常収支黒字が定着したが[7]，その背景には直接投資の大規模かつ継続的な流入があった（第 3-3 図）。アジア通貨危機後にネットで流出が続いていたその他投資も，2008 年以降は流入超過となる年が見られるようになった。

　対外資産負債残高（International investment position）統計からも，国際収支構造が強化されたことがうかがえる。対外資産から対外負債を差し引いた純資産残高は 2001 年の対名目 GDP 比▲44％（対外資産＜対内負債）から 2011 年に同▲11.8％に改善した[8]。この理由として，外貨準備の継続的な増加，そして対外直接投資の拡大が挙げられる（2013 年の純資産残高は同▲17.6％）。外貨準備は，アジア通貨危機前の 1996 年末の 387 億ドルから，グローバル金融危機前の 2007 年末には 875 億ドルへ，そして 2014 年末には 1571 億ドルへ増加した。

4. グローバル金融危機後の先進国金融政策

　ASEAN 諸国の金融監督機関はグローバル金融危機後，先進国が導入したゼロ金利政策や量的金融緩和政策によって引き起こされる国際資金フローの変化への対応に追われている。

　日米欧の中央銀行は国債などを大量に買い入れて市場に潤沢にマネーを供給することで景気を浮揚する，量的金融緩和政策を導入・強化してきた。経済成長率と金利水準が相対的に高い新興国に先進国から資本が大量に流入し，為替レート，株価，不動産価格などに上昇圧力が加わった。タイでは，2012 年の資本流入額はグロスで 420 億ドル（GDP 比 11.5％），流入額から流出額を差し

引いたネットで115億ドル（同3.2%）に達した[9]。ポートフォリオ投資が大量に株式市場と債券市場に流入し、株価は2012年に35%、2013年は5月までに12%上昇した。

　他方、先進国が量的金融緩和政策の解除に向けて踏み出すと、新興国は資本流出に見舞われた。米連邦準備制度理事会（FRB）のバーナンキ議長（当時）が2013年5月の議会証言で、2012年9月に導入した量的金融緩和政策の第3弾（QE3）の規模縮小の可能性に言及したのをきっかけに、ASEAN諸国は資本流出の洗礼を受けた。タイでは、ポートフォリオ投資のネット流出額（流入額－流出額）が2013年5月下旬から7月上旬の間に40億ドル（うち株式26億ドル）、名目GDP比1.1%に達した。

　2015年に入ると、欧州中央銀行（ECB）が量的金融緩和政策を導入する一方で、FRBの利上げ時期が市場関係者の注目を集めるようになり、国際資金フローの変動要因となった。近年、潤沢な流動性を持つ投資家がリスクを積極的に取ってリターンを追求する「リスクオン」と、リスクの高い投資先から資金を引き揚げる「リスクオフ」が頻繁に切り替わっており、新興国の為替相場、株価、債券価格に大きな影響を及ぼしている。

第2節　金融制度改革

1. アジア通貨危機の温床となった制度の改廃

　ASEAN諸国はアジア通貨危機後の金融再建期に、広範な金融制度改革を実施した。これは将来の危機を防ぐための制度整備でもあり、内的要因による金融危機の芽を摘み、グローバル金融危機という外的要因の国内金融システムへの波及を食い止めるものである。ASEAN諸国の金融監督機関は、金融制度の構築と運用の双方でおおむね的確に対応してきたと評価できる。以下では、タイにおける1997年以降の金融制度改革を、アジア通貨危機の温床となった制度の改廃および金融監督体制の再構築という2つの視点から整理する。

①管理フロート制(変動相場制)への移行

1997年にバーツ切り下げに追い込まれるまで,タイ中央銀行はバーツの対ドル相場の維持に固執していた。事実上のドル・ペッグ制の継続を前提に,政府系企業,民間企業を問わず多額の対外債務を抱えていたことがその背景にあった。1997年7月に管理フロート制へ移行した後は,バーツ相場は市場の需給を反映するようになり,特定の為替レートを死守する必要性は薄れた。2000年代中頃以降,中央銀行にとってバーツ切り下げの回避よりも,活発な資金流入によるバーツ高圧力を緩和するためのバーツ売り・ドル買い介入と,それに伴って増加したマネーサプライ管理が重要な課題となった。

②非居住者バーツ勘定の運用

アジア通貨危機前に外国からの資金流入の受け皿となり,バブルの温床となったのが,商業銀行に開設された非居住者バーツ勘定(non-resident baht account)である。一般的に非居住者(外国人)は,当該国における株式や債券などへの投資や直接投資に利用する勘定を,投資先の国の銀行に保有している。通貨危機前は,事実上バーツの価値がドルに固定され,タイの金利水準が米国をはじめとする先進国を大きく上回っていたため,外国人投資家は高いリターンを求めて非居住者バーツ勘定を大きく積み増していた。通貨危機後,中央銀行はその使途や残高などに関する規制を強めた。

③バンコク国際バンキング・ファシリティ

バンコク国際バンキング・ファシリティ(Bangkok International Banking Facilities: BIBF)は,バンコクをインドシナ半島の国際金融センターとすることを狙って,1993年に開設されたオフショア市場である。本来はメコン地域開発に必要な資金を供給するために,商業銀行が非居住者から受け入れた外貨建ての預金や借入を,非居住者に貸し付ける外−外(out-out)勘定として活用することを想定していた。ところが実際には,居住者に貸し付ける外−内(out-in)勘定が急増した。BIBFの残高は市場開設から3年後の1996年に312億ドルに達し,居住者の対外債務の増加や,資産バブルを招いた。バーツ建てのすべての銀行業務を手掛けることができるフルブランチの免許を

政府から取得するために，外国銀行が BIBF の残高を競い合って増やし，タイ経済への貢献をアピールしていた。アジア通貨危機後，中央銀行が民間部門の対外債務管理強化の一環として，BIBF 勘定の規制を強めたため残高は急減，最終的に 2006 年に廃止された。

④ 対外債務管理と通貨のダブルミスマッチ

タイ中央銀行はアジア通貨危機後，企業部門と金融機関の対外債務の適切な管理と，通貨のダブルミスマッチの解消に取り組んだ。1997 年末に 1093 億ドル，名目 GDP 比で 72.8％に達していた対外債務残高は，2003 年末に 518 億ドルに減少した。その後増勢に転じ 2013 年末に 1419 億ドルに達したものの，名目 GDP 比は 35.7％に抑制されている。2012 年 3 月末時点で，短期債務の割合は 50.1％であり[10]，外貨準備は短期債務の 2.7 倍と潤沢である。対外的な元利支払い額を財・サービスの輸出額で除して求めるデットサービスレシオは 4％に過ぎない。借入通貨の構成を見ると，米ドルをはじめとする外貨が依然過半を占めてはいるが，バーツ建てが 29.7％に高まった。

2. 金融監督体制の再構築

金融システムの安定性を維持するためには，金融監督機関がその責務を十分に果たすことができる制度的基盤を整える必要がある。金融監督機関は，金融規制を作成し，金融機関を検査・監督することで金融システムの安定性を維持する。加えて，金融危機などの非常時には，金融機関の閉鎖・統合，金融機関への公的資金の注入，経営者の入れ替えなどに強力な権限を行使する。

金融危機を経験した国が金融監督体制を再構築する際に議論になるのが，財務省や中央銀行にその機能を残すのか，それとも金融監督機関を新設するのかという点である。日本では 1998 年に金融庁の前身である金融監督庁が，インドネシアでは 2014 年に金融セクター全般の監督を担う金融庁（OJK）が設立された。逆に，英国のように金融サービス機構（FSA）が持つ銀行監督機能が中央銀行に移管された例もある。

タイでは IMF 支援下で，多くの金融業態を一括して監督する金融監督機関の新設が議論されたことがある。アジア通貨危機前の不振金融機関の処理を巡

る不正行為，外為市場でのバーツ買い介入に伴う損失をはじめとして，商業銀行の監督権限を持つ中央銀行への批判が噴出していた。しかし，2000年代に入り中央銀行が引き続き商業銀行などを監督することで決着した。2008年に中央銀行法が改正されたのに伴い，中央銀行の独立性が法制化され，政治介入を防ぐ制度が整った。

　タイのケースでは，中央銀行に商業銀行などの監督機能を残す一方で，他業態の金融機関を監督する機関との政策調整（supervisory coordination）の枠組みを整備した[11]。商業銀行などの監督を担当する金融機関政策委員会（Financial Institutions Policy Committee: FIPC）は，証券会社を監督する証券取引委員会（Office of Securities and Exchange Commission: SEC）や保険会社を監督する保険委員会（Office of Insurance Commissions），財務省，タイ証券取引所（Stock Exchange of Thailand: SET）などの外部機関との連携を強めている。タイでは，中央銀行がアジア金融危機後の金融改革の指針として2004年に発表した「金融セクター・マスタープラン」（Financial Sector Master Plan）において，1つの金融グループが保有できる預金獲得金融機関を1つに限定する政策（one presence policy）を打ち出す一方で，証券会社や保険会社を保有することを認めた。多様な金融商品を販売できるユニバーサルバンクモデルの採用により，FIPCは商業銀行の健全性維持のためにも，外部機関との連携が欠かせなくなったのである。さらに，不振金融機関の処理に際しては預金保護機構（Deposit Protection Agency: DPI），金融再建に必要な公的資金の調達に関しては財務省の公的債務管理部署との連携が必須となる。

　タイ中央銀行内部では，FIPCと金融政策委員会（Monetary Policy Committee: MPC）の間で協調フレームワークの構築が進められた。国境を越えた資本の流出入は，金融政策，為替政策，物価政策などに影響を及ぼし，金融機関のバランスシートを毀損する恐れがある。MPCは，物価上昇率を一定のレンジに誘導するインフレ・ターゲティング政策を導入し，為替や物価の安定に取り組んでいる。FIPCとMPCは金融システムの安定性に関する委員会を設立したり，2012年より年2回共同会議を開催するなど連携を深めている。

第3節　金融改革の今後の課題

1. 産業構造高度化の促進

　金融改革の目的は，金融システムの安定性の直接的維持に限定されない。工業化や社会・経済基盤の整備，そして産業構造の高度化を促進することで，通貨金融危機への耐性の高い経済の構築に貢献できる。ASEANでも近年賃金が大幅に上昇している国が見られ，先進国企業の労働集約的な工程の下請けから脱するために，生産性の引き上げや産業構造の高度化が強く求められている。こうした状況下，ASEAN諸国の社債市場の拡大は，大企業の資金調達手段の多様化に寄与してきた。加えて，タイではアジア通貨危機後に，商業銀行の中小企業（Small and Medium-sized Enterprises: SMEs）向け金融サービスの拡大，新興企業向け株式市場であるMAI（Market for Alternative Investment）の開設，ベンチャーキャピタルファンドの設立などの動きが見られた。

2. 個人部門の金融ニーズ

　アジア通貨危機後に，商業銀行の貸出残高に占める個人部門のシェアが大幅に高まった。タイでは，商業銀行の貸出残高の部門別構成は2013年9月末に，個人部門30.4％，中小企業37.1％，大企業32.5％であった[12]。借りて買う消費行動が定着し，自動車ローンや住宅ローンなどが急増している。その裏側で，家計部門の負債の対名目GDP比が2010年の63％から2012年に78％に上昇するなど，過剰借入が問題視されている。タイ中央銀行は，金融セクター・マスタープランのなかで，金融リテラシーの向上や消費者保護の必要性を明確に打ち出すとともに，個人部門の過剰借入が金融システムを不安定化させないように注視している。

　個人部門の金融ニーズは，個人金融資産の蓄積と少子高齢化の進展を背景に，資産運用へと広まっている。ASEAN諸国の公的年金制度はシンガポールとマレーシアを除くと十分に整備されているとは言い難い。生命保険や損害保

険などのリスクに備えるための金融商品へのニーズも高まっており，金融監督機関としても多業態の金融機関を育成する視点が欠かせない。

3. 金融包摂

金融サービスへのアクセスが不十分な人々を取り込む金融包摂（financial inclusion）も，重要な課題である。ASEAN を見渡すと，シンガポールのようにグローバルな国際金融センターとしての地位を確立した国がある一方で，カンボジア，ラオス，ミャンマーなどでは金融改革が諸についたばかりで，地方や農村部の多くが金融サービスへのアクセスを欠いた状態にある。通貨金融危機が発生した場合に経済的打撃を被るにも関わらず，金融システム整備のメリットを享受できない人々への対応も必要である。現金自動受け払い機（ATM）や決済ネットワークの普及，商業銀行の支店網の拡充，農村金融や貧困層向けの小口融資であるマイクロファイナンスなどが整備されるべきである。

注
1) 本章では，アジア通貨危機の震源地であり，IMF の管理下で広範な金融再建に取り組み，グローバル金融危機の影響が限定的であったタイの事例を中心に述べる。近年，インドネシアやマレーシアのように，経常収支赤字や財政赤字などのマクロ経済ファンダメンタルズが脆弱で，資本流出と通貨安に見舞われている国があることを記しておく。
2) タイとインドネシアの金融再建については，髙安（2005）参照。
3) グローバル金融危機のタイへの影響を実体経済，金融の両面から詳細に分析した文献として，Suthiphand and Sothitorn（2011）がある。
4) Suthiphand and Sothitorn（2011）p.168.
5) Asian Development Bank（2014），*Bond Market Developments in the Third Quarter of 2014*, pp.11-12.
6) アジア通貨危機とグローバル金融危機への対応を比較した文献として，Park Ramayandi and Shin（2013）．
7) 2012 年と 2013 年の経常収支の悪化は，金の輸入や外国企業による本国への配当金送金の増加などによる。
8) 対外資産負債残高は Bank of Thailand ウェブサイト掲載統計による（https://www.bot.or.th/English/Statistics/EconomicAndFinancial/ExternalSector/Pages/default.aspx）．
9) IMF（2013）．*Thailand: Article IV Consultation*（IMF Country Report No. 13/323）p.15.
10) Bank of Thailand（2013），*Thailand's External Debt as at the end-March 2012*.
11) *Ibid.*, pp.46-47.
12) *Ibid.*, p.23.

参考文献

Bank of Thailand (2013), *Financial Stability Report 2013*, Bank of Thailand, Bangkok.
Park D. Ramayandi A., and Shin K. (2013), "Why Did Asian Countries Fare Better during the Global Financial Crisis than during the Asian Financial Crisis?," in C. Rhee, and A. Posen, eds. *Responding to Financial Crisis: Lessons from Asia then, the United States and Europe Now*, Manila: Asian Development Bank.
Somchai J. and Chalongphop S. (2012), "Thailand's Growth Rebalancing," in M. Kawai, M.B. Lamberte and Y.C. Park, eds. *The Global Financial Crisis and Asia: Implications and Challenges*, Oxford: the Oxford University Press.
Suthiphand C. and Sothitorn M. (2011), "Thailand's Economic Performance and Responses to the Global Financial Crisis," in Swee-Hock S. ed. *Managing Economic Crisis in Southeast Asia*, Singapore: ISEAS Publishing.
今泉慎也 (2008)「タイ」日本貿易振興機構アジア経済研究所『アジアの資本市場育成と消費者保護制度に関する法的考察 (金融庁委嘱調査報告書)』。
高安健一 (2005)『アジア金融再生―危機克服の戦略と政策―』勁草書房。
三重野文晴・猪口真大 (2013)「2000年代ASEAN4カ国の金融環境とグローバル金融危機」国宗浩三編『グローバル金融危機と途上国経済の政策対応』日本貿易振興機構アジア経済研究所。

(高安健一)

第4章

ASEANの貿易と投資

はじめに

　ASEANは1950年代から60年代にかけて，工業製品等の外国依存からの脱却による貿易収支の改善を目的に，「輸入代替型工業化政策」を採った。しかし，国内市場は矮小で，すぐに市場が飽和するという問題を抱えたASEAN各国は，「輸出指向型工業化政策」への転換を図った。ASEANは，「投資誘致」とそれら企業による「輸出拡大」，そしてそれに伴う「経済成長」という好循環構造の導入を図った。

　1985年のプラザ合意は，輸出指向型工業化を目指すASEANに追い風となった。急激な円高ドル安という通商環境の変化への対応を求められた日本企業に対し，ASEANは新たな製造・輸出拠点の地を提供する受け皿になった。その結果，ASEANは高成長を謳歌するとともに，85年から95年までの10年間の年平均経済成長率は7.2%，同輸出伸び率は16.1%に達した。その驚異的かつ持続的な高成長からASEANは「世界の成長センター」と呼ばれ，世界銀行は「東アジアの奇跡」と表現した。

　これに対し，ASEANもこの動きを集団として支援すべく，1987年の第3回首脳会議に発出された「マニラ宣言」を契機として，域内経済協力の方向性を集団的輸入代替重化学工業化戦略から集団的外資依存輸出指向型工業化戦略へと大きく転換した。

　1997年7月にタイを震源に発生したアジア通貨危機は，特に内需依存型産業に大きな打撃を与えた。アジア通貨危機による極度の経済不振に陥ったASEANに対し，ASEAN製品の新たなアブソーバー役になったのは中国であ

る。これまで日本，米国，EU向け輸出が中心であったASEANは，輸出先を徐々に中国向けにシフト，2010年以降，ASEANの中国向け輸出シェアは日本，米国，EUのいずれをも上回るようになった。

その一方，中国はASEANの経済成長の源である外国投資をも吸収するようになった。投資誘致の強力なライバルとして人口13億7千万人を抱える中国，12億6千万人のインド等巨大新興国の登場に対し，ASEANはこれら巨大新興国の陰に埋没する懸念を持った。ASEANは投資家に対し，自らが「単一の市場と生産基地」へと脱皮する道筋を示すことで，関心を繋ぎとめようと試みている。この切り札がASEAN経済共同体（AEC）である。

ASEANの目論見はあたり，現在までに投資を順調に集めている。その結果，ASEANが当初有していた「懸念」は薄れてきた。ただし，AEC構築のモメンタムが徐々に失われ，加盟各国は，地域大での目標の遂行よりも，自国の都合を最優先し，保護主義の誘惑に駆られるなど，内向きになる面もみられる。

ASEANが真の「単一の市場と生産基地」になれない場合，企業は敢えて域内調達を目指す必要がなくなる。また，幻滅した一部の投資家は，新たな投資先を他の地域に求める懸念がある。ASEANは再度，統合の重要性を再確認する時期に来ている。

本章では，ASEANのこれまでの経済成長のエンジンとなった貿易と投資を概観するとともに，これらの側面から，課題を提示する。

第1節　ASEANの貿易の特徴

1. 世界貿易の中のASEAN

第2次世界大戦以降，世界の貿易を牽引してきたのは米国をはじめとする先進経済国である。世界の貿易額の推移について，先進経済国，移行経済国，開発途上経済国の3つに分け，そのシェアの推移をみると，戦後から70年代前半まで先進経済国のシェアが徐々に上昇，1972年には輸出で76.9%，輸入で77.7%を占めピークを迎えた。

しかし近年，世界貿易における開発途上経済国グループの存在感は急速に高まっている。1985年9月に米ドル安に向けた協調介入を目指すプラザ合意を経て，日本等先進経済国の生産機能が開発途上経済国に次々と移転，アジアを中心とした開発途上国の工業化を後押ししてきた。先進経済国から開発途上経済国への生産移転は，世界貿易における開発途上国の存在感の向上に繋がっており，その流れは現在も続いている。2014年には輸出において先進経済国グループのシェアは51.3%であるのに対し，開発途上経済国グループは44.7%にまで高まっている。この流れは今後も続くと推察され，そう遠くない時期に，先進経済国グループと開発途上経済国グループとのシェアが逆転するとみられる。

1985年時点で約2兆ドルであった世界の貿易額（輸出ベース）は，15年後の2000年には約3倍の約6.5兆ドル，そして2014年にはさらにその約3倍の19兆ドルに拡大している。世界の輸出額は，この30年弱の間で約9.7倍になった。これら貿易額の拡大は，インフレ等物価上昇による部分も大きいが，

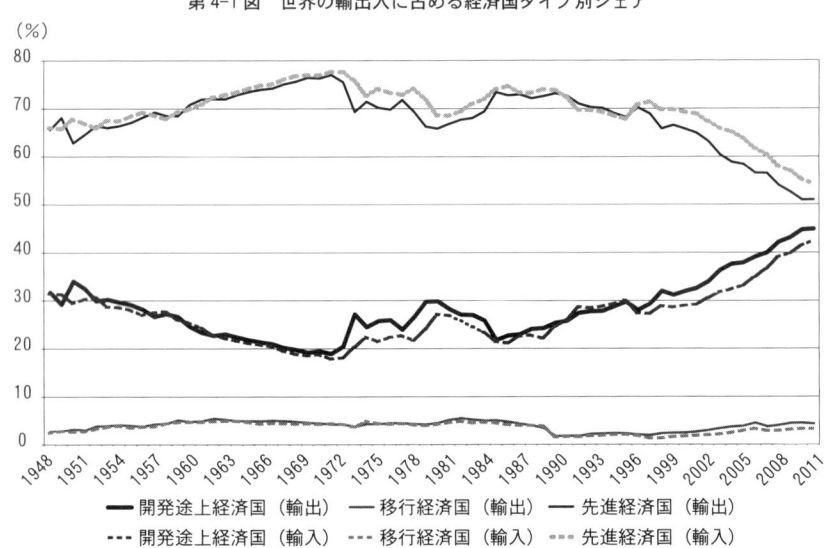

第4-1図　世界の輸出入に占める経済国タイプ別シェア

（資料）　UNCTADSTAT (UNCTAD).

数量ベースでも拡大している。2000年時点の輸出数量を100とした場合，2014年では166.2と約1.7倍になっている。

ASEANに注目すると，輸出金額では1985年から2014年の間で17.9倍に拡大した。2000年を100とした数量では，2014年までに約2.3倍（輸出：227.6，輸入：229.8）へと拡大しており，世界貿易に占める開発途上国グループのシェア拡大に少なからず貢献している。

ASEANはその経済規模に対し，より貿易での存在感が大きい。世界のGDPと往復貿易に占めるシェアをみると，米国や日本は内需が大きく，世界貿易のシェアに対して経済規模の割合がより高い。中国は経済規模の拡大に従い，往復貿易額のシェアも同様に拡大している。一方，ASEANの経済規模は1980年時点で1.6%であったが，2000年で1.8%，2014年で3.2%を占めるに過ぎない。その一方，世界の往復貿易額に占めるASEANのシェアは，80年時点で3.3%であったが，2000年時点で6.2%，2014年で6.7%まで拡大してい

第4-1表　世界におけるASEANの経済規模・往復貿易のシェア　（単位：%）

	GDPシェア				
	1980年	1990年	2000年	2010年	2014年
世界	100.0	100.0	100.0	100.0	100.0
米国	23.4	26.3	31.1	23.0	22.6
日本	8.8	13.6	14.2	8.4	5.9
中国	2.5	1.8	3.6	9.1	13.0
ASEAN	1.6	1.6	1.8	2.9	3.2

	往復貿易額シェア				
	1980年	1990年	2000年	2010年	2014年
世界	100.0	100.0	100.0	100.0	100.0
米国	11.7	12.8	15.6	10.6	10.6
日本	6.6	7.4	6.6	4.8	4.0
中国	0.9	1.6	3.6	9.7	11.3
ASEAN	3.3	4.3	6.2	6.5	6.7

（資料）UNCTADSTAT（UNCTAD）.

る。

　日本は長らく「加工貿易国」と言われてきたが，それら日本の製造機能の一部を ASEAN 拠点に移転したことで，日本とともにその機能の一部を ASEAN が担うことになった。日本と ASEAN との世界全体に占める往復貿易額のシェアは 2002 年に ASEAN が初めて上回り，以降，その状態が続いている。

2. 輸出依存型経済構造の ASEAN

　1990 年代以降，北米自由貿易協定（NAFTA）や欧州連合（EU）に代表されるように，世界各地で自由貿易協定（FTA）締結の動きが顕在化したこともあり，世界規模で貿易の存在感が増している。世界における輸出額の対 GDP 比（貿易依存度）は，80 年で 16.7％，90 年で 15.3％であったが，2004 年に初めて 20％を超え，現在までに 20％台半ばにまで拡大している。

　一方，ASEAN はその経済規模に比べ，より貿易の規模が大きいことが特徴である。ASEAN における輸出額の対 GDP 比は，80 年に 35.5％であったが，90 年には 39.2％へと緩やかに上昇していたものの，10 年後の 2000 年には一気に 70.0％にまで上昇した。ASEAN は，その経済規模に対し貿易依存度が高く，より外部経済に敏感な経済構造になった。これは 97 年 7 月にタイを震源としたアジア通貨危機の影響による部分も相当程度ある。同危機の発生により国内需要が急激に冷え込んだことを受けて，余剰となった供給を輸出に向けざるを得なかった。さらに，現地通貨安が輸出ドライブを後押しした。この間，世界貿易を牽引してきたのは，情報技術（IT）製品貿易である。しかし，2000 年春の IT バブル崩壊の煽りを受けて，ASEAN の輸出も 2 桁減を余儀なくされた。ASEAN は内需，外需のどちらか一方に依存する経済構造はリスクがあるとして，より内外需のバランスを重視するようになっている。2010 年以降，経済規模に対する貿易依存度は 50％台で推移している。

　インドネシアを除き内需に限りがある ASEAN 各国は，経済成長の糧を輸出指向型企業の投資誘致とそれら企業の輸出に求めたことで，他の地域に比べ，輸出依存度が高い経済構造になった。特に，人口規模や内需，投入資源に限りがあるシンガポールやマレーシアがその典型例である。その結果，欧米等

主要市場の景気に自国の経済が大きく左右されるなど，世界経済に過敏なまでに影響を受ける構造になった。

　ASEANを国別でみると，経済規模に比べ特に輸出額が突出して高いのがシンガポールである。1980年代以降2014年までの期間を通じて常に100%台半ばで推移している。2000年代半ばには輸出額が経済規模の1.8〜1.9倍にもなった。マレーシアも他の加盟国に比べ輸出依存度合が高い。IT景気がピークに達し，同バブルが崩壊した2000年はGDPとほぼ同規模にまで輸出は拡大した。以降，その比率は下がってきているものの，2010年以降，輸出依存

第4-2表　主要国・グループの輸出額の対GDP比　　（単位：%）

	1980年	1990年	2000年	2010年	2014年
世界	16.7	15.3	19.4	23.4	24.5
開発途上経済国	22.3	21.1	28.6	30.0	29.1
移行経済国	8.4	13.9	39.8	28.9	29.2
先進経済国	15.9	14.0	16.5	19.7	21.4
米国	7.8	6.5	7.6	8.5	9.2
日本	12.0	9.3	10.1	14.0	14.9
中国	5.9	15.4	20.9	26.5	23.3
ASEAN	35.5	39.2	70.0	54.8	52.6
ブルネイ	82.0	62.9	65.0	72.0	70.2
カンボジア	2.2	5.1	37.9	45.7	65.7
インドネシア	27.5	20.4	39.5	22.3	20.8
ラオス	8.7	9.1	19.8	25.9	22.7
マレーシア	48.9	61.9	100.7	80.2	71.8
ミャンマー	8.1	6.3	22.3	20.9	16.3
フィリピン	16.0	16.5	47.0	25.8	21.8
シンガポール	160.8	135.8	146.1	150.8	136.0
タイ	19.4	26.1	54.7	57.1	56.1
ベトナム	14.1	37.1	46.5	62.3	80.6

（資料）　UNCTADSTAT（UNCTAD）．

度は70〜80％で推移しており，依然としてその水準は高い。一方，徐々に経済規模に対して輸出規模が拡大しているのがベトナムである。ベトナムは後発加盟国の中でも特に輸出指向型投資を積極的に受け入れている。それに伴い輸出依存度も年々上昇しており，2014年にはマレーシアを上回る水準になっている。

3. 輸出指向型工業化を目指したASEAN

　1950〜60年代にかけて輸入代替型工業化戦略を採っていたASEANは，間もなくその成長路線に限界を感じ，輸出指向型投資を積極的に受け入れることで工業化を進める輸出指向型工業化路線に舵を切った。そのASEANにプラザ合意が追い風となった。1985年9月，米国ニューヨークのプラザホテルで行われた先進5カ国蔵相・中央銀行総裁会議，いわゆるG5で，米国の貿易・経常赤字解消を目的に，ドル高是正のためG5各国が為替相場に協調介入することで合意した。当時，為替相場は1ドル240円台で推移していたが，プラザ合意の発表後，急激に円高が進行，同年内には誘導目標であった1ドル200円を割りこんだ。しかし，それ以降も円高の流れは止まらず，2年後の1987年には150円を割り込んだ。

　急激な円高ドル安により，大きな打撃を被ったのは，日本国内で生産・輸出していた企業である。日本国内での製造・輸出において，価格競争力を喪失した汎用品を中心に，新たな製造・輸出拠点を賃金のより安価なアジア，特にASEANに求めた。プラザ合意を境に，日本企業はASEANを中心にラッシュ的に進出，各国に第三国向け輸出拠点を次々と設置した。その結果，ASEANは日本企業の欧米等第三国向け輸出拠点の役割を担うようになった。

　1985年時点で，世界全体の輸出（1兆9648億ドル）に占めるASEANからの輸出は3.7％（725億ドル）に過ぎなかった。しかし，輸出指向型企業を次々と受け入れ，10年後の1995年には6.2％（3214億934万ドル）へと上昇，2010年には6.9％と過去最高を記録した。以降，ASEANの内需が盛り上がりを見せたことや2011年10月に発生したタイ大洪水等の影響もあり，2014年は世界輸出（19兆37億ドル）のうちASEANの比率は6.8％（1兆2953億ドル）であった。これは日本（同3.6％）を大きく上回り，米国（同8.5％）に

徐々に迫っている。

　ASEAN 各国はプラザ合意以降も，度々円高に悩まされた日本企業の投資の受け皿となった。プラザ合意があった 85 年からの 10 年間は，日本企業にとって常に円高への対応が求められた。1995 年には円の対ドル為替レートが 80 円を割り込み，過去最高値となる 79 円 75 銭を記録した。持続的な円高により，日本からの投資，そして生産は ASEAN にシフトしていった。

　それは日本企業の海外生産比率にも表れている。海外事業活動基本調査（経済産業省）によれば，1985 年度時点で日本企業の製造業全体における海外生産比率は 2.9％であった。一方，海外に拠点を持つ企業に限定した海外生産比率は 8.0％であった。以降，断続的な円高傾向に伴い，海外生産比率も右肩上がりで上昇を続けた。直近の 2013 年度（実績）では，日本の製造業全体における海外生産比率は 22.9％，海外進出企業の海外生産比率は 35.6％である。海外進出企業についてみれば，それら企業の生産額全体の 3 分の 1 超を海外で生産するまでになった。

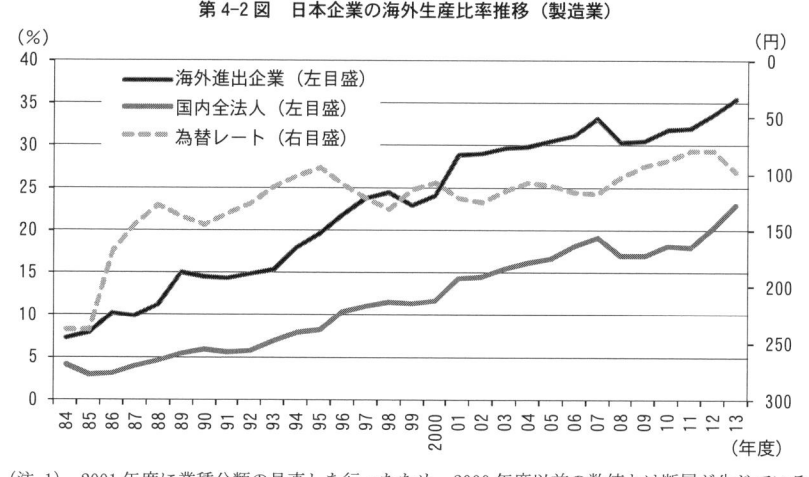

第 4-2 図　日本企業の海外生産比率推移（製造業）

（注 1）　2001 年度に業種分類の見直しを行ったため，2000 年度以前の数値とは断層が生じている。
（注 2）　「海外進出企業」は，「海外子会社」（日本側出資比率が 10％以上の外国法人）と「海外係会社」（日本側出資比率 50％以上の海外子会社が 50％超の出資を行っている外国法人）を有する企業。
（資料）　海外事業活動基本調査（経済産業省）各年版。

海外生産比率の上昇を牽引したのが，機械分野である。業種別で統計が遡れる 94 年度と 2013 年度とを比較すると，中でも輸送機械について 94 年度の海外生産比率（対象は全国内法人）は 16.9％であったが，2013 年度までに 43.7％へと上昇している。自動車等に代表される最終アッセンブラーの海外進出が，サプライヤーの海外投資および海外生産拡大をもたらした。またこの間，13.0％であった電気機械は，業種別分類の変更により同機械と情報通信機械に分かれたが，各々 17.7％，30.4％となった。7.5％であった一般機械は，汎用機械，生産用機械，業務用機械に再分類され，各々 27.6％，13.6％，18.4％となった。

1985 年のプラザ合意以降，日本企業の海外展開は，中間所得層の拡大に伴う内需指向型投資もあるが，概して円高への対応を迫られ，製造拠点を海外に移していった側面が強い。日本企業の海外進出・生産は，特に初期段階を中心に，日本での生産に用いていた資本財・中間財・原材料等をそのまま進出先に供給するなど，日本からの輸出を誘発した。しかし進出企業は，為替変動に伴う影響の最小化やコスト削減を目的に，徐々に現地調達に切り換えていった。

当初，第三国向け輸出拠点に位置づけられた ASEAN の製造拠点であるが，研究・開発機能の一部を移転する企業も出てくるなど，より製造機能が高度化し，最終消費財を含め日本向けへの製品供給機能を有するようになった。

4. ASEAN 貿易の特徴とその競争力

ASEAN の対外貿易について，国連の WITS（World Integrated Trade Solution; 世界統合貿易解決）を用い，財別（原材料，中間財，最終財）貿易動向を概観する。また最終財は，資本財と消費財とに分けて貿易構造を分析する。90 年時点で ASEAN5 カ国（インドネシア，マレーシア，フィリピン，シンガポール，タイ）の輸出について，財別では最終財が最大で総輸出の 61.3％を占めた。うち資本財は 27.0％，消費財は 34.3％であった。10 年後の 2000 年には最終財の輸出比率は 76.6％まで高まった。最終財のうち消費財輸出が 4 分の 1（24.9％）までシェアが圧縮された一方，資本財輸出が 51.7％にまで拡大した。2000 年以降，最終財の割合が徐々に減少，その間，中間財の割合が緩やかに拡大している。2000 年時点で 13.5％であった中間財の輸出は，2013 年

までに 18.9%にまで上昇した。

　一方，財別輸入についてみると，原材料の輸入比率は期間を通じて大きく変わらない一方，約 6 割を占めていた最終財は 2000 年時点では約 7 割まで高まったが，実際にはアジア通貨危機を機に緩やかに減少している。特に，最終財の中でも資本財の割合が目に見えて減少している。その一方，消費財は 98 年を底に緩やかにシェアを拡大している。アジア通貨危機以降，ASEAN 主要国を中心に中間層が徐々に拡大し内需が高まっていること，さらには 2003 年に ASEAN 自由貿易地域（AFTA）が実質的に稼働したこと，そして 2005 年以降，ASEAN にも自由貿易協定（FTA）が次々と誕生・発効していることから，これまで比較的高い関税障壁によって妨げられてきた最終製品貿易が，関税低下に伴い拡大している。

　ASEAN における財別貿易について，その競争力を明らかにすべく貿易特化係数を算出した。貿易特化係数分析では，競争力は財別の貿易黒字に反映されると見なす。貿易特化係数は，（財別輸出額－財別輸入額）を貿易総額（財別輸出額＋財別輸入額）で除した上で 100 で掛けて算出するが，－100 から＋100 の間の値で，＋100 に近いほど輸出競争力が高く，－100 に近いほど当該

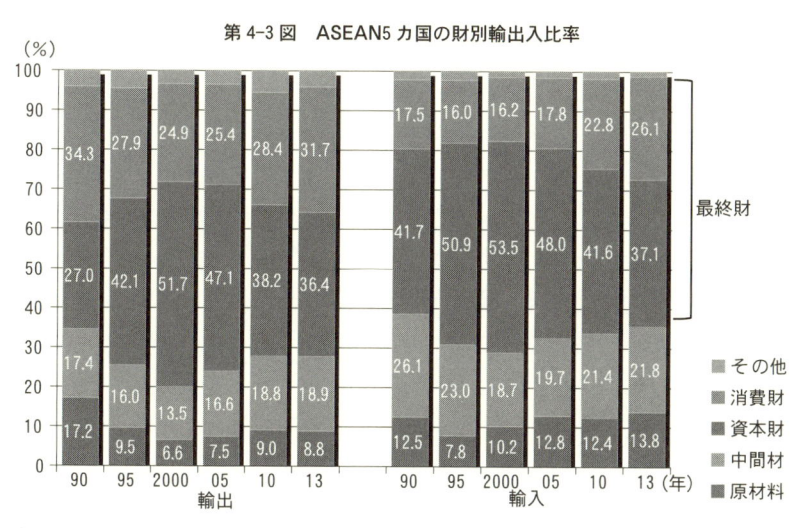

第 4-3 図　ASEAN5 カ国の財別輸出入比率

(資料)　国連 WITS (World Integrated Trade Solution)。

第 4-4 図　ASEAN5 カ国の貿易特化推移

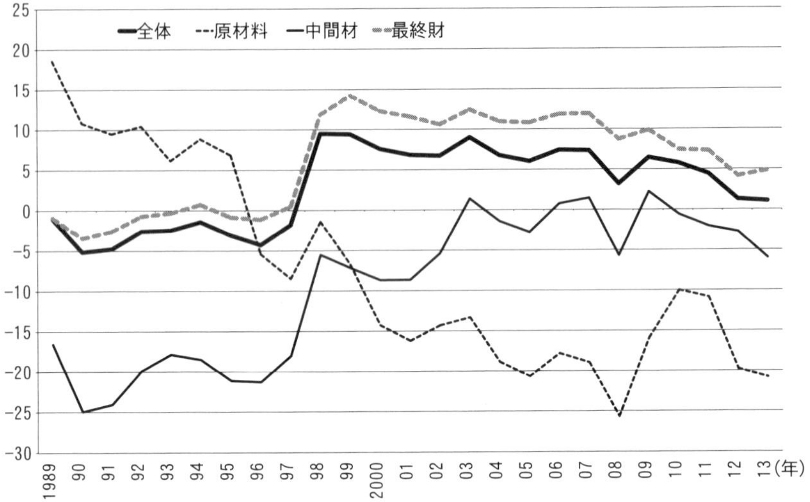

(資料)　国連 WITS (World Integrated Trade Solution)。

財が輸入過多で競争力が低いとみなす。

　もともとは原材料供給の役割を担っていた ASEAN は，徐々に原材料や中間財を輸入し，そして最終製品や資本財を輸出する「加工貿易国・地域」の特徴を示すようになっている。ASEAN は 80 年代後半から 90 年代前半にかけて，原材料供給国として同原材料輸出で競争力があったが，貿易特化係数は年々下落を余儀なくされ，96 年にマイナスに陥って以降も，その傾向は大きくは変わらない。リーマンショックが発生した 2008 年を底に反転の動きを見せたものの，依然として輸入超過である状況に変わりはない。

　また，最終財については，貿易特化係数は 94 年を除きマイナスで推移していたが，アジア通貨危機が発生した 97 年に一気にプラスに転じた。現在までにプラスを維持しているものの，係数自体は 99 年をピークに緩やかに下落傾向にある。下落の要因は，資本財輸出の伸び悩みに加えて，消費財についても，近年，ASEAN の中間層の台頭による消費ブームもあり，消費財輸入が拡大していることが影響している。特に，ASEAN5 カ国の中でフィリピンについて，2008 年以降，消費財の貿易特化係数はマイナスが続いている。

一方,加工品や部品等を示す中間財は,90年代を通じて輸入超過であったが,その間,徐々に競争力を向上させ,2003年に初めてプラスに転じた。以降,一進一退を繰り返している。ASEANにおける中間財の輸出競争力は徐々に上昇していることが見て取れるが,その線形は最終財や全体の輸出競争力と酷似している。

ASEAN5カ国の消費財輸出と中間財輸入の前年比伸び率推移をみると,これらは非常に密接な相関関係があることがみてとれる。ASEANにおいて最終消費財の輸出拡大は,中間財や原材料の輸入拡大をも誘発する。

また,この貿易特化係数の推移から,97年に発生した「アジア通貨危機」は,ASEANの貿易構造に大きなインパクトを与えたことがわかる。アジア通貨危機は,97年7月にタイを震源地にASEANのみならず世界各国に影響が波及した。これまでタイ政府は,通貨バーツを事実上ドルにペッグするバスケット方式を採っていたが,投機家を中心としたバーツの強い売り圧力に対し,タイ政府は次第にバーツを買い支えられなくなり,97年7月2日,タイ政府は通貨制度を急激な変動があった場合にのみ介入する管理フロート制へ移行した。

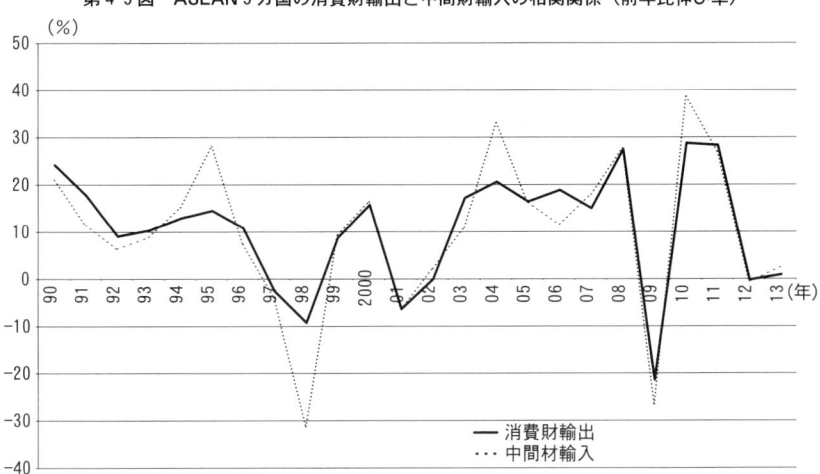

第4-5図 ASEAN5カ国の消費財輸出と中間財輸入の相関関係(前年比伸び率)

(資料) 国連WITS (World Integrated Trade Solution)。

これを受けてバーツは大幅な切り下げを余儀なくされた。アジア通貨危機は，特に内需指向型産業に大きな打撃を与えた一方で，現地通貨切り下げによる輸出ドライブをもたらし，中間財，最終財（資本財，消費財）の貿易特化係数は一気に上昇した。

5. ASEAN の国・地域別貿易の特徴

国際通貨基金（IMF）によれば，プラザ合意があった 1985 年当時，ASEAN の輸出額は 725 億 500 万ドルであった。当時，輸出先シェアは日本向けが最も高く 25.1％を占めていた。これに ASEAN 域内（19.7％），米国（19.5％），EU（11.3％）が続いた。当時，中国向けはわずか 1.3％に過ぎなかった。

しかし，プラザ合意に伴う急激な円高ドル安で，日本企業は汎用品の第三国向け輸出拠点として ASEAN に注目した。日本から原材料や中間財を輸入し，ASEAN の安価な労働コストで組立工程を行い，完成品を欧米等第三国向けに輸出した。85 年からアジア通貨危機前の 95 年までの 10 年間の年平均輸出伸び率は 16.1％であった。当時，ASEAN はその驚異的かつ持続的な高成長から「世界の成長センター」と称賛された。世界銀行が「東アジアの奇跡」（1993年）を発表したのもこの頃である。一方，日本もこれら ASEAN 各国の製造拠点に，原材料や中間財を恒常的に供給することで輸出拡大に繋げていった。

しかし，97 年にアジア通貨危機が発生，翌 98 年の ASEAN の経済成長率は▲7.2％になるなど，ASEAN の国内需要は一気に冷え込んだ。一方，アジア通貨危機が直撃した ASEAN を尻目に，中国は 98 年も 7.8％の高成長を維持，ASEAN に代わる成長センターとして，また投資先として注目されるようになった。

アジア通貨危機を経験した ASEAN は，通貨安を追い風に，投資の一層の誘致と輸出を両輪に，通貨危機の影響からの脱却を目指した。2000 年から 05 年までの ASEAN の年平均輸出伸び率は 9.5％，05 年から 2010 年までは同 10.3％と 2 桁の伸びを実現した。しかし，その間，これまで ASEAN 産品の主要な輸出先市場と見做されてきた日本，米国，EU のシェアは年々減少，ASEAN 製品の新たなアブソーバー役として中国が急速に台頭してきた。2010 年には，中国向け輸出シェアが 10％台前半となり，日本，米国，EU のいずれ

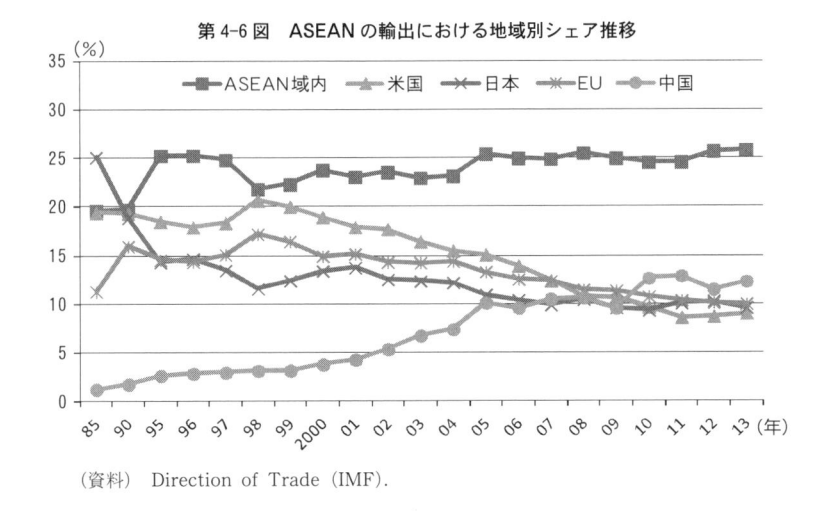

第 4-6 図　ASEAN の輸出における地域別シェア推移

(資料)　Direction of Trade (IMF).

をも上回るなど，ASEAN 域内を除く最大の市場となった。

　一方，輸入については，輸出以上に中国の存在感が増している。85 年時点で，ASEAN は域内輸入が全体の 23.5％で最大であったが，これに日本（19.3％），EU（14.3％），米国（13.4％）が続いた。以降，ASEAN 域内輸入は総輸入の 25〜30％程度で推移している。一方，日本，EU，米国については徐々にシェアが下落している。85 年のプラザ合意以降，日本は第三国輸出機能を ASEAN 各国に次々とシフトし，製造に必要な設備等の資本財，部品等の中間財は日本から供給してきた。しかし，関税や輸送等調達コストや調達リードタイムの削減，為替リスクの軽減を目指し，国内調達を拡大してきた。日本からの輸入比率の減少はそれらの要因もある。

　ASEAN の輸入で急速に存在感を高めているのが中国である。2000 年頃まで 5％弱のシェアであった中国は，2005 年に発効した ASEAN 中国 FTA（ACFTA）も梃子に中国製品を ASEAN 市場での浸透を図り，2007 年には日本，EU，米国すべてのシェアを上回った。2013 年までに，総輸入に占める中国のシェアは 19.1％にまで伸長，輸入額は日本（8.7％）の倍以上，EU（7.7％）の 2.5 倍，米国（6.2％）の 3 倍となるなど，ASEAN 市場での中国の存在感は圧倒的なまでに拡大した。

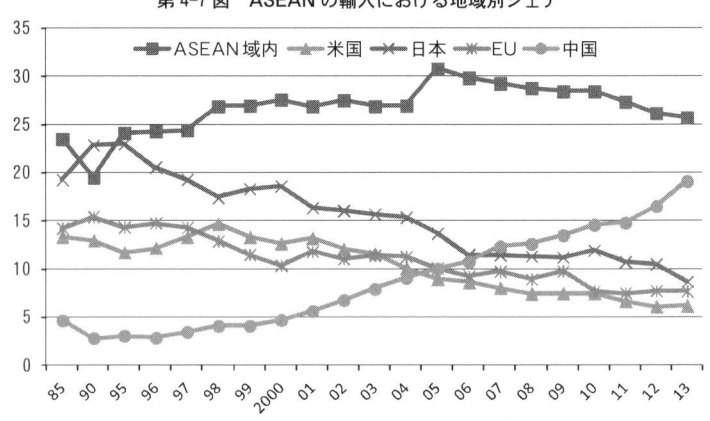

第4-7図　ASEANの輸入における地域別シェア

(資料)　Direction of Trade (IMF).

　ASEANの輸出入において，日米EUが年々そのシェアを低下させているのに対して，ASEAN域内貿易は中国の存在感の高まりにも関わらず，概してそのシェアを維持している。ASEANは域内貿易において，1993年にASEAN自由貿易地域（AFTA）を開始，2003年には先発加盟6カ国でほとんどの品目の関税を5％以下にまで削減，そして2010年にはほぼすべての関税を撤廃した。

　往復貿易額をベースに算出した域内貿易比率について，ASEAN，NAFTA，EUとを比べた。95年で21.3％であったASEANの域内貿易比率は，アジア通貨危機直後の98年（21.0％）を底に緩やかに上昇傾向を辿るが，現在までにその比率は大きく変動することなく20％台半ばで推移している。

　1968年に関税同盟を完成させたEUの域内貿易比率は，2003年の66.2％をピークに緩やかに下がっているものの，6割前後の水準を維持している。一方，NAFTAについては，輸出で50％前後，輸入で30～40％であることから，域内貿易比率は40％台前半で推移している。EUやNAFTAは，域内メンバーに市場として期待出来る中規模または大規模の先進国を抱えており，その結果，往復貿易に占める域内貿易比率は比較的高くなる傾向がある。一方，ASEANは域内に6億人を超える人口を抱えるものの，所得が高い先進国は人

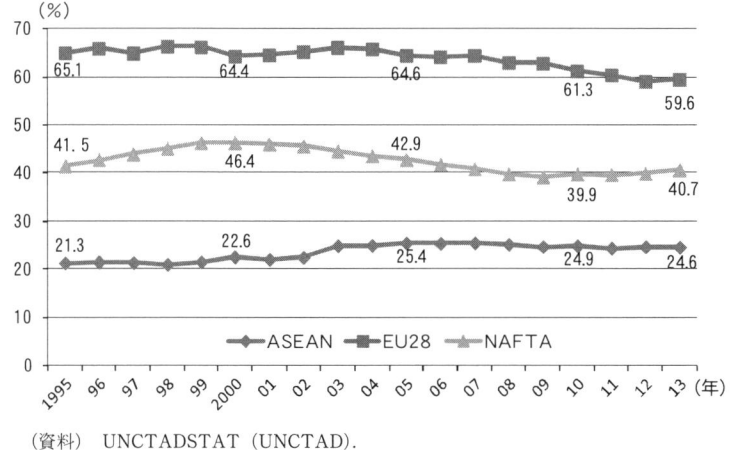

第4-8図 ASEAN・EU・NAFTAの域内貿易比率推移

(資料) UNCTADSTAT (UNCTAD).

口規模が少ないシンガポールのみである。ASEANは，主な市場を域外に求めざるを得ないことが，域内貿易比率が20％台でとどまっている最大の要因である。

しかし，域内貿易の範囲について，ASEANを中心とするASEAN+6，いわゆる東アジア地域包括的経済連携（RCEP）に拡大した場合，域内貿易比率は2013年時点で42.7％と，NAFTAを上回る水準となる。現在，RCEP実現に向け交渉が行われているが，域内貿易比率が4割超に達するRCEPで，AECの下で実施している各種措置を導入・適用できれば，ASEANにとってより大きなメリットをもたらす。措置導入についてもRCEPの中で最も所得格差を抱えたASEANが導入している措置であれば，他のRCEP加盟国でも比較的大きな障害がなく導入できよう。

第2節 ASEANの投資の特徴

1. ASEANの投資誘致の歴史

1950年から60年代にかけて，東南アジア各国は主要な輸出品であったゴム

などの1次産品価格の低迷や合成ゴム，合成繊維等など代替品の登場により，輸出が伸び悩む一方，輸入では工業製品が増大，貿易収支は慢性的な赤字構造に陥った。これまで工業製品の供給は圧倒的に輸入に依存していたが，外国製品の依存度低下を通じた外貨節約，貿易収支の改善を目的に，高関税や数量規制等を課し，輸入を制限することにより，国内市場参入・獲得を目指す外国企業の呼び込みと国内産業の育成を狙った。この時代，東南アジア各国は戦略産業の原材料や部品の輸入関税を減免するなど，自国産業を保護しながらも外資の力を借りて工業化に取り組む「輸入代替型工業化政策」を採った。

しかし，現地組立・現地市場への製品供給を目的に進出した企業にとって，東南アジア各国の国内市場規模は小さく，すぐに飽和してしまうなどにより産業自体も停滞するという問題に直面した。これを機に東南アジア各国は「輸出指向型工業化政策」への転換を図った。

輸出指向型工業化政策は，輸出向け製品に用いられる原材料・部品の関税引き下げや輸出加工区（EPZ）設置，各種租税面での恩典を付与することで，輸出指向型企業を誘致し，製品輸出によって外貨獲得や経済成長を実現するものである。1960年代初頭に韓国，台湾，香港，シンガポールのアジアNIESが先に同政策を導入，追って東南アジア各国も次々と導入した。市場の飽和で停滞を余儀なくされたこれら産業は，欧米など「第三国市場への輸出」に活路を見出すことで工業化を促進していった。

輸出指向型工業化政策は，部品などの中間財や資本財は輸入に依存するものの，最終製品の輸出を通じて外貨を獲得すること，海外市場向け大量生産実現で「不効率な生産」と「割高な製品」問題を解消すること，さらには各国政府に対し大規模な工場進出に伴う「雇用の確保」，「技術移転」への期待を抱かせた。

東南アジア各国は，輸出指向型企業を受け入れるべく，投資制度を整備していった。フィリピンで投資奨励法が，インドネシアで外資導入法がそれぞれ出来たのは1967年，これに続きマレーシアで投資奨励法（1968年）が，タイも産業投資奨励法（1972年）が整備された。また，東南アジア各国でEPZが設置されはじめたのもこのころである。

この動きを一気に後押ししたのは，1985年9月のプラザ合意である。特に，

日本企業はプラザ合意に伴う急激な円高ドル安により，日本での製造・輸出が難しくなった汎用品を中心に，賃金の安価なASEANに第三国向け製造・輸出拠点を次々と設置した。

ASEAN各国もこれら日本を中心にスピルオーバーした投資を積極的に受け入れるべく，長期にわたる法人税の免税，輸出向け製品に用いられる原材料・部材の免税，生産用設備の輸入関税免税など数多くの投資優遇制度を用意した。これら投資恩典の付与と引き換えに，輸出義務を課すことで，工業化と外資獲得の両立を図った。例えば当時のタイでは，タイ投資委員会（BOI）の恩典を受けて投資をする場合，外資100％で進出するためには輸出比率80％以上が，また外資マジョリティの場合は輸出比率50％超が求められた。国内販売が中心の投資の場合，バンコクから遠方地に立地するか，地場資本マジョリティで参入するかの選択を迫られた。さらには，立地にも輸出比率が規定された。バンコク近郊に立地する場合，80％以上の輸出比率を条件に，機械輸入関税の50％減税，3年間の法人税の免税が付与された。

また，ASEAN各国は国内産業の育成を狙う特定の分野については，ローカルコンテントなど国産部品の使用義務を課し，国内産業育成を図った。ローカルコンテント義務の達成のため，サプライヤー企業がさらにASEAN進出を

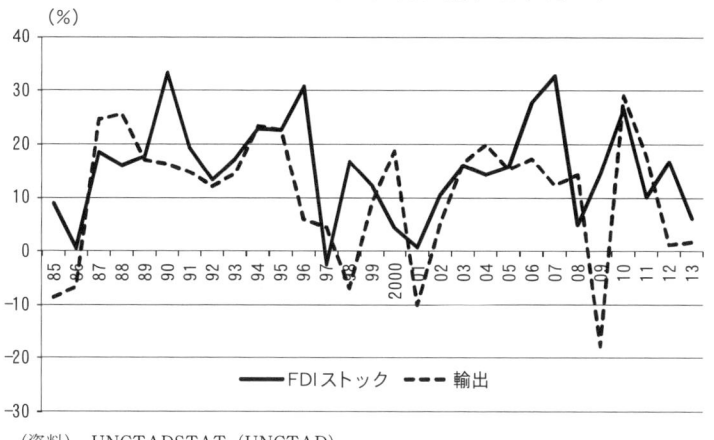

第4-9図　ASEANの対内直接投資累積と輸出の前年比伸び率

（資料）　UNCTADSTAT (UNCTAD).

図る等により資本や技術が蓄積されていった。

　ASEANでは日本や欧米先進各国から輸出指向型投資を受け入れることで，工業化と輸出に伴う経済発展を遂げていった。ASEANの対内直接投資は輸出指向型が中心であることは，対内直接投資累積の伸び率とASEANの輸出伸び率について，相関関係があることからも推察できる。ASEANにおいては，対内直接投資と輸出が密接に関係しており，これら外資がASEANの輸出を支えてきたと言える。

2. 投資先として注目されるASEAN

　ASEANは自らの経済成長のエンジンを，特に輸出指向型投資の誘致とそれら企業による輸出に置いている。97年に発生したアジア通貨危機で，投資誘致競争においてASEAN自体が中国などの陰に埋没する深刻な懸念を有してからは，ASEANは「統合された経済圏」への道筋を投資家に示すことで，投資家の関心の繋ぎとめを図った。具体的には，AFTAの関税削減・撤廃目標の前倒し実現，ASEAN経済共同体（AEC）の構築，さらには東アジア域内主要国とのFTA，いわゆる5つのASEAN＋1FTA，等の推進を通じ，ASEANは今後も魅力的な製造・輸出拠点であることを懸命にアピールした。

　これら長年にわたるASEANの投資誘致に向けた努力もあり，ASEANの対世界GDPシェアを上回る形で，対世界直接投資受入シェアが推移している。唯一，これらが逆転したのは，ITバブルが崩壊した2000年のみである。さらにここでは，1970年以降でASEANの投資ブームは小規模のものを含め5回あったことが確認できる。特に，1975年前後には世界の直接投資受け入れシェアが約8％に達した。しかし程なくしてASEAN各国でナショナリズムが台頭，投資ブームが間もなく萎んだ。

　90年頃から97年のアジア通貨危機までの投資ブームでは，世界の直接投資額の7～9％弱をASEANが占めた。この時期，ASEANは輸出指向型投資に加え，好調な経済成長に惹かれる形で内需指向型投資も活発化した。

　輸出指向型を中心に外国投資を受け入れ，工業化に邁進してきたASEAN各国にとって大きな転機になったのは，97年7月のタイを震源地としたアジア通貨危機である。通貨危機以前，中国は人民元を94年に切り下げており，

またメキシコで発生した通貨下落などもあり，相対的にドルにペッグしているバーツに割高感が生じていたことに加え，さらに国内での賃金上昇などによる製造コスト高により，輸出競争力も減退していた。

また，企業の多くは通貨が実質的にドルペッグしていたことから，為替リスクヘッジを行わないままに，設備投資等の資金の多くを金利の低いドル建てで借り入れていた。アジア通貨危機に伴うバーツ暴落により，バーツ建債務の膨張を通じて企業のバランスシートは急激に悪化した。さらに，政府は輸入インフレ抑制のため高金利政策を導入したが，このことがさらに企業の金利負担を増大させ，一層打撃を与えた。アジア通貨危機によりASEAN各国の国内経済，特に自動車や建設など内需依存型産業は大きな影響を被った。

また，アジア通貨危機の激震は経済のみならず，特にインドネシアでみられたように社会や政治をも不安定化した。インドネシアではジャカルタ市内の至る所で暴動が発生，長らく開発独裁体制を堅持してきたスハルト大統領は退陣に追い込まれた。この混乱を嫌った日本を中心とする外国企業は，投資先としてASEANから，労働力が圧倒的に豊富で賃金も安く，将来的な市場としても期待できる中国にシフトしていった。

ASEANは，長らく隣接する中国との間で投資誘致競争を繰り広げてきた。中国もこれまで大小合わせて3回の投資ブームがあったと言われている。第1

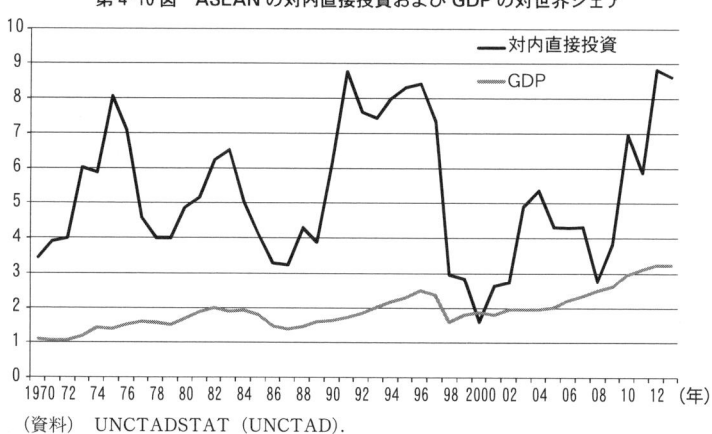

第4-10図　ASEANの対内直接投資およびGDPの対世界シェア

（資料）　UNCTADSTAT (UNCTAD).

次ブームは，プラザ合意以降に円高が急進した1985～87年頃である。しかし，89年に天安門事件が発生したことによりブームは間もなく終焉を迎えた。第2次ブームは，92～97年頃までで，当時の最高指導者であった鄧小平が南巡講話を実施したことで，外資導入の本格化や市場経済の加速化に期待が集まる形で投資ブームとなった。同ブームはアジア通貨危機の発生に伴い減速を余儀なくされたものの，中国が世界貿易機関（WTO）に加盟した2001年頃から2005年頃まで，安価な労働力獲得のための投資のみならず，内需獲得や研究・開発を目的とした投資も内包する第3次投資ブームが到来した。

中国の対内直接投資について，全体からみれば2009年前後より投資ブームを迎えてはいるが，日本について言えば，2010年に尖閣諸島沖の中国漁船衝突事件が発生したこと，2012年には日本政府による尖閣諸島の国有化を契機に一気に日中関係が悪化したことで，対中国向け投資は停滞している。

日中関係の悪化や中国の賃金水準の上昇を嫌気する日本企業は，再びASEANに向かった。2010年から現在まで続くASEANの投資ブームでも，世界の対内直接投資に占めるシェアは9％弱にまで拡大している。ASEANは先発加盟国が域内関税を撤廃，そして域外国とも積極的にFTA網構築に励むなどにより，「単一の市場と生産基地」としての魅力を増しており，そのこと

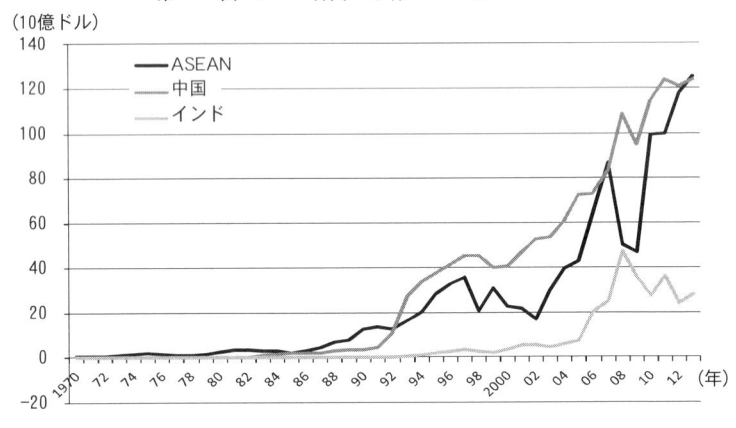

第4-11図　アジア各国・地域の対内直接投資額推移

(資料)　UNCTADSTAT（UNCTAD）.

が投資を呼び寄せている一因にもなっている。

近年，投資誘致のライバルとして徐々に頭角を現してきているのはインドである。2009年には，第2次シン政権が発足し，外資誘致拡大に向けた規制緩和に乗り出すとの期待感が高まった。世界が広範囲にリーマンショックの影響を受けていたこともあるが，これらを背景にインドは世界の対内直接投資受け入れ額全体の3％弱を占めるに至った。

3. ASEANの国・地域別投資動向

ASEANの対内直接投資額推移を投資元の国・地域別でみると，投資の出し手としての主役は日米EUであり，概して投資全体の4～5割を占める。2005年以降の投資動向をみると，米国とEUのASEAN向け投資の中心はシンガポールである。特に，金融・保険等を中心とするサービス業向けが主である。一方，日本はインドネシアやタイ向けが中心で，主にその投資分野は製造業である。2000年以降，ASEANの日本からの業種別直接投資受入れにおいて，2000～04年の受入額に占める製造業の比率は48.3％，05～2009年でも49.6％と凡そ半分を占めていた。2010年以降はその比率はさらに高まり，2013年までの4年間で同比率は58.8％にまで高まっている。

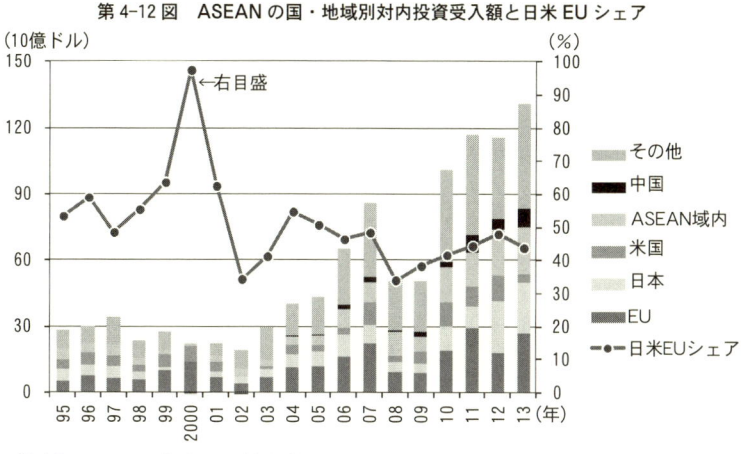

第4-12図　ASEANの国・地域別対内投資受入額と日米EUシェア

(資料)　ASEAN統計年報（各年版）より作成。

近年，徐々に ASEAN の域内投資の存在感が高まっている。2000 年から 04 年の 5 年間で全体の約 1 割を占めていたが，05～09 年は約 14％，そして 10～13 年は 16.5％を占めるなど徐々に上昇している。この比率は日本や米国をすでに上回っている。域内投資の出し手は，主にシンガポールやマレーシアであるが，金融・保険，そして不動産関連が多いことが特徴である。近年はタイ等によるメコン後発加盟国への投資も目立ってきている。

また近年，シェアはまだ小さいながらも，中国が ASEAN の投資の出し手になってきている。前述の通り日本からの投資の主流が製造業であるのに対し，2010 年から 13 年の 4 年間について，ASEAN の中国からの業種別直接投資受入れでは，全体の 4 分の 1 を金融業が占めている。これに不動産（22.6％），貿易・商業（16.4％）等非製造業が上位を占め，製造業は 7.6％に過ぎない。

4. ASEAN における日系企業の活動

ASEAN は投資受け入れをエンジンとして経済規模を拡大させてきた。1985 年で ASEAN は世界全体の経済規模（GDP）のうち 1.8％を占めていたが，93 年に 2％，2010 年に漸く 3％を上回った。その経済規模以上に日本は

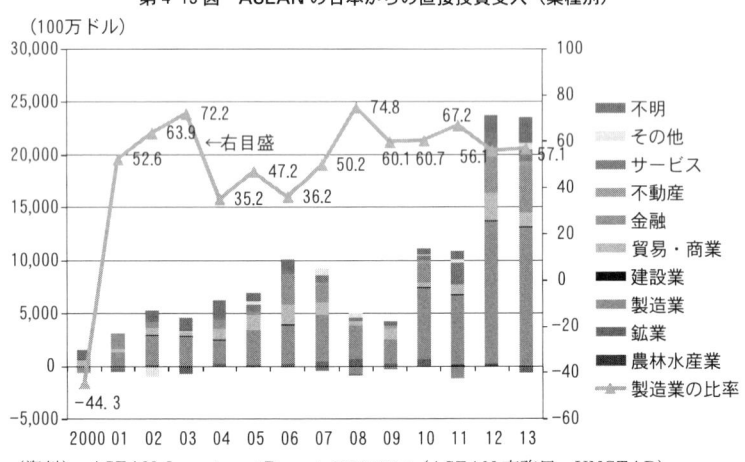

第 4-13 図　ASEAN の日本からの直接投資受入（業種別）

（資料）　ASEAN InvestmentReport 2013-2014（ASEAN 事務局・UNCTAD）。

ASEANに資本を投下してきた。2014年末までの日本の対世界の直接投資残高は1兆2015億ドルであったが，うちASEANは1594億ドルで13.3%のシェアを占める。中でもタイ（4.4%），シンガポール（3.8%）の2カ国でASEAN残高の6割を超える。

日本の対ASEAN投資の中心は製造業である。2000年以降，ASEANの日本からの投資に占める製造業の比率は概して50～60%である。日本のASEAN進出の主役は，輸送機器，一般機械，電気機械など機械分野であった。

日本の対ASEAN投資は，1985年のプラザ合意以降，広範囲かつ重層的に行われた。製造に用いられる原材料や部材は，初期段階では日本からの調達に依存していたが，投下資本が蓄積されていくに伴い，現地調達が拡大していった。これまでジェトロが在ASEAN日系製造企業を対象に行ってきたアンケート調査で，国・地域別平均調達比率が確認できる最も古い年は1993年である。1993年当時と約20年後となる2014年の国・地域別調達割合を見ると，次の特徴が指摘できる。まず，①タイで現地調達率が大幅に上昇する一方で，インドネシアは減少していること，②日本からの調達割合はいずれの国も大幅に減少していること，③ASEAN域内からの調達比率がいずれの国も拡大していること，である。

この約20年間の主な通商面の環境変化は，①世界貿易機関（WTO）発足（1995年），②AFTAの下での先発加盟6カ国の域内関税撤廃（2010年），等があった。しかし，調査を行った1993年時点，AFTAが同年1月から発効し

第4-3表　在ASAEN日系製造企業の国・地域別調達割合（1994年／2014年）

	現地		日本		ASEAN		その他	
	1993年	2014年	1993年	2014年	1993年	2014年	1993年	2014年
タイ	42.6	54.8	46.0	29.4	2.7	3.8	8.7	12.0
マレーシア	37.4	40.7	43.0	33.9	6.0	11.4	13.6	14.0
インドネシア	48.6	43.1	36.6	32.4	4.0	10.3	10.8	14.2
フィリピン	29.0	28.4	55.2	43.9	1.3	8.8	14.5	18.9

（出所）アジア・オセアニアの日系企業活動実態調査（1993年・2014年／ジェトロ）。

ていたものの，当時加盟していた6カ国の単純平均 AFTA 特恵税率は 12.76％であるなど，ASEAN 関税削減は限定的であった。また，GATT 体制下でまだ WTO も設立されていない。

　1993 年頃，ASEAN 各国は現地調達向上を政策的に進めていた。例えば，タイ工業省は自動車分野で国産部品の使用義務規定（ローカルコンテント）を課すことで輸入部品の国産化を目指した。具体的には，1975 年から，自動車ではローカルコンテント 25％を，二輪車では 50％を，それぞれ求めた。工業省の他にも，タイ投資委員会（BOI）が自動車や二輪車を含む 14 業種でローカルコンテントを投資認可，恩典付与の条件にしていた。BOI は 1993 年 4 月には大部分の業種について国産化義務規定を廃止したものの，乳製品，自動車や二輪車などのエンジン生産，二輪車組立についてローカルコンテント規定が廃止されたのは 1999 年末になってからのことである。

　一方，インドネシアは 1970 年代後半から，自動車や二輪車用部品の国産化政策を進め，主要部品は国内調達を義務づけた。1993 年に，品目指定による国産化義務づけをやめ，国産化率が高いほど部品の関税率を引き下げるインセンティブ方式に切り替えた。二輪車の国産化政策を全面的に廃止したのは 1999 年になってからのことである。

　タイ・インドネシア両国とも 2000 年を前にローカルコンテントを撤廃したのは，「貿易に関連する投資措置に関する協定」（TRIM 協定）の下，開発途上国は WTO 発足（1995 年）後 5 年以内の措置撤廃を約束していたためである。

　このように同様の道を歩んでいたタイとインドネシアであるが，その間，タイでは企業進出が活発化，ASEAN 随一の産業集積を誇るまでになった。一方，インドネシアは 97 年のアジア通貨危機に端を発する経済危機が，社会・政治混乱にまで発展，撤退を決断した日本企業も少なからずある。インドネシアはその国内市場等の魅力はあるものの，投資誘致面ではタイの後塵を拝した。

　2010 年以降，在 ASEAN 日系企業の域内調達率は下落傾向にある。これに代わる形で中国からの調達比率が緩やかに上昇している。中国と ASEAN とは 2005 年 7 月に ASEAN 中国 FTA（ACFTA）を発効させた。発効直前の

2004年当時の在ASEAN日系製造業の中国からの調達比率は凡そ3％前後であり，その水準は2009年頃までは大きく変わるものではなかった。しかし，2010年以降，中国から調達比率は緩やかに上昇，タイについては2013年以降，ASEAN域内調達比率を上回っている。その他のASEAN加盟国もASEAN域内調達比率までは届かないものの，中国から調達比率は上昇傾向にある。これは，ACFTAのもと2010年には一部センシティブ品目等を除き中国・ASEAN双方でこれら地域の原産品を対象に関税を撤廃したことも少なからず影響しているとみられる。

これまで日本企業は，概して中国とASEANにおいてサプライチェーンを別々に構築してきたが，近年，ACFTAによる関税削減・撤廃を機に，中国からの調達を増やす動きがある。直近の2014年でみると，在ASEAN日系製造企業の平均域内調達率は9.0％であったが，中国からの調達率は7.8％にまで上昇している。特に，繊維（中国からの調達率16.8％），電気機械器具（同15.8％），精密機械器具（同13.1％）は中国からの調達率が高く，ASEAN域内調達率（各々10.3％，11.5％，11.7％）を上回っている。一方，輸送機械器具分野ではASEAN域内調達が12.8％である一方，中国からは平均で2.8％と，業種によって中国との緊密度に差がみられる。

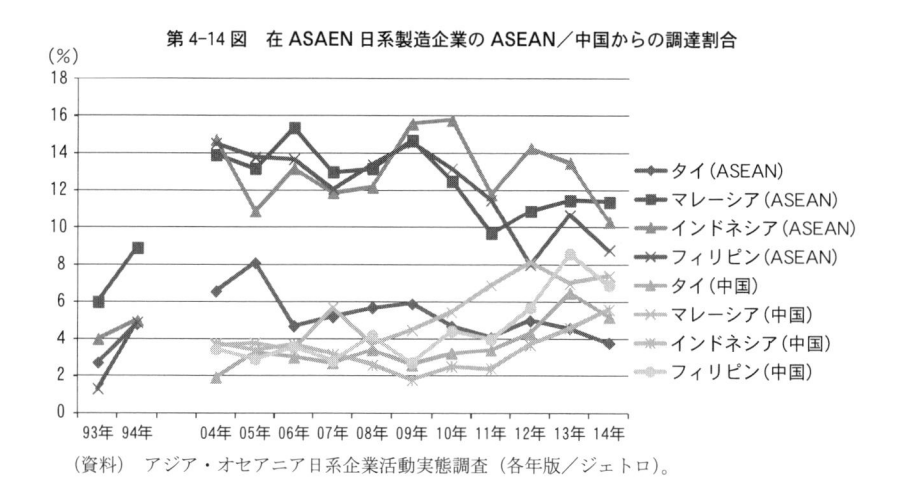

第4-14図　在ASAEN日系製造企業のASEAN／中国からの調達割合

（資料）　アジア・オセアニア日系企業活動実態調査（各年版／ジェトロ）。

おわりに〜ASEAN における貿易・投資面での課題〜

　ASEAN は長年にわたり輸出指向型企業を受け入れることで，輸出指向型経済構造を構築してきた。しかし，アジアにおける投資誘致の強力なライバルとして人口13億7千万人を抱える中国，12億6千万人を抱えるインドが登場している。ASEAN の人口規模（6億2千万人）から比べると倍以上である。ASEAN がこれらに伍する形で投資を集めてこれたのは，2015年末までに構築を目指してきた ASEAN 経済共同体（AEC）のもと，「単一の市場と生産基地」への企業からの期待があったためである。

　特に AFTA の下，2015年2月時点で ASEAN 全体の自由化率（関税撤廃品目比率）は96.0％になるなど，これまで日本が締結してきた経済連携協定（EPA）の自由化率（84.4〜88.4％）と比べてもその水準は高い。また，93年時点で12.76％であった ASEAN の域内関税水準（単純平均関税率）は，15年2月時点で0.23％になった（後発加盟国：0.55％，先発加盟6カ国：0.03％）このことからも，AFTA は今や例外品目が極めて少ないアジアを代表する高水準の FTA になった。

　今後とも ASEAN が投資・貿易面で一定の存在感を発揮するには，真の「単一の市場と生産基地」を目指し，投資の求心力を維持・増進する必要がある。現時点で ASEAN には投資が順調に集まっていることから，AEC 構築のモメンタムが失われるのでは，という懸念の声も聞かれる。実際に，非関税障壁の削減・撤廃，サービス分野の外資規制緩和等，一部措置の実施に遅延が見られる。また，強制規格等保護主義的措置を新たに導入する動きもあるなど，加盟各国の政治がより内向きになりつつある。ASEAN が真の「単一の市場と生産基地」とならない場合，国内調達は進展するものの，すでにその傾向が表れているように，国外からの調達については敢えて域内調達を指向せず，中国やインド等よりコストメリットがある域外からの調達に切り替わる可能性もある。

　現在までに，ASEAN 域内貿易比率は横ばいで推移しているが，日系製造企

業で見れば域内調達比率は下がり始めており，再度，ASEAN統合の重要性を確認する必要があろう。

参考文献
石川幸一・清水一史・助川成也（2013）『ASEAN経済共同体と日本』文眞堂。
岡部美砂（2015）『ASEAN域内貿易の進展』2014年度「アジア研究」報告書（日本経済研究センター）。
経済産業省（各年版）「海外事業活動基本調査」。
ジェトロ（各年版）『アジア・オセアニアの日系企業活動実態調査』。
助川成也（2013）「RCEPとASEANの課題」山澤逸平・馬田啓一・国際貿易投資研究会編著『アジア太平洋の新通商秩序』勁草書房。
助川成也（2014）「高水準のRCEP実現に向け進むAFTAとACFTAの制度改革」末廣昭・伊藤亜聖・大泉啓一郎・助川成也・宮島良明・森田英嗣『南進する中国と東南アジア：地域の「中国化」』東京大学社会科学研究所。
深沢淳一・助川成也著（2014）『ASEAN大市場統合と日本』文眞堂。
山澤逸平・馬田啓一・国際貿易投資研究会編著（2012）『通商政策の潮流と日本』勁草書房。

（助川成也）

第 5 章

都市化と消費社会の進展

はじめに

　本章では ASEAN の経済発展を，都市化，消費社会の進展という側面から考える。ASEAN は従来，日本企業をはじめとする多国籍企業にとって，安価で豊富な労働力をもつ生産拠点という位置づけが強かった。もちろん，そうした状況は今も見られるが，一方で ASEAN は近年，消費需要が旺盛で，今後も拡大が期待される有望市場という側面も大きくなっている。実際，商品やサービスの販売先としての成長力に着目し，日本企業を含む域内外の企業が現地において積極的に経営を拡大している。本章では以下，第 1 節で ASEAN 域内の都市化の経緯・現状を概観し，第 2 節で所得水準の上昇に伴う中間層・富裕層の増加を背景に域内の消費市場が膨らんでいる状況を見る。第 3 節で家電や自動車といった耐久消費財，さらに旅行や健康・医療などサービス関連の需要動向についても説明する。

第 1 節　都市化の進展

　都市に人口が流入する都市化の現象は，経済成長と表裏一体の現象といえるだろう。人々は農村を離れ，都市で職を見つけることで，より生産的になり，より高い賃金を稼ぐことができる。人口が都市に集まると，企業にとってそこは広範な顧客が存在する市場としての位置づけも増す。また，より高いスキルや教育を備えた労働者を求めやすくもなる。都市は消費，雇用，企業活動，教

育，技術発展などにとって重要な舞台であり，都市化の進展は，経済成長の原動力でもある。

1. ASEAN の都市化率

国連の推計によると，ASEAN[1]の都市化率（都市に住む人口の割合）は2015年時点で47.6%と総人口のほぼ半分を占める（第5-1図）。ASEANの総人口は6億人超だから，約3億人が都市で生活していることになる。ASEANの都市化率は1975年の23.2%から約40年間でほぼ2倍に高まっており，都市人口は当時の約7400万人から4倍超に膨れ上がった。ASEANの総人口はこの間，約3億人増えている。したがってその75%，つまり4分の3が都市人口に加えられた計算である。ASEANの人口増加は，都市部の人口増加によってもたらされた部分が大きい。

もちろん，都市化の現象はASEAN特有のものではない。同じ国連統計から中国の都市化率の推移を見ると，1975年～2015年の間に17.4%から55.6%と3倍超に高まっており，ASEAN以上に都市化のスピードは速い。この間の中国の総人口の推移から計算すると，中国の都市人口は約6億2000万人増え

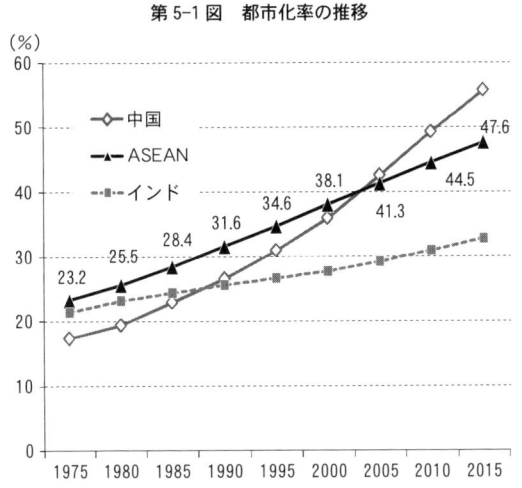

第5-1図 都市化率の推移

(注) ASEANには東チモールが含まれる。「都市人口」の定義は国によって異なる。
(資料) 国連 World Urbanizaiton Prospects: The 2014 Revison より作成。

て 7 億 8000 万人程度に拡大したことになる。一方，同じアジアでもインドの場合は，1975 年に 21.3%だった都市化率が 2015 年時点で 32.7%と 10 ポイント強の上昇にとどまっており，中国や ASEAN ほど都市化のスピードは速くない。

2. 各国の都市化率

ASEAN 各国の都市率は，都市国家シンガポール，国土面積が小さいブルネイを除くと，マレーシア，インドネシア，タイの順に高く，都市化率はいずれも 50%を超えている（第 5-1 表）。これら 3 カ国の都市化率は，過去 40 年間でいずれも 2～3 倍程度に上昇した。一方，都市化率が低いのはカンボジア，ラオス，ミャンマーといった，いわゆる ASEAN 後発国であり，マレーシアやタイに比べ発展が遅れている状況が映し出されている。ただ，ASEAN 後発国は，都市化率自体はまだ低いものの上昇ピッチは速い。1975 年からの 40 年間で，カンボジアで 4.6 倍，ラオスで 3.5 倍と大きく伸びており，急速な都市

第 5-1 表　東南アジア各国の都市化率の推移

国名	1975 年	1995 年	2015 年
シンガポール	100.0	100.0	100.0
ブルネイ	62.0	68.6	77.2
マレーシア	37.7	55.7	74.7
インドネシア	19.3	36.1	53.7
タイ	23.8	30.3	50.4
フィリピン	35.6	48.3	44.4
ラオス	11.1	17.4	38.6
ミャンマー	23.9	25.5	34.1
ベトナム	18.8	22.2	33.6
カンボジア	4.5	17.3	20.7
ASEAN 全体	23.2	34.6	47.6

（注）　ASEAN には東チモールが含まれる。「都市人口」の定義は国によって異なる。
（資料）　国連 World Urbanizaiton Prospects: The 2014 Revision より作成。

化が進んでいる。

「アジアは今，農村社会（rural society）から都市社会（urban society）への歴史的な人口転換期にある。それは過去に世界のどの地域で見られたものよりも規模が大きい」2)と言われるが，ASEAN もそんな状況にある。

ASEAN 域内における都市の成長は今後も続く。域内全体の都市化率は 2015 年の 47.6％から 2050 年には 64.5％へ上昇すると国連は予想している。個別の国では，カンボジア以外のすべての国で 50％を超え，うちマレーシア，インドネシア，タイの 3 カ国は 70～80％台に達する。ASEAN 後発国の中ではラオスの都市化率が 2050 年時点で 60％超と最も高くなると予想されている。

都市の成長は，ASEAN 経済の牽引役である。現在，ASEAN 全体の国内総生産（GDP）の 3 分の 2 は都市部で生み出されており，2030 年にはその比率が 4 分の 3 へ高まるとの見方がある3)。ただ，急速な都市化の進展は，人口増加や企業活動の拡大に伴う環境悪化や都市内部における格差拡大，交通渋滞や電力需要の拡大に対応するためのインフラ整備などさまざまな課題を各国政府に突き付ける。政策対応が後手に回れば経済にマイナスの影響が及ぶ可能性もある。

第 2 節　ASEAN 消費市場の動向

1. 拡大する消費市場

本節では都市化とともに進む ASEAN 消費市場の拡大，その背後にある中間層・富裕層の増加といった現象を見る。まず ASEAN10 カ国の消費額（最終家計消費支出，名目ベース，2013 年）は約 1 兆 3000 億ドルの規模に達しており，過去 5 年間，平均約 9％の伸び率を記録している（第 5-2 図）。2013 年の消費額は日本の 4 割強の水準であるが，2005 年の 2 割から大きく上昇している。

同じアジアでは中国の消費額（同）がすでに日本を超えている。一方，インドは日本の 4 割弱で，ASEAN の対日比率よりは低い。ASEAN の消費額がこ

第5-2図　名目消費額の推移

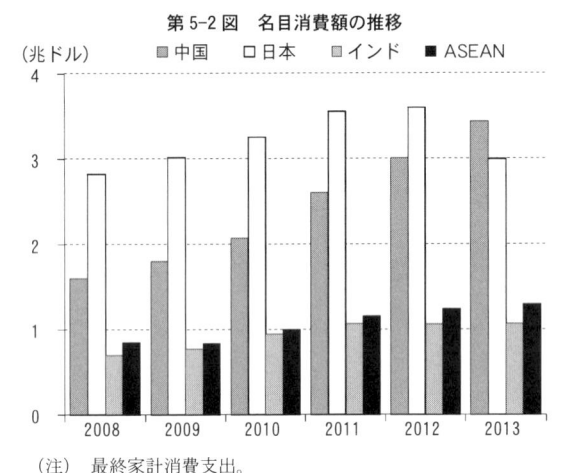

(兆ドル)　■中国　□日本　■インド　■ASEAN

(注)　最終家計消費支出。
(資料)　世界銀行，World Development Indicators より作成。

れまでと同様のペースで増え続ければ，2030年代には日本と肩を並べる見通しである。人口増や経済成長を背景に消費が膨らんでいくASEANは，国内で少子高齢化による需要減に直面する日本企業にとって魅力的な市場であるのは間違いない。

2. 中間層・富裕層の増加

　ASEAN経済の成長の足取りを，所得階層別の人口の変化という側面から確認してみよう。アジア開発銀行（ADB）の統計[4]によれば，各国の総人口に占める貧困層の割合はインドネシアで54.3％（1990年）から16.2％（2011年）へ，ベトナムで63.7％（93年）から16.9％（08年）へ，フィリピンで30.7％（91年）から18.4％（09年）へ，カンボジアで44.5％（94年）から18.6％（09年）へ，いずれも大きく低下している。

　その一方で存在感を高めているのが，さまざまなモノやサービスへの支出を増やしている中間層・富裕層である。第5-3図は一世帯当たりの年間可処分所得が5000ドル以上3万5000ドル未満を中間層，3万5000ドル以上を富裕層とし，双方を合わせた家計人口を世界の国・地域別に集計したものだ。ASEANには2010年時点ですでに約3億4000万人と総人口の半分を超える中

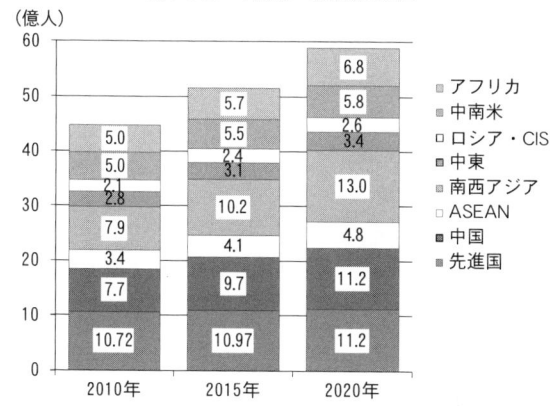

第 5-3 図　中間層・富裕層の人口

(億人)

凡例：
- アフリカ
- 中南米
- ロシア・CIS
- 中東
- 南西アジア
- ASEAN
- 中国
- 先進国

2010年：先進国 10.72、中国 7.7、ASEAN 3.4、南西アジア 7.9、中東 2.8、ロシア・CIS 2.1、中南米 5.0、アフリカ 5.0

2015年：先進国 10.97、中国 9.7、ASEAN 4.1、南西アジア 10.2、中東 3.1、ロシア・CIS 2.4、中南米 5.5、アフリカ 5.7

2020年：先進国 11.2、中国 11.2、ASEAN 4.8、南西アジア 13.0、中東 3.4、ロシア・CIS 2.6、中南米 5.8、アフリカ 6.8

（注）世帯年間可処分所得が 5000 ドル以上 3 万 5000 ドル未満の家計を中間層，3 万 5000 ドル以上を富裕層と定義。世帯可処分所得別の家計人口。

（出所）経済産業省「通商白書 2013」。原データは Euromonitor Internatioal2013 など。

間層・富裕層が存在し，2015 年に 4 億 1000 万人，2020 年に 4 億 8000 万人へと一段と増える見通しだ。

　この予想に基づくと中国と南西アジア（インドが含まれる）における中間層・富裕層の数は 2020 年にいずれも先進国以上の規模に達する。ASEAN は中印両国に比べ人口が少ないため数では劣るが，それでも先進国の半分近くの中間層・富裕層を抱えることになる。

　所得階層の分類基準はさまざまであるが，米大手コンサルティング会社，マッキンゼーでは年間世帯収入が 7500 ドル[5]を超えると消費が顕著に拡大するとして，この水準に達した世帯を「消費階層（consuming class）」と呼んでいる。同社によれば，この階層は 2013 年に ASEAN 全体で 8100 万世帯に達しており，2030 年には約 2 倍の 1 億 6300 万世帯へ拡大する見通しである。国別では，インドネシアが 3400 万世帯から 7400 万世帯へ膨らむのをはじめ，フィリピンが 1100 万世帯から 2300 万世帯へ，ベトナムが 1000 万世帯から 2100 万世帯へ，いずれも 2 倍以上に増えるという（第 5-4 図）。これらの世帯が ASEAN 消費市場の拡大を牽引する存在になるとマッキンゼーは指摘している。

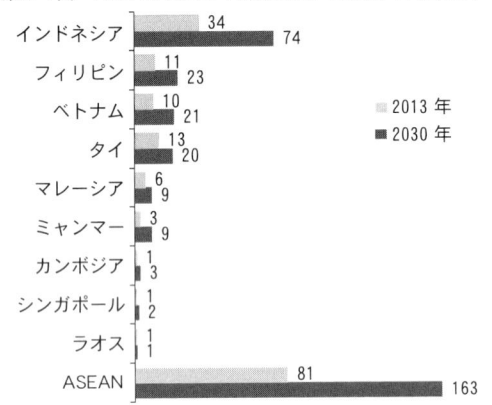

116　第1部　ASEANの経済発展

第5-4図　ASEAN各国の「消費階層」世帯数（単位百万）

国	2013年	2030年
インドネシア	34	74
フィリピン	11	23
ベトナム	10	21
タイ	13	20
マレーシア	6	9
ミャンマー	3	9
カンボジア	1	3
シンガポール	1	2
ラオス	1	1
ASEAN	81	163

（注）「消費階層（consuming class）」は，購買力平価（2005年）ベースで年間7500ドル超の収入がある世帯。
（出所）McKinsey & Company (2014)

3. 大都市の所得水準

　人口流入に伴う都市経済の発展を映し，都市部の所得水準は農村部よりも高い。1人当たりGDPを見ると，マレーシアの首都クアラルンプールが約1万7000ドル台，タイの首都バンコクが1万4000ドル台，インドネシアの首都ジャカルタが1万2000ドル弱と，いずれも各国平均の2〜3倍台のレベルにある[6]（第5-2表）。ASEAN域内（シンガポールやブルネイを除く）で1人当たりGDPが1万ドル以上の都市は2005年時点では2つに過ぎなかったが，2012年（一部は2010年）になると13都市へと大きく増えている。国別に見ると，タイの8都市，マレーシアの3都市，インドネシアの2都市で1人当たりGDPが1万ドルを超えたという。フィリピンやベトナムでは大台を突破した都市はまだ出現していないものの，マニラ首都圏が7300ドル台，ホーチミン市が4100ドル台とやはりそれぞれの国の平均値を大きく上回る水準である。

第5-2表　1人当たりGDPが1万ドルを超えるASEANの都市（単位：ドル，万人）

国	都市名	1人当たりGDP	人口
インドネシア	ジャカルタ	11,947	999
	東カリマンタン州	11,683	380
マレーシア	クアラルンプール	17,376	167
	ペナン州	10,390	158
	サラワク州	10,344	249
タイ	ラヨーン県	31,211	84
	チャチュンサオ県	14,187	74
	バンコク	14,044	844
	チョンブリー県	13,404	159
	アユタヤ県	12,138	87
	プラチンブリー県	11,873	57
	サムットプラカン県	11,735	190
	サムットサコーン県	11,310	91

（注）　マレーシアは2010年，その他の都市は2012年時点のデータ。ここでは州や県も「都市」とみなしている。
（出所）　ジェトロ（2014）。原典は，CEIC，タイ国家経済社会開発庁（NESDB），Hanoi Statistical Yearbook 2012, IFS（IMF）。

第3節　耐久消費財の需要動向

　国民の懐具合に余裕が出てくると，一般的に食料や衣類など基礎的な日用品に加え，家電製品や自動車など耐久消費財の購入意欲も高まり，さらに教育や旅行，健康関連といったサービスへの支出も拡大する。つまり消費構造の高度化が進む。以下ではまず，ASEAN諸国の耐久消費財の需要動向を取り上げる。

1. 家電製品

　まず日本経済研究センター（2011）を参考に家電製品の消費動向を見る。代

表的な白物家電である冷蔵庫と洗濯機の普及率（2010年）は，ASEAN域内ではシンガポール，マレーシア，タイの3カ国が1～3位を占め，冷蔵庫で86～99％，洗濯機で54～96％に達している（第5-3表）。

一方，これらの国々に続くインドネシア，フィリピン，ベトナムの3カ国は冷蔵庫で31～45％，洗濯機で17～38％と低水準にとどまっている。このような状況は，ASEAN域内の1人当たり所得水準の序列とほぼ重なるものだ。ただ，中間層の膨張に伴い，インドネシア，フィリピン，ベトナムでも需要の拡大が見込まれ，2020年には冷蔵庫で57～63％，洗濯機で58～79％へ普及率は大きく上昇する見通しだ。両品目以外でも電子レンジや掃除機，食器洗い器などの市場が拡大していく可能性が高い。

2. 自動車

耐久財のもう1つの代表的な品目である自動車については，2014年のASEAN域内の新車販売台数[7]は合計約325万台と過去5年間で2倍近くに拡大し，中国と同程度の伸び率を記録している。市場規模は世界最大の中国（約2349万台）の14％程度だが，2位・米国，3位・日本，4位・ブラジルに

第5-3表　冷蔵庫と洗濯機の普及率予測

［冷蔵庫］(%)				［洗濯機］(%)			
国・地域名	2010年	2015年	2020年	国・地域名	2010年	2015年	2020年
中国	66.2	78.6	86.9	中国	73.1	80.9	86.5
香港	98.7	99.0	99.3	香港	95.4	96.2	97.3
韓国	99.6	99.6	99.7	韓国	98.4	98.9	99.2
シンガポール	99.1	99.2	99.3	シンガポール	96.3	97.5	98.2
タイ	87.1	91.3	94.2	マレーシア	86.4	90.8	93.8
マレーシア	86.4	89.9	92.8	タイ	54.3	68.2	81.0
フィリピン	44.7	51.4	58.6	フィリピン	37.8	47.2	57.9
ベトナム	32.9	47.2	63.4	インドネシア	37.1	57.8	79.3
インドネシア	31.0	42.9	57.4	ベトナム	16.7	35.1	60.6
インド	22.1	31.7	44.9	インド	32.6	61.0	85.2

（注）　網掛け部分がASEAN諸国。
（資料）　日本経済研究センター（2011）より作成。

次ぐ世界5位に位置する（第5-4表）。ASEAN域内で最大の市場はインドネシアで，以下，タイ，マレーシアが続き，この3カ国でASEAN市場全体の8割超を占める。

ASEAN諸国の人口1000人当たりの自動車台数（2013年)[8]を見ると，マレーシア（397台）は比較的多いものの，タイ（208台），シンガポール（153台)[9]，インドネシア（77台），フィリピン（35台）などと低水準だ。

ただ米調査会社ニールセンが2013年に実施した調査によれば，ASEANの人々の自動車購入意欲は高く，インドネシア，タイ，フィリピンでは回答者の70～80％台の人たちが今後2年以内に新車を購入する予定があると答えている。ASEANでは「多くの世帯が中間層の仲間入りを果たし，初めての自動車購入を可能にするほどの経済的なゆとりが生まれている」とニールセンは分析している。

自動車の需要は一般的に1人当たりGDPが3000ドルを超えると大きく伸びると言われる。ASEANではインドネシアが3000ドルをすでに突破，フィリピンは3000ドルに近づき，ベトナムは2000ドルを超えてきた[10]。人口が多いこれら3カ国で需要が順調に拡大すれば，ASEAN自動車市場の規模は大きく膨らむであろう。

第5-4表 世界の新車販売台数ランキング（2014年）

順位	国・地域名	台数	対2009年比（倍）
1	中国	23,491,893	1.7
2	米国	16,841,973	1.6
3	日本	5,562,887	1.2
4	ブラジル	3,498,012	1.1
5	ASEAN	3,247,220	1.7
6	インド	3,176,763	1.4
7	ロシア	2,545,666	1.6
8	カナダ	1,889,437	1.3
9	韓国	1,730,322	1.2
10	イラン	1,287,600	1.0

（資料）国際自動車工業会（OICA）の統計より作成。

第4節　サービス需要の高まり

　次にサービス需要の動向である。アジアでは所得水準の上昇に伴い，旅行や教育，娯楽，医療・健康など，生活をより豊かに，また安心・安全にするためのサービスに対する需要が拡大している。その主要な担い手は，やはり都市部の富裕層・中間層だ。特に中間層のすそ野の広がりを背景に多彩なサービスへの需要が増えており，域内外の関連企業にとって商機が膨らんでいる。

1. 海外旅行

　日本経済新聞が2014年11月にアジア諸国の若者を対象に実施したアンケート調査によると，ASEAN6カ国（シンガポール，マレーシア，タイ，フィリピン，インドネシア，ベトナム）で「最も買いたい製品・利用したいサービス」の1位に挙げられたのは，フィリピンとインドネシアを除く4カ国で「海外旅行」だった（ベトナムでは「車」と同率1位）（図5-5表）[11]。

　インドネシアとフィリピンで単独1位となった「車」のほか，「スマートフォン」，「タブレットPC」，「パソコン」といったモノの人気も依然高いが，サービス分野も「海外旅行」に加えて，「スポーツジム」，「定期健診」，「国内旅行」といった娯楽や健康関連が上位に顔を出している。

　人気の高い海外旅行については，ASEAN各国から日本を訪れる人が近年急増しており，2014年はASEAN合計で前年比39％増の約160万人[12]に達した（第5-6表）。この数は韓国，中国，台湾からの訪問者に次ぐ規模である。国別ではタイが60万人台と最も多く，マレーシアとシンガポールがともに20万人台で続く。日本の有名な観光地に足を運ぶと中国人や韓国人とともにタイ人などの姿が実際に目立っており，ASEANの人たちの日本観光熱の高まりが実感できる。

　訪日外国人の旅行消費額（2014年）の前年比増加率を国籍別に見ると，タイ（66.8％増）が2位で，トップの中国（102.4％増）に次ぐ伸び率だ[13]。タイ人のおみやげで最も人気があるのは「菓子類」（購入率73％）で，以下，

第5-5表　3年以内に買いたい製品，利用したいサービス

国名 (都市名)	日本 (東京)	韓国 (ソウル)	シンガポール	マレーシア (クアラルンプール)	フィリピン (マニラ)
1位	スマートフォン	海外旅行	海外旅行	海外旅行	車
2位	国内旅行	スマートフォン	スマートフォン	車	海外旅行
3位	海外旅行	車	定期健診	金，国内旅行	金，スポーツジム
4位	パソコン	国内旅行	パソコン		定期健診
5位	タブレットPC	パソコン	車	定期健診	国内旅行
国名 (都市名)	ベトナム (ホーチミン)	タイ (バンコク)	インドネシア (ジャカルタ)	インド (ムンバイ)	中国 (上海)
1位	海外旅行，車	海外旅行	車	海外旅行	海外旅行，スマートフォン
2位		車	海外旅行	車	
3位	タブレットPC	スマートフォン	スマートフォン	タブレットPC	国内旅行
4位	スポーツジム	国内旅行	金	電子書籍端末	車
5位	国内旅行，デジタルカメラ	タブレットPC	国内旅行	スポーツジム	パソコン

(注)　括弧内の都市は調査を実施した場所。国名（都市名）が網掛けになっているのがASEAN諸国。調査時期は2014年11月。調査対象は大卒の20〜29歳で各都市200人。
(出所)　日本経済新聞「アジア10カ国の若者調査」。

「化粧水・香水」（同50％），「その他食料品・飲料・酒・たばこ」（同45％）の順。「菓子類」はシンガポールやインドネシア，ベトナム，フィリピンからの訪問者の間でも購入率がいちばん高いおみやげである。

　ASEANから日本への旅行者が増えている背景には，為替の円安傾向に加え日本文化への関心の高まり，さらに2013年夏からタイ，マレーシアを対象に短期滞在の訪日ビザ（査証）の免除など規制が緩和されたことがある。2014年にはインドネシア，フィリピン，ベトナム3カ国を対象にビザの発給が緩和されており，ASEANからの旅行者の裾野が一段と広がることが期待される。

第5-6表 東アジア・東南アジア諸国からの訪日者数

国・地域名	2013年 人数	前年比	2014年 人数	前年比	構成比
台湾	2,210,821	51%	2,829,821	28%	21%
韓国	2,456,165	20%	2,755,313	12%	21%
中国	1,314,437	-8%	2,409,158	83%	18%
香港	745,881	55%	925,975	24%	7%
タイ	453,642	74%	657,570	45%	5%
マレーシア	176,521	36%	249,521	41%	2%
シンガポール	189,280	33%	227,962	20%	2%
フィリピン	108,351	27%	184,204	70%	1%
インドネシア	136,797	35%	158,739	16%	1%
ベトナム	84,469	53%	124,266	47%	1%
ASEAN合計	1,149,060	48%	1,602,262	39%	12%
総数	10,363,904	24%	13,413,467	29%	100%

(資料) 日本政府観光局（JINTO）の資料より作成。

2. 健康・医療関連サービス

次に健康関連サービスに対する需要動向である。日本総合研究所がASEAN5都市（ホーチミン，ジャカルタ，バンコク，クアラルンプール，シンガポール）を含むアジア8都市で中間層を対象に実施した調査[14]（第5-5図）によると，健康のための取り組みの必要性を感じている人は，「とても必要だと思う」と「必要だと思う」を合わせ，すべての都市で90%以上に達した。「とても必要だと思う」と答えた人の割合がASEANの中で最も高かったのはジャカルタの64%だった。一方，健康のための取り組みを「定期的に行っている」と答えた人はASEAN5都市すべてで50%を下回ったという。必要性は感じているものの実行できていない人が多いわけで，健康関連サービスに対する潜在的な需要が大きいことを示している。これは先に紹介した日経新聞の調査で「3年以内に利用したいサービス」で「スポーツジム」や「定期健診」を挙げる人が多かったこととも整合的である。

ASEAN域内の健康志向の高まりは，地元の大手病院が一斉に経営を強化していることからもうかがえる。例えば，マレーシアの大手病院，IHHヘルス

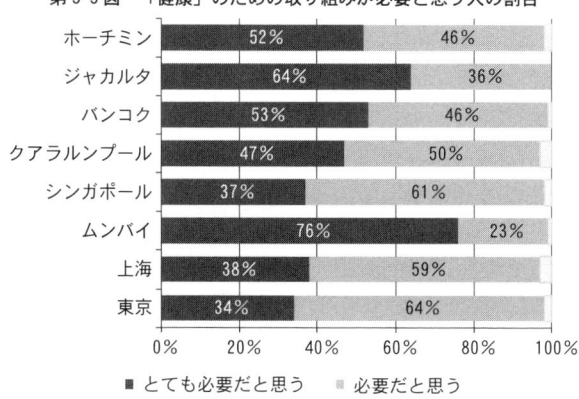

第5-5図　「健康」のための取り組みが必要と思う人の割合

都市	とても必要だと思う／必要だと思う	必要だと思わない／全く必要だと思わない
ホーチミン	52%	46%
ジャカルタ	64%	36%
バンコク	53%	46%
クアラルンプール	47%	50%
シンガポール	37%	61%
ムンバイ	76%	23%
上海	38%	59%
東京	34%	64%

■ とても必要だと思う　■ 必要だと思う
□ 必要だと思わない　■ 全く必要だと思わない

（注）調査は2011年12月に実施。「中間層」の20〜40代の男女が対象。
（資料）日本総合研究所（2014）より作成。

ケアは2010年にシンガポールの大手病院、パークウエイ・ホールディングスを約23億8000万ドルで買収した[15]。また、タイの大手病院、バンコク・ドゥシット・メディカル・サービスは2014年にカンボジアの首都プノンペンに最先端の医療機器を持つ近代的な大型病院を開設している[16]。このように大手病院が相次いで経営拠点を拡充しているのは、中間層・富裕層の拡大に伴って増大するASEAN域内の医療サービス需要を取り込む狙いもある。

サービス関連では、子供に関係する支出も拡大している。先の日本総研の調査によれば、幼稚園児、小学生、中高生のいる世帯で習い事[17]をさせている比率は、ホーチミン（95%）、ジャカルタ（93%）、クアラルンプール（90%）などASEAN諸都市が東京（83%）を上回った。学習系の習い事には「受験が目的の学習塾」のほか、「受験が目的でない学習塾」、「外国語」、「計算（そろばん等）」などが含まれる。ジャカルタ、ホーチミンでは特に「外国語」が人気という。

ASEANを含むアジアの都市で習い事ブームが起きている背景には、子供にとって教育が就職・昇進に大事との考え方が一段と強まっている一方、自国の公的教育に物足りなさを感じる親が増えていることがあるとされる。このよう

な親心が喚起する習い事需要を取り込むため，日本の学習塾や音楽教室，語学塾などの間でもASEAN域内の経営を強化する動きが目立っている。

3. 日本食人気

サービス関連では日本食人気の高まりも目を引く。かつて現地の日本食レストランといえば，日本人駐在員や地元の富裕層を主な顧客としていたが，昨今は一般の人たちも多く訪れている。背景には都市部を中心に所得水準が上昇し，多彩な食生活を楽しみたいとのニーズが強まっているうえ，健康意識の高まりや訪日者数の増加で日本食ファンが増えていることなどもある。

今やシンガポールやバンコク，クアラルンプールといった主要都市の大型ショッピングセンターには必ずと言っていいほど日本食レストランが入居しており，集客には欠かせない飲食施設となっている。店の種類はラーメン，カレー，そば・うどん，すし，居酒屋，お好み焼き，たこ焼き，スパゲッティ，定食屋……などと多彩であり，ASEAN諸国の中では日本食レストランが最も多いとみられるタイでは2000店を突破したと言われている[18]。

日本食人気はASEAN特有の現象でなく，他の地域でも観察されるものであるが，ASEANは同じアジアに位置する成長市場とあって日本の外食産業が積極的に店舗網を拡充している。例えば「カレーハウスCoCo壱番屋」を手掛ける壱番屋ではタイ23店舗，シンガポール4店舗，インドネシア1店舗とASEAN域内における店舗数が合計28店舗（2014年11月末）[19]に達したほか，定食店「大戸屋」を展開する大戸屋ホールディングス（HD）もタイ41店舗，インドネシア6店舗，シンガポール3店舗の合計50店舗（同年3月末）[20]を数えている。

注
1) ASEAN未加盟国の東チモールも含まれている。国連統計では東南アジア（South-Eastern Asia）という分類名になっているが，本章ではASEANという表現を用いる。
2) ADB（2011），p.63。
3) Mckinsey & Company（2014），p.73。
4) ADB（2014），p.68。貧困層は，1日当たり所得が1.25ドル未満（購買力平価）の人たち。
5) 2005年購買力平価（PPP）ベース。
6) ここで紹介する数字はジェトロ（2014）に基づく。1人当たりGDPは2010年ないしは2012年の数字である。

7) 国際自動車工業会（OICA）の統計に基づく。
8) 注7と同じ。
9) シンガポールの場合，道路混雑を防ぐため，新車購入のための権利取得を義務づけており，それが高値に設定されていることも影響していると思われる。
10) いずれも IMF 推定の 2014 年の数字。
11) このアンケート調査は，日本，韓国，インド，中国も含むアジアの合計10カ国で実施されたもの。
12) ASEAN はタイ，シンガポール，マレーシア，インドネシア，フィリピン，ベトナムの6カ国合計。
13) 観光庁（2015）に基づく。金額では中国が 5583 億円で 1 位，タイは 960 億円で 5 位。
14) 実施時期は 2011 年 12 月。中間層は世帯年間可処分所得 5000～3万 5000 ドル。
15) 金額は ASEAN（2013）に基づく。
16) 2015 年 3 月 3 日付の日本経済新聞。
17) 「習い事」には「受験が目的でない学習塾」，「受験が目的の学習塾」，「外国語」，「計算（そろばん等）」，「スイミング」，「その他スポーツ」，「ピアノ」，「その他楽器」，「バレエ」，「絵画」，「通信教育」，「その他」が含まれる。
18) 日本食レストラン海外普及推進機構と日本貿易振興機構（ジェトロ）が 2014 年度に実施した調査結果に基づく。
19) 同社広報資料に基づく。2015 年 2 月にマレーシア，3 月にフィリピンにも進出した。
20) 同社広報資料に基づく。

参考文献
ASEAN (2013), "ASEAN INVESTMENT REPORT 2012: The Changing FDI Landscape".
Asia Development Bank (ADB) (2011), "Asia 2050, Realizing the Asian Century".
Asia Development Bank (ADB) (2014), "Key Indicators for Asia and the Pacific 2014".
Mckinsey & Company (2014), "Southeast Asia at the crossroads: Three paths to prosperity".
United Nations "World Urbanization Prospects : The 2014 Revision".
観光庁（2015）「訪日外国人の消費動向」。
日本経済研究センター（2011）「第 37 回中期経済予測」。
日本総合研究所（2012）「アジ主要都市コンシューマインサイト比較調査」結果概要，2012 年 5 月。
日本貿易振興機構（ジェトロ）（2014）「ジェトロ世界貿易投資報告」。

（牛山隆一）

第 6 章

「少子高齢化国」と「若い国」に二分

はじめに

　ASEAN は総人口 6 億人を抱える巨大な生産拠点・市場として注目される。かつては人口の多さは貧困のイメージを伴ったが，現在は，人口の多さがプラスの評価を受けやすい。しかも，ASEAN は若年層の割合が高い若い社会で，日本の 50 年前に近い。

　地域としてとらえると，ASEAN は以上のような特徴を持つが，これは域内の総人口の 4 割を占めるインドネシアが影響しているためである。加盟 10 カ国の人口構造を個別に見ると，2 つのタイプに分かれる。インドネシアのように当面，若い社会を維持して豊富な労働力を持ち続ける国と，少子高齢化に向かって労働力不足に直面しそうな国である。人口構造の違いにより，国ごとの出生率の動向や教育，女性の結婚年齢なども差が生じている。

　第 1，2 節では，ASEAN 全体に焦点を当て，第 3 節以降で個別の国々の人口構造の違いなどを論じる。

第 1 節　全体の人口：なぜ人口の多さが注目されるか

　国連の統計によると，ASEAN の総人口は 2010 年で 5.9 億人，2015 年には 6.3 億人となり，EU（約 5 億人）を上回る巨大な人口を抱える地域として注目されている。かつては人口の多さは貧しさをイメージされやすかったが，それがなぜプラスのイメージでとらえられるようになったのだろうか。

ASEAN全体の人口はほぼ一定の割合で伸びており，増減率が急激に変わったわけではない（第6-1図）。一方で，1人当たりGDPは1997年のアジア危機で落ち込んでから，大幅な伸びを見せている。すなわち，経済成長を背景に，消費市場としても，生産拠点としても，貿易相手としても，ASEANの存在感が高まっており，そうなると，人口の多さは海外の国から見て潜在的な成長可能性として受け止められる。

　さらに，日本をはじめとして，先に経済発展を遂げた先進諸国は社会の少子高齢化に直面しており，将来的な自国の労働力の増加傾向が期待できなくなっている。その点，人口が多い国は自国内に豊富な労働力を抱えていることになり，人口増に見合った雇用をうまく創出していくことができれば，経済成長が期待できそうである。

　ASEANの構成国は第6-1表の通りで，人口2.4億人を抱えるインドネシアがASEANの総人口の4割を占める。人口規模では多様な国々がASEAN経済共同体（AEC）のように域内における人，モノ，カネなどの流動性を高め

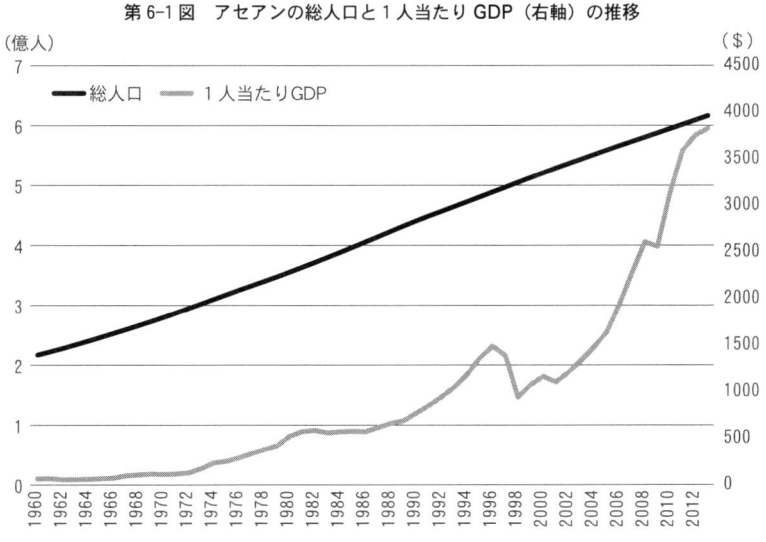

第6-1図　アセアンの総人口と1人当たりGDP（右軸）の推移

（資料）　世界銀行WDI on line, UN World Population Prospects: The 2012 Revision から作成（いずれも2015年3月1日アクセス）。

第6-1表 アセアンの人口（2010年）

国・地域名	人口（万人）	国・地域名	人口（万人）
ASEAN	59,601	EU	49,907
インドネシア	24,067	日本	12,735
フィリピン	9,344	米国	31,224
ベトナム	8,905	インド	120,562
タイ	6,640	中国	135,982
ミャンマー	5,193		
マレーシア	2,828		
カンボジア	1,437		
ラオス	640		
シンガポール	508		
ブルネイ	40		

（資料） UN, World Population Prospects: The 2012 Revision から作成（2015年3月1日アクセス）。

る動きを強めていけば，ASEAN全体で6億人という人口規模を前面に押し出した成長戦略をとることが可能になる。

第2節　ASEANの人口の基本特性：全体では若い社会

　ASEAN全体の人口構造の特徴は，若者が多いことである。ASEAN全体の人口ピラミッド（第6-2図：左）を見ると，男女とも30歳未満の比率が高いことがわかる。30歳未満の若年層が総人口に占める割合は55％に達しており，人口の半分以上は30歳未満である。ちなみに日本では1965年の時点で30歳未満の若年層が全人口の55％を占めており，ASEAN社会の若さを理解するには1965年頃の日本を想像してもらえればよいかもしれない。ASEANで5歳ごとの年齢で最も多いのは0〜4歳の乳幼児である。子供の数が多いため，社会全体では子供の養育負担が大きいものの，やがて彼らが大人になれば豊富

第6-2図　アセアン全体（左）と日本（右）の人口構造（2010年）

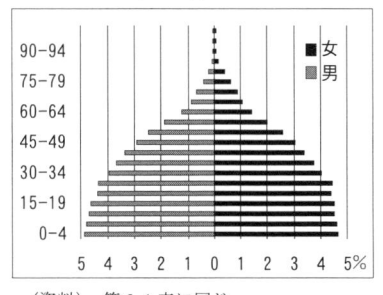

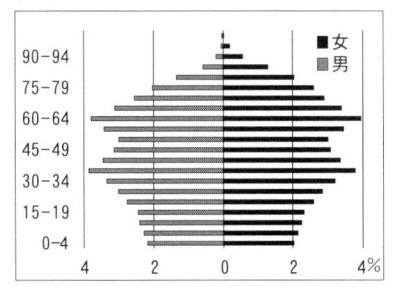

（資料）　第6-1表に同じ。

な労働力となることが期待される。一方で、65歳以上の高齢者の比率は低く、人口全体の5.5%にとどまる。

　ASEAN全体の人口構造の特徴は、日本の人口構造（第6-2図：右）と比べればより顕著になる。日本の人口ピラミッドでは60～64歳と35～39歳が突出している半面、若年層の人口は少なく、0～4歳は4%にとどまる。30歳未満の人口はもはや総人口の29%に過ぎず、今後も減少することが予想される。逆に65歳以上の人口は23%に達しており、人口ピラミッドは下が小さく、上が大きい不安定な形状をしている。ASEANとは対照的に、日本では社会全体の子供の養育負担は小さいが、高齢者の生活を支える負担が生じており、高齢化の進展により、その負担がさらに増す。

　第6-2表に従って、もう少し詳しくASEANの人口特性を眺めてみよう。まず、人口の年齢構造の特徴を示す中位数年齢をとりあげる。中位数年齢とは、全人口を年齢順に並べたときに、中央に位置する人の年齢で、若い人口の社会では低くなり、老いた人口の社会では高くなる。人口高齢化の程度を示す指標の1種である。

　シンガポールやタイなど中位数年齢が30代後半の国がある一方で、人口規模の大きいインドネシアとフィリピンは20代である。30歳未満の若年層が総人口の55%を占めるASEAN全体では、中位数年齢は20代となる。

　次に出生動向をみてみよう。出生率の代表的な指標である合計出生率（TFR）が人口置換水準を上回っているかどうかがポイントとなる。人口置換

第6-2表　アセアンの人口特性

	合計出生率	人口増加率(%)	中位数年齢(年)	出生性比	従属人口指数	平均寿命(年)	乳児死亡率(‰)
	2010-2015年	2010-2015年	2015年	2010-2015年	2010年	2010-2015年	2010-2015年
ASEAN							
ブルネイ	2.01	1.4	31	1.06	43	78.4	4.2
カンボジア	2.88	1.8	25	1.05	58	71.6	40.6
インドネシア	2.35	1.2	28	1.05	53	70.7	25.6
ラオス	3.05	1.9	22	1.05	68	68.1	36.2
マレーシア	1.98	1.6	28	1.06	48	74.9	4.1
ミャンマー	1.95	0.8	30	1.03	45	65.1	48.9
フィリピン	3.07	1.7	23	1.06	64	68.6	21.0
シンガポール	1.28	2.0	39	1.07	36	82.2	1.8
タイ	1.41	0.3	38	1.06	39	74.3	9.9
ベトナム	1.75	1.0	31	1.10	43	75.9	14.1
中国	1.66	0.6	36	1.16	36	75.2	13.0
インド	2.50	1.2	27	1.11	54	66.3	43.8
日本	1.41	-0.1	47	1.06	57	83.5	2.2
韓国	1.32	0.5	41	1.07	38	81.4	3.4
米国	1.97	0.8	38	1.05	49	78.9	6.1
EU	1.61	0.2			50	76.9(男) 82.8(女)	4.0

(注)　EUはいずれも2010年の値。EU以外の平均寿命は男女合計。
(資料)　Eurostat（2015年3月1日アクセス）から作成，第6-1表に同じ。

水準は子供世代が親の世代と同規模になるために必要な出生水準で，日本などの先進国では約2.1である。合計出生率がこの水準を長期間にわたって割り込むと，少子化となり，将来的に子供世代の人口は親世代の規模を下回る。人口規模の大きいインドネシアとフィリピンは合計出生率が人口置換水準を上回っており，人口増加率も2010～15年で年率1％を超える水準のため，当面，人口の増加傾向が続く見通しである[1]。これに対し，同じASEANでも，シンガポール，タイは合計出生率が2.0を下回っており，第3節で触れるように，日本と同じように少子化のトレンドに直面する。

出生率に続いて，死亡率，特に生後1年未満の子供（乳児）の死亡率を概観

してみよう。乳児死亡率はカンボジア，インドネシア，ラオス，ミャンマー，フィリピンではまだ高水準で，乳児1000人当たりの死亡率は20〜50人弱である。乳児死亡率は公衆衛生の水準を示す重要な指標で，乳児（ないしは5歳未満児である乳幼児）の死亡率が下がれば，平均寿命の伸長にも寄与する。乳児の死亡率が高いことは，公衆衛生はもちろん，栄養なども含めた健康・医療面の基盤条件が十分には整っていないことを意味する。乳児死亡率が高い国は，農村人口比率の高い国でもあり，経済発展に伴う生活水準の向上や健康医療面の環境改善の余地がまだあることを示している。農村比率が高いのはカンボジア（2013年で79.7％）を筆頭に，ベトナム，ミャンマー，ラオスが6割台，そしてフィリピンとタイが5割台で，インドネシアも全人口の47.7％が農村部に居住する。

平均寿命は農村比率が高い国では60歳台か70歳強にとどまっているが，シンガポールやブルネイなど1人当たりGDPの高い国になると，80歳前後にまで伸びる。

第6-2表では，日本や米国，EUなどの数値も参考として挙げてあるので，日本などとどの程度の差があるのかわかるだろう。同様に，第6-2表に示されたASEAN各国の水準は，日本のいつごろに相当するのかを示したのが第6-3表である。

例えば，合計出生率をみると，インドネシアは1950-1955とあるが，これはインドネシアの2010-2015年の水準は，日本の1950-1955年に相当することを表す。日本は60年前に，インドネシアが2010-2015年に経験した出生率（2.35）を体験し，その後，出生率は低下を続けて2010-2015年には1.41となった。同様に，日本はシンガポール，タイに比べ，それぞれ10年，20年早く，同じ水準を体験している。

人口増加率などその他の項目も同様に，ASEAN各国の現在の水準は日本の経験とどれくらいの時間差があるのかを示している。全般的に，第6-3表は，シンガポールが最も速く日本を追っているのに対し，ミャンマーとインドネシアは日本との時間的な差が最も大きい。

第6-3表　ASEANの水準を日本が経験した時期

	合計出生率	人口増加率(%)	中位数年齢(年)	平均寿命(年)	乳児死亡率(‰)
	↓第6-2表の水準をASEAN各国が記録した時期					
	2010－2015年	2010－2015年	2015年	2010－2015年	2010－2015年
	↓第6-2表のASEAN各国と同じ水準を日本が経験した時期				
ASEAN					
インドネシア	1950－1955	1965－1970	1970	1965－1970	1960－1965
ミャンマー	1970－1975	1975－1980	1975	1955－1960	1950－1955
シンガポール	2000－2005		1995	2000－2005	2010－2015
タイ	1990－1995	1990－1995	1990	1975－1980	1975－1980
ベトナム	1980－1985	1975－1980	1975	1975－1980	1970－1975

（資料）　第6-1表に同じ。

第3節　人口構造の変化で二分：少子高齢化国と若い国

　前節でみたように，ASEAN全体は若い人口が過半を占める社会だが，これはASEANの全人口の4割を占めるインドネシアの人口構造が大きく影響している。第6-2表からは，10カ国の人口構造の差は，かなり大きいことが読み取れるだろう。

　人口構造の変化の点から，ASEAN10カ国は2つのタイプに分けることができる。インドネシアに代表されるような若い人口をたくさん抱えて労働力の増加が期待できる国と，シンガポールのように少子高齢化に直面し，将来的な労働力不足が懸念される国である。

　第6-3図はアジア諸国の人口局面の変遷を示したもので，ASEAN諸国のほか，日本，韓国や香港などNIEs（新興工業経済群），中国も対象としている。一目でわかるのは，日本がアジアの少子高齢化の先頭を走っていることであろう。いずれの項目においても日本が真っ先に体験し，香港・韓国そしてシンガポールが続いている。さらに，中国もその後を追っている。

　ASEAN各国はどうかというと，シンガポールに続いて少子高齢化のトレ

ドを見せているのが，タイとベトナムであり，この3カ国はASEANにおける少子高齢化の先発組といえよう。これに対し，インドネシアとフィリピンは少子高齢化という点では，日本のはるか後方に位置しており，若い社会が比較的長く続く見通しである。

ここで簡単に第6-3図の各項目の説明をしておくと，合計出生率が人口置換水準の約2.1を下回り続けると，少子化となる。次に，全人口に占める65歳以上の高齢者の割合（老年人口割合）は社会の高齢化の度合いを表し，7％を超えると高齢化社会，14％を超えると高齢社会と呼ばれる。少子化・高齢化に伴い，働き手が少なくなると，労働力人口が減少に転じる。やがて，総人口も減少に転じる。

どの社会もさまざまな年齢の人々で構成されるが，働き手（生産年齢人口[2]，15〜64歳）に比べて，子供（0〜14歳）の数が多い時期を考えよう。その場

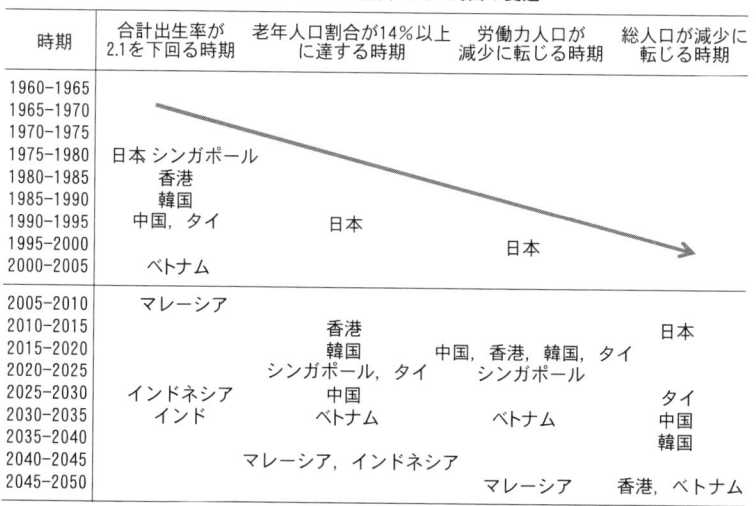

第6-3図　アジア諸国の人口局面の変遷

時期	合計出生率が2.1を下回る時期	老年人口割合が14％以上に達する時期	労働力人口が減少に転じる時期	総人口が減少に転じる時期
1960-1965				
1965-1970				
1970-1975				
1975-1980	日本 シンガポール			
1980-1985	香港			
1985-1990	韓国			
1990-1995	中国, タイ	日本		
1995-2000			日本	
2000-2005	ベトナム			
2005-2010	マレーシア			
2010-2015		香港		日本
2015-2020		韓国	中国, 香港, 韓国, タイ	
2020-2025		シンガポール, タイ	シンガポール	
2025-2030	インドネシア	中国		タイ
2030-2035	インド	ベトナム	ベトナム	中国
2035-2040				韓国
2040-2045		マレーシア, インドネシア		
2045-2050			マレーシア	香港, ベトナム

（注1）　合計出生率と，労働力人口・総人口の増減率は5年間の平均値で測定した。
　　　　老年人口割合は5年刻みの数字でみたもので，例えば1995年の場合は「1990-1995年」に分類した。
（原資料）　第6-1表に同じ。
（出所）　牛山・可部（2014）30頁。

合は，子供の養育負担が大きいため，食べていくのに必死であろう。その子供もやがて大人になるが，子供の数自体はそれほど増えない場合を考えよう。そうすると，働き手1人当たりで養育する子供の負担が減るので，社会全体としてみれば，経済発展には有利な条件を備えることになる。このように，人口構造の変化が経済発展に有利に作用する時期を人口ボーナス期と呼ぶ[3]。

第6-4図によれば，日本はすでに人口ボーナス期を享受し終えたが，ASEANの国々は現在，人口ボーナスを享受している最中であり，経済成長に有利な人口構造の時期を迎えている。

ただ，問題は，人口ボーナス期には永続するものではなく，その後には反動が待っているということである。子供はやがて大人になって働き手となり，さらに時間がたつと高齢者になる。このように，子供と働き手，高齢者の割合は変化するものであり，働き手が相対的に多い時期もあれば，相対的に少ない時期もある。経済発展に都合のよい人口ボーナス期もあれば，少ない働き手で多くの人を扶養する人口オーナス（負荷）期もある[4]。

ASEANは，人口ボーナス期がもう終わろうとしているシンガポール，タイ，ベトナムのような国々と，インドネシアやフィリピンのようにもうしばらく人口ボーナス期が続きそうな国々に分かれる。前者の国々にとっては，日本のように，人口ボーナス期から人口オーナス期への移行が前途に待ち受けてい

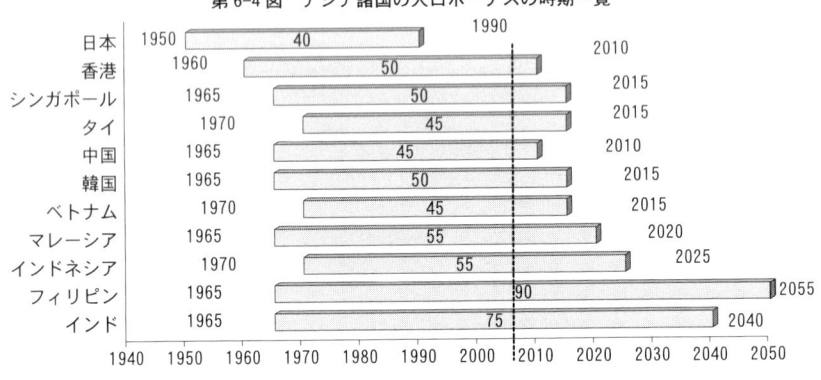

第6-4図　アジア諸国の人口ボーナスの時期一覧

国	開始	期間	終了
日本	1950	40	1990
香港	1960	50	2010
シンガポール	1965	50	2015
タイ	1970	45	2015
中国	1965	45	2010
韓国	1965	50	2015
ベトナム	1970	45	2015
マレーシア	1965	55	2020
インドネシア	1970	55	2025
フィリピン	1965	90	2055
インド	1965	75	2040

（原資料）　第6-1表に同じ。
（出所）　牛山・可部（2014）32頁。

る[5]）。

次節では，働き手について，もう少し詳しく見てみよう。

第4節　労働力と学歴

第1節でASEANは全体として豊富な労働力を擁すると紹介したが，労働力人口の将来の動向を考える上で，生産年齢人口（15〜64歳）の推移に焦点を置いて考察してみよう。

第6-5図はアジアの生産年齢人口の推移を示したものである。人口規模の大きいインドネシアとフィリピンは2050年に向けて増加傾向を維持するが，タイは2015年に生産年齢人口がピークを迎え，その後は減少に転じることがみてとれる。シンガポール（第6-5図には示されていない）とベトナムもそれぞれ，2020年と2030年を境に減少傾向に転じる。

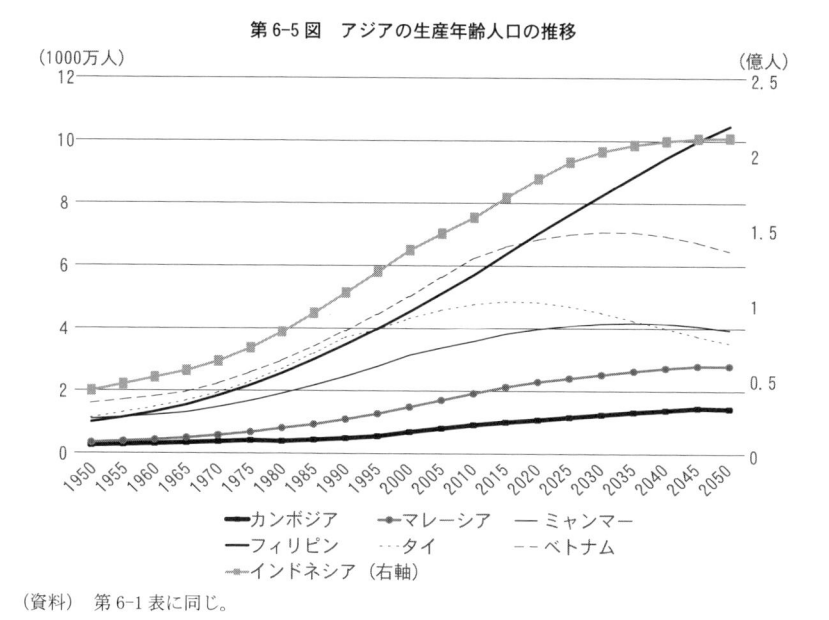

第6-5図　アジアの生産年齢人口の推移

（資料）　第6-1表に同じ。

生産年齢人口がやがて減少に転じることが予想される国にとって，その減少分をどうやって補うかが重要になるが，1つの対応策は，働き手（ないしは将来の働き手）に十分な教育の機会を提供して彼らの能力を高めてもらい，労働者1人当たりの生産性を向上させることであろう。そうすれば，働き手の増加が見込めない分を，個々の働き手の生産性の向上で補うことにより，経済成長につながることが期待される。

このように，生産年齢人口の減少が見込まれる国にとって，教育は重要なカギを握るが，生産年齢人口が増加する国にも教育の重要性は当てはまる。働き手が増えるだけでなく，個々の働き手の生産性も上昇すれば，より高い成長が見込めるからである。

第6-4表は，初等・中等・高等教育それぞれの最終学歴者が15歳以上人口に占める割合を示したものである（2010年）。高等教育の比率が最も高いのはシンガポールの約30％で群を抜く。次いでタイが10％の大台にのせており，その高さが際立つが，一方で初等教育の比率も3割弱と高い。タイは高学歴層と低学歴層に二分化していることがわかる。中等教育ではマレーシアが約40％と最も高く，ブルネイとシンガポールが30％で続く。中等教育が終了してから高等教育に進むのであるから，中等教育の修了者が増えて裾野が広がらな

第6-4表 最終学歴者が15歳以上人口に占める割合（2010年）

	最終学歴		
	初等教育	中等教育	高等教育
ブルネイ	11.6	30.7	6.5
カンボジア	24.9	4.5	1.3
インドネシア	29.3	22.1	3.7
ラオス	20.8	6.0	3.3
マレーシア	11.2	39.8	5.8
ミャンマー	27.3	9.5	5.2
フィリピン	17.0	23.8	5.5
シンガポール	4.1	30.0	29.7
タイ	27.8	19.0	10.5
ベトナム	14.3	19.4	3.3

（単位）（％）。
（資料） Barro & Lee（2014）から作成。

いと，高等教育への進学者などは増えないであろう。その意味で，中等教育の修了者が増えることは重要となる。

初等教育の比率が高いのはインドネシア，タイ，ミャンマー，カンボジア，ラオスで，20％台である。いずれの国も，中等・高等教育より初等教育の比率が高い。

第5節　結婚動向

少子化は，出生率が人口置換水準を長期間にわたって下回ることで生じるが，なぜ，出生率が低下するのだろうか。ここで，合計出生率を婚姻率と，結婚した夫婦当たりの出生率に分解してみると，肝心の結婚そのものに大きな変化が生じているのである。すなわち，結婚年齢の後ずれ（晩婚化）と，そもそも結婚をしない未婚化が起きている。

日本では1920年代から1960年代は生涯未婚率が1～2％台にとどまり，ほぼすべての男女が生涯に一度は結婚していた（皆婚と呼ばれる）。アジアでも皆婚の傾向が強かったが，それが少しずつ変わり始めている。経済発展を背景に女性の高学歴化が進むとともに，女性が労働力としての存在感を高めるなど，女性の活躍の場が広がり始めたためである。それに伴い，女性の働き方も，かつての農作業や家族経営の一員から，賃金労働者としての雇用へと，変化してきている。結婚と仕事の優先順位を柔軟に考え，家庭を築いたり家族を増やしたりする時期を遅らせるなど，自分で結婚や出産のタイミングをコントロールするようになってきた。その結果，男性が稼ぎ手で女性は家庭で家事や育児を受け持つ，という伝統的な性別役割分担に基づく考え方は転換を迫られている。

初婚年齢の上昇は日本などでも見られる傾向だが，第6-6図は，シンガポールでも顕著であることを示している。1980年代には20代前半だった初婚年齢は，2012年には28歳へと大きく上昇している。タイやベトナム，マレーシアの変化ははっきりしないが，インドネシアも1980年の20歳から，2005年には23歳と少しずつ初婚年齢が上昇傾向にある。

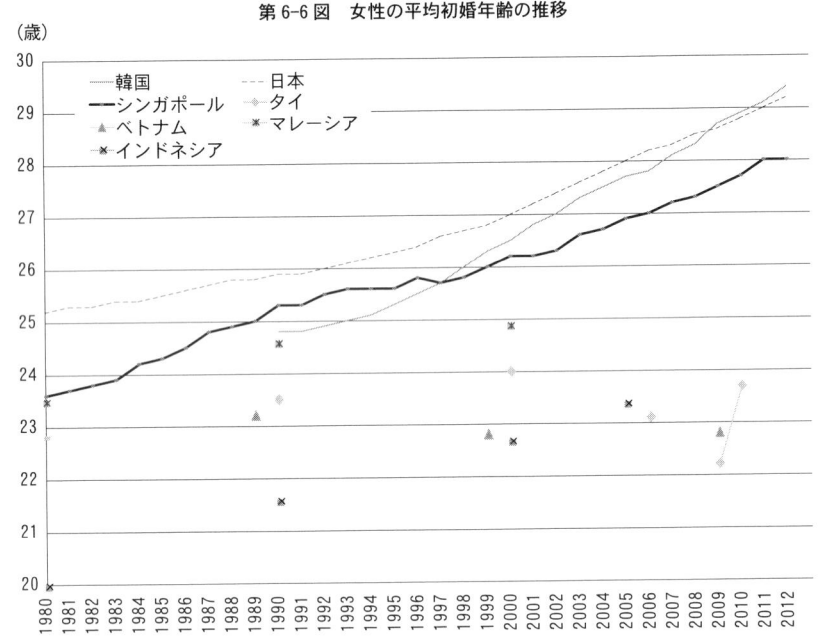

138　第1部　ASEANの経済発展

第6-6図　女性の平均初婚年齢の推移

(注) シンガポールは中位数年齢，タイ・インドネシア・マレーシア・ベトナムはSMAM（静態平均初婚年齢）を採用。
(出所) 牛山・可部（2014）92頁。

　晩婚化に加え，女性が結婚しない割合（未婚率）も上昇している。最も顕著なのはシンガポールで，25～29歳の未婚率は39％（1990年）から54％（2010年）へと跳ね上がり，30～34歳も21％（1990年）から25％（2010年）に上昇している。タイの30～34歳も14％（1990年）から23％（2010年）に上昇している。同じ国でも民族による差があり，マレーシアでは25～29歳の華人系が35％（1991年）から44％（2000年）へと大幅に上昇しているのに対し，マレー系は同時期にいずれも23％と変化していない[6]。

　結婚できるかどうかは，女性と男性の比率もポイントになる。どちらかの数が少なすぎると，あふれる人が出てしまうからだ。この点で結婚難が予想されるのは，ベトナムの男子である。というのも，ベトナムは出生時の男児の比率が他国に比べてかなり高いためである。

子供が生まれたときの出生性比は通常，104〜107（女児100人に対する男児の比率が104〜107人の意味）である。男児の方が若干多いのは，幼少時に男児の方が死亡しやすいためで，日本は過去30年間，105〜106を維持している。だが，ベトナムは国全体で113.8（2013年）と高く，とりわけ，首都ハノイを含めた紅河デルタは124.6（同）に達する。同年代の女性に比べ，男性は2割以上も多い。

注
1) 人口が年率1％で増加すると，70年で2倍になる。
2) 生産年齢人口（15〜64歳）といっても，国によって義務教育や定年などが異なるから，この年齢区分が必ずしも働き手の年齢とは合致しないかもしれない（実際，日本であれば15歳だと普通は学校に通っているだろう）。ここでは，実際に就業しているかどうかは別にして，扶養する側か扶養される側かを年齢で区分して議論しようとしている。その場合，働き手の年齢区分として15〜64歳という年齢区分が使われる。各国比較をする上でも，同じ年齢区分の統一的な区分を使うのが便利である。
3) 従属人口指数（＝(0〜14歳人口＋65歳以上人口)／15〜64歳人口）が低下を続ける期間を人口ボーナス期と定義する。
4) 人口オーナス期とは，従属人口指数（＝(0〜14歳人口＋65歳以上人口)／15〜64歳人口）が上昇する期間と定義する。
5) 人口オーナス期は注4で示したように，従属人口指数が上昇する期間である。従属人口指数の分母である働き手が高齢化して65歳以上人口となれば，分母は小さくなる。その一方で，高齢者が増えるので分子は大きくなる。日本のように子供の数が少ない場合，その分だけ分子は小さいとしても，それは将来，分母である働き手もあまり増えないことを意味する。
6) 牛山・可部（2014）94頁。

参考文献
Barro R. and Lee, J.W. (2014), "A New Data Set of Educational Attainment in the World, 1950-2010" (version 2.0).
牛山隆一・可部繁三郎編著（2014）『図解でわかるざっくりASEAN』秀和システム。

（可部繁三郎）

第 2 部

ASEAN経済統合とASEAN経済共同体の形成

第 7 章

世界経済の構造変化と ASEAN 経済統合
―AEC の実現へ向けて―

はじめに

　東南アジア諸国連合（ASEAN）は，1967 年に設立され，現在まで約半世紀にわたり持続し発展してきている。従来東アジアで唯一の地域協力機構であり，設立以来，政治協力や経済協力など各種の協力を推進してきた。加盟国も，設立当初はインドネシア，マレーシア，フィリピン，シンガポール，タイの 5 カ国であったが，1984 年にブルネイ，1995 年にはベトナム，1997 年にラオス，ミャンマー，1999 年にカンボジアが加盟し 10 カ国へ拡大した。

　1976 年からは域内経済協力を進め，1992 年からは ASEAN 自由貿易地域（AFTA）を目指し，2010 年 1 月 1 日には先行加盟 6 カ国により関税がほぼ撤廃された。そして現在の目標は，2015 年末の ASEAN 経済共同体（AEC）の実現である。AEC は，2003 年の「第 2ASEAN 協和宣言」で打ち出された，ASEAN 単一市場・生産基地を構築する構想である。現在まで ASEAN では，AEC の実現に向けて着実に行動が取られている。

　ASEAN は，ASEAN+3 や ASEAN+6 などの東アジアにおける地域協力においても中心となってきた。また ASEAN+1 の自由貿易協定（FTA）も ASEAN を軸として確立されてきた。そして世界金融危機後の変化の下で，世界経済における ASEAN 経済の重要性がより大きくなり，ASEAN 経済統合の重要性もより大きくなってきている。また世界金融危機後の変化が，AEC の実現と ASEAN 経済統合に大きな加速の圧力をかけている。

　本章では，世界経済の構造変化と ASEAN 経済統合を考察する。筆者は世

界経済の構造変化の下での ASEAN 域内経済協力・経済統合を長期的に研究してきている。そこでこれまでの ASEAN の歴史と域内経済協力の過程を振り返りながら，現在の世界経済の構造変化の下での ASEAN 経済統合と AEC について述べたい。

第 1 節　ASEAN 域内経済協力の過程

1. 域内経済協力の開始と転換

　東アジアでは，ASEAN が域内経済協力・経済統合の先駆けであった[1]。ASEAN は，1967 年 8 月 8 日の「ASEAN 設立宣言（バンコク宣言）」をもとに，インドネシア，マレーシア，フィリピン，シンガポール，タイの 5 カ国によって設立された。ASEAN の設立は，ベトナム戦争やラオス危機といった当時のインドシナ情勢を背景としながら，直接には 1963 年のマレーシアの成立を巡る域内紛争の緊張緩和の過程からであった[2]。

　1976 年には，第 1 回 ASEAN 首脳会議が開催された。第 1 回首脳会議では，「ASEAN 協和宣言」が出され，同時に「東南アジア友好協力条約」が締結された。協力強化の背景には，ASEAN を取り巻く世界政治経済の急激な変化があった。1975 年にはベトナム戦争が終結してベトナム・ラオス・カンボジアのインドシナ 3 国が社会主義化し，ASEAN 各国は政治協力の一層の強化と同時に，成長による安定を求めた。また 1973 年からのオイルショックを契機とする不況に対して各国は，ASEAN としての対処と域内経済協力を求めた。こうして当初の政治協力に加えて，域内経済協力が開始された。

　1976 年からの域内経済協力は，当時の各国の工業化を背景にして，外資に対する制限の上に企図された各国の輸入代替工業化（それまで輸入していた製品を，自国で生産し代替するタイプの工業化）を ASEAN が集団的に支援するというものであった（「集団的輸入代替重化学工業化戦略」）。しかし，① ASEAN 共同工業プロジェクト（AIP），② ASEAN 工業補完協定（AIC），③ 特恵貿易制度（PTA）などの政策の実践から見ても，域内市場の相互依存性の創出という視点から見ても挫折に終わった。挫折の主要な原因は，各国間の

利害対立とそれを解決できないことに求められた。

　だが，1987年の第3回首脳会議を転換点として，プラザ合意を契機とする世界経済の構造変化を基に，「集団的外資依存輸出指向型工業化戦略」へと転換した。1985年9月のプラザ合意以降，円高・ドル安を背景にNIESそしてASEANへの日本からの直接投資の急増といった形で多国籍企業の国際分業が急速に進行し，ASEAN各国も発展成長戦略を転換したからであった。新たな戦略は，80年代後半から始まった各国の外資主導かつ輸出指向型の工業化（外国からの直接投資を積極的に受け入れ工業化し，製品の主要な市場を外国に求め輸出する）を，ASEANが集団的に支援達成するというものであった。この戦略下での協力を体現したのは，三菱自動車工業がASEANに提案して採用されたブランド別自動車部品相互補完流通計画（BBCスキーム）であった（第12章，参照）。

2. 1990年代の構造変化とアジア経済危機後の構造変化

　1991年から生じたASEANを取り巻く政治経済構造の歴史的諸変化，すなわち① アジア冷戦構造の変化，② 中国の改革・開放に基づく急速な成長と中国における対内直接投資の急増，③ アジア太平洋経済協力（APEC）の制度化等から，集団的外資依存輸出指向型工業化戦略の延長上での域内経済協力の深化と拡大が進められることとなった。諸変化の中では，特に冷戦構造の変化が大きな影響を与えた。中国やベトナムは，政治体制においては社会主義体制を維持したまま，経済においては「計画経済」から「市場経済」への移行を始めた。またインドシナ情勢も一変し，1991年にはパリ和平協定が結ばれ，1978年にカンボジアへ侵攻したベトナム軍のカンボジアからの最終撤退とカンボジア和平が実現した。

　これらの変化を受け，1992年の第4回首脳会議からはAFTAが推進されてきた。AFTAは，共通効果特恵関税協定（CEPT）により，適用品目の関税を2008年までに5％以下にすることを目標とした。また1996年からは，BBCスキームの発展形態であるASEAN産業協力（AICO）スキームが推進された。そして冷戦構造の変化を契機に，1995年にはASEAN諸国と長年敵対関係にあったベトナムがASEANに加盟した。1997年にはラオス，ミャンマー

が加盟，1999 年にはカンボジアも加盟し，ASEAN は東南アジア全域を領域とすることとなった。国際資本移動による相互依存性の拡大と冷戦構造の変化による領域の拡大こそは，グローバル化のきわめて重要な要因であった。ASEAN はこれらの両方を含み，世界経済の構造変化の焦点となった。

しかしながら 1997 年のタイのバーツ危機に始まったアジア経済危機は，ASEAN 各国に多大な被害を与えた。アジア経済危機は，これまでの矛盾が噴出し近隣諸国に伝播したものであった。90 年代に急速に成長していた ASEAN 各国では成長が鈍化し，さらにはマイナスに落ち込んだ。1998 年にはインドネシア，マレーシア，フィリピン，タイの 4 カ国はいずれもマイナス成長となった。国際資本移動の急速な拡大は，1980 年代後半からの ASEAN 各国の急速な発展・成長を基礎づけたが，他面ではアジア経済危機の要因となったのである[3]。

1997 年のアジア経済危機を契機として，ASEAN 域内経済協力は，さらに新たな段階に入った。ASEAN を取り巻く世界経済・東アジア経済の構造が，大きく変化してきたからであった。すなわち第 1 に，中国の急成長と影響力の拡大である。中国は 1997 年以降も一貫して 7 ％以上の高成長を維持し，この成長の要因である貿易と対内投資が急拡大した。特に直接投資の受け入れ先としての中国の台頭は，ASEAN 並びに ASEAN 各国にとって大きな圧力となった。第 2 に，世界貿易機関（WTO）による世界大での貿易自由化の停滞と FTA の興隆であった。第 3 に，中国を含めた形での東アジアの相互依存性の増大と東アジア大の経済協力基盤・地域協力の形成であった。アジア経済危機以降の構造変化のもとで，ASEAN にとっては，さらに協力・統合の深化が目標とされた。

第 2 節　AEC へ向けての域内経済協力の深化

1．AEC へ向けての域内経済協力の深化

ASEAN 域内経済協力は，2003 年 10 月に開かれた第 9 回首脳会議の「第 2 ASEAN 協和宣言」を大きな転換点として，単一市場あるいは共同市場を目標

とする新たな段階に入った。「第2 ASEAN 協和宣言」は，ASEAN 安全保障共同体（ASC），ASEAN 経済共同体（AEC），ASEAN 社会文化共同体（ASCC）から成る ASEAN 共同体（AC）の実現を打ち出した。AEC は ASEAN 共同体を構成する3つの共同体の中心であり，「2020年までに物品・サービス・投資・熟練労働力の自由な移動に特徴づけられる単一市場・生産基地を構築する」構想であった[4]。

AEC においても依然直接投資の呼び込みは非常に重要な要因であり，AEC は集団的外資依存輸出指向型工業化の側面を有している。2002年11月の ASEAN 首脳会議において，シンガポールのゴー・チョクトン首相は AEC を提案したが，それは中国やインドなど競争者が台頭する中での，ASEAN 首脳達の ASEAN による直接投資を呼び込む能力への危惧によるものであった。ASEAN 各国にとって依然として直接投資と輸出は発展のための切り札であった。しかし中国やインドのような強力な競争者が台頭し，そのような環境のもとで，より直接投資を呼び込むために，各国首脳達は ASEAN としての協力・統合を求めたのであった。そして協力・統合の深化が目標とされるとともに，域内経済格差の是正も重要な目標とされるようになってきた。

2007年1月の第12回 ASEAN 首脳会議では，ASEAN 共同体創設を5年前倒しして2015年とすることを宣言した。2007年11月の第13回首脳会議では，第1に，全加盟国によって「ASEAN 憲章」が署名され，第2に，AEC の2015年までのロードマップである「AEC ブループリント」が発出された。

ASEAN 憲章は翌年12月に発効し，その制定は AEC と AC 実現のための重要な制度整備であった。ASEAN の設立の根拠はこれまで1967年の「バンコク宣言」にのみ拠っていたが，憲章の発効により，ASEAN の設立基盤が法に発展し設立基盤が強化された。ASEAN 憲章は ASEAN の目標，基本原則，ルールを明確化・成文化し，これまでの制度を整理しさらに新たな制度を構築した。ただし意思決定におけるコンセンサス方式（全会一致によって決定される方式）等のこれまでの主要な原則は維持された。ASEAN 憲章は，東アジアの地域協力における初の憲章でもあった。

AEC の実現に直接関わる「AEC ブループリント」は，3つの共同体の中で最初のブループリントであり，AEC に関するそれぞれの分野の目標とスケ

ジュールを定めた。4つの戦略目標と17の分野が提示され，分野ごとに具体的な目標と措置（行動）と戦略的スケジュールを示した。4つの戦略目標とは，A．単一市場と生産基地，B．競争力のある経済地域，C．公平な経済発展，D．グローバルな経済統合であった。「A．単一市場と生産基地」は，① 物品の自由な移動，② サービスの自由な移動，③ 投資の自由な移動，④ 資本の自由な移動，⑤ 熟練労働者の自由な移動を述べている[5]。

2010年10月の第17回 ASEAN 首脳会議では，AEC の確立と域内格差の是正を後押しするために「ASEAN 連結性マスタープラン」が出された。「ASEAN 連結性マスタープラン」は，2015年の AEC 確立を確実にする意図を有する。ASEAN の連結性については，① 物的連結性，② 制度的連結性，③ 人的連結性の3つの面で連結性を高めることが述べられた。例えば ① 物的連結性に関しては，道路，鉄道，海路・港湾，デジタルインフラ，エネルギーインフラ等に言及し，物的に欠けている部分を繋ぐ必要を強調した[6]。こうして ASEAN では，AEC の実現に向けて，着実に行動が取られてきた。

2. ASEAN 域内経済協力の成果

これまでの域内経済協力の成果としては，例えば AFTA によって1993年から関税引き下げが進められ，各国の域内関税率は大きく引き下げられてきた。2003年1月には，先行6カ国で関税が5％以下の自由貿易地域が確立され，「第2 ASEAN 協和宣言」からは AEC の柱の AFTA の確立も加速を迫られた。当初は各国が AFTA から除外してきた自動車と自動車部品も，組み入れられてきた。最後まで自動車を AFTA に組み入れることに反対していたマレーシアも，2004年1月に自動車を AFTA に組み入れ，実際に2007年1月に自動車関税を5％以下に引き下げた。

2010年1月には先行加盟6カ国で関税が撤廃され，AFTA が完成した。先行加盟6カ国では品目ベースで99.65％の関税が撤廃された。新規加盟4カ国においても，全品目の98.96％で関税が0～5％となった。各国の AFTA の利用も大きく増加し，例えばタイの ASEAN 向け輸出（一部を除きほぼすべてで関税が無税のシンガポール向けを除く）に占める AFTA の利用率は，2000年の約10％，2003年の約20％から，2010年には38.4％へと大きく拡大

した。また 2010 年のタイの各国向けの輸出に占める AFTA 利用率は，インドネシア向け輸出で 61.3%へ，フィリピン向け輸出で 55.9%に達した[7]。

域内経済協力によって国際分業と生産ネットワークの確立も支援された。その典型は自動車産業であった。輸入代替産業として各国が保護してきた自動車産業においても，AFTA や AICO によって日系を中心に外資による国際分業と生産ネットワークの確立が支援されてきた（第 12 章を参照）。

第 3 節　ASEAN を中心とする東アジアの地域経済協力

1. ASEAN と東アジアの地域経済協力

ASEAN は，東アジアの地域経済協力においても，中心となってきている（第 7-1 図，参照）。東アジアにおいては，アジア経済危機とその対策を契機に，ASEAN＋3 の枠組みをはじめとして地域経済協力が重層的・多層的に展開してきた。それが東アジアの地域経済協力の特徴であるが，その中心は ASEAN である。ASEAN＋3 協力枠組みは，アジア経済危機直後の 1997 年 12 月の第 1 回 ASEAN＋3 首脳会議が基点であり，2000 年 5 月には ASEAN＋3 財務相会議においてチェンマイ・イニシアチブ（CMI）が合意された。広域の FTA に関しても 13 カ国による東アジア自由貿易地域（EAFTA）の確立へ向けて作業が進められた。

2005 年からは，ASEAN＋6 の東アジア首脳会議（EAS）も開催されてきた。参加国は ASEAN10 カ国，日本，中国，韓国に加えて，インド，オーストラリア，ニュージーランドの計 16 カ国であった。EAS はその後も毎年開催され，広域 FTA に関しても，2006 年の第 2 回 EAS で 16 カ国による東アジア包括的経済（CEPEA）構想が合意された。

東アジアにおいては，FTA も急速に展開してきた。その中でも ASEAN 中国自由貿易地域（ACFTA），ASEAN 日本包括的経済連携協定（AJCEP），ASEAN 韓国 FTA（AKFTA），ASEAN インド FTA（AIFTA）など，ASEAN を中心とする ASEAN＋1 の FTA が中心である。2010 年には ASEAN とインドの FTA（AIFTA），ASEAN とオーストラリア・ニュー

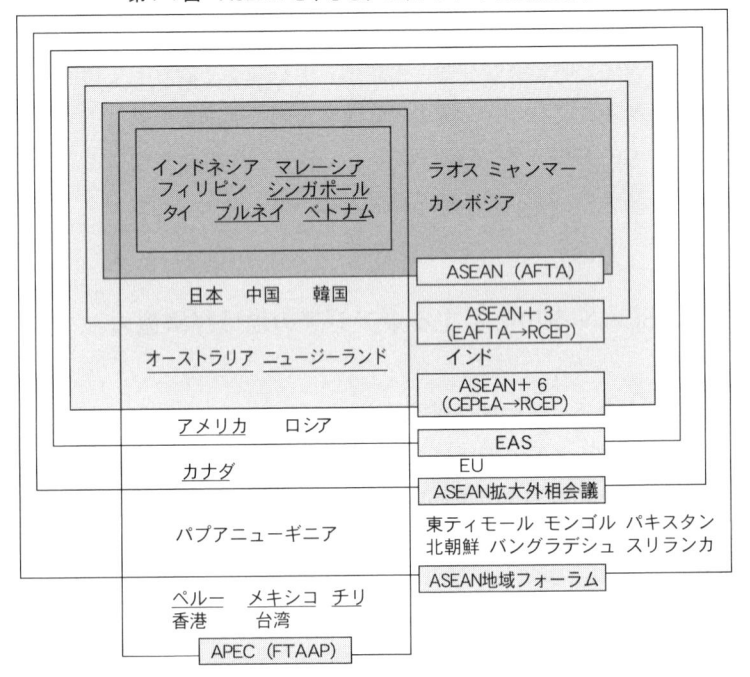

第 7-1 図　ASEAN を中心とする東アジアの地域協力枠組み

インドネシア　マレーシア フィリピン　シンガポール タイ　ブルネイ　ベトナム	ラオス　ミャンマー カンボジア

ASEAN（AFTA）

日本　中国　韓国

ASEAN＋3
（EAFTA→RCEP）

オーストラリア　ニュージーランド　　インド

ASEAN＋6
（CEPEA→RCEP）

アメリカ　ロシア

EAS

カナダ

EU

ASEAN拡大外相会議

パプアニューギニア

東ティモール　モンゴル　パキスタン
北朝鮮　バングラデシュ　スリランカ

ASEAN地域フォーラム

ペルー　メキシコ　チリ
香港　台湾

APEC（FTAAP）

(出所　筆者作成。
(注)　( ) は自由貿易地域（構想を含む）である。
　　　ASEAN：東南アジア諸国連合，AFTA：ASEAN 自由貿易地域，EAFTA：東アジア自由貿易地域，EAS：東アジア首脳会議，CEPEA：東アジア包括的経済連携，RCEP：東アジア地域包括的経済連携，APEC：アジア太平洋経済協力，FTAAP：アジア太平洋自由貿易圏。下線は，環太平洋経済連携協定（TPP）交渉参加国。

ジーランドの FTA（AANZFTA）も発効し，ASEAN を中心とする FTA 網が，東アジアを覆ってきた。

2. ASEAN 域内経済協力の東アジアへの拡大

　ASEAN においては，域内経済協力が，その政策的特徴ゆえに東アジアを含めより広域の経済協力を求める。ASEAN 域内経済協力においては，発展のための資本の確保・市場の確保が常に不可欠であり，同時に，自らの協力・統合

のための域外からの資金確保も肝要である。すなわち1987年からの集団的外資依存輸出指向工業化の側面を有している。そしてこれらの要因から，東アジア地域協力を含めた広域な制度の整備やFTAの整備は不可避である。

ASEANでは，これまで域内経済協力と同時に域外経済協力が展開し，域外経済協力（対外経済共同アプローチ）に関して一貫して効果を上げてきた。域外経済協力は，そもそも1972年の対EC通商交渉，1973年の対日合成ゴム交渉以来の歴史を持つが，最近ではその延長に，東アジア地域協力において重要な位置を確保している。例えば東アジアの地域協力においては，ASEANが主要な交渉の場を提供している[8]。

ASEAN域内経済協力のルールが東アジアへ拡大してきていることも重要である。例えば，ASEANスワップ協定（ASA）が，チェンマイ・イニシアチブ（CMI）として東アジアへ拡大した。また，AFTA原則が，ACFTAなどASEANを軸とするFTAに展開してきた。相互認証や基準認証等もASEANからはじめられている。EASの参加基準もASEAN基準に基づくこととなった。この参加基準とは，ASEANの対話国，東南アジア友好協力条約（TAC）加盟，ASEANとの実質的な関係の3つの条件である。ASEAN憲章も，東アジア憲章や東アジア共同体を方向づけする可能性がある[9]。こうしてASEANの域内経済協力・統合の深化と方向が，東アジア地域協力を方向づけてきている。

第4節　世界金融危機後のASEANと東アジア

1. 世界金融危機後のASEANと東アジア

2008年からの世界金融危機後の構造変化は，ASEANと東アジアに大きな転換を迫った。とりわけアメリカ市場の停滞と世界需要の停滞は，輸出指向の工業化を展開し最終財のアメリカへの輸出を発展の重要な基礎としてきた東アジア諸国の発展・成長にとって，大きな制約となった[10]。

世界経済は新たな段階に入り，これまでのアメリカの過剰な消費と金融的蓄積に基づいた東アジアと世界経済の成長の構造は，転換を迫られてきた。その

ような構造変化の中で，新たな世界全体の経済管理と地域的な経済管理が求められてきた。現在，WTOによる世界全体の貿易自由化と経済管理の進展は困難であり，ASEANや東アジアなどの地域による貿易自由化と経済管理がより不可欠となってきた。

ASEAN においては，アメリカやヨーロッパのような域外の需要の確保とともに，ASEANや東アジアの需要に基づく発展を支援することが，これまで以上に強く要請されている。ASEANと東アジアは，他の地域に比較して世界金融危機からいち早く回復して成長を持続し，現在の世界経済における最も重要な成長地域となっている。ASEANと東アジアは，主要な生産基地並びに中間財の市場であるとともに，成長による所得上昇と巨大な人口により，主要な最終消費財市場になってきている。それゆえ，域外との地域経済協力・FTAの構築とともに，ASEANや東アジアにおける貿易自由化や円滑化が一層必要なのである。

一方，世界金融危機後のアメリカにおいては，過剰な消費と金融的蓄積に基づく内需型成長の転換が迫られ，輸出を重要な成長の手段とすることとなった。主要な輸出目標は，世界金融危機からいち早く回復し成長を続ける東アジアである。オバマ大統領は2010年1月に輸出倍増計画を打ち出し，アジア太平洋にまたがる環太平洋経済連携協定（TPP）への参加を表明した。

TPPは，2006年にP4として発効した当初は4カ国によるFTAにすぎなかったが，アメリカが参加を表明し，急速に大きな意味を持つようになった。以上のような状況は，ASEANと東アジアにも影響を与え始めた。東アジアの需要とFTAを巡って競争が激しくなってきたのである。

2. 2010年からのFTA構築の加速とASEAN

世界金融危機後の変化の中で，2010年はASEANと東アジアの地域経済協力にとって画期となった。1月にAFTAが先行加盟6カ国で完成し，対象品目の関税が撤廃された。同時に，ASEANと中国，韓国，日本との間のASEAN＋1のFTA網もほぼ完成し，ASEANとインドのFTA，ASEANとオーストラリア・ニュージーランドのFTAも発効した。TPPにはアメリカ，オーストラリア，ペルー，ベトナムも加わり，2010年3月に8カ国で交渉が

開始された。さらに10月にはマレーシアも交渉に加わり，交渉参加国は9カ国となった。

2011年11月にはASEANと東アジアの地域協力を左右する重要な2つの会議が開催された。11月12-13日のハワイでのAPEC首脳会議の際に，TPPにすでに参加している9カ国はTPPの大枠合意を結んだ。APECに合わせて，日本はTPP交渉参加へ向けて関係国と協議に入ることを表明し，日本のTPPへの接近が，東アジアの地域経済協力の推進に向けて大きな加速圧力をかけた。

2011年11月バリでのASEAN首脳会議はASEAN共同体構築に向けて努力することを確認し，一連の会議ではASEAN域外からのASEAN連結性の強化への一層の協力も表明された。そしてASEANは，これまでのEAFTAとCEPEA，ASEAN＋1のFTAの延長に，ASEANを中心とする東アジアのFTAである東アジア地域包括的経済連携（RCEP）を提案した。RCEPはその後，東アジアの広域FTAとして確立に向けて急速に動き出すこととなった。

RCEPに関しては，2012年8月には第1回のASEAN＋FTAパートナーズ大臣会合が開催され，ASEAN10カ国並びにASEANのFTAパートナーである6カ国が集まり，16カ国がRCEPを推進することに合意した。同時にRCEP交渉の目的と原則を示した「交渉の基本指針」をまとめた。11月のプノンペンでのASEAN首脳会議と関連首脳会議の際には，第7回EASにおいて2013年の早期にRCEPの交渉を開始することが合意され，また日中韓の経済貿易相が2013年に日中韓のFTAの交渉を開始することを合意した。12月にはオークランドで第15回TPP交渉会議が開催され，初めてカナダとメキシコが参加した。

2012年12月26日に就任した安倍首相は，ASEAN重視を示すとともに，TPP交渉参加を目指し，2013年3月15日には，遂に日本のTPP交渉参加を正式に表明した。日本のTPP交渉参加表明は，東アジアの経済統合とFTAにさらに大きなインパクトを与え，交渉が急加速することとなった。3月には日中韓FTAへ向けた第1回交渉会合がソウルで開催された。5月にはブルネイでRCEPの第1回交渉会合が開催された。そして7月23日には，コタキナ

バルでの第18回TPP交渉会合において，日本が初めて交渉に参加した。

こうして世界金融危機後の変化は，世界経済におけるASEANの重要性を高めるとともに，ASEANと東アジアの経済統合の実現を追い立ててきた。ASEANにとっては，自身の統合の深化が不可欠であり，先ずはAECの確立が必須の要件となってきた。

第5節 2015年末のAEC実現と東アジア

1. 2015年末に実現を目指すAEC

世界経済の構造変化がAECとASEAN経済統合を追い立てる中で，ASEANでは，2015年末のAEC実現へ向けて行動が取られてきている。AEC実現に向けての重要な手段は，「AECスコアカード」による，「AECブループリント」の各国ごとの実施状況の点検評価とピアプレッシャーである。2014年8月第46回ASEAN経済閣僚会議の「共同宣言」は，AECブループリントの実施状況に関して，2013年までに実施予定の229の優先主要措置のうち82.1%を実施していると述べた。以下，AECの状況について簡単に述べておきたい[11]。

「AECブループリント」の「A. 単一市場と生産基地」で，その中心である物品（財）の自由な移動において，関税の撤廃に関しては，AFTAとともにほぼ実現に向かっている。AFTAは東アジアのFTAの先駆であるとともに，東アジアで最も自由化率の高いFTAである。先行加盟6カ国は2010年1月1日にほぼすべての関税を撤廃した。2015年1月1日には，新規加盟4カ国（CLMV諸国）の一部例外を除き，全加盟国で関税の撤廃が実現された（なお，CLMV諸国においては，関税品目表の7%までは2018年1月1日まで撤廃が猶予される）。2015年1月には，カンボジアで約3000品目，ラオスで約1000品目，ミャンマーで約1200品目，ベトナムで約1700品目の関税が新たに撤廃され，ASEAN10カ国全体での総品目数に占める関税撤廃品目の割合は95.99%に拡大した[12]。また，（その製品がASEAN産であるかどうかを判定する）原産地規則も，利用しやすいように改良されてきた。原産地証明の自己

証明制度の導入や税関業務の円滑化，ASEAN シングル・ウインドウ (ASW)，基準認証も進められている。

非関税措置の撤廃も進められているが，その課題の達成は先進国でも難しく 2015 年以降の課題となるであろう。サービス貿易の自由化，投資や資本の移動の自由化，人の移動の自由化も進められている。「B. 競争力のある経済地域」と「C. 公平な経済発展」に関係する，輸送プロジェクトやエネルギープロジェクト，経済格差の是正，知的財産における協力等多くの取り組みもなされている。これらは 2015 年を通過点としてさらに 2016 年以降の課題となるであろう。「D. グローバルな経済統合」は，ASEAN＋1 の FTA 網の整備や RCEP 交渉の進展によって，目標に比べて大きく進展しており，2015 年末に当初予想よりも達成される分野である。

2015 年末に「AEC ブループリント」で述べられた目標のすべてが実現するわけではないが，AFTA の実現により ASEAN における関税の撤廃はほぼ実現され，域外との FTA も整備される。1990 年代前半の AFTA が提案された状況からは，隔世の感がある。

2. ASEAN 経済統合への遠心力と 2016 年以降の目標設定

ASEAN においては，そもそも利害対立が起こりやすい構造を有してきており，現在においても各国の状況の違いがあり，いくつかの統合への遠心力を抱えている。最近では，長年 ASEAN 統合の遠心力であったミャンマーの民主化は進展してきた。しかし各国の政治の不安定，各国間政治対立，発展格差，各国の自由貿易へのスタンスの違いがあり，南沙諸島を巡る各国の立場の違い，それにも関連する各国の中国との関係の違いが，統合の遠心力となっている。さらに設立から 90 年代まで，ASEAN 協力を推進して来た地域の強力なリーダー（スハルトやリー，マハティールなど）は不在である。

しかしながら，これまでの域内経済協力の歴史においても ASEAN は，多くの遠心力を抱えながらも，少しずつ域内経済協力を深化させ，AFTA を確立し，2015 年の AEC の確立へ向かってきたのである。今後も，遠心力を抱えながらも，AEC の実現に向けて統合を進めるであろう。

ASEAN の制度についても若干触れておくと，ASEAN 憲章においても，意

思決定は基本的に協議とコンセンサスによっており，ASEAN においては依然国民国家の枠は固く，国家間協力というこれまでの路線が維持されている。そして ASEAN の措置を実施するのは各国政府であり，ASEAN の措置の実施を各国に強いることは困難である。また ASEAN 事務局の規模と権限は依然小さい。統合に向けて ASEAN の措置を進める際には，制度上の問題が足かせになっている場合がある。2016 年以降，さらに統合を進めるためには，制度上の問題の解決も必要になってくるであろう。

2015 年末が近づき，2016 年以降の AEC と ASEAN 経済統合の目標設定に向けて新たな取り組みがなされている[13]。2014 年 11 月の第 25 回 ASEAN 首脳会議では「ASEAN 共同体ポスト 2015 ビジョンに関するネピドー宣言」が宣言され，2015 年秋の ASEAN 首脳会議で，2016 年から 2025 年にかけての ASEAN 共同体のビジョンとなる文書が出されることとなった。AEC に関しても，2016 年から 2025 年の AEC の目標（AEC2025）が定められる予定である。2014 年の「ネピドー宣言」では，2025 年に向けての AEC は，① 統合され高度に結合した経済，② 競争力のある革新的でダイナミックな ASEAN，③ 強靭で包括的，人間本位・人間中心の ASEAN，④ 分野別統合・協力の強化，⑤ グローバル ASEAN，を含むとされた。2007 年に出された AEC ブループリントの戦略目標に比べて，④ が新たに加えられている。

3. AEC と東アジアのメガ FTA

世界金融危機後の構造変化は，東アジアの FTA である RCEP を ASEAN が提案することにもつながり，AEC と ASEAN 経済統合の実現をさらに追い立ててきた。ASEAN にとっては，常に広域枠組みに埋没してしまう危険があり，それゆえに，自らの経済統合を他に先駆けて進めなければならない。そして同時に東アジアの地域協力枠組みにおいてイニシアチブを確保しなければならない[14]。ASEAN にとっては，先ずは AEC の実現が不可避である。さらに RCEP においてイニシアチブを確保することが肝要である。

しかし他方，AEC こそが RCEP を規定する。「RCEP 交渉の基本指針および目的」によると，RCEP の「目的」は，ASEAN 加盟国および ASEAN の FTA パートナー諸国の間で，現代的な包括的な質の高いかつ互恵的な経済連

携協定を達成することである。ASEAN の中心性や経済協力強化も明記されている。RCEP の「交渉の原則」では，これまでの ASEAN＋1 を越える FTA を目指すとされている。また域内途上国への特別かつ異なる待遇と ASEAN 後発途上国への規定がある。RCEP の「交渉分野」に関しても，① 物品貿易，② サービス貿易，③ 投資，④ 経済技術協力，⑤ 知的財産，⑥ 競争，⑦ 紛争解決等であり，AEC と ASEAN＋1 FTA が扱う分野とほぼ重なっている。RCEP も，ASEAN のルールが東アジアへ拡大する例と言える[15]。

　RCEP は ASEAN が提案して進めてきており，また交渉 16 カ国の中の 10 カ国が ASEAN 諸国であり，RCEP 交渉が妥結できるかは，ASEAN に大きく依存する。RCEP の規定も AEC に合わせたものになるであろう。AEC は東アジアで最も深化した経済統合であり，AEC が RCEP を方向づけるとともにその範囲を限定するのである。さらには，RCEP が世界のメガ FTA に影響を与えることにより，世界のメガ FTA にも影響を与えるであろう。

おわりに

　ASEAN は，世界経済の構造変化に合わせて発展を模索し，1976 年から域内経済協力を進め，現在は 2015 年の AEC の実現を目指している。ASEAN 域内経済協力は，着実な成果を上げてきた。また生産ネットワーク構築の支援も行ってきた。同時に，東アジアの地域協力と FTA においても ASEAN が中心となってきた。そして世界金融危機後の変化は，世界経済における ASEAN の重要性を増すとともに，AEC の実現を追い立てている。世界金融危機後の TPP 構築の動きと RCEP の提案が AEC の実現を迫る。しかし他方，AEC こそが RCEP を規定し，世界のメガ FTA にも影響を与えるであろう。

　ASEAN は，遅れがちではあるが，時間を掛けながら着実に AEC の実現に向かってきた。AFTA の実現も，1990 年代初期には想像もできなかったが，現在では AFTA という自由貿易地域（FTA）をほぼ確立し，資本（投資）の自由移動，熟練労働力の自由移動という要素を取り入れた AEC の確立へ向かっている。AEC は，東アジアで初の FTA を越えた取り組みである。また

輸送やエネルギーの協力，経済格差の是正にも取り組んでいる。AECは地域としての直接投資の呼び込みを重要な要因とし，国境を越えた生産ネットワークを支援し，常に世界経済の中での発展を目指す経済統合を目標としている。

経済統合においては，従来，EUが模範例とされてきたが，ASEANは，EU的統合をいくつか参照しつつも独自の統合を進めている。グローバル化を続ける現代世界経済の変化に合わせて着実にAECの実現に向かい，さらには世界の成長地域である東アジアにおいて経済統合を牽引しているASEANの例は，現代の経済統合の最重要な例の1つである。

ASEANは，日本にとっても最重要なパートナーの1つである。また日系企業にとっても最重要な生産拠点と市場である。日本にとってもAECへ向けての展開とASEAN経済統合は，きわめて重要である。日系企業の生産ネットワークの進展のためにも欠かせない。現在，中国との貿易と投資を巡るリスクが大きくなる中で，日本にとってASEANとの関係はさらに重要になってきている。

ASEANにとって2015年12月31日は，大きな節目になるであろう。そしていくつかの目標は2016年以降に持ち越され，次の2025年に向けての目標が重要となってくるであろう。2015年3月23日には，シンガポールのリー・クワンユー元首相が亡くなった。48年前にASEANを設立した創設者達もいなくなってしまった。ASEANは，AECを核に新たな時代に入っていく。

ASEANは，多くの遠心力を抱えながらも，AECへ向けて統合を進めなければならない。そしてASEANこそが，世界経済を牽引する東アジアのこれからの経済統合の鍵をも握っている。

注
1） 本節の内容に関して詳細は清水（1998，2008），参照。またASEANの歴史に関して清水（2011）を参照されたい。
2） 山影（1991），第3章，清水（1998），第1章，参照。
3） アジア経済危機とASEANに関しては，清水（2011b），参照。
4） 本節に関して詳細は清水（2013），またAECに関しては石川・清水・助川（2009，2013）等を参照。
5） AECブループリント並びにスコアカードに関しては，本書第8章，石川（2013a）等を参照。
6） ASEAN連結性マスタープランに関しては，本書第8章，石川（2013a）等を参照。またASEANの連結性に関しては，本書第10章等を参照。
7） AFTAに関しては，本書第9章，助川（2013a）等を参照。

8) ASEAN 拡大外相会議，ASEAN+3 会議，EAS，ASEAN 地域フォーラム（ARF）に見られるように，東アジア地域における交渉の「場」を ASEAN が提供し，自らのイニシアチブの獲得を実現してきた。
9) 清水 (2008)，参照。
10) 本節に関して詳細は清水 (2013)，参照。
11) AEC の進捗状況に関して，本書第 8 章，石川 (2015)，参照。物品貿易の自由化・円滑化，サービス貿易や投資の自由化に関して，第 9 章，助川 (2013a, 2013b)，参照。また AEC のさまざまな分野における状況に関しては，本書第 2 部や石川・清水・助川 (2013) の各章を参照頂きたい。
12) 『通商弘報』2015 年 3 月 16 日号。
13) 本書第 8 章，第 11 章，福永 (2013)，参照。
14) ASEAN においては，域内経済協力が，その政策的特徴ゆえに東アジア地域協力を含めたより広域の経済協力を求めてきた。ASEAN 域内経済協力においては，発展のための資本の確保・市場の確保が常に不可欠であり，同時に，自らの協力・統合のための域外からの資金確保も肝要である。そしてこれらの要因から，東アジアを含めた広域な制度や FTA の整備は不可避である。しかし同時に，協力枠組みのより広域な制度化は，常に自らの存在を脅かす。それゆえに，東アジア地域協力の構築におけるイニシアチブの確保と自らの統合の深化が求められるのである（清水，2008）。
15) RCEP に関して詳細は，清水 (2014)，本書第 9 章等，参照。

参考文献
ASEAN Secretariat (2008a), *ASEAN Charter*, Jakarta.
ASEAN Secretariat (2008b), *ASEAN Economic Community Blueprint*, Jakarta.
ASEAN Secretariat (2010), *Master Plan on ASEAN Connectivity*, Jakarta.
ASEAN Secretariat (2012), *ASEAN Economic Community Scorecard*, Jakarta.
"Guiding Principles and Objectives for Negotiating the Regional Comprehensive Economic Partnership."
Intal, P., Fukunaga, Y., Kimura, F. et. al (2014), *ASEAN Rising: ASEAN and AEC beyond 2015*, ERIA, Jakarta.
"Nay Pyi Taw Declaration on the ASEAN Community's Post2015 Vision."
石川幸一 (2013a)「ASEAN 経済共同体はできるのか」，石川・清水・助川 (2013)。
石川幸一 (2013b)「東アジア FTA と ASEAN」，石川・清水・助川 (2013)。
石川幸一 (2015)「ASEAN の市場統合はどこまで進んだのか」『国際貿易と投資』(国際貿易投資研究所：ITI)，98・99 号。
石川幸一・馬田啓一・渡邊頼純編 (2014)『TPP 交渉の論点と日本』文眞堂。
石川幸一・馬田啓一・国際貿易投資研究会編 (2015)『FTA 戦略の潮流：課題と展望』文眞堂。
石川幸一・清水一史・助川成也編 (2009)『ASEAN 経済共同体—東アジア統合の核となりうるか』日本貿易振興機構 (JETRO)。
石川幸一・清水一史・助川成也編 (2013)『ASEAN 経済共同体と日本』文眞堂。
清水一史 (1998)『ASEAN 域内経済協力の政治経済学』ミネルヴァ書房。
清水一史 (2008)「東アジアの地域経済協力と FTA」，高原明生・田村慶子・佐藤幸人 (2008)。
清水一史 (2011a),「ASEAN—世界政治経済の構造変化と地域協力の変化—」，清水一史・田村慶子・横山豪史編『東南アジア現代政治入門』ミネルヴァ書房。
清水一史 (2011b)「アジア経済危機とその後の ASEAN・東アジア—地域経済協力の展開を中心

に─」,『岩波講座　東アジア近現代通史』第 10 巻,岩波書店。
清水一史 (2013)「世界経済と ASEAN 経済統合」,石川・清水・助川 (2013)。
清水一史 (2014)「RCEP と東アジア経済統合」,『国際問題』(日本国際問題研究所),632 号。
清水一史 (2015)「ASEAN 経済共同体とメガ FTA」,石川・馬田・国際貿易投資研究会 (2015)。
助川成也 (2013a)「物品貿易の自由化・円滑化に向けた ASEAN の取り組み」,石川・清水・助川 (2013)。
助川成也 (2013b)「サービス貿易および投資,人の移動の自由化に向けた取り組み」,石川・清水・助川 (2013)。
高原明生・田村慶子・佐藤幸人編・アジア政経学会監修 (2008)『現代アジア研究 1：越境』慶應義塾大学出版会。
深沢淳一・助川成也 (2014)『ASEAN 大市場統合と日本』文眞堂。
福永佳史 (2013)「2015 年以後の ASEAN 統合のさらなる深化に向けて」,石川・清水・助川 (2013)。
日本経済研究センター (2014)『ASEAN 経済統合はどこまで進んだか』。
山影進 (1991)『ASEAN：シンボルからシステムへ』東京大学出版会。
山影進編 (2012)『新しい ASEAN─地域共同体とアジアの中心性を目指して─』アジア経済研究所。
山澤逸平・馬田啓一・国際貿易投資研究会編 (2013)『アジア太平洋の新通商秩序─TPP と東アジアの経済連携─』勁草書房。

　　　　　　　　　　　　　　　　　　　　　　　　　　　　　　　　　　（清水一史）

第 8 章

ASEAN 経済共同体の創設と課題

はじめに

　1967 年 8 月に創設された ASEAN が経済協力を開始したのは 1976 年，域内経済協力の失敗を踏まえて，AFTA（ASEAN 自由貿易地域）創設による経済統合を開始したのは 1993 年である。AFTA が 2002～2003 年に当初目標（0～5％への関税削減）をほぼ実現したことから ASEAN は 2003 年に ASEAN 経済共同体（AEC）創設に合意した。AEC は政治安全保障共同体，社会文化共同体とともに ASEAN 共同体を構成する。ASEAN 共同体創設に向けて ASEAN は制度，組織の改革に乗り出しており，創設後約 35 年を経過して ASEAN は新たな段階（新しい ASEAN）に入りつつある。
　AEC は市場統合だけでなく，インフラ建設，越境輸送，エネルギー協力，ASEAN 内の格差の是正，域外との FTA を含む壮大な統合計画である。経済共同体という名称を使っているが，AEC は欧州の経済統合とはまったく異なっており，AEC を正しく理解するためには AEC 創設のための計画を読み解かねばならない。ASEAN は新興市場および生産拠点として現在世界で注目を浴びている。その一因は AEC による大きな統合市場の成立であり，日本企業も AEC への関心を高めている。
　本章は，AEC についての基本的な事項と現状を理解することを目的としている。第 1 節で AEC 創設に至る経緯と背景，第 2 節で AEC とはどのような経済統合なのかを概観し，第 3 節で AEC 創設の現状を分析した上で，第 4 節で展望，課題，日本企業の利用可能性を論じている。

第1節　ASEAN 経済共同体創設への経緯と背景

1. 集団的輸入代替重化学工業化戦略から集団的輸出指向工業化戦略へ

　ASEAN は2015年末に ASEAN 経済共同体（AEC：ASEAN Economic Community）を創設する。AEC は，安全保障共同体（APSC：後に政治安全保障共同体と改称），社会文化共同体（ASCC）とともに ASEAN 共同体を構成する。ASEAN 共同体の創設は2003年10月の第9回首脳会議で採択された第2 ASEAN 協和宣言で明らかにされた[1]。

　最初に AEC に至るまでの ASEAN の域内経済協力と統合の略史を見ておきたい[2]（ASEAN 経済統合の展開については第7章で詳細に論述されている）。1967年に設立された ASEAN は，1976年の第1回首脳会議で採択された ASEAN 協和宣言により「集団的輸入代替重化学工業化戦略」と呼ばれる域内経済協力を開始した[3]。加盟各国に重化学工業プロジェクトを設立する ASEAN 共同工業化プロジェクト（AIP），ASEAN カー製造を目的に域内分業を行う ASEAN 産業補完計画（AIC），AIP 産品，AIC 産品，基礎的産品を対象に特恵関税を適用する ASEAN 特恵貿易協定（PTA）が3本柱だった。しかし，域内経済協力は外資政策など各国の経済政策の違いが大きかったこと，経済ナショリズムに起因する利害対立などが原因で失敗に終わった。

　1980年代の1次産品価格下落と成長率鈍化を受けての外資規制から外資優遇への外資政策の転換，1985年のプラザ合意とその後の日本からの投資急増から，ASEAN は1987年の第3回首脳会議を契機に輸出指向型の外資を積極的に受け入れる「集団的外資依存輸出指向工業化戦略」に転換した[4]。その最初のプロジェクトは，1988年に合意された自動車部品の ASEAN 域内企業内貿易に特恵税率を適用するブランド別自動車部品相互補完流通計画（BBC）である。BBC は対象を自動車部品に拡大する ASEAN 産業協力（AICO）スキームに発展した。

　1990年代に入ると北米自由貿易協定（NAFTA）交渉など世界的に地域統合への動きが強まり，アジアでは中国が改革開放を加速し外国投資先として急

浮上するなど ASEAN が危機感を募らせる変化が起きた。こうした環境変化に対して ASEAN が打ち出したのは，ASEAN 自由貿易地域（AFTA）創設である。AFTA は 1992 年に合意され，1993 年から関税引下げが開始された。当初は域内関税の 0 ～ 5％への引下げを 2008 年に実現することを目標にしていたが，1997-98 年のアジア通貨危機時などに実現時期を前倒しし，先行 ASEAN 6 カ国（ブルネイ，インドネシア，マレーシア，フィリピン，シンガポール，タイ）は 2002-2003 年に 0 ～ 5％への削減という目標を達成した。CLMV（カンボジア，ラオス，ミャンマー，ベトナム）は 2015 年（全品目の 7％は 2018 年）に関税撤廃の予定である（AFTA の詳細については第 9 章を参照）。

2．外資誘致を目標にシンガポールが提案

AEC は，AFTA の次の段階の ASEAN の経済統合としてシンガポールのゴー・チョクトン首相（当時）が提案した。ゴー首相は 2002 年の首脳会議で ASEAN 自由貿易地域（AFTA）の次の地域統合を ASEAN 経済共同体と名づけるべきであると主張した。その理由は，1997-98 年のアジア通貨危機後，ASEAN が外国投資を誘致する力が弱まっていると認識していたことである。外資誘致を持続するためには，ASEAN は地域統合の明確な目標を持っており，統合の深化に真剣であることを外国投資家に理解させねばならないと考えていた[5]。AFTA が 2003 年に実現したことから ASEAN の経済統合の深化（自由化分野の拡大と自由化レベルの引上げ）は ASEAN の求心力の維持にも必要だった。AFTA 開始には中国への外国投資の急増への危機意識があったが，AEC も同様に中国に加えインドが外国投資先として急浮上し中印の間で ASEAN が埋没してしまうことへの危機意識があったのである。

シンガポールの AEC 提案を受けて，インドネシアが政治安全保障共同体，フィリピンが社会文化共同体を提案し，3 つの共同体からなる ASEAN 共同体構想が生まれることになった[6]。

第2節　ASEAN 経済共同体とは何か

　ASEAN 経済共同体はどのような経済統合なのだろうか。ベラ・バラッサの経済統合の発展段階説では，① 自由貿易地域（FTA），② 関税同盟，③ 共同市場，④ 経済統合，⑤ 完全な地域統合の5段階がある（第 8-1 表）[7]。欧州の経済統合は 1968 年に関税同盟，1993 年に共同市場，1999 年の共通通貨ユーロ導入とこの発展段階とほぼ一致している。1958 年に成立した欧州経済共同体（EEC）は，共同市場の設立を目標としており，1968 年7月に域内関税の撤廃と域外共通関税を設定し関税同盟を完成させ，1992 年末に物・人・サービス・資本が自由に移動する共同市場を実現した。AEC は関税同盟および共同市場ではなく，欧州経済共同体とはまったく別の経済統合である。

1. ASEAN 経済共同体は FTA プラス

　ASEAN は経済共同体の名のもとに何を実現しようとしているのだろうか。AEC の全体像を明らかにしたのは，2007 年に公表された ASEAN 経済共同体ブループリント（以下 AEC ブループリント）である[8]。AEC ブループリントは 2008 年から 2015 年までの目標と分野別の行動計画およびスケジュールである。

第 8-1 表　経済統合の発展段階

	関税撤廃と量的貿易制限の撤廃	域外共通関税	生産要素の自由な移動	経済政策の調整	経済政策の統一と超国家機関の設立
FTA	○	×	×	×	×
関税同盟	○	○	×	×	×
共同市場	○	○	○	×	×
経済統合	○	○	○	○	×
完全な地域統合	○	○	○	○	○

（資料）　B・バラッサ，中島正信訳（1963）『経済統合の理論』ダイヤモンド社，4～5頁により作成。

ブループリントは，AECの4つの目標（柱）として，① 単一の市場と生産基地，② 競争力のある経済地域，③ 公平な経済発展，④ グローバル経済への統合をあげている。そして，目標ごとに分野（原文はコアエレメント）を合計で17項目示している（第8-2表）。

「単一の市場と生産基地」は市場統合，「競争力のある経済地域」は共通政策とインフラ整備，「公平な経済発展」は格差是正，「グローバル経済への統合」は域外とのFTA締結と言い換えられる。この中で最も重要なのは，「単一の市場と生産基地」，すなわち市場統合である。そこで，ASEAN経済共同体の市場統合の目標を他の経済統合と比較してみよう（第8-3表）。

物品の貿易では関税撤廃と非関税障壁撤廃が目標となっている。関税撤廃は実現するが，非関税障壁の撤廃の2015年までの実現は無理である。サービス貿易と投資の自由化は目標となっているが100％自由化は困難であり，政府調達は目標にもなっていない。ASEAN加盟国でWTOの政府調達協定に参加しているのがシンガポールのみであること，マレーシアのブミプトラ政策でマレー人企業を優遇していることなど政府調達の開放が現時点では困難なためである。対外共通関税は目標ではない。人の移動の自由化は熟練労働者が対象であり，単純労働者は対象外である。こうしてみると，欧州共同体に比べると市

第8-2表　ASEAN経済共同体ブループリントの4つの目標と分野

目標	分野
1. 単一の市場と生産基地	① 物品の自由な移動，② サービスの自由な移動，③ 投資の自由な移動，④ 資本のより自由な移動，⑤ 熟練労働者の自由な移動，⑥ 優先統合分野，⑦ 食料・農業・林業
2. 競争力のある経済地域	① 競争政策，② 消費者保護，③ 知的所有権，④ インフラストラクチャー開発，⑤ 税制，⑥ 電子商取引
3. 公平な経済発展	① 中小企業，② ASEAN統合イニシアチブ
4. グローバル経済への統合	① 対外経済関係への一貫したアプローチ，② グローバル・サプライ・チェーンへの参加

（注）　ASEAN統合イニシアチブ（IAI）は，CLMVの開発を支援することにより格差是正を進めるプログラムである。
（資料）　ASEAN Secretariat (2008) ASEAN Economic Community Blueprint により作成。

第8-3表　ASEAN経済共同体，欧州共同体，経済連携協定の目標の比較

	欧州共同体 (EC)	ASEAN経済共同体 (AEC)	経済連携協定 (EPA)
関税撤廃	○	○	○
非関税障壁撤廃	○	○（*）	△
対外共通関税	○	×	×
サービス貿易自由化	○	○（*）	△
規格・基準の調和	○	△	△
人の移動の自由化	○	△	△
貿易円滑化	○	○	○
投資の自由化	○	○	○
資本移動の自由化	○	△	△
政府調達の開放	○	×	△
共通通貨	○	×	×

(注)　1. ○は目標，△は目標だが限定的，×は目標になっていないことを示す。＊は目標だが実現は難しい，あるいは一部実現することを示す。ただし，厳密な評価ではない。
　　　2. EECは1967年に欧州石炭鉄鋼共同体（ECSC），欧州原子力共同体（EURATOM）との3つの共同体の主要機関が共通の機関として整備されこれら3機関を総称してECと呼んでいたが，1992年にマーストリヒト条約によりEECはEC（欧州共同体）に改称された。
(資料)　執筆者が作成。

場統合の分野は狭く，自由化のレベルは低く，ASEAN経済共同体は日本政府が締結を進めている経済連携協定（EPA）に類似していることが判る。市場統合については，FTAと共同市場の間の「FTAプラス」と呼ぶべき内容である。

2. 輸送など連結性を重視

　ASEAN経済共同体は市場統合以外にインフラストラクチャー（以下インフラ）建設など開発，格差是正，対外経済関係など多くの分野を対象としており（第8-2表），EPAに比べると壮大な経済統合計画である。
　そのため，AEC創設に向けてAECブループリントに加えて，ASEAN連結性マスタープラン（MPAC），分野別の行動計画，大メコン圏経済協力（GMS）プログラム，日本，米国，中国など対話国[9]の行う協力など重層的

に行動計画が進められている。中でも重要なのは2010年の首脳会議で採択されたASEAN連結性マスタープラン（MPAC）である。連結性（connectivity）は，ASEANの各国・地域を結び付け，国境を越える物品，サービス，エネルギー，人の移動，輸送を円滑にするためのインフラ，制度などを意味している。MPACは，物的連結性（インフラの建設・整備），制度的連結性（協定，制度），人と人の連結性（人の移動，観光など）の3つの連結性に分けて合計19のプロジェクトを提示している（第8-4表）。MPACが創られたのは，ブループリントのインフラ建設・整備計画が貧弱であり実施が遅れていたためであり，ブループリントを補強し実施時期を調整する計画として位置づけられる。インフラ整備はカンボジア，ラオス，ミャンマーで遅れており，MPACは格差是正にも大きな役割を果たすことが期待されている。

連結性の強化に重要なのはアジア開発銀行が主導して1992年に開始されたGMSプログラムである。同プログラムでは，道路建設を核に送電，工業団地などへの投資を行う経済回廊構想を進めており，東西，南北，南部の3大経済回廊が利用され始めている[10]（輸送およびGMSプログラムについては第10章を参照）。

第8-4表　ASEAN連結性マスタープラン（MPAC）のプロジェクト

1. 物的連結性 ① ASEAN高速道路ネットワーク（AHN）の完成，② シンガポール昆明鉄道（SKRL）の完成，③ 効率的で統合された内陸水運，④ 統合され効率的で競争力のある海運システム，⑤ ASEANを東アジアの輸送のハブとする統合され継ぎ目のないマルチモダル輸送システム，⑥ ICTインフラとサービスの開発促進，⑦ エネルギーインフラプロジェクトの制度的課題の解決
2. 制度的連結性 ① 輸送円滑化3枠組み協定の全面的実施，② 国家間旅客陸送円滑化イニシアチブの実施，③ ASEAN単一航空市場，④ ASEAN単一海運市場，⑤ 商品貿易障壁の除去による物品の自由な移動の加速，⑥ 効率的で競争力のある物流セクター，⑦ 貿易円滑化の大幅改善，⑧ 国境管理能力向上，⑨ 公平な投資ルールによるASEAN内外からの外国投資への開放促進，⑩ 遅れた地域の制度的能力強化と地域・局地の政策協調
3. 人的連結性 ① ASEAN域内の社会経済的理解の深化，② ASEAN域内の人の移動促進

（出所）　ASEAN Secretariat (2011), Master Plan on ASEAN Connectivity (MPAC)

第3節　ASEAN経済共同体はどこまで進展しているのか

　ASEAN経済共同体を創設するための行動計画や協定は首脳会議などのASEANレベルで決定されているが，決定を実行するのは加盟国政府である。ASEANの弱点は決定事項の実施を各国に強制できないことである。ASEANは共同体創設に向けて地域協力機構としてのASEANの強化のためにASEAN憲章を2007年に制定した[11]。ASEAN憲章の案を作成した賢人会議の報告書では，合意への重大な違反や不履行に対して除名を含む権利の停止など罰則を提案していたが，首脳会議で採択されたASEAN憲章では罰則は盛り込まれていなかった[12]。ASEAN創設以来の内政不干渉原則が維持されたためである。

　EUは市場統合（および共通通貨）については主権をEU委員会に委譲しており，EUの決定は実施が担保される。しかし，ASEANでは各国に決定の実行を強制できない。そのために，導入されたのがスコアカードである[13]。スコアカードはブループリントの実施状況を分野および国別に明らかにしている「成績表」である。成績を公表することにより各国政府にプレッシャーをかけることが狙いである。2008年〜2011年のスコアカードの全体評価（行動計画の実施率）は67.5%である[14]。

　その後，スコアカードが発表される予定だったが発表されず，2014年8月に2013年末時点で「優先主要措置」の82.1%を実施したと発表された。スコアカードから優先主要措置に基準が変更されたのはスコアカードでは実施率が低くなってしまうためと指摘されている[15]。その後，2015年4月の第26回首脳会議の議長声明で「2008年〜15年に実施すべき優先主要508措置中458措置を実施し実施率は90.5%」と発表されている。

1. 主要分野の進展状況

　2015年末の創設に向けて行動計画はどこまで進展しているのだろうか。主要分野の2014年末時点の進展状況と見通しをみてみよう[16]。

① 単一の市場と生産基地：関税撤廃が最大の成果

　関税撤廃は予定通り実現し最大の成果となる。先行 ASEAN 6 カ国は 2010 年 1 月に関税撤廃を実現しており，CLMV は 2015 年 1 月に約 1 万ある関税分類品目の 93％の関税を撤廃，残りの 7％の品目は 2018 年に撤廃する。関税撤廃率（自由化率）は 99％を超えると予想され，この率は環太平洋経済連携協定（TPP）に匹敵する。一方，非関税障壁の撤廃はほとんど進んでいない。非関税障壁は，数量制限をはじめ，製品の安全規格や環境規格（基準認証），食品の安全基準（検疫措置）など多様であり，WTO 規定で容認されているものも多く，先進国でも撤廃は難しいことが理由である[17]。

　サービス産業は経済発展に従い経済に占める比重が拡大し，先進国ではGDPの70％～80％を占めている[18]。ASEANではシンガポールが72％と最も高くフィリピンが55％だが，その他の国は40％前後である。サービス経済化の進展はこれからであり，成長産業であるサービス産業自由化への期待は高い。サービスの国境を越えた取引であるサービス貿易は，4つのモード（形態）に分けられている（第8-5表）。サービス貿易の自由化は遅れ気味である。第1モード（越境取引）と第2モード（国外消費）は相当程度自由化が進むだろうが，第3モード（商業拠点）は外資出資比率100％ではなく70％が目標となっている。第4モード（人の移動）は自由化目標が明らかになっていない。最初から全分野の15％は例外とすることが認められており（15％柔軟性規

第 8-5 表　サービス貿易の 4 つのモード

モード	内容	事例
第 1 モード（越境取引）	国境を越えるサービスの提供	インターネットで外国に翻訳を依頼
第 2 モード（国外消費）	国境を越える消費者へのサービスの提供	外国への観光旅行（ホテル，ガイド利用など）
第 3 モード（商業拠点）	サービス分野の外国投資	銀行やコンビニが外国で店舗を開設し営業
第 4 モード（供給者の移動）	国境を越える人によるサービス供給	外国人看護師が病院で看護をする

（出所）　不公正貿易白書などにより作成。

定），2015年時点ではサービス貿易の自由化は例外の多いものになる。なお，現在のASEANサービス枠組み協定（AFAS）を改定してASEANサービス貿易協定（ATISA）を策定する作業が進んでいる。

　投資は最低限の規制を残して自由化するとしている。2012年に発効したASEAN包括的投資協定（ACIA）は，投資自由化，保護，ローカルコンテントなど特定措置の要求の禁止，国と投資家の紛争解決（ISDS）などを規定した文字通り包括的な投資協定である。ACIAは規制分野を留保表（ネガティブリスト）として示しており，留保表掲載分野の自由化が課題となる。熟練労働者の移動では，8つの自由職業サービスの資格の相互承認取決めが締結されている[19]。エンジニアリングではASEAN公認エンジニア資格が創られるなど作業が進んでいる分野はあるがASEAN域内の他国での就労は実現できていない。人の移動は熟練労働者が対象で単純労働者は対象外である。商用訪問者，企業内転勤者，契約によるサービス供給者を対象とするASEAN自然人移動協定（AMNP）は2012年に締結されている。

② 競争力のある経済地域

　重要性の高い輸送についてのみ取り上げる。陸上輸送では，ASEAN高速道路ネットワーク（AHN）とシンガポール昆明鉄道（SKRL）が2大プロジェクトである。AHNは道路の舗装や車線の増加などの格上げが目標となっているが，工事が遅れており目標時期は2020年に繰り延べされている。SKRLも遅れており，未通部分の建設・修復は，2020年目標に繰り延べされている。なお，ASEAN経済共同体の枠組みとは別に中国がラオスを経由してタイのバンコク，レムチャバンと結ぶ鉄道建設でラオス（2012年），タイ（2014年）と合意している[20]。

　海上輸送は，単一海運市場の創設が目標であり，47指定港湾の能力の向上などが進められているが，実現は2015年以降となる。航空輸送は，単一航空市場創設が目標であるが，ASEAN域内を自由に運航できる単一市場創設は難しく，2国間で制限を撤廃するオープンスカイ協定の多国間型になる見込みである。

　国境を越えて貨物を円滑に輸送するために越境輸送円滑化協定の締結を目指

している。輸送円滑化は，3つの輸送円滑化協定の締結・発効が目標である。第3国経由の輸送（陸路）を実現するためのASEAN通過貨物円滑化枠組み協定（AFAGIT），登録された輸送業者に国家間輸送（外国業者の自国での輸送）を認めるASEAN国家間輸送円滑化枠組み協定（AFAFIST），海運，鉄道，トラックなどマルチモードの輸送を国家間で認めるASEAN複合一貫輸送枠組み協定（AFAMT）の締結・発効を進めているが，作業は遅れている（輸送円滑化については第10章を参照）。

③ 公平な経済発展

先行ASEAN6カ国とCLMVの経済格差の是正はASEANの求心力の維持のために重要である（域内格差の現状については第10章を参照）。具体的な施策として2000年にASEAN統合イニシアチブ（IAI）が合意され，2002年から始まった作業計画1を2008年に完了し，2009年から2015年までの作業計画2を実施中である。IAIは予算制約から調査・人材育成などが中心でインフラ整備は含まれていない[21]。予算規模も小さく，格差是正の効果は極めて限定されている。現実には，CLMVは外国投資の増加によりGDP成長率が先行ASEAN6カ国より高く，所得格差は緩やかながら縮小している[22]。

④ グローバル経済への統合

日本，中国，韓国，インド，豪州・ニュージーランドとの5つのASEAN＋1 FTAを締結・発効している（第9章を参照）。懸案だったインドとのサービス貿易協定，投資協定は2014年に調印された。また，ASEANと香港のFTAの交渉開始が合意されている。東アジア地域包括的経済連携協定（RCEP：ASEAN＋6が参加）の交渉は2015年妥結を目標に2013年に開始されているが，インドが自由化に消極的などの理由で2015年末までの合意は難しいと思われる。

第4節　ASEAN経済共同体の展望と日本企業

2015年12月末の時点では，AECブループリントの目標を100％実現するこ

とは無理である。自由化レベルの高いFTAが2018年に実現することは確実だが,非関税障壁撤廃,サービス貿易自由化などの分野は自由化は不十分である。2015年末のAECの創設は通過点に過ぎず,2016年以降も経済共同体構築への行動は継続しなければならない。そのために必要とされるのは,新たなビジョン(ポスト2015ビジョン)と行動計画(AEC2025)である。ポスト2015ビジョンの作成は優先課題となっており,今後10年間(2025年が目標)を対象とするビジョンを作成し,2015年秋に開催の第27回首脳会議に提出することになっている。経済共同体についてはAEC2025として「統合され高度に結びついた経済,競争力があり革新的でダイナミックなASEAN,強靭で包括的人民指向で人民中心のASEAN,高度な産業分野の統合と協力,グローバルASEAN」という5つの柱を掲げている[23](AEC2025については第11章を参照)。

日本企業のAECへの期待は高まっている。ジェトロの在ASEAN日系企業に対するアンケート調査結果(2014年)をみると,ASEAN経済共同体に対

第8-6表 日系企業のASEAN経済共同体実施項目で期待する項目(単位:%)

	項目	
1位	通関手続きの簡素化(通関申告書の統一,シングル・ウィンドウ化)	63.9
2位	税制面での二重課税防止	32.0
3位	CLMVでの輸入関税撤廃	29.6
4位	原産地規則に係る解釈・運用の統一	28.2
5位	熟練労働者の移動自由化	24.7
6位	非関税障壁(ライセンス要件,強制規格など)の削減	23.3
7位	ASEAN共通の基準・認証・表示制度の導入	20.9
8位	域内の公平な競争環境の整備	18.5
9位	資本移動の規制緩和	17.6
10位	サービス業の出資規制緩和(ASEAN企業は最低でも70%以上)	16.0

(注) 複数回答。本調査は2014年10月~1月に実施し,1万78社に回答を依頼し4767社から回答を得ている(有効回答率47.6%)。ASEANでは,6455社に回答を依頼し2427社から回答を得ている。
(出所) 日本貿易振興機構,在アジア・オセアニア日系企業実態調査(2014年度調査)2014年12月発表。

する期待する項目は，① 行動計画の実施が決まっているが実効が上がっていない（現場で実施されていない）項目，② 行動計画の実施が遅れている項目，③ 今後実施される予定の項目などに分けられる（第8-6表）。① は，貿易円滑化に関連する事項（通関手続き簡素化，原産地規制に関する解釈・運用の統一）が典型的である。ブループリントで改善に向けての行動計画の実施が決まっているが，現場レベルでは実施が不十分で実効性が上がっていないため問題点として指摘されていると考えられる。② は税制，非関税障壁の撤廃，基準・認証制度，サービス分野の出資規制，③ は CLMV の関税撤廃（2018年），などである。これらの課題を解決するには 2016 年以降の自由化と円滑化の継続・強化が重要となる。

　日本企業にとり重要なことは，AEC の自由化措置を利用（享受）できるかである。物品の貿易については，原産地規則を満たせば日本企業が ASEAN で生産する産品も問題なく無税措置を享受できる。問題はサービス貿易と投資で自由化の恩恵を受けられるかである。サービス貿易と投資の自由化措置の対象となるのは ASEAN 企業である。AFAS と ACIA には「利益の否認」という規定があり，① ASEAN 以外の自然人と法人に支配されている企業で ② ASEAN で実質的な事業を行っていない企業，は自由化の利益の対象外となるとしている。このことは日系企業であっても ASEAN で実質的に事業を行っている企業は AEC の自由化措置を享受できることを意味している。問題は，「実質的に事業を行っている」ことの要件が明らかにされていないことであり，要件を早急に明確にすることが ASEAN および各国政府に対して求められる[24]。

おわりに

　ASEAN の経済統合に向けての実績と現状は満足できるものではないが，ASEAN は加盟 10 カ国間の大きな経済格差など統合の「遠心力」に抗いながら経済統合を進めてきたことを理解する必要がある。無理をせず段階的に進める ASEAN のやり方は「遅遅として進む」と評されており批判もあるが，10

年，20年の期間でみると自由化はゆっくりであるが確実に進んでいる。

確かに未達成課題は多い。自由化は関税撤廃など国境措置から，非関税障壁撤廃やサービス貿易自由化など国内措置に移ってきている。国内措置は国内の自由化への抵抗が強くなるため，より困難な段階に進みつつあり，一層の努力が必要となる。次に，ASEANで決定した自由化措置を国内で実行することが求められる。そのためには，国内での法制化，現場レベルの実施体制と人材育成が必要である。

ASEANの統合を推進するためには，常に統合のビジョンと計画を提示し，統合への求心力を維持することが必要である。日本企業を初めとする外国企業はASEANの統合を事業戦略に織り込みつつある。ポスト2015ビジョンとAEC2025の早期の公表が望まれる。

注
1) ASEAN共同体の創設は2020年だったが，2007年に2015年に前倒しされた。
2) ASEANの域内協力と統合の詳細については，清水一史（1998）が詳細に論じている。
3) 集団的輸入代替重化学工業化戦略については，清水（1998）を参照。
4) 集団的外資依存輸出指向工業化戦略については，清水（1998）を参照。
5) Rodolfo C. Severino (2006), pp.343-344.
6) 政治安全保障共同体と社会文化共同体提案の背景と経緯については，Severino (2006), pp.355-356を参照。政治安全保障共同体については，菊池務（2011），社会文化共同体ついては，首藤もと子（2011），を参照。
7) バラッサ，中島訳（1963）。
8) ブループリントは，http://aseansec.org/21083pdf。ASEAN経済共同体ブループリントを含めASEAN経済共同体についての包括的な説明については，石川幸一・清水一史・助川成也（2013），を参照。ブループリントについては，石川幸一（2008），を参照。
9) ASEANの対話国は，日本，豪州，カナダ，中国，EU，インド，ニュージーランド，韓国，ロシア，米国の10カ国・機関である。
10) GMSプログラムについては，春日尚雄（2014），を参照。
11) ASEAN憲章については，清水一史（2009），を参照。
12) 賢人会議報告書では，安全保障と外交政策以外の分野の意思決定について，コンセンサス方式で決定できない場合多数決方式によることを提案していたが，憲章では意思決定は協議とコンセンサスによる（コンセンサスが不可能な場合首脳会議に付託）ことに定められた。
13) スコアカードは，①自己申告制であり第3者評価ではない，②自由化など実効性が判断できない，などの問題がある。スコアカードについては，福永（2015），36～40頁，を参照。
14) スコアカードの内容の分析は，石川幸一（2013），文眞堂，を参照。
15) 福永（2015）前掲論文。
16) 進展状況については，ASEAN首脳会議や経済大臣会議などの公式文書，ASEAN Integration Monitoring Officeの報告書，日本貿易振興機構（JETRO），東アジア・ASEAN経済研究センター（ERIA），東南アジア研究所（ISEAS）の刊行物などの情報による。詳細は，浦田・牛山・

可部（2015）『アセアン経済統合の実態』文眞堂，を参照。
17）人，動植物の安全と健康や環境保護を目的とした規格・基準，検疫措置は，科学的根拠に基づいていればWTOでは合法である。詳細は，WTOの貿易の技術的障害に関する協定（TBT協定）と衛生植物検疫措置協定（SPS協定）を参照。
18）サービス産業は，農水産業，鉱業，工業以外の産業である。代表的な業種は，金融，通信，流通，運送，建設，実務，教育，観光・旅行，娯楽・文化・スポーツ，健康などであり，WTOのサービス貿易協定では155分野に分類している。
19）エンジニアリング，測量技師，建築，看護，開業医，歯科医，会計の7職種，観光についての取決めは発効していない。
20）日本経済新聞2014年11月5日付け「タイ 米国黙らす外交術」。
21）IAIについては，吉野文雄（2013），2〜17頁を参照。
22）例えば，1人当たりGDPがASEANで最高のシンガポールと最低のカンボジアの格差は，2000年の80倍から2013年には55倍に縮小している。
23）Nay Pyi Taw Declaration on the ASEAN Community's Post 2015 Vision および福永佳史（2014）「第25回ASEAN首脳会議関連声明のポイント」未発表資料，を参照。
24）中国と香港のFTAである経済貿易緊密化協定（CEPA）は，①営業年数（3〜5年），②所得税納付，③事業所の所有，④従業員（50%以上）などを条件としている。また，利益を受けるための証明書類の提出が義務づけられている。CEPA，附件5，サービス提供者の定義および関連要件，香港貿易発展局の訳文による。

参考文献

Rodolfo, C. Severino (2006), "Southeast Asia In Search of ASEAN Community", Institure of Southeast Asian Stadies, Singapore.
石川幸一（2008）「ASEAN経済共同体ブループリント・概要と評価」『アジア研究所紀要』第35号，亜細亜大学アジア研究所．
石川幸一（2013）「ASEAN経済共同体はできるのか」石川幸一・清水一史・助川成也（2013）所収．
石川幸一・清水一史・助川成也（2009）『ASEAN経済共同体 東アジア統合の核となりうるか』日本貿易振興機構．
石川幸一・清水一史・助川成也（2013）『ASEAN経済共同体と日本——巨大統合市場の誕生』文眞堂．
浦田秀次郎・牛山隆一・可部繁三郎（2015）『ASEANの経済統合の実態』文眞堂．
春日尚雄（2014）『ASEANシフトが進む日系企業—統合一体化するメコン地域—』文眞堂．
菊池努（2011）「ASEAN政治安全保障共同体に向けて—現況と課題—」山影進編著（2012）所収．
清水一史（1998）『ASEAN域内経済協力の政治経済学』ミネルヴァ書房．
清水一史（2009）「ASEAN憲章の制定とAEC」石川幸一・清水一史・助川成也編（2009）所収．
首藤もと子（2011）「ASEAN社会文化共同体に向けて」山影進編著（2012）所収．
バラッサ，B.，中島正信訳（1963），『経済統合の理論』ダイヤモンド社．
深沢淳一・助川成也（2014）『ASEAN大市場統合と日本』文眞堂．
福永佳史（2015）「ASEAN経済共同体の進捗評価とAECスコアカードを巡る諸問題」『アジ研ワールドトレンド』No.231，1月号，アジア経済共同体．
山影進編著（2012）『新しいASEAN—地域共同体とアジアの中心性を目指して—』アジア経済研究所．
吉野文雄（2013）「IAIとASEAN域内格差」『海外事情』12月号，拓殖大学海外事情研究所．

（石川幸一）

第9章

AFTAと域外とのFTA

はじめに

　ASEANは1985年のプラザ合意以降,「投資誘致」,「輸出拡大」,「経済成長」という好循環構造を創り上げてきた。1990年前後,欧米が地域経済圏の構築に歩を進めたことに刺激を受け,ASEANはASEAN自由貿易地域(AFTA)を創設,引き続き外国投資の受け皿になることを宣言した。AFTA実施から4年目を迎えた1997年7月,アジア通貨危機の発生によりASEANは有望投資先からの陥落の危機に陥った。「AFTAの関税削減遅延も止むなし」との風潮が強まる中,ASEANは逆に関税削減の加速化を打ち出すことで,有望投資先としての位置付けの維持を図った。2015年,後発加盟国が一部の品目を除き関税撤廃したことでAFTAは完成した。AFTAの自由化率は全体で96.0%になるなど,AFTAは例外品目が極めて少ないアジアを代表する高水準のFTAになった。

　制度面でもASEANは,自らの「中心性」を維持・確保するには,AFTAが取引を阻害しない最も自由度の高い規則を採用した自由貿易地域を目指すべきとし,絶え間ない改善を図ってきた。これら関税削減・撤廃の着実な履行と制度面での改善が,ASEANに対する信頼醸成を通じて海外から更なる投資を呼び込み,そして現在のASEAN生産ネットワーク構築に繋がった。

　2000年からの10年間は,ASEANを巡りFTA構築の動きが活発化した。世界貿易機関(WTO)多角的貿易交渉が遅々として進まない中,ASEANは自由貿易圏構築の誘いを中国から受けた。これを機に,雪崩をうったようにインド,韓国,日本,豪州・NZが,次々とASEANとのFTA締結に乗り出す

など，FTAのドミノ現象が起こった。その結果，東アジアで5つのASEAN＋1 FTAが構築された。

　FTA網の拡大に伴い，関税率や原産地規則等内容や制度が異なる協定が複数誕生，地域大の最適なビジネス展開を阻害しかねない「スパゲティボウル現象」が生じている。これら問題解決の期待を背負っているのが東アジア地域包括的経済連携（RCEP）である。しかし，ASEANでできないことはASEAN10カ国が参加しているRCEPでもできないことから，まずはASEAN経済共同体（AEC）やASEAN＋1 FTAを自由化水準が高く，包括的かつビジネスフレンドリーな制度にしていくことが重要である。東アジアを「企業が競争力を最大限発揮できる地域」に生まれ変わらせるべく，日本はソフト面を中心にASEAN支援を強化すべき時に来ている。

　本章では，ASEANの市場統合の取り組み「AFTA」の構築を振り返るとともに，RCEPのビルディング・ブロックになるであろう5つのASEAN＋1 FTAやそれらFTAの改善に向けた取り組みを報告する。

第1節　ASEAN自由貿易地域（AFTA）の構築とその背景

1. 地域経済圏形成に向けたASEANの取り組み

　1985年のプラザ合意を大きな転機とし，輸出指向型工業化政策を推し進めたASEANは，「投資誘致」とそれら企業による「輸出拡大」，そして「経済成長」という好循環を謳歌した。ASEANにおける85年から95年の10年間の経済成長率は年平均7.2％，輸出伸び率は同16.1％に達した。世界でも稀に見るこの経済発展は，「東アジアの奇跡」と称賛された。

　ASEANにとって「外国投資」は，自らの成長の原動力である。そのため，ASEANはより投資誘致に資するようその時々の国際・通商環境に対応すべく，自らを変革してきた。1990年前後，世界は地域経済圏の構築に歩を進めた。欧州では1991年に欧州連合条約に合意，翌92年に調印され，欧州連合（EU）が誕生した。また，アメリカ大陸では米国，カナダ，メキシコ3カ国による北米自由貿易協定（NAFTA）が1992年に署名された。これら欧米での

動きに刺激を受ける形で，ASEAN も独自の自由貿易地域創設に動いた。

　FTA の効果は大きく，静学的効果と動学的効果に分けられる。静学的効果は，貿易創出効果や貿易転換効果など経済厚生の変化が代表的である。貿易創出効果とは，関税削減・撤廃による価格低下によって新たな需要が創出されることにより FTA 締結国間の貿易が拡大する効果を指す。一方，貿易転換効果とは，関税削減・撤廃が締結国同士に限定されるため，締結国外からの輸入が，締結国からの輸入に転換される効果を指す。

　一方，動学的効果は，生産性向上や資本蓄積等を通じて経済成長に影響を与える効果，市場の拡大による規模の経済の実現，研究開発投資や技術の伝播効果を媒介とした技術進歩，締結相手国の政策や規制に関する不確実性の減少などがあげられる。

　一方で FTA は，地域や 2 国間以上の国単位で関税撤廃を中心に貿易自由化を図る一形態である。通常，FTA は地域や国を限定した自由化を行うという点で，WTO の最恵国待遇（MFN）条項とは相容れない。しかし WTO は，高度な自由化を推進する目的の地域貿易協定であれば，世界貿易の自由化につながるものとして例外的に認めている。その要件は，物品貿易では関税と貿易に関する一般協定（GATT）第 24 条で，サービス貿易についてはサービス貿易に関する一般協定（GATS）第 5 条で，それぞれ規定されている。その要件とは，（ⅰ）「実質的にすべての貿易」の自由化を行うこと，（ⅱ）自由化は「10年以内に行うこと」，（ⅲ）FTA 等を締結した前後で関税等がより高くまたは制限的でないこと，である。ただし，開発途上国が地域貿易協定を締結する場合，開発途上国に対する貿易上の特別待遇の根拠を定めた「授権条項」によって例外とされる。

　欧米での地域経済圏構築の動きは，ASEAN にとって貿易転換効果により欧米市場から排除される懸念もあったが，それ以上に成長のエンジンとされる「外国直接投資」が，矮小な ASEAN 各国市場から統合市場となる NAFTA や EU に参加している国々や，改革開放路線を打ち出した中国に，それぞれシフトすることを懸念した。当時，中国は，最高指導者であった鄧小平が 1992 年初めに深圳，珠海，上海等を巡訪し，「社会主義市場経済」を提唱した。改革開放路線を押し進める方針を最高指導者が示したこの南巡講話により，外資

導入の本格化や市場経済の加速化に期待が集まり，中国投資ブームに火が点いた。

当時，ASEAN 各国は輸出指向型工業化政策を掲げていた一方で，ASEAN 域内に目を転じると，各々の市場は高関税で分断されていた。1990 年時点で ASEAN 各国の単純平均 MFN（最恵国待遇）税率は，1 桁であったのはシンガポール（0.4％）のみで，マレーシアは 10％台後半（16.9％）であった他，インドネシア，フィリピンは 20％台（各々 20.6％，27.8％），タイに至っては約 40％（39.8％）もの関税が課されていた。

個々の市場規模が小さい ASEAN は，加盟各国が将来的に 1 つにまとまることを示すことで，引き続き外国企業の投資の受け皿になることを目指した。これが ASEAN 自由貿易地域（AFTA）である。ASEAN は 1992 年，アジアで最初の FTA の一つである AFTA 設立が明記された「ASEAN 経済協力の実施に関する枠組み協定」を採択した。関税の引き下げや非関税障壁の撤廃に関する具体的な措置については，「AFTA のための共通効果特恵関税（CEPT）協定[1]」によって定められている。ASEAN には，1995 年にベトナムが新た

第 9-1 表　ASEAN 各国の単純平均関税率推移　（単位：％）

	1985	1990	1995	2000	2005	2010	2013	備考
ブルネイ			3.1*	3.1	3.0	2.5	2.5	13年は12年データ
カンボジア			35.0*	17.0	14.1	10.9	10.9	13年は12年データ
インドネシア	27.0	20.6	14.0	7.8	6.0	6.8	6.9	
ラオス			9.5*	9.3	7.0	n.a.	n.a.	
マレーシア	15.8*	16.9*	8.4*	8.0	7.5	8.0	6.0	10年は09年データ
ミャンマー			5.7	4.7	4.5	n.a.	5.6	
フィリピン	27.6	27.8	19.8	7.2	5.4	6.3	6.3	
シンガポール		0.4	0.4	0.0	0.0	0.0	0.2	
タイ	41.2	39.8	21.0	16.8	10.7	9.9	11.4	
ベトナム				15.1	13.0	9.8	9.5	

（注 1）　2010 年，13 年は IMF データ，他は世界銀行データ。
（注 2）　*は当該年の翌年のデータを使用（例：1985*は 1986 年データ）。
（資料）　世界銀行，World Tariff Profile 2014（IMF）。

に加盟し，これにラオス，ミャンマー（1997年），カンボジア（1999年）が続いた。これを踏まえ，AFTA も現在の10カ国体制となったが，後発加盟国に配慮した関税削減スケジュールを採用するなど柔軟性を持たせた。

AFTA の主要な目的は，① ASEAN 域内における水平分業体制を強化し，加盟国の地場産業の競争力を高めること，② 市場規模を拡大し，スケールメリットを確保，外資を呼び込むこと，③ 世界的な自由貿易体制への準備の3つである（林，2001）。

当時，ASEAN に進出していた日本企業も，ASEAN の新たな取り組みに期待を示している。1992年に実施した「NIES および ASEAN の日系製造業活動実態調査」によれば，当時，進出日系企業が AFTA に期待することとして，①（関税削減等）コストダウン，② 水平分業や補完関係の強化，③ 域内部品調達が可能，を上位にあげている。

しかし AFTA は域内関税の即時撤廃を求めるものではない。93年から関税削減を開始，2008年までの15年間にわたって関税を0～5％以下にまで徐々に削減していくため，関税削減の恩恵をすぐに受けられるわけではなかった。具体的に，当初の AFTA の目標は，93年の発効から5～8年以内に関税削減対象品目（IL）の関税を20％以下に削減，さらに20％もしくはそれ以下になった品目については，2001年から7年間をかけて（2008年）域内関税を0～5％に引き下げることであった。AFTA が開始された93年当時，AFTA の単純平均特恵税率は12.76％であった。もともと関税水準が低かったブルネイとシンガポールとが平均税率を押し下げていたが，インドネシアやタイの平均 AFTA 特恵税率は依然として20％前後であった。そのため当時，域内での部品等の相互融通・補完は限定的で，ASEAN を1つの市場と見做すことは難しかった。

2．AFTA の前倒し措置 AICO スキーム

関税削減の恩恵を先取りすべく考案されたのが1996年4月に合意され，同年11月に発効した「ASEAN 産業協力（AICO）スキーム」である。AICO スキームは88年に導入されたブランド別自動車部品相互補完流通計画，いわゆる BBC スキームから派生したものである。

1987年の第3回ASEAN首脳会議での「マニラ宣言」で打ち出された「集団的外資依存輸出指向型工業化戦略」は，1980年代後半から始まった外資依存かつ輸出指向型の工業化を，ASEANが集団的に支援，達成するという途上国間経済統合の新たなモデルである。具体的には，（ⅰ）各加盟国ではなくASEANという単位で外資を呼び込み，（ⅱ）外資の経済活動を支援し，（ⅲ）同時にそれを突破口として統合された域内市場の形成を目指し，（ⅳ）輸出可能な工業力をASEANに創出せんとするものである（清水，1995）。BBCスキームは，もともと三菱自動車工業がASEANに働きかけて導入されたものであり，ASEANの各自動車メーカーが現行の生産体制を維持しながらも，部品の集中生産・域内相互融通できるようASEANが制度化した。

これまでASEAN各国市場は関税によって分断されていたため，生産においてスケールメリットを享受できず，高コストでの生産を余儀なくされていた。これらASEANでの事業展開上の課題を解決すべく，三菱自動車が自動車部品レベルで特定国での量産規模の確保と，ASEAN加盟国の同社グループ会社での共同利用を提案した。これがBBCスキームである。特定国で集中生産された部品を他の加盟国に輸出する場合，関税削減恩典とともに，さらに現地調達部品として現地調達率にカウントできるなどの特別措置を付与した。これら措置は，自動車産業の枠を超える形で運用されたAICOやAFTAへと引き継がれた。

AICOは，ASEAN域内に2つ以上の拠点を有する企業が，域内での生産分業を行い，スケールメリットを出すことで，国際競争力を強化する目的で作られたスキームであり，2008年に実現を目指したAFTAの「CEPT関税率0～5％」をAICO適用企業に前倒しして付与するものである。なお，AICOスキームで輸入された部品もBBCスキームと同じく国産化率の計算に含めることができた。本スキームを利用する条件には，現地資本30％以上[2]，そしてASEAN域内付加価値率40％以上が求められていた。さらに，利用条件には明記されていないものの，AICOに参加する2カ国で，貿易バランスをある程度均衡化することが求められた。また，AICOは参加国政府の認可を取得する必要があるが，認可するか否かは各国の裁量に任せられており，当初は認可基準の不透明性，申請手続きの煩雑性に加えて，申請してもなかなか許可がおり

ない，などの問題も生じていた。AICO スキームで最初に認可されたのは，AICO の発効（96 年 11 月）から 15 カ月が経過した 98 年 2 月になってからのことである。

AICO スキームで 98 年 2 月に最初に認可案件が出てから 2008 年 9 月までの約 10 年間で 212 件の申請があり，うち 150 件が認可された。自動車産業が認可件数全体の約 9 割を占めるが，特にノックダウン部品（CKD）に集中している。AFTA の先取り措置 AICO を通じた ASEAN でのサプライチェーンの構築は，自動車産業を中心に構築され始めた。

AICO を巡り，問題も生じている。いすゞ自動車（タイ）は AICO のもとタイ，インドネシア，フィリピン間で CKD キットを取引してきた。2015 年 4 月 24 日付バンコクポスト紙は，同社は 2000 年から 2002 年にかけてフィリピンから輸入したトランスミッション・セットについて，通常 42％の関税率を AICO のもと 5％の軽減税率を適用し輸入したが，輸入価額について当局が認めた額を上回っており，追徴課税を行うとするタイ税関ソムチャイ局長のコメントを掲載した。同紙によれば，タイ税関は関税不足分に加え，罰金，付加価値税を含め追徴課税分として計 17 億 9500 万バーツの支払いを求めているという。

当初 AICO は，2003 年頃に先発加盟 6 カ国が AFTA 特恵税率 0 ～ 5％以下を実現することで，AFTA に取って替わられる予定であった。しかし 2004 年 4 月にシンガポールで開催された第 10 回非公式 ASEAN 経済相会議において，AICO 適用税率 0 ～ 5％の一層の削減に合意した。具体的には，2005 年 1 月より AICO 適用関税率を，フィリピンは 0 ～ 1％，タイは 0 ～ 3％，ミャンマー，ベトナムは最大 5％，それ以外の加盟国は 0％に，それぞれ引き下げた。このことにより AICO は 2011 年 8 月に正式に打ち切られるまで存続した（ASEAN Secretariat, 2013）。

3. アジア通貨危機のもと AFTA を加速化・深化

AFTA では品目を，①適用品目（IL），②一時的除外品目（TEL；関税引き下げ準備が整っていない品目），③一般的除外品目（GEL；防衛，学術的価値から関税削減対象としない品目），④センシティブ品目（SL；未加工農産

物等適用品目への移行を弾力的に行う品目），⑤高度センシティブ品目（HSL；米関連品目等）に分け，IL の関税削減・撤廃を目指した。TEL，SL，HSL も順次 IL に移行，関税削減・撤廃を実施する。

　ASEAN は AFTA-CEPT 協定に従い，1993 年から関税削減を開始したが，翌 94 年にはその加速化を決めた。94 年 9 月に開催されたに経済閣僚で構成される第 5 回 AFTA 評議会では，当初 2008 年までの 15 年をかけて AFTA 関税 0～5％化を目指したが，それを 2003 年までの 10 年間に前倒しすることを決めた。AFTA 税率 20％超の品目については，98 年までに 20％に，そして 2003 年までに 0～5％を実現する。また，20％以下の品目については 2000 年までに 0～5％にする。

　また，ファスト・トラックに入った品目については，AFTA 税率 20％超のものは 2000 年までに，20％以下の品目は 1998 年までに，それぞれ 0～5％に削減する。対象品目の範囲拡大も決められた。同評議会で農産品についても，AFTA-CEPT スキームに組み込んでいくことが確認されている。

　AFTA 実施から 4 年目の 1997 年 7 月，タイを震源としたアジア通貨危機が発生，ASEAN 全体に伝播した。これまで「世界の成長センター」，「東アジアの奇跡」（World Bank, 1993）と称賛されていた ASEAN は，その地位からの失墜を余儀なくされた。有望投資先からの陥落に強い危機感を抱いた ASEAN は，成長のエンジンである「外国直接投資」を継続的に受け入れるため，AFTA による関税削減・撤廃の加速化・深化を決断した。1998 年の第 12 回 AFTA 評議会は，ASEAN 先発加盟国が目指していた「IL の 0～5％化」を「0％化」へと深掘りすることや，これまで関税削減対象外とされていた品目にも関税削減対象を広げること等で合意した。

　閣僚レベルの会議に続いて，1998 年 12 月に開催された首脳会議では，AFTA 評議会決定のさらなる前倒しを決断した。ここでは「大胆な措置（Bold measure）」と銘打ち，先発加盟国は AFTA の実現目標を 2003 年から 1 年前倒しし 2002 年にするとともに，品目数および域内貿易額で 90％にあたる品目を 2000 年までに 0～5％化することを決めた。また，加盟国個々には AFTA 税率 0～5％の IL に占める割合について，柔軟性を付与しながらも，2000 年までには少なくとも 85％，2001 年までに同 90％，2002 年までに 100

％，にすることで合意した。

　また，後発加盟国については，AFTA税率0〜5％の対象品目数を最大化する目標年次を，ベトナムは2003年，ラオスとミャンマーは2005年に，さらにAFTA税率0％品目数の最大化を，ベトナムは2006年，ラオスとミャンマーは2008年に，それぞれ設定した。

　翌1999年の第13回AFTA評議会では，当初，CEPTの目標関税をこれまでの「0〜5％」から「関税撤廃」にし，その上でILにつき先発加盟国は2015年までに，また，後発加盟国は2018年までに，それぞれ撤廃することで合意した。また中間目標として，先発加盟国は2003年までに品目数の60％で関税を撤廃することにした。しかし，2カ月後にフィリピンで開催された第3回非公式ASEAN首脳会議では，再び自由化に向かってアクセルを踏み込んだ。先発加盟国，後発加盟国の関税撤廃時期を，それぞれ2010年，2015年に前倒しすることを決めた。

　関税撤廃措置の加速化は，特定分野を対象にさらに推し進められた。ASEAN各国は，2004年11月に開催された首脳会議で「ASEAN優先統合分野枠組み協定」に調印，自動車，木製品，ゴム製品，繊維，農産物加工，漁業，電子，e-ASEAN，ヘルスケアについて，関税撤廃を3年間前倒しし，先発加盟6カ国は2007年1月1日まで，ベトナムを含むASEAN後発加盟4カ国は2012年1月1日までにそれぞれ撤廃する。

　アジア通貨危機の影響が残る中，ASEAN各国の貿易自由化に対する国内産業への影響を鑑みると，「関税削減スケジュールの遅延も止むなし」との風潮が強い中で，逆に自由化の加速化を打ち出したことは，国際社会から驚きと称賛をもって迎えられた。しかしこれら加速化は，外国投資のASEAN離れを懸念する「強い危機感」の裏返しでもある。

4．高水準のFTAになったAFTA

　1993年にAFTAが導入された当初は，関税の引き下げ幅が限定的であったこと，すでに各国投資誘致機関が輸出指向型投資誘致政策の一環で，輸出向け製品に使われる輸入原材料・部品などに対し関税の減免恩典を付与していたこと等により，企業側のAFTAに対する関心は決して高いとはいえなかった。

しかし，ASEAN が AFTA 特恵税率を着実に引き下げた結果，徐々に利用する企業が増えていった。

1993 年当時，ASEAN に加盟していた 6 カ国の平均 AFTA 特恵税率は 12.76% であった。97 年のアジア通貨危機を経ても AFTA 関税削減のペースは変わらないどころか，むしろ一層の関税削減を指向したのは前述の通りである。2000 年には先発加盟国の平均 AFTA 特恵税率は 3.64% にまで下落，95 年以降，ベトナム，ラオス，ミャンマー，そして 99 年にはカンボジアも ASEAN に加盟するとともに AFTA にも参加，より市場規模が拡大したことで ASEAN の魅力が増した。これら後発加盟 4 カ国の平均 AFTA 特恵税率は 7.51%，全加盟国平均で 4.43% であった。先発加盟国で「IL の 0 %化」の前倒し期限であった 2002 年，先発加盟国は 2.89%，関税撤廃期限の 2010 年には 0.05% へとそれぞれ削減されたことで，先発加盟国の一連の AFTA に対する取り組みはほぼ終了した。

2010 年以降の AFTA の焦点は，後発加盟 4 カ国に移った。後発加盟 4 カ国は 2010 年時点で平均 AFTA 税率は 2.61% であったが，2015 年にはセンシティブまたは高度センシティブ品目に指定された未加工農産品，および総品目

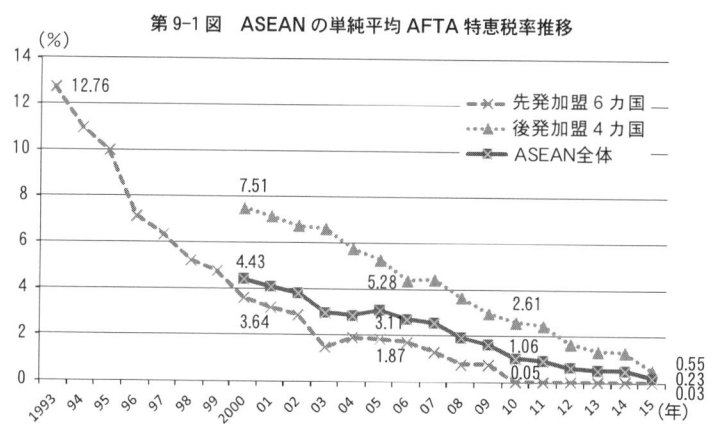

第 9-1 図　ASEAN の単純平均 AFTA 特恵税率推移

(注1)　カンボジアの 2015 年のデータは，暫定的な ATIGA 譲許表による。
(注2)　計測時点は，2007 年：7 月，08 年・09 年：8 月，10 年：3 月，11 年：5 月，12 年：6 月，13 年：11 月，14 年：9 月，15 年：2 月。
(資料)　ASEAN 事務局（2015 年 4 月）。

数の7％を除き，域内関税を撤廃した。2015年に関税撤廃が猶予された7％の品目は，3年後の2018年に撤廃される。後発加盟国はそれら約束を履行した結果，2015年時点の後発加盟国におけるAFTA特恵税率は0.55％になった。例えばベトナムに注目すれば，これまで関税率が5％であった1715品目について，2015年1月に関税を撤廃した。関税が残存している10％について，3％分は鶏肉，卵，コメなどの未加工農産品である。同品目についてAFTAではこれ以上の関税削減・撤廃は求められていない。残り7％にあたる669品目は2018年までの3年間，関税撤廃が猶予され，鉄鋼，紙，衣料用織布，自動車および二輪車および同部品，設備機械，建設資材等が含まれている。これ

第9-2表　ASEAN各国のAFTAのもとでの関税削減状況（2015年2月時点）

	総品目数	関税率0%		0%超			5%超 注1)	その他 注2)
			対総品目数比		0%超5%以下	対総品目数比		
ブルネイ	9,916	9,844	99.3%	72	0	0.0%	-	72
インドネシア	10,012	9,899	98.9%	113	0	0.0%	17	96
マレーシア	12,337	12,182	98.7%	155	60	0.5%	13	82
フィリピン	9,821	9,685	98.6%	136	74	0.8%	35	27
シンガポール	9,558	9,558	100.0%	0	0	0.0%	-	-
タイ	9,558	9,544	99.9%	14	14	0.1%	-	-
先発加盟6カ国	61,202	60,712	99.2%	490	148	0.2%	65	277
カンボジア	9,558	8,744	91.5%	814	662	6.9%	152	0
ラオス	9,558	8,537	89.3%	1,021	934	9.8%	-	87
ミャンマー	9,558	8,847	92.6%	711	660	6.9%	-	51
ベトナム	9,558	8,604	90.0%	954	661	6.9%	95	198
後発加盟4カ国	38,232	34,732	90.8%	3,500	2,917	7.6%	247	336
ASEAN	99,434	95,444	96.0%	3,990	3,065	3.1%	312	613

（注1）　主な品目は，一般的除外品目（GEL），センシティブ品目（SL），高度センシティブ品目（HSL）から関税削減・撤廃対象品目（IL）に組み込まれた品目。
（注2）　スケジュールH品目（GEL）
（資料）　ASEAN事務局資料（2015年3月）。

まで最高70%の高関税が課されていた自動車について，2015年には50%，以降17年にかけて毎年10%幅で削減，そして2018年に一気に撤廃される。

2015年に後発加盟国が一部品目を除き関税撤廃を完了したことで，一応はAFTAは完成したといえる。2015年時点での総品目数に対する関税撤廃率（自由化率）は，先発加盟国で99.2%，後発加盟国で90.8%，ASEAN全体でも96.0%になった。これまで日本が締結してきた経済連携協定（EPA）の自由化率は，84.4～88.4%である。また，環太平洋経済連携協定（TPP）で日本は重要5品目の関税を死守すべく交渉しているが，それら5品目以外すべての関税を撤廃した場合でも自由化率は93.5%にとどまる。これらと比較しても，AFTAは今や例外品目が極めて少ないアジアを代表する高水準のFTAになっている。

5. AFTA-CEPT協定から国際水準の「ASEAN物品貿易協定（ATIGA）」へ

これまで幾度にもわたり，関税削減，撤廃措置を加速化させてきたASEANであるが，AFTA実施の問題点として，期限遵守が徹底されないなど，執行体制の脆弱性があげられる。この理由として，1992年1月に調印されたAFTA-CEPT協定は，全体でわずか10条しかない極めて短い協定であり，協定自体が不十分であったことがあげられる。SLやHSLを定めた議定書，コミュニケ，原産地規則，原産地証明書発給手続きなど，AFTA実施に不可欠な事項は，別途採択されている。また，関税削減・撤廃の前倒し等各種措置の中には，AFTA評議会やASEAN首脳会議で合意や声明に盛り込まれただけで，議定書などに反映されていないものもあるなど法的根拠が曖昧な措置もある。

2007年11月のASEAN首脳会議で，ASEAN経済共同体（AEC）実現のための工程表「AECブループリント」が採択された。その中でAFTAは，サービス貿易や投資と並んで「単一の市場および生産基地」を実現する重責を担う。ここでは，AFTAの脆弱性等の問題を解決すべく，AFTA-CEPT協定自体を包括的な協定として見直すことを掲げている。

2008年12月，AFTA-CEPT協定はASEAN物品貿易協定（ATIGA）として生まれ変わった。ATIGAは，AFTA-CEPT協定や関連する文書を一本化

するとともに，これまでになかった，①貿易円滑化，②税関，③任意規格・強制規格および適合性評価措置，④衛生植物検疫，⑤貿易救済措置の5つを新たに加えた。その結果，ATIGA は全11章98条にのぼり，制度的枠組みが整った国際水準の FTA となった。

ATIGA の特徴として，第5条で最恵国待遇を規定している。現在，ASEAN の枠組みによる FTA に加え，各国独自にも締結するなど，東南アジア地域の FTA ネットワークは多方向かつ重層的になっている。その中で ASEAN 各国が域外国に対し，域内に比べより低い関税を付与している場合もある。その場合，他の加盟国は当該加盟国に対し，同等の待遇を付与するよう交渉を求めることができる。AFTA-CEPT 協定の ATIGA への移行により，AFTA は法的，制度的，包括的，かつ除外品目の少ない極めて高度な FTA になった。

6. 企業ニーズに対応し進化する AFTA

ASEAN は2000年代，東アジア大で広がる地域経済統合の動きに刺激を受け，東アジアで ASEAN 自らの「中心性」を維持・確保するには，AFTA が取引を阻害しない最も自由度の高い規則を採用した自由貿易地域を目指すべきとし，AFTA 利用規則や手続き等の緩和に乗り出した。これら ASEAN の規制緩和が，企業の利用を後押しし，さらに ASEAN 域内の生産ネットワーク構築を促した。

AFTA の改革の手始めは，ASEAN 原産品かどうかを判定する原産地規則であった。ASEAN 域内取引で AFTA 特恵関税の適用を受けるには，当該製品が AFTA の下での「ASEAN 原産品」であることを証明する必要がある。1993年の AFTA 開始以降，原産地規則は「ASEAN 累積付加価値率（RVC）40％以上」が長年用いられてきた。AICO でも同ルールが用いられている。しかし，付加価値基準は，例えば為替レートや原材料費の変動，また特に電気製品では製品サイクルの短期化に伴う急速な価格下落によって，原産地比率が変動するなど特有のリスクを内包する。また企業はモデル毎の原産地比率管理が求められるが，その管理だけで相当な負担になっていた企業も少なくなかった。

ASEAN は2008年8月，原産地規則の一般原則を RVC と関税番号変更基

準（CTC）の「選択性」へと移行した。関税番号変更基準は，輸出産品の原産性について，使われた輸入部材と完成品との間で関税番号の変更の有無によって「実質的な加工」が行われたかどうかを判定するものである。現在までに「RVCとCTCの選択性」は，ASEANが対話国と締結するFTAや経済連携協定（EPA）で，中国やインドを除き，広く採用されるようになっている。また，これまでASEAN産品と見做されなかったRVC 40％未満の品目について，RVC20％以上であれば，ASEANでの付加価値分に限り累積を認める「部分累積」ルールを導入した。

　またAFTAの制度自体を現行のビジネス慣行にあわせる努力も行われてきた。近年，ASEANでは，シンガポールや日本などで第三国企業やグループ内地域統括拠点を経由した商流が年々増加している。ジェトロ調査では，2007年時点で在ASEAN日系製造企業570社のうち，アジア域内向け輸出で仲介貿易を利用している企業は93社，利用比率は16.0％であった。しかし2013年の同調査ではその比率は33.7％と，3社に1社が利用するまでになっている。

　しかし，この仲介貿易でAFTAを使う場合，最終輸入者は輸出者が作成したAFTA用原産地証明書フォームD上で必ず記載が求められている「FOB価格」と仲介国企業から送られてきた「インボイス」とを比較することで仲介者のマージンを知ることができる。そのため，仲介国企業は最終輸入者に自らのマージンを知られることを避けるため，FTA利用を忌避する場合も多かった。ASEANはAFTAのさらなる活用を目指し，ビジネス慣行にあわせる形で，2014年1月以降，原産地審査でRVCを使用する場合を除き，FOB価格の記載が求められない新フォームDの運用を開始した。ただし，カンボジアとミャンマーは導入まで2年間の猶予期間が与えられた。

　ASEANはさらに産業界にとってより簡易なFTA手続き導入を目指し取り組んでいる。ASEANは，主に政府部局が商品の原産性を判定し「原産地証明書」（C/O）を発給する「第三者証明制度」を採用している。しかし，ASEAN域内は距離的にも近接しており，貨物が輸入国側に到着しているにも関わらず，輸入通関時にC/O提出が間に合わないことが度々発生していた。また，C/O取得にかかる手続きが煩雑との声も挙がっていた。

　これらを改善すべく域内で2つの「自己証明制度パイロットプロジェクト」

が進められている。ASEAN はこれら第 1 パイロットプロジェクト（PP1）および第 2 パイロットプロジェクト（PP2）を評価し，2015 年末までの導入を目指し，統一した「ASEAN 地域自己証明制度」の構築作業を行っている。

　ASEAN で導入を目指している自己証明制度は，日本のそれとは根本的に異なる。日本では自己証明制度を日スイスとの EPA で導入したのを手始めに，日ペルー EPA，改正日メキシコ EPA でも採用した。日本の制度の場合，第三者である日本商工会議所による原産性審査がなく，利用企業自らの責任において原産性判定・確認を行う必要がある。そのため，コンプライアンス面を鑑み，利用を躊躇，断念する企業も少なくない。

　一方，ASEAN で導入しようとしている自己証明制度は，原産性審査自体はフォーム D と同様に引き続き政府部局が行い，その上で輸出時にフォーム D の発給を受ける代わりに，自らインボイスに「原産地申告文言」を記載する。そのため，ASAEN の自己証明制度は企業がコンプライアンス上の責任を一身に負う日本の制度と大きく異なり，あくまでも最後の発給ステップを自社で行うのみである。コンプライアンス面でこれまでの第三者証明制度と変わりはないことから，企業にとって利用しやすい制度と言えよう。

　PP2 は PP1 に比べ，より利用制限的な制度に設計されている。具体的には，① 認定輸出者は「製造事業者」のみであること，②「原産地申告文言」の記載は「商業インボイス」のみに限られること，③ 署名権者は「3 人」までであること，などである。そのため，現在 ASEAN で長年運用されてきた第三者証明制度の下，フォーム D 取得ができる商社や，輸出業務を製造法人に代わって一元的に統括法人が行っている場合，PP2 では利用対象外になる。また，「原産地申告文言」の記載はインボイスに限られていることから，リ・インボイスを行う仲介貿易では自ずと利用できないことになる。今や在 ASEAN 日系企業の 3 社に 1 社が仲介貿易を利用している。PP2 の利用制限的な要素が，新たな ASEAN 地域自己証明制度に組み込まれた場合，利用できない企業が続出することになりかねない。

第2節　ASEANの域外FTA形成の動き

1. ASEANを巡る地域経済圏構想の火付け役となった中国

　2000年前後から東アジア各国が徐々にFTAに傾斜し始めた背景には，世界貿易機関（WTO）多角的貿易交渉が暗礁に乗り上げる場面が目立ってきたことを背景に，欧米などFTAをすでに締結している国々と比べ，輸出機会を逸する等経済的損失の拡大を懸念したことがあげられる。

　1999年11月の第3回WTO閣僚会合（シアトル会議）において，ウルグアイ・ラウンドに次ぐ新ラウンド立ち上げを目指したものの，先進国と開発途上国との対立や，開発途上国側のWTOにおける意思決定の透明性への懸念から，新ラウンドの立ち上げに失敗した。2001年11月の第4回閣僚会合で漸くドーハ開発アジェンダ（ドーハ・ラウンド）が立ちあがったものの，米国と中国やブラジル等新興国の対立により交渉は遅々として進まなかった。

　多角間貿易交渉が壁にぶつかる中，ASEANは自由貿易圏構築の誘いを中国から受けた。中国・朱鎔基首相は2000年11月にシンガポールで開催されたASEAN首脳会議および関連会議で，ASEAN側に対し自由貿易圏構想に向けた作業部会を設置するよう提案した。

　しかし，中国から始まる東アジアのFTA構築競争の引き金を引いたのは日本である。1999年12月，来日したシンガポールのゴー・チョクトン首相は，2国間でのFTA締結の可能性などを検討する共同研究の開始を日本側に提案した。日本は初めてとなるFTAの検討相手を農業面での懸念が薄いシンガポールに定め，恐る恐る共同研究開始に合意した。

　この動きに敏感に反応したのは中国である。中国は，日本がシンガポールと2国間FTAを締結した後，ASEAN全体とのFTA締結に乗り出すと深読み，シンガポールとの共同研究は日本による「ASEAN市場囲い込み戦略」の最初の一歩と捉えた（深沢・助川，2014）。これは，FTAの「ドミノ効果」とも言われる。域内貿易自由化による域内貿易コストの減少が，域外国にとって不参加であることのデメリットを増大させ，域外国にFTA締結を相乗的に促すこ

第2部 ASEAN経済統合とASEAN経済共同体の形成

第9-3表 ASEANを巡る東アジア各国のFTA締結に向けた動き

	中国	日本	韓国	インド	豪州・NZ
2000年	・朱鎔基首相がASEAN中国首脳会議でFTAを念頭にした共同研究を提案 (11月)				
2001年	・共同研究で早期関税撤廃 (EH) 措置を提案。10年以内に自由貿易地域 (ACFTA) を完成させることで首脳合意 (11月)				
2002年	・ASEANとACFTA「枠組み協定」の経済援助拡大も表明。・朱鎔基首相が日中韓FTAを提案 (11月) ASEANとの経済援助拡大も表明。・朱鎔基首相が日中韓FTAを提案 (同)	・ASEANとFTAを念頭に置いた専門家グループ設置 (1月)。・首脳間でASEANと10年以内の早期にFTAを完成を目指すことで合意 (11月)	・ASEANからFTAを提案するも、交渉開始に時期がかからずとして拒否 (9月の経済相会議、11月の首脳会議)	・初のASEANとの首脳会議開催、FTA締結に合意 (11月)	
2003年	・ACFTA「枠組み協定」発効 (7月)。・ASEANの「東南アジア友好協力条約」(TAC) に署名 (10月)。・ASEANとの戦略的パートナーシップに関する共同宣言 (同)	・ASEANとFTA交渉開始に合意 (枠組み協定に署名)、主要6カ国とは2012年までの完成を目指す (10月)。・東京で特別首脳会議を開催、TACに署名 (12月)	・ASEANとFTA締結に乗り出す方針を表明 (10月)。・FTAのロードマップ策定、大規模な農業対策も発表	・ASEANと包括的経済協力枠組み協定に署名 (10月)、TACに署名 (同)	
2004年	・EH措置による農産物を中心とした関税削減開始 (1月)		・ASEAN韓国包括的協力連携にかかる共同宣言発出 (11月)	・本交渉入り (3月)	・首脳会議で「2005年の早期にFTA交渉を開始し、2年以内に終了させる」ことに合意 (11月)
2005年	・ACFTA 物品貿易協定発効 (7月)	・日ASEAN包括的経済連携協定 (AJCEP) 本交渉入り (4月)	・AKFTA本交渉入り (2月)、タイを除きAKFTAに署名 (12月)	・アーリーハーベスト実施を断念 (3月)	・本交渉入り (2月)
ASEANとのFTA発効時期などその後の動き	・サービス貿易協定署名 (2007年1月)・投資協定署名 (2009年8月)・物品貿易協定第2修正議定書署名 (2010年10月)	・AJCEP発効 (2008年12月)	・物品貿易協定署名 (2007年11月)・サービス貿易協定署名 (2007年11月)・投資協定署名 (2009年6月)・投資協定第2修正議定書署名 (2011年11月)	・物品貿易協定発効 (2010年1月)・サービス貿易協定・投資協定署名 (2014年8月)	・2010年1月発効・第1修正議定書署名 (2014年8月)

(資料) 深沢淳一 (2014) をもとに助川成也が加筆。

とになる。

　中国はASAENがFTAに踏み出すよう農産品の早期関税撤廃（EH；アーリーハーベスト）措置に代表される「飴」を準備し，恐れるASEANを巧みにFTAに誘い込んだ。その結果，翌2001年11月にブルネイで開催されたASEAN首脳会議で，中国とASEANとが10年以内のFTA設置に合意し，日本など域外国に衝撃を与えた。

　翌2002年11月の首脳会議ではEH措置が盛り込まれたASEAN・中国自由貿易地域（ACFTA）の「中国・ASEAN包括的経済協力枠組み協定」を締結した。枠組み協定の中には，モノの貿易以外にも，サービス貿易，投資，経済協力などについての枠組みが示されている。さらには，ASEAN各国と中国とが5つの優先分野，具体的には①農業，②情報通信技術（ICT），③人的資源開発，④投資，⑤メコン川流域開発，で協力することが明記されるなど，ASEAN側を惹きつける魅力的な事項が散りばめられていた[3]。また，枠組み協定第9章では，ラオス，ベトナム等ASEANのWTO非加盟国に対して，中国は最恵国待遇の付与を約束した。中国はASEAN先発加盟国には中国市場へのアクセス権を，また後発加盟国にはさらに経済協力や最恵国待遇などを与え，FTAに誘い込んだ。その結果，2年後の2004年11月のASEAN中国首脳会議でついに「中国・ASEAN包括的経済協力枠組み協定における物品貿易協定」を正式に締結，2005年7月に発効[4]した。

　ACFTAの下での一般的な関税削減スケジュールは，ASEAN先発加盟6カ国は2010年までに，また後発加盟国は2015年までに，それぞれ関税を撤廃する[5]。また，一部重要品目をセンシティブ品目，高度センシティブ品目として指定，センシティブ品目について，ASEAN先発加盟国は2012年までに関税を20％にまで削減し，2018年までに0〜5％に削減する。一方，後発加盟国は2015年までに関税を20％にまで削減，0〜5％への削減は2020年まで猶予されている。また高度センシティブ品目については，ASEAN先発加盟国は2015年までに，後発加盟国は2018年までに，それぞれ関税率を最大で50％以下にまで削減すればよい。

2. ASEANの他の国々とのFTA

(1) 交渉が難航したASEANの対インドFTA

　中国のASEANに対するFTAのアプローチを契機に，ASEANを巡る東アジア各国のFTAの動きが一気に流動化した。具体的には，インドは2002年11月に初めてのASEAN・インド首脳会議を開催，その場で10年以内にインド・ASEAN間の経済連携強化およびFTA締結の可能性に向けて検討を進めていくことが決まった。翌2003年には，「ASEAN・インド包括的経済協力枠組み協定」を締結している。

　しかしインドは，AFTA等これまでASEANが実施してきたFTAの枠組みをASEANインドFTA（AIFTA）にそのまま移植することに難色を示すなど，自由化と国内産業保護との狭間で揺れるインドとASEANとのFTA交渉は難航を極めた。その典型例が原産地規則である。当初，原産地規則はASEANで使われている「地域累積付加価値基準（RVC）40％」を使用することで一旦は合意したものの，インド側が「同基準のみではASEANを通じ中国など第三国製品が国内に流入する可能性がある」として，「RVC」と実質的変更が行われたか否かを関税番号変更の有無により判断する「関税番号変更基準（CTC）」の双方を満たす製品を対象とするよう強く主張した。結局は，「RVC35％」と「CTC6桁」の両方を満たした産品を関税削減・撤廃の対象品目「AIFTA原産品」とした。AIFTAの原産地規則は，ASEANが実施するFTAの中で最も厳しい規則となった。

　AIFTAは当初，2005年6月までに交渉を終了させ，2006年1月発効を目指していたが，原産地規則のみならず，関税削減・撤廃の品目選定を巡っても交渉が難航し，発効は2010年1月へと4年もずれ込んだ。

(2) ACFTAを踏襲し，遅れを挽回した韓国

　もともと韓国は，アジアでFTAの潮流が拡大し始めた2000年当時，どこともFTAを締結しておらず，中国や日本に比べてもその取り組みは遅れていた。韓国がFTA戦略を積極化したのは盧武鉉政権になってからである。ASEANとのFTA構想で中国と日本にこれ以上引き離されれば，ASEAN市場で韓国企業の競争力に深刻な影響を及ぼしかねないとの懸念から，2003年

9月,今後のFTA構築の進め方や原則となる「ロードマップ」を策定し,日本,ASEAN,米国,欧州連合(EU),中国などとFTA締結を目指す方針を打ち出した。

これを受けて盧武鉉大統領は,2003年10月にインドネシア・バリ島で開催されたASEAN韓国首脳会議で,ASEANとの間で経済連携を推進する旨表明,FTA締結を前提にFTAを含む包括的な経済関係の構築を検討する専門家グループを設置することで合意した。翌2004年3月には共同研究が開始され,その共同研究結果を踏まえ,2004年11月には「ASEAN韓国包括的協力連携にかかる共同宣言」が発出された。

最も交渉開始が遅れた韓国は,その遅れを一刻も早く取り戻すべく,ASEAN韓国FTA(AKFTA)の完成(関税撤廃)を中国と同じ「2010年」とするよう主張したものの,ASEANは先に期限を設定した他の対話国との関係から難色を示し,とりあえずの目標を2004年11月の共同宣言の中で「2009年までに少なくとも全品目の80%の関税撤廃」を目指すとした。

韓国とASEANとは2005年2月から正式にFTA締結交渉を開始した。それから僅か10カ月,タイを除くASEAN9カ国との間で05年12月[6]にAKFTAの署名に至り,2007年6月に発効した[7]。韓国がASEANとの間で,10カ月という短い期間でAKFTAを締結できたのは,ASEAN側がAFTAおよびACFTA締結交渉ですでに経験のある方法をそのまま採用したことが大きい。具体的には,センシティブ品目等で「品目数および総輸入に占める割合」のみを規定し,その範囲内であれば基本的に各国が独自に選定することができる方法等を採った。この手法を採ることで,最も費やされるであろう国内調整負担・時間を大幅に削減した。

AKFTAの大きな特徴の1つは,北朝鮮の開城工業団地での生産品をAKFTA特恵関税適用の対象としたことである。具体的には,北朝鮮の開城工業団地で製造される232品目のうち100品目について,材料費の60%以上を,または付加価値ベースで40%以上を,それぞれ韓国で調達することを条件に「韓国産」と認定し,ASEAN側が特恵関税を付与することが盛り込まれた。

第 9-4 表　ASEAN＋1 FTA の発効年および関税撤廃完了年

FTA	国名	発効	関税削減完了
ACFTA	中国・ASEAN	2005 年	2012 年
AKFTA	韓国・ASEAN	2007 年	2012 年
AJCEP	日本・ASEAN	2008 年	2026 年
AIFTA	インド・ASEAN	2010 年	2019 年
AANZFTA	豪 NZ・ASEAN	2010 年	2020 年

（注1）　関税削減完了年は ASEAN 先行加盟国。
（注2）　AKFTA, ACFTA の完了年はノーマルトラック2完了時。
（資料）　各種資料をもとに著者が作成。

(3) 包括的な協定を目指す豪州・NZ

　豪州・NZ の ASEAN との FTA（AANZFTA）は，韓国からもさらに遅れて開始された。2004 年 11 月の ASEAN と CER（豪州・NZ）との首脳会議で，「2005 年の早期に FTA 交渉を開始し，2 年以内に交渉を終了させる」ことに合意した旨の共同宣言を行い，翌年 2 月に交渉が開始された。

　中国や韓国，インドとの FTA は「物品貿易協定」から交渉・締結し，以降，サービス貿易協定，投資協定と順に交渉を行っていった。一方，豪州・NZ と ASEAN との FTA では，物品貿易のみならず，サービス貿易，投資，E コマース，人の移動，知的財産，競争政策，経済協力なども含んだ包括的なものであり，交渉は一括受諾方式（シングル・アンダーテイキング）として行われた。中でも，E コマース，人の移動，知的財産，競争政策等については，他の ASEAN＋1 FTA では対象となっておらず，AANZFTA で初めて対象範囲として採りいれた。2008 年 8 月に開催された ASEAN・CER 経済相会議で合意し，翌 2009 年 2 月に調印，2010 年 1 月 1 日に，AIFTA と並んで発効した。AANZFTA では，発効時点で豪州と NZ はそれぞれ 96.4％，84.7％の品目を無税化した。これに続き 2013 年に ASEAN 先発加盟国が 9 割前後の品目を無税化する。後発加盟国は 2020 年以降に約 9 割の品目を無税化する。

　AANZFTA は，ASEAN の中でも最も自由化率の高い FTA である。豪州・NZ は 100％の自由化率を，ASEAN10 カ国でも 93.5％の自由化率を，そ

れぞれ達成する。ただし，関税撤廃は先発加盟国と豪州・NZについては2020年と，中国，韓国の2012年，インドの2019年に比べても長く設定されている。

3. ASEANの域外FTAの特徴

ASEANにおいて2000年から始まった東アジアにおけるFTA網の構築作業は，2005年に中国とのFTAが発効して以降，2010年までに5つのFTAを締結・発効させた。これら5つのASEAN＋1 FTAに加えて，ASEANは香港，EUとの間でFTA構築作業を行うものの，一応はASEANのFTA構築作業は一段落し，企業がそれら5つのASEAN＋1 FTAを貿易インフラとして「利用する時代」に入っている。

ASEANがFTAで採用している原産地規則に着目して比較する。ASEANの枠組みで締結しているFTAでは，農水産品（動植物，魚介類等）や鉱物資源等協定締約国内で原材料レベルからすべて生産・育成・採取された産品で適用される「完全生産品」（WO）と，品目全体を通して適用される原産地規則

第9-5表　ASEANのFTA別原産地規則概要

FTA	国名	完全生産品 WO	一般規則 CTC	一般規則 RVC	総品目数に占める割合	品目別規則（PSRs） CTC	品目別規則（PSRs） RVC	品目別規則（PSRs） 加工工程
AJCEP	日本・ASEAN	○	CTH	≥ 40%	57.9%	○	≥ 40%	○
AANZFTA	豪NZ・ASEAN	○	CTH	≥ 40%	40.2%	○	≥ 40%	○
AKFTA	韓国・ASEAN	○	CTH	≥ 40%	76.4%	○	≥ 40-60%	○
ACFTA	中国・ASEAN	○	×	≥ 40%	89.6%	○	≥ 40%	○
AIFTA	インド・ASEAN	○	CTSH & ≥ 35%		100%	×	×	×

（注）　RVCは地域累積付加価値基準，CTCは関税番号変更基準（CTHは4桁変更，CTSHは6桁変更）を指す。
（出所）　タイ商務省外国貿易局資料，ASEAN事務局資料をもとに作成。

「一般規則」，一部で品目毎に適用される「品目別規則」とがある。ASEANが多くのFTAで採用している一般規則は，「RVC40％以上」と「CTC4桁」のいずれかを満たしたものを「ASEAN原産品」とする規則である。

それに対し，ACFTAでは「RVC40％以上」を，AIFTAでは「CTC6桁」および「RVC35％以上」の両方を，それぞれ満たしたものが関税減免対象である。ASEANではFTA網の拡大に伴い，同一品目にも関わらず関税率や原産地規則の内容が異なる協定が複数存在することにより，企業の管理や手続コストが上昇，地域大の最適なビジネス展開を阻害することに繋がる「スパゲティボウル現象」が生じている。

ASEAN＋1FTAの中の原産地規則では，AKFTAが最も自由度が高いと評価されている。AKFTAは「CTC4桁」もしくは「RVC40％以上」の選択制を一般規則とし，さらにその一般規則は総品目の76.4％に適用されている。一方，ACFTAでは全体の89.6％が「RVC40％以上」が適用されており，RVC以外の規則はあまり適用されていない。そしてAIFTAの「RVC35％」と「CTC6桁」双方を満たす原産地規則は，すべての品目に適用されているなど厳しい内容となっている。これが，企業がAIFTA利用に躊躇する最大の理由とみられる。

また，FTAの水準を計る上で自由化率が1つの目安となる。WTOでは，MFN待遇原則の例外となるFTAを締結する場合，GATT第24条で条件を規定している。その条件は既述した通り，「実質的にすべての貿易」の自由化を行うこと，そして，自由化は「10年以内に行うこと」，である。ただし，開発途上国の地域貿易協定の場合，授権条項によってこれら条件の例外と解釈される。

「実質的にすべての貿易」についてWTO上の基準はないが，少なくとも貿易の9割（貿易量または品目数）を指すとの解釈が一般的である。総品目数に占める関税撤廃品目の割合を「自由化率」と呼ぶが，5つのASEAN＋1FTAの自由化率を見ると，最も自由化率が高いのがAANZFTAである。ASEAN10カ国平均で93.5％，対話国である豪州・NZについては完全に自由化（100％）する。これにACFTAが各々92.5％，94.6％で続く。一方，自由化率が最も低いのがAIFTAである。ASEAN10カ国平均および対話国側であ

第 9-6 表　ASEAN＋1 FTA の ASEAN および対話国の自由化率　　（単位：％）

	ACFTA	AIFTA	AJCEP	AKFTA	AANZFTA
ASEAN10カ国(平均)	92.5	77.0	89.8	89.8	93.5
先発加盟国平均	93.2	77.8	95.2	94.4	96.9
後発加盟国平均	91.4	76.0	83.0	83.0	88.4
対話国	94.6	74.2	91.9	92.1	100.0

（注）　インドネシアは AJCEP 未発効のため平均値には含まれていない。
（資料）　ASEAN 事務局資料をもとに作成。

るインドについても自由化率は 8 割にも満たない。

　AIFTA の自由化率の低さは，そのモダリティに要因がある。モダリティとは，FTA のもと貿易自由化を進めていく上で，各国に共通に適用されるルールや自由化の方式・水準である。関税削減スケジュールは，① ノーマルトラック（NT），② センシティブトラック（ST），③ 高度センシティブ品目，④ 特殊品目，⑤ 除外品目，とに分けられる。例えば，先発加盟 6 カ国およびインドは，最終的に関税撤廃される NT について，少なくとも「品目数の 80％および貿易額の 75％」を選択することが求められている。基本的に NT のみが自由化率に反映されることになる。一方，センシティブトラック，高度センシティブ品目は，関税は削減されるものの最終的に関税は残存する。また，「最大 489 品目以内でかつ貿易額の 5％以内」を関税削減・撤廃を求めない「除外品目」に指定できる。また，インドに限り，重要 5 品目について特別に配慮した関税削減スケジュールが適用される。

　ASEAN が域外との FTA 締結の動きを見せてから 15 年，最初に ACFTA が発効して 10 年，最後の AANZFTA，AIFTA が発効して 5 年が経過した。その間，ASEAN は，自らを最も自由かつ競争上優位なビジネス環境へと整備することを目指し，産業界の声を受ける形で AFTA を改定してきた。さらに ASEAN は，これら改定を ASEAN＋1 FTA に反映させるべく，改定交渉を行ってきた。

　ACFTA では，第三国発行インボイスに対する特恵関税の適用や，バックトゥバック原産地証明書[8]を利用できるよう改定された。また，現在までに

ASEAN と中国との間では自由化目標はほぼ達成されており，現在，さらなる貿易円滑化に資する措置やセンシティブトラックと原産地規則の見直し等が交渉されている。

また，原産地証明書におけるFOB価格記載義務についても，前述の通りASEAN物品貿易協定（ATIGA）でRVCでない場合はFOB価格記載を求めない改定を行い，2014年から発効させた[9]。そして，同時にAKFTA，AANZFTA，AJCEPでもATIGA同様の改定作業を行った。一方，ACFTAについては，ほとんどの品目でRVCが適用されていることから導入は見送られている。ACFTAの一般原則として「RVC」と「CTC」との選択方式が採用・導入されれば，FOB価格不記載への道筋も自ずと見えてこよう。

これらAFTAを先頭に，ASEAN＋1 FTAを実際の通商慣行にあわせる形で次々と改善していく試みは，ASEANを中心にサプライチェーンを構築している日本企業にとっても大いにメリットがある。さらに，これらの動きは，東アジア大で経済圏構築を目指す東アジア地域包括的経済連携（RCEP）の基礎となる。その意味で，ASEANのFTAの改善に向けた取り組みについて，日本も積極的に支援をしていく必要がある。

おわりに：RCEP実現に向けて求められる環境整備

2011年11月，ASEAN議長国インドネシアは首脳会議で東アジア地域包括的経済連携（RCEP）構想を打ち出した。しかし，ASEANはRCEP構想を能動的に進めようとしたわけではない。むしろ危機感がASEANをRCEP構想に駆り立てたと言える。そのきっかけは，ASEAN首脳会議に先立って米国ハワイ・ホノルルで行われた第19回APEC首脳会議でTPP交渉が進展を見せたことである。TPP交渉にはASEAN加盟国のうちシンガポール，ブルネイ，マレーシア，ベトナムが参加しているが，さらに東アジア広域経済圏構想で主導的役割を担ってきた日本がAPEC首脳会議に先立ちTPP交渉参加に向けた協議開始の意向を表明したこと，カナダとメキシコも同会議の席上，日本と同様の意思を見せたこと等により，ASEANはアジア太平洋地域での貿易自

由化の枠組み自体が,「5つのASEAN＋1」FTAを抱えるASEANからTPPに移るのではとの懸念を持った。

ASEANは, TPPによる自らの求心力低下と経済的負の影響を懸念した。同時に, ASEAN内のTPP交渉非参加国の投資誘致力が衰退することへの警戒感や, さらにはTPPの参加国と非参加国の形でASEANが分断される懸念があったことも一因であろう。その結果, ASEANは自らRCEPを打ち出すことで, 東アジア広域経済圏構想に向けてドライビングシート（運転席）に座り続け, ASEANルールの広域化を通じ,「ASEAN中心主義」,「投資に対する求心力」等の堅持を狙った。

RCEPではその「交渉の基本指針および目的」で「ASEAN＋1 FTAよりも相当程度改善した, より広く, 深い約束」の実現が約束されている。基本的に, ASEAN10カ国で実現できないことは, 16カ国で構成されるRCEPでも実現は難しい。そのためRCEP関係国は, まずASEAN経済共同体（AEC）の深化とその統合水準の引き上げや, 5つのASEAN＋1 FTAのさらなる改善を目指し, さまざまな面で支援することが不可欠である。

ASEANがRCEPを通じ, 効率的かつ効果的な経済連携作りを目指すには, 関係各国が有する貿易・サービス・投資を中心とした垣根を低くし, さらにその運用規則策定に際しては, 産業界の意向を踏まえた「ビジネスフレンドリー」な視点に基づくことが重要である。そのためには,（ⅰ）RCEPのルール作りは, AFTAを先頭に行っているASEAN＋1 FTAの改定作業を踏まえること,（ⅱ）AFTAおよび5つのASEAN＋1 FTAの間で異なる各種制度について, それら6つを比較し, 最も簡易かつ効果的な制度を採用すること, である。部品の調達・供給網がASEANを中心に東アジアに広がる中, RCEPの傘の下で最も簡易な統一ルールが利用できれば, 関税コストの削減効果に加えて, 関税削減に付随する原産性確認などの事務作業も軽減でき, ひいては輸出競争力強化に繋がる。

例えば, FTA毎に原産地証明書上での記載要件等が異なるなど, その複雑さが企業にFTA利用に対し二の足を踏ませている。具体的にみると, ASEANで利用されるようになってきているリ・インボイス[10]は仲介貿易とも三角貿易とも称されるが, 近年, アジアに複数の拠点を持っている企業にお

第 9-7 表　リ・インボイスを用いた FTA 利用に際するタイ税関の確認事項

協定	相手国	C/O 上の記入等必要事項
ATIGA	ASAEN	・第 13 欄の "Third Country - Invoicing" にチェック。 ・第 10 欄に「インボイス番号」と「第三国販売者の販売日」，または「インボイス番号」と「出発国輸出者の輸出日」を記入 ・第 7 欄に「インボイス発給会社名」と第三国の「国名」を記入。
ACFTA	ASEAN・中国	・第 13 欄の "Third Country - Invoicing" にチェック。 ・第 10 欄に「インボイス番号」と「第三国販売者の販売日」を記入。 ・第 7 欄に「インボイス発給会社名」と第三国の「国名」を記入。
AJCEP	ASEAN・日本	・（日本側フォーム）第 9 欄と（ASEAN 側フォーム）第 13 欄の "Third Country Invoicing" にチェック。 ・（日本側フォーム）第 8 欄と（ASEAN 側フォーム）第 10 欄に「インボイス番号」と「第三国販売者の販売日」，または「インボイス番号」と「出発国輸出者の輸出日」を記入 ・（日本側フォーム）第 9 欄と（ASEAN の Form の）第 8 欄に「インボイス発給会社名」と「第三国販売者の住所」を記入する。
AKFTA	ASAEN・韓国	・第 13 欄の "Third Country - Invoicing" にチェック。
AIFTA	ASAEN・インド	・第 7 欄に「インボイス発給会社名」と第三国の「国名」を記入。
AANZFTA	ASAEN・豪州・NZ	・第 13 欄の "Subject of third-party invoice" にチェック。 ・第 10 欄に「インボイス番号」と「出発国販売者の販売日」，かつ「第三国販売者のインボイス番号」と「販売日」（わかる場合）を記入。 ・第 7 欄に「インボイス発給会社名」と第三国の「国名」を記入。

（資料）　タイ税関原産地規則課ソムチット・テミヤワニット氏講演資料（2012 年 11 月 5 日）

いて，地域統括拠点や日本本社などに決裁事務や為替リスクの集中管理による効率化を行うネッティングセンター機能を付与する場面が見られる。FTA でリ・インボイスを使う場合，どの FTA を使うかによって記載事項が異なる。

AKFTAでは，C/O上の該当箇所にチェックを入れるのみ，AIFTAでは「インボイス発給会社名」と第三国の「国名」を記入することになる。その他に，「インボイス番号」と「第三国販売者の販売日」，または「インボイス番号」と「出発国輸出者の輸出日」や，「インボイス発給会社名」，「第三国販売者の住所」の記載が求められるFTAもある。このように企業がFTAを利用して輸出する場合，輸出先に応じてC/Oフォームのみならず，記載事項を変えることが求められ，記載ミスを誘発する原因になっている。

リ・インボイスの例で見たとおり，AFTAを含めた6つのFTAの規則について，RCEPの下，統一ルールを用いることができる。RCEPはルール設定さえ誤らなければ，日本企業がASEAN市場を中心に東アジア地域で長年構築してきたサプライチェーンや生産ネットワーク，販売網を強靭化する効果が十二分に見込める。

ASEANの経済統合自身の高度化・深化なくして，自由度の高い経済圏構築は困難である。特に，ASEANが中心となるRCEPは，環太平洋経済連携協定（TPP）と並び，アジア太平洋の経済統合である「アジア太平洋FTA」（FTAAP）を目指す上で不可欠な鍵のうちの1つである。ASEANでできないことはASEAN10カ国が参加しているRCEPでもできないことから，まずはAECやASEAN＋1 FTAを自由化水準が高く，包括的なものにしていくことが重要である。東アジアを，より「ビジネスフレンドリー」でかつ「企業が競争力を最大限発揮できる地域」に生まれ変わらせるべく，日本はASEAN支援を強化すべき時に来ている。

注
1) AFTAを利用した優遇関税は，もともとのAFTA-CEPT協定から「AFTA税率」と呼ばれていた。AFTA-CEPT協定は2008年12月に「ASEAN物品貿易協定（ATIGA）」に置き換わった。そのため本来では「ATIGA税率」と呼ぶべきではあるが，本章では混乱を避けるため，一連の優遇税率を「AFTA税率」と称する。
2) この条件に当てはまらない場合，立地国から要求される条件を満たすことができれば参加可能。また2004年9月に開催されたASEAN経済相会議では，適用条件「30%以上の地場資本比率」規定につき，99年1月から期間限定で要件を撤廃していたが，同措置撤廃を継続している。
3) 銀行，金融，観光，産業協力，運輸，通信，知的財産権，中小企業，環境，バイオテクノロジー，漁業，林業，鉱業，エネルギー，地域開発など広い範囲でASEANと中国が協力することが明記されている。
4) ベトナム等一部の国は遅れて参加した。

5） 一部品目はノーマルトラック2として，先発加盟国は2年間（2012年まで），また，後発加盟国は3年間（2018年まで）猶予される。
6） 一旦は2005年12月に署名されたものの，発効前の2006年5月，2006年8月の2度にわたり協定の一部を修正した改訂議定書に署名した。
7） タイが正式にAKFTAに参加したのは2009年10月1日。ただし，この時点で韓国内の国内手続きが終了しておらず，発効したAKFTAの対象国はASEAN加盟国のみで韓国は含まれていなかった。韓国がタイとの間でAKFTAを発効させたのは，2010年1月になってからである。
8） ACFTAでは移動証明書（Moving Certificate）と呼ばれる。
9） ただし，カンボジアとミャンマーに対しては2年間の猶予措置が与えられる。
10） 製造国からの仲介国宛インボイスを一旦発行するものの，さらに仲介国は輸出国宛に新たなインボイスを発行することから，「リ・インボイス」と呼ばれている。

参考文献

ASEAN Secretariat (2013) "ASEAN Investment Report 2012: The Changing FDI Landscape".
World Bank (1993) "EAST ASIA MIRACLE :Economic Growth and Public Policy".
石川幸一・清水一史・助川成也 (2013)『ASEAN経済共同体と日本』文眞堂.
経済産業省（各年版）「海外事業活動基本調査」.
ジェトロ（各年版）『アジア・オセアニアの日系企業活動実態調査』.
清水一史 (1995)「BBCスキームとASEAN域内経済協力」『国際経済』Vol.1995 (1995) No.46, 日本国際経済学会 (https://www.jstage.jst.go.jp/article/kokusaikeizai1951/1995/46/1995_46_149/_pdf).
助川成也 (2013)「RCEPとASEANの課題」山澤逸平・馬田啓一・国際貿易投資研究会編著『アジア太平洋の新通商秩序』勁草書房.
スバッシュ・ボース・ピライ (2013) 2013年3月16日運輸政策研究機構・国際問題研究所 (JITI) 講演資料 (http://www.jterc.or.jp/koku/koku_semina/130306_seminar.html).
林哲三郎 (2001)『AFTA（ASEAN自由貿易地域）―ASEAN経済統合の実状と展望』青木健編著.
深沢淳一・助川成也著 (2014)『ASEAN大市場統合と日本』文眞堂.
山澤逸平・馬田啓一・国際貿易投資研究会編著 (2012)『通商政策の潮流と日本』勁草書房.

（助川成也）

第 10 章

ASEAN 連結性と格差是正
―交通・運輸分野の改善とネットワーク化―

はじめに

　ASEAN 各国における高い経済成長は，域内への外国直接投資（FDI）によって実現されてきたことは言うまでもない。AFTA（ASEAN 自由貿易地域）の進展と交通分野におけるインフラの改善は，外資企業にとって関税の削減とサプライチェーンが確保されるという相乗効果をもたらした。本章では，ASEAN 域内のさらなる交通・運輸分野の改善と連結性（connectivity）を高めることが，ASEAN 経済共同体（AEC）形成のための重要な要素であるのと同時に，ASEAN 域内で現状極めて大きい経済格差の是正と，将来に向けての公平な発展（equitable development）の鍵でもあることを示してゆきたい。

　「ASEAN 連結性」については，2010 年の ASEAN 連結性マスタープラン（MPAC）において示され，陸・海・空の優先プロジェクトなどが合意された。AEC 形成までの ASEAN 域内の交通協力に絞った中期計画としてはブルネイ行動計画で，①陸上輸送，②航空，③海上輸送，④交通円滑化，の４つのセクターに分け具体的な推進を明示している。ASEAN 連結性の強化，域内交通・運輸分野の改善が AEC を成功させ，2007 年の AEC ブループリントを補完するための鍵であるとも言われている。AEC ブループリントの特徴である，A）単一の市場と生産基地，B）競争力のある経済地域，C）公平な経済発展，D）グローバル経済への統合，の中でグローバル・サプライチェーンネットワークへの参加，あるいは ASEAN 統合イニシアチブ（IAI），といっ

たコアエレメントを通じて域内の経済格差是正につながると考えられているからである[1]。

しかしアジア開発銀行（ADB）より，AECブループリント目標実現にはさらなる各国の努力が必要であるとの見通しが示される中[2]，ASEANは2016年以降も地域統合を進め地域連携を強化することを盛り込んだネピドー宣言（2014年11月）によりAEC2025の概要を公表し，従来の目標を継続，高度化させることを目指している。現時点で詳細は示されていないが，AECの進捗状況を評価し各国が確実に実施するために導入されたAECスコアカードによれば，輸送（Transport）については他分野より進捗が遅れているとされており[3]，AEC2025においても引き続きASEAN連結性強化を打ち出してくるものと思われる。

第1節　ASEANの経済格差の状況と格差是正への取り組み

1. ASEAN域内の大きな経済格差

ASEANでは先発加盟6カ国（ブルネイ，インドネシア，マレーシア，フィリピン，シンガポール，タイ）と後発加盟国であるCLMV（カンボジア，ラオス，ミャンマー，ベトナム）4カ国には大きな経済格差があり，「ASEANディバイド」などと言われてきた。CLMVが低所得国である理由としては，かつての戦争・内戦，政治的要因の影響が大きい。ベトナム戦争，カンボジア内戦や，さらには社会主義体制による非効率などが重なった。カンボジアは社会主義体制そのものを放棄し，ベトナム，ラオスは中国同様，市場経済化を指向するようになったが，ミャンマーは軍事政権への国際的制裁が長引いたことが経済発展の遅れにつながった。しかし，ベトナムは順調な経済発展のおかげで2010年には中進国に認定され，今では経済格差を優先的に是正すべき国としてはCLM3カ国が重点対象となっている。

ASEAN加盟国の1人当たり名目GDP（2013年，USドル）を比較すると，シンガポールが5万5182ドルで世界第8位，一方ミャンマーは1113ドルで世界第156位となっている[4]。その差は約50倍であり，第10-1図のように過

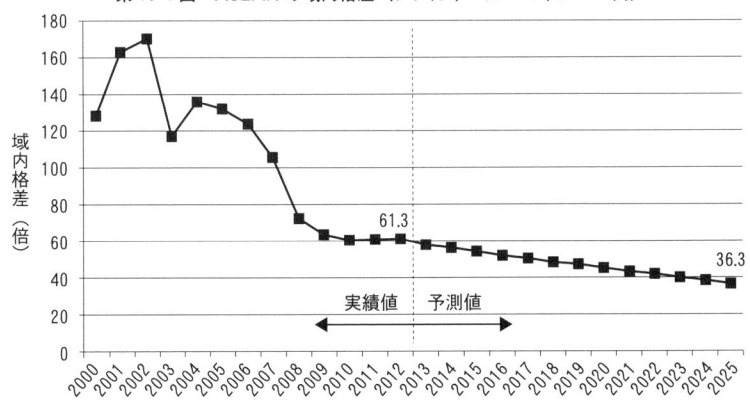

第 10-1 図　ASEAN の域内格差（シンガポール－ミャンマー間）

（出所）　JICA［2014］『東南アジア ASEAN2025 に係わる情報収集・確認調査』国際協力機構（JICA）。

去 100 倍以上であった格差は減少しつつあるとも言えるが，ASEAN 地域経済統合を深化させるにあたり，格差是正の問題は最優先に取り組むべき課題となっている。

産業構造から見た CLM3 カ国は，カンボジア（および恐らくミャンマー），

第 10-1 表　CLM の発展段階を示す各指標

	1 人当たり GDP PPP ベース 2013 年（ドル）	世界銀行所得区分 (2013年基準)	農業の占める割合	工業の占める割合	CIA ジニ指数
カンボジア	2,260	低所得国	48%	21%	37.9(2008)
ラオス	2,682	低位中所得国	41%	11%	36.7(2008)
ミャンマー	1,611	低所得国	n.a	n.a	n.a.
（参考）ベトナム	3,195	低位中所得国	26%	24%	37.6(2008)
（参考）タイ	8,663	高位中所得国	15%	38%	39.4(2010)

（注 1）「世界銀行所得区分」：1 人当たり GNI が 1045 ドルまでを低所得国，1046〜4125 ドルまでを低位中所得国，4125〜1 万 2745 ドルまでを高位中所得国と区分している。
（注 2）農業，工業の占める割合：農業，工業セクター生産額／GDP（2011 年）。
（注 3）ジニ指数：ジニ係数×100 とし，0-100 で表している。括弧内は調査年号。
（資料）World Bank Key Development Data & Statistics, World Development Indicators, UN Human Development Report, CIA 統計。

次いでラオスの農業が経済に占める割合が高く,工業が占める割合が低くなっている。工業化率はラオス(と恐らくミャンマー)の低さが目立っている。ベトナムは農業と工業の比率がほぼ拮抗しており,経済発展段階としてCLM3カ国より一歩進んでいることが見て取れる。

2. 格差是正への取り組み―ASEAN統合イニシアチブ(IAI)

ASEAN統合イニシアチブ(IAI)は,経済発展の遅れたCLMV(およびASEAN6の島嶼部,離島)に対する格差是正のためのASEANによるイニシアチブである。IAIは2000年に合意され,2001年のハノイ宣言では,人的資源開発,ICT,インフラ,地域経済統合が重点4分野とされた。日本を含めたASEAN域内外の国,ADB,世銀などがドナーになり進められており,分野別の件数では人的資源開発が最も多く,その重点が置かれているのは能力構築(キャパシティー・ビルディング)と人材育成などである。

IAIのプログラムは,道路建設などのハード・インフラとは異なり,いわばソフト・インフラを内容とするものになっている。IAIがマクロ的な大きな経済効果を持たないことに批判もあるが,ハード・インフラ整備は他の複数の枠組みで行われていること,また資金的にも限られていることでやむを得ないと考えられている[5]。

第2節　ASEAN連結性:陸上交通,交通円滑化

陸上交通については,道路・鉄道の整備が主たるものである。このうち道路については古くから取り組まれてきたアジア・ハイウェイが下敷きとなっており,またGMSプログラムで推進された経済回廊のルートの多くが重複している。さらに将来構想として積み出し港をインドシナ半島西側にも整備することで,メコン=インドを陸路および海路で連結する,経済回廊の拡大構想が示されている。これらのプロジェクトが進むと,中国からASEANを通じてインドまで到達する現代版の陸海のシルクロードが完成する。AECブループリントでは,こうした主要越境道路を「指定された越境交通路」(TTRs)と呼ん

でいる。

また道路整備計画が先行したこともあり，鉄道については目立った整備が行われていない。シンガポール・昆明間鉄道リンク計画（SKRL）が存在しているが，未確定な点が多い。近年，各国の高速鉄道導入の機運があり，そうした大型プロジェクトにも影響を受けると思われる。

1. 道路

ASEAN ハイウェイ・ネットワーク（AHN）は 23 ルート，3 万 8400km が決まっているが，その基本と源流はアジア・ハイウェイ路線であり，メコン地域においては GMS 経済回廊のような域内経済協力の枠組みのプロジェクトによって集中的に整備されてきたものでもある。アジア・ハイウェイは 1959 年に国連アジア極東経済委員会（ECAFE）にて採択され，その後 1968 年に国連アジア太平洋経済社会委員会（ESCAP）に引き継がれ，アジア諸国の改革開放・市場経済化などにも伴い参加国は 32 カ国に達している。現在ではアジア・ハイウェイ・プロジェクト（AHP）参加国は，2003 年に参加表明した日本も含めアジア地域のほとんどの国が加入し，総延長約 14 万 2000km の国際道路網が形成されている。

アジア・ハイウェイは ESCAP が事務局となり推進されているが，現状では各国の協力が十分得られず，道路情報データベースの更新もままならない状況にある[6]。元来 AHP は対象地域があまりに広大であることから，関係各国からその実利に関して十分理解が得られていないこと，ESCAP が果たしている役割が GMS プログラムにおけるアジア開発銀行（ADB）のような企画から資金調達までの「オールラウンド」的なものでないこと，資金調達の難しい内陸の LDC 国へのケアが十分でないこと，などが考えられる。

アジア・ハイウェイ，ASEAN ハイウェイ，GMS 経済回廊の設計基準はいずれも基本的にヨーロッパ・ハイウェイに準じており次のようなカテゴリーに分けられている。

① プライマリー，4 車線以上，設計速度 60-120km/h，自動車専用道路
② クラス I，4 車線以上，設計速度 50-100km/h
③ クラス II，2 車線，設計速度 40-80km/h

④ クラスⅢ，2車線，設計速度 30-60km/h

　すべての路線でクラスⅢ以上の基準を満たすための道路整備が進められてきたが，クラスⅢに満たない道路の比率は年々減少している。ASEANハイウェイにおいてクラスⅢ以下の路線はその大部分がミャンマー区間であり，その合計は路線全体の6％程度である[7]。TTRsとしてのASEANハイウェイは，2020年までに全区間がクラスⅠ以上に整備されることを目指している。

　越境については，アジア・ハイウェイにおける国境通過に関する取り決めは，GMSプログラムにおける越境交通協定（CBTA）のような協定化されたものはなく，ESCAPは国際物流に関する国際条約の批准を各国に求めている。この中では，特にコンテナのトランジットの扱いの条約と一時輸入車両の取扱に関する条約（他国の車両の入国，通過を認める内容）の批准が重要だと考えられている[8]。一方，ASEAN諸国による交通円滑化に関する協定は後述のように合意に至っていない部分も多い。

　他方，GMSプログラムは1992年タイ，カンボジア，ラオス，ミャンマー，ベトナム，中国の地域6カ国からスタートした。ASEANとの関係では，GMS第1回首脳会議が2002年11月にプノンペンで開催されたが，同会合の直前に開かれたASEAN首脳会合，ASEAN＋日中韓（ASEAN＋3）首脳会合においては，「ASEAN統合のためのGMS計画との協調」が表明された[9]。これによってGMSプログラムで進められた主にインフラ整備が，ASEAN統合のための要素として融合される流れとなった。

　GMS開発事業は，沿海部の開発も含まれてはいるが基本的に内陸部の開発に主眼をおいている。そして参加国の積み出し港につながる3大経済回廊は支線，サブ回廊を入れると計12のルートをもっている。

　3大経済回廊のうち，「東西経済回廊」はインドシナ半島を河川や山岳地帯を越えて東西に結んでいる。これによりラオスやタイ東北部の内陸都市はベトナムのダナン港を経て海へとつながる。さらに最も西側の地点であるミャンマー・モーラミャインはインドへの結節点になるとも考えられている。東西経済回廊は日本でも日本のODAの成果として大きく報道された。タイとラオスを結ぶ第2メコン国際橋が開通したことでタイ－ラオス－ベトナム間が2006

年12月に全面開通し，3大経済回廊の中では最も早く整備が進んでいる。しかし，「サワナケットルート」と「タケクルート」の使い分けがはっきりしていない。またサワナケットルートではラオス区間において，鉱物資源の過積載の影響などにより，道路，橋桁の損傷がすでに進んでいる。

「南北経済回廊」はインドシナ半島を南北に縦走する回廊であり，タイ・バンコクからチェンラーイまで達するルートに加えて，チェンラーイからミャンマー国境を越え中国雲南省昆明に北上するルート，チェンラーイからラオス国境を越えて昆明に達する3本の本線，また昆明とベトナム・ハノイを結ぶ支線によって構成されている。この中で，ラオスを経由する「R3A」は，2013年に完成した第4メコン友好橋の架橋整備によって全面開通した。また昆明とハノイを結ぶ経済回廊は，昆明とハノイを直接結ぶもの以外に，広西チワン族自治区・南寧を経てハノイを結ぶルートは中越陸路と呼ばれている。

「南部経済回廊」のうち，南部中央回廊はタイ・バンコクからカンボジア・プノンペンを経て，ベトナム・ホーチミンに至る。プノンペンからはベトナム・クイニョン港に至る北部サブ回廊があり，またバンコクから海岸線に沿って進む南部沿岸回廊，南ラオスからカンボジア・シハヌークビル港に通じるルートもある。この経済回廊は，基本的にタイ・バンコク，カンボジア・プノンペン，ベトナム・ホーチミンの大都市を結ぶ路線であり，状況としては近年整備が急速に進んでおりその経済効果が期待される。

インドシナにおける交通の連結性を妨げてきたのは，1つにはメコン川への架橋の問題であり，これは順次整備されてきている。南部経済回廊におけるカンボジア国内のネアックルン橋（つばさ橋）が2015年はじめに完成したので，残るは東西経済回廊ミャンマー区間の整備が課題となりつつある。またジャカルタ，マニラ，ホーチミンなどASEAN各国の大都市とその周辺についても，混雑，渋滞を緩和させる道路整備が求められている。また都市間交通は，産業集積を結びつける「産業ベルト」として機能し始めており都市との相互の結び付きが，フラグメンテーション理論で言うサービス・リンク・コスト（各生産ブロックを結ぶコスト）を下げることに繋がり重視されている[10]。

2009年10月の東アジアサミット（EAS）において日本が提唱したアジア総合開発計画（CADP）の中では，メコン・インド産業大動脈（MIEC）の構想

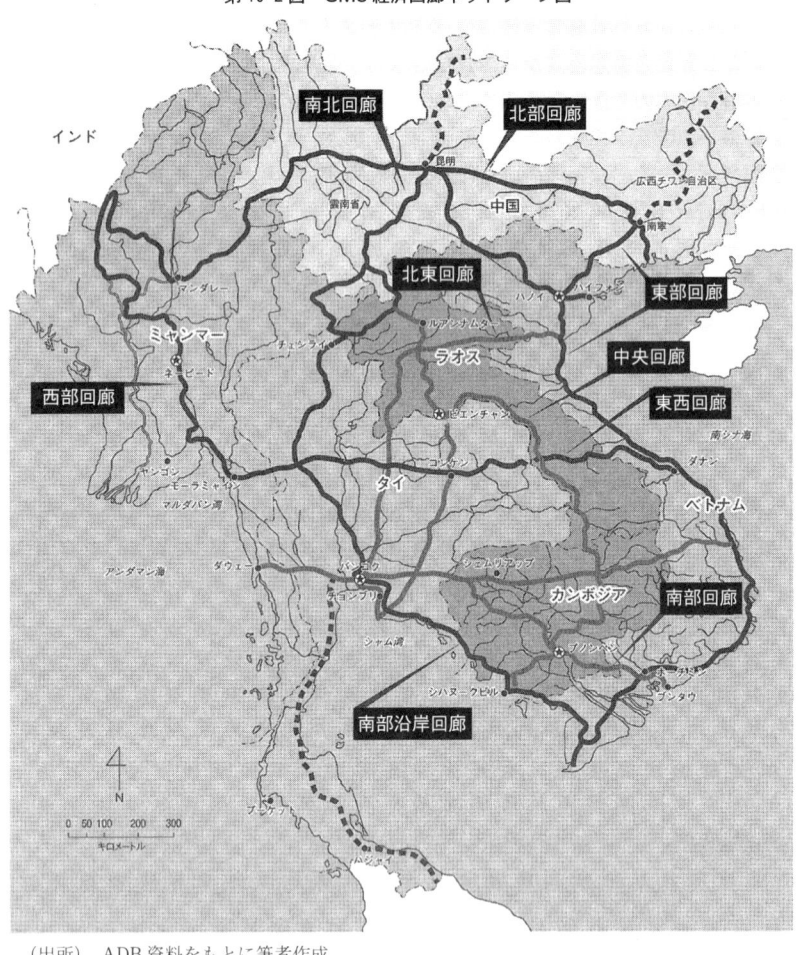

第 10-2 図　GMS 経済回廊ネットワーク図

(出所)　ADB 資料をもとに筆者作成。

が打ち出された。これによって ASEAN 大陸部であるメコン地域と，インド亜大陸を海路を使って地理的連結を図るというアイデアも具体化し始めている。その際，東西経済回廊または南部経済回廊の延伸によって，ミャンマー西岸のアンダマン海側の積み出し港が近い将来整備されることが効率的な国際物流の前提となる。このうちバンコク周辺の産業集積のアンダマン海側への出口

となり，完成の待たれるダウェイ開発については，港湾と経済特別区（SEZ）についての一大総合開発をタイ中堅建設会社がミャンマー政府と MoU を結び進めてきたが，予定から大きく遅れを生じており現在ではタイ政府の関与が強まっている。

2. 鉄道

陸上交通整備では道路が優先され，またモータリゼーションも進んだことから，鉄道の整備は遅れている。ESCAP が 1960 年代から提唱してきた「トランス・アジア鉄道網」（総延長約 11 万 km）はあと 1 万 km が新たな建設を必要とされている[11]。前述の SKRL は 1995 年に，ASEAN メコン川流域開発協力（AMBDC）の枠組みのフラッグシップ・プロジェクトとして始まった[12]。全長 5500km のシンガポール・昆明間の長距離越境鉄道リンク計画であるが，進展に遅れが見られる。AEC ブループリントに唱われた SKRL 推進は，2010 年のブルネイ行動計画ではすでに 2020 年に先送りされている[13]。SKRL のルートは主要なものでも数案あり，現時点では正式に決定していない。AMBDC の参加国は ASEAN および中国であるが，会合はあまり行われておらず，今後のイニシアチブがどうなるかは不透明である[14]。一方 2008 年 3 月の GMS プログラムのビエンチャン・プラン，すなわち第 2 次中期計画では，SKRL の推進も盛り込まれているが，現在では SKRL 計画が ASEAN の主要インフラプロジェクトの 1 つになっている。

現状のメコン地域においては，鉄道路線の途切れた部分（ミッシング・リンク）の回復を中心に進められており，東回りについて言えば，かつてタイとカンボジアを結んでいた路線の他，カンボジア－ベトナム間区間の建設が進められている。またベトナム国内区間については，ベトナムの優先プロジェクトとされる予定であるとされているが[15]，これも現実には資金問題などから遅れている。またミャンマーを通過する西回りルートについては，調査ではタイ区間，ミャンマー区間合わせて必要とされる資金は約 3～5 億ドルと見積もられ経済性に問題があるとされている。

なかなか進まない既存鉄道整備計画とは別に標準軌による鉄道計画が浮上し，一部具体化に向けて進みつつある。2014 年末には，中国主導による中

国・ラオス・タイにおける鉄道計画が明らかになった。タイ暫定政権とはマブタプットーノンカイまでのルートについて合意がなされ，ラオスとはビエンチャンーボーテンのルート，中国国内はモーハンー玉渓の整備により雲南省昆明に接続するというものである。一方，タイは日本政府とも交渉を行っており，ダウェイ開発および南部回廊に沿った鉄道計画の調査を日本に依頼している。このように日本と中国が，メコン地域における鉄道インフラ整備にどのように関与するかによって，従来の計画が大きく変わる可能性が高くなっている。

3. 交通円滑化

陸上交通に関しては，ハードインフラ整備に比べてソフトインフラが遅れていると言われる。越境道路網を整備した際，国境における通関，トランジット手続きなどや貨物の積み替えの必要など，円滑な越境交通を阻害する課題がある。ASEAN では，「通過貨物円滑化に関する枠組み協定（ASEAN Framework Agreement on the Facilitation of Goods in Transit: AFAFGIT）」が 1998 年に署名され，2000 年には全加盟国で批准され発効している。但し越境交通路の指定など，その実施に必要な事項の詳細は 9 つの附属議定書（Protcol）において定めることとされている。

AFAFGIT は署名・発効からかなり経過しているが，9 つの附属議定書のうち，Protcol 2 の国境交易所・事務所と，Protcol 7 のトランジット通関の 2 つはまだ合意文書が署名されていない状況であり，その最終化が待たれている。Protcol 2 は，AFAFGIT 第 7 章において隣国との国境交易所・事務所が隣り合うことで，貨物検査などを合理的，円滑に行えるよう努めることとしている。Protcol 3 は，AFAFGIT 第 9 章において自国内で越境運送を行うことを認めるべきことが定められており，その際に使用できる道路運送車両の種別および数を定めており，すでに発効している。Protcol 7 は，AFAFGIT 第 18 条でトランジット越境時の税関システムを定めるとしているが未策定である。

これに類似した協定としては GMS のサブリージョナルな枠組みにおいて，1999 年 11 月にタイ・ラオス・ベトナム 3 カ国で結ばれた越境交通協定

第 10-2 表　交通円滑化協定類の署名・批准状況

	附属議定書	署名	批准・発効
AFAFGIT		1998年12月署名	2000年10月発効
Protcol 1	Designation of Transit Transport Routes and Facilities（越境交通路の指定と施設）	2007年2月署名	シンガポール，マレーシア，ミャンマーが未批准
Protcol 2	Designation of Frontier Posts（国境交易所・事務所）	未署名	------
Protcol 3	Types and Quantity of Road Vehicles（道路運送車両の種別および数）	1999年5月署名	全加盟国が批准 2010年4月発効
Protcol 4	Technical Requirements of Vehicles（車両の技術的要件）	1999年5月署名	全加盟国が批准 2010年4月発効
Protcol 5	ASEAN Scheme of Compulsory Motor Vehicle Insurance（強制車両保険）	2001年4月署名	全加盟国が批准 2003年10月発効
Protcol 6	Railways Border and Interchange Stations（鉄道の国境駅・積替え駅）	2011年4月署名	全加盟国が未批准
Protcol 7	Customs Transit System（トランジット通関）	署名	-------
Protcol 8	Sanitary and Phyto-sanitary Measures（衛生植物検疫措置）	2000年10月署名	全加盟国が批准 2010年8月発効
Protcol 9	Dangerous Goods（危険物）	2002年9月署名	タイ，マレーシアが未批准
AFAMT	（マルチモード輸送に関する枠組み協定）	2005年11月署名	タイなど4カ国が批准 2008年8月発効
AFAFIST	（国際輸送円滑化に関する枠組み協定）	2009年12月署名	タイなど3カ国が批准

（注）　2012年5月現在。Protcol 7 は最近（2015年）署名されたとされる。
（出所）　ASEAN Secretariat, 国土交通省（2012），ERIA 資料，など。

(CBTA) がベースとなり，その後参加国すべての多国間合意まで拡大されている。CBTA 実現における課題の1つである越境手続きの簡素化の取り組みについて，出国時・入国時と2回必要であった手続きを2カ国が共同で検査を行うことで入国側での1回の手続き，すなわちシングルストップで通過することができる。さらに出入国・税関・検疫（CIQ）の手続きを複数の窓口から1つの窓口に集約するシングルウィンドウ化も進められている。

　ASEAN の枠組みによる ASEAN シングルウィンドウ（ASW）は，

ASEAN各国で実施するナショナル・シングルウィンドウ（NSW）を接続することにより，通関手続を含む貿易関係書類の標準化・共通化，電子化を推進することで，域内の貿易円滑化，迅速化を目指している。輸出入の際に，複数の行政機関にまたがる申請や許認可を1つの電子申告フォームで提出，一括して承認を受けることで，輸出入通関のための提出データ，データ処理，判断の一元化を実現することができる。先行加盟6カ国のNSW完成後CLMVへの展開を目指しており，CLM3カ国を除くASEAN7カ国によるASW接続のパイロット・テストが行われ，成功したと伝えられている[17]。

越境交通にかかわる協定（CBTA）は，欧州の越境交通協定を基礎としたとされ膨大な協定書である。しかし各国ともCBTAに合わせた国内法整備や運用組織づくりには時間がかかると思われ，法規定が末端の職員に徹底されるまでにはさらに猶予が必要であることが予想される。現状では，認定通関業者（AEO）として認定されることで通関が改善されるなどの例がある一方，国境通関窓口の開庁時間が短いことなどが問題とされている。

しかしながら，現実にはCBTAによる国境のシングルストップ化は種々の問題を抱えており，現時点では行われていない。特に国境勤務の公務員が，他

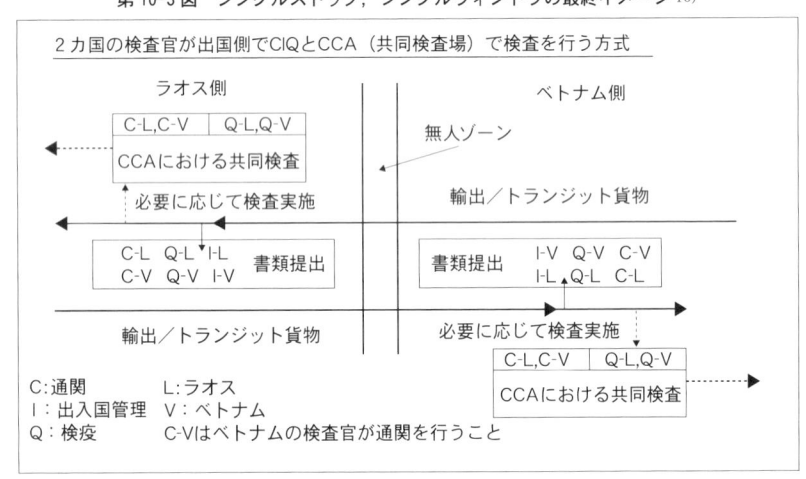

第10-3図　シングルストップ，シングルウィンドウの最終イメージ[16]

（出所）　UNESCAP資料より筆者作成。

国において業務を行うことに対する問題がクリアされていないとされる。また国境特有の既得権益があり、これを失いかねない改革には積極的ではないと言われる。その中でムクダハン（タイ）－サワナケット（ラオス）国境において、ワンストップ通関・検疫を行うとされているが、これが実現すれば最初のケースとなる。

2007年3月に署名された、GMS参加国による多国間の越境交通協定（ⅡCBTA）は、407箇条もの条文に添付資料が加わった膨大な協定書となった。しかし現時点でもCBTAに合わせた国内法整備や運用組織づくりには未対応な部分が多く見られる。GMS域内での国境地点は、第1級越境地点が40カ所、第2級越境地点が36カ所あるが[18]、このうち重要な越境地点でCBTA実施地点としてCBTA Protcol 1に記載されているのは前述のように15地点である。ASEANシングルウィンドウ技術ガイドラインによれば、この地点で輸出入手続きを平均30分で実施することを目標としているが、現実の通関時間や開庁待機時間を加えると目標には大きく届いていない。

またMPACにおいて戦略の1つとしてあげられているのがマルチモードの輸送システムである。道路、鉄道、海運などを組み合わせた、インターモーダル輸送、あるいは複合一貫輸送などとも呼ばれている。交通協定としては2005年11月にビエンチャンで署名された「マルチモード輸送に関する枠組み協定（AFAMT）」がある。AFAMTは業者や委託者の責任範囲を定め、締結国は国際マルチモード輸送に関する国内法を整備することが求められるが、すべての国において準備ができているわけではない。AFAMTは発効しており、2カ国目の批准書の寄託の30日後に発効することとされているが、効力は批准国間のみとなっている。現在の批准国は、タイ、カンボジア、フィリピン、ベトナムの4カ国にとどまっている模様である[19]。

マルチモード輸送においては、インランド・コンテナ・デポ（ICD）に集められるコンテナを輸送する方法の組み合わせがポイントになる。タイ・バンコク近郊から通関後レムチャバン港に鉄道で運ばれているが、それをさらに混載コンテナにし、ICDをタイ内陸部に設置することで、完成した東西回廊を利用しタイ－ラオス－ベトナムを横断するマルチモード輸送を効率よく行う構想がある[20]。またメコン川利用の内陸水運では、カンボジア内陸のコンテナ・

ターミナルを大規模化することで，大量の運搬物を安価に沿岸部のベトナム・カイメップ・チーバイの港湾群に運び，さらに海運で輸出するような効率的，環境配慮型輸送モードの組み合わせが拡大しつつある。

さらに AFAFGIT が最終化されていない段階ではあるが，2009 年 12 月に「国際輸送円滑化に関する枠組み協定（AFAFIST）」が署名された。登録された運送事業者に，国家間運送を行うことを認める，すなわち自国での運送を受け入れることを義務づけるものであり，2 カ国目の批准文書の寄託後 30 日で発効することとされている。効力は批准国間のみで，現時点の批准国はタイ，ラオス，ベトナムの 3 カ国にとどまっている[21]。AFAFIST は AFAGIT と付属文書を共有している協定であり，国境で貨物の積み替えを必要とされなくなることから，台数制限の厳しい複数国にまたがるトランジット輸送を大幅に緩和することが期待されている[22]。

第 3 節　ASEAN 連結性：海上交通・内陸水運，航空

1. 海上交通・内陸水運

従来の ASEAN 地域の交通，国際貿易の手段として，海運および内陸水運は最も利用されてきた輸送モードである。ASEAN 連結性強化には，メコン地域などにおける道路などによる陸上交通の整備，円滑化が求められていることを述べたが，その一方，ASEAN には大陸部以外のインドネシア，フィリピンを中心とした島嶼部の存在がある。この大陸部と島嶼部間，あるいは島嶼部相互間の連結性が注目されており，「経済回廊」は陸路だけではなく，海路を含んだ構想であるべきであるとの考え方が示されている。これは経済格差是正の対象が，従来の CLMV4 カ国という国単位ではなく，ASEAN 域内に特徴的に多く存在する離島や島嶼部の低開発地域にも目が向けられてきたことでもある。

MPAC に触れられているように，主に大きなコスト低減効果があるとされているロールオン・ロールオフシステム，RoRo 船の活用が優先プロジェクトとなっている。こうした手段による「海運ハイウェイ・システム（Nautical Highway System）」は，経済的に遅れた島嶼部における観光業発展などにも

寄与するとされている[23]。実際の RoRo 船の運用状況については，特に島嶼国家といえるフィリピン，インドネシアにおいて，国内航路の運営が複数の業者の競争の結果もあり成功している[24]。

一方，ASEAN 単一海運市場（ASSM）を目指しているが，海運市場は後述の航空市場統合に比べると遅れており困難であると言われる。目的としては① ASSM を通じて ASEAN の海運市場の公正競争を促進させること，② ASEAN 域内の財，サービス，投資，資本，熟練労働力の自由往来，といったものである。

さらに内陸水運については，ブルネイ行動計画においても「効率的で統合された内陸水運（IWT）ネットワーク」構築のための工程表が示されている。特にメコン地域におけるメコン川利用という伝統的交通手段が現在でも重要性をもっている。上流側の中国雲南省と通過国のラオス，ミャンマー，タイとの内陸水運は古くから行われており，現在でも小型船を利用した農産物などの貿易は道路利用による陸送に比べてコスト優位性を保っている。また下流側のカンボジアとベトナムの間では大型船が利用できることから，プノンペン近郊に中国支援による新たな大型コンテナターミナルも建設されており[25]，内陸水運と海運との境目がなくなってきているといえる。

2. 航空

ASEAN では 1995 年以降，段階的に航空自由化が進められている。1995 年の ASEAN 首脳会議で「Agenda for Greater Economic Integration」にオープンスカイ政策が提案されたのが最初となる。1997 年の「ASEAN Vision 2020」でも，段階的なオープンスカイ政策の推進により，ASEAN 域内航空輸送の競争を促進するとされている。2004 年には「航空輸送部門統合に向けたロードマップ（RIATS）」が合意された。2007 年の AEC ブループリントでは，ASEAN 単一航空市場（ASAM）が最終目標とされ，ASAM 構築に向けた準備がされている。

航空自由化は，2 国間協定のもとで制限事項を撤廃する「オープンスカイ協定」があるがこれは米国型とされる。一方，複数国の航空市場を 1 つの市場に統合する「単一航空市場」は EU・欧州型と考えられる。ASEAN は当初オー

プンスカイ政策が提案されたが，欧州をモデルとした単一市場のASAMを目指すようになった。

ASEANでは，旅客分野に先行して航空貨物の暫定的な自由化が進み，2004年のRIATSによって航空市場自由化の工程表が確定した。この際，問題となる自由化項目については，1950年代までに形成された，国際民間航空を統制している制度が依然枠組みとされている。RIATSでは無制限な第3・第4の自由（路線と輸送力の制限撤廃）と第5の自由（以遠権）まで合意することを現時点の目標としており，EUが実施している第6の自由（本国をハブとする第三国間輸送の自由），第7の自由（ゲージ権：第三国間輸送の自由），第8の自由（カボタージュ：他国の国内輸送）は含まれていない[26]。

ASEAN参加各国はEUのような高度な自由化，あるいは成長しつつあるローコストキャリア（LCC）の拡大によって自国フラッグキャリアへの悪影響を懸念しているとされる。その点では，第5の自由まで実施されてもASEANのあらゆる地点間を自由に運行できるという，本来の意味の単一市場の達成は難しいため，実態は多国間オープンスカイ協定に近いといえる[27]。しかしASEAN航空市場についてはRIATSに沿った「航空貨物輸送の完全自由化に向けた多国間合意（MAFLAFS）」，「航空輸送に関する多国間合意（MAAS）」，「航空旅客輸送の完全自由化に向けた多国間合意（MAFLPAS）」といった協定の署名，批准が大半されており，陸上交通，海運に比べると各国の合意は進んでいる。

第4節　ASEAN連結性とCLMへの波及効果

1. 計量モデルによる経済効果分析

前述してきたような越境交通路である経済回廊など，広域インフラの経済的効果を測定する試みとして，ジオグラフィカル・シミュレーション・モデル（Geographical Simulation Model: GSM）[28]を応用した研究がある。ERIA(2010)によれば，東西経済回廊，南北経済回廊，南部経済回廊，加えてメコン・インド経済回廊の個別の経済回廊がもたらす経済効果のほか，すべての経

済回廊が開通し運用された際の試算を行っている。

現在メコン地域で建設中である箇所がすべて完成し，ミャンマー・ダウェイーインド・チェンナイの間で海路による運航がされるという理想的な前提を設定する。この条件下で，ベースラインとした2010年の域内GDP（RGDP）に比べて，どれだけのGDP押し上げ効果があるかを経済効果として予測している。国別に見た場合，この経済効果が最も高いのがミャンマーの82.1%，次いでカンボジア54.7%，ラオス50.9%，タイ49.6%，ベトナム49.3%となり，インドについては12.8%と低くなっている[29]。

結論として，CLMVと先発加盟6カ国の経済格差是正について，上記予測のように経済回廊という広域交通インフラの整備によってメコン地域の中核国となっているタイの優位性の継続と，タイの周辺国であるCLM3カ国およびベトナムの経済成長が促進されることがシミュレーションの分析結果として導き出されている。

2. タイ・プラス・ワンとCLM

今まで述べてきた交通・運輸インフラ整備および企業物流全般の改善をうけ，企業の立地とサプライチェーンにはどのような変化が生じているのだろうか。GMS，メコン地域の越境交通網による理想的な地域一体化にはまだ多くの課題が残されている。そのため，こうした交通網を全面的に利用することを前提とした企業活動には制約があり，実例としては限られたものにとどまっていた。その中で製造業の生産拠点分散の例は，いわゆる「タイ・プラス・ワン」とも呼ばれる，タイとその周辺国（特に国境付近）で近年起き始めており，その規模の拡大が見られるものである。その目的，方法は企業によって異なりあるいは複合しているが，現時点では，労働集約的工程を周辺国の工場で行い，その後タイのマザー工場，すなわちバンコク周辺に製品，半完成品を持ち帰るケースが多くなっている。タイの人件費上昇など投資環境の悪化への対応策という理由に加えて，2011年のタイ大洪水以降は，特にアユタヤなどバンコクの北に立地する企業は災害からのリスク分散が大きな目的ともなっている。結果，他のASEAN各国に比べて，CLMへの外国投資はASEAN域内からによる比率が高くなりつつある。

上記の企業例では，タイ周辺国との国境地域に分散先が集中していることが特徴的である。石田（2010）は，メコン地域における国境経済圏という概念を導入し，CLM3カ国との国境貿易の拡大，国境付近における工業団地，商業地区の形成，加えてカジノなどの施設が建設されている現状について理論的なアプローチを試みている。CLM国境付近では，タイ，ベトナムの道路，電力などのインフラを利用しながら，CLMの低賃金や低開発国に適用される輸出先における関税優遇なども活用する「補完的な」国境産業ができ始めているという。また国境産業はライフサイクルをもつと考えており，ヒト，モノなどの移動の国境障壁が依然高く地域経済統合が不完全な時期において国境産業が繁栄し，地域統合が高度に進んだ段階においては衰退する可能性があるとしている。

全般の状況においては，タイ・バンコク圏への産業の強い集中現象が続いている。これは混雑，地代・人件費の高さなどを割り引いても，集積のメリットが大きいことを示している。GMS，ASEAN域内に複数の拠点をもつ企業が

第10-3表　近年のタイからの日系企業生産拠点分散の例

社名	分散先	マザー工場	生産品目・目的	物流経路・距離
ミネベア	カンボジア プノンペンSEZ	タイ，アユタヤ他	小型モーター 組立工程の分離 サテライト的分割	南部経済回廊 （ポイペト経由） 約700km
ニコン	ラオス サバナケット サワン・セノSEZ	タイ，アユタヤ	カメラ一部工程 組立工程の分離 リスク分散	コラート・コンケン経由，東西経済回廊，約600km
矢崎総業	カンボジア コッコンSEZ	タイ，チャチェンサオ他	ワイヤハーネス 労働集約工程分離 労働力確保	南部沿岸回廊 （トラート経由） 約400km
日本電産	カンボジア ポイペト近郊	タイ，アユタヤ他	HDD部品 サテライト的分割 リスク分散	南部経済回廊 （ポイペト経由） 約250km
トヨタ紡織30)	ラオス サバナケット	タイ，レムチャバン	車用シート 労働集約工程分離 労働力確保	コラート・コンケン経由，東西経済回廊，約700km

（出所）　各種報道，各社発表などから。

集約，再編することで集積はさらに進む方向になるが，その誘因はかなり多い。特に距離，時間の観念が強くなったことから，裾野産業との連携を考えた場合には小さい近接したエリアに集中することがより企業活動を円滑にすることになる。逆に分散については，GMS地域においても中核地域から周辺地域に向かう動きがあるはずだが，現状は上記のような例を除いて限定的である。その中で分散が行われている企業は，比較的近接した300〜800km程度の地域にマザー工場をもつという共通点がある[31]。こうした条件の下で分散にメリットを感じる企業が増えてきているのは，広域インフラの整備によって輸送のボトルネックを1つ1つ無くしてきたことが大きい。近年の進出企業のマインドの変化として，遠隔サテライト工場を操業し，ある程度の在庫も保有することで，自社のサプライチェーンの強化や危機管理に対応するという思想に変わりつつあると考えて良いのではないか。

注

1) 石川幸一（2013）23〜28頁。
2) ADB（2014）.
3) ASEAN事務局により"ASEAN Economic Scorecaed"が，2008-2015年を4つのフェーズに分けて公表されている。輸送について詳細は不明であるが，ASW, CBTAなど貿易円滑化のソフト面などの遅れが影響していると思われる。
4) IMF World Economic Outlook Database, Oct.2014. ミャンマーの国勢調査の結果，1人当たりのGDPなどは上方修正されている。
5) 石川幸一（2011）「ASEAN経済共同体とCLM」日本経済研究センター『国際経済研究』報告書，日本経済研究センター。
6) Nishimura, Hikaru (2008), Present Status and Problems of Asian Highway Database and Trans-Asian Railway Data Prepared by UN ESCAP, Workshop on "Data Platform of International Statistics of Asian Traffic and Transportation.", 国土交通省, p.8。
7) ASEAN Secretariat (2010b) p.13。クラスIII未満は合計2159kmでそのうちミャンマー区間が80％近い1467kmを占める。Daweiに通じるAH123もこれに含まれる。
8) セントラルコンサルタント株式会社，西村光氏からの情報提供による。
9) 小笠原高雪（2003）「メコン地域開発をめぐる国際関係とASEAN」山影進編『東アジア地域主義と日本外交』日本国際問題研究所。
10) 木村福成・安藤光代（2006）「国際的生産・流通ネットワークと新国際通商戦略」財務省財務総合政策研究所『フィナンシャル・レビュー』April 2006, 82〜102頁，などを参照。
11) 藤村学（2010）31頁。
12) 1995年12月の第5回ASEAN首脳会議で正式提案されている。
13) SKRL工程表では，タイ，ベトナム，ラオス，ミャンマー区間の完成が2020年までとなっている。
14) AMBDCの閣僚会議は2009年8月以来行われていない。本来SKRLプロジェクトはマレーシアの強い意向で入れられたが，メコン地域鉄道網の本格的整備は今後ADB，中国，日本による支

援がポイントになるという見方が強い。
15) 梅崎創 (2012) 64 頁。
16) シングルストップ，シングルウィンドウが実現するためには，数段階の暫定的な形態を経る必要がある。図の例では，ベトナム－ラオスの国境において越境先側国で CIQ をラオス，ベトナムの係官が共同で検査を行い，必要があれば共同検査場 (CCA) で双方の国の係官が物理的な CQ のチェックを行うというもので，ほぼ最終的な段階の通関形態といえる。
17) ASEAN 事務局 HP より。
18) 国際協力機構 (2007)「クロスボーダー交通インフラ対応可能性プロジェクト研究フェーズ 2」part2, 23 頁。
19) 国土交通省 (2012) 55 頁など。
20) 根本敏則 (2011) 33 頁。
21) 国土交通省 (2012) 55 頁。
22) 梅崎創 (2012) 65 頁。
23) ASEAN Secretariat (2010b) p.40.
24) 梅崎創「ASEAN 島嶼地域における接続性強化の動向」『海外研究員レポート』2012 年 3 月，IDE-JETRO。
25) プノンペン港下流 25km に完成し，約 30 万 TEU の能力をもつ。これによって現行のプノンペン港の貨物の 75% は新ターミナルに移動すると考えられている。
26) 梅崎創 (2012) 66 頁。
27) 花岡伸也 (2010) 44 頁。
28) アジア経済研究所 (IDE) により，空間経済学に基づいて開発された経済地理シミュレーションモデル。
29) ERIA [2010] p.97。CADP 全体の島嶼部における経済回廊構想も含めたシミュレーションでは，ミャンマー 145.8%，ベトナム 114.6%，ラオス 99.3%，タイ 98.6%，カンボジア 97.9% となっている。
30) トヨタ紡織は，タイで生産している布製シートカバーの主力品目をラオス工場に移管することを発表した（日本経済新聞 2015 年 2 月 20 日付）。
31) 詳細については春日 (2014) 参照。

参考文献

ADB (2014), *ASEAN Community 2015*, ADB, Aug. 2014.
ASEAN Secretariat (2010a), *Burunei Action Plan 2011-2015: ASEAN Strategic Transport Plan*, Asean Secretariat.
ASEAN Secretariat (2010b), *Master Plan on Asean Connectivity*, Asean Secretariat.
ERIA (2010), 'Economic Assessment of the CADP: The Geographical Simulation Model', *The Comprehensive Asia Development Plan*, ERIA Research Project Report 2009-7-1, ERIA.
石川幸一 (2013)「ASEAN 経済共同体はできるのか」石川・清水・助川 (2013)。
石川幸一・清水一史・助川成也編著 (2013)『ASEAN 経済共同体と日本―巨大統合市場の誕生―』文眞堂。
石田正美編 (2010)『メコン地域 国境経済をみる』アジア経済研究所。
梅崎創 (2012)「ASEAN の接続性強化と経済共同体構築―交通分野協力を中心に」『アジ研ワールド・トレンド』No.199, 63～66 頁。
春日尚雄 (2014)『ASEAN シフトが進む日系企業―統合一体化するメコン地域―』文眞堂。
国土交通省 (2012)『ASEAN (Association of South East Asian Countries) の運輸事情』国土

交通省,2012 年 6 月.
根本敏則（2011）「アジアを見据えた国際物流施策」『運輸政策研究』2011 February, pp.32-37.
花岡伸也（2010）「アジアにおける航空自由化の進展とローコストキャリアの展開」『運輸と経済』第 70 巻（6），28〜40 頁.
藤村学（2010）「東アジアにおける陸上輸送インフラ整備と経済統合の進展―メコン地域を中心に―」『運輸と経済』第 70 巻（12），40〜48 頁.

（春日尚雄）

第 11 章

ASEAN 経済統合の将来展望

はじめに

　ASEAN は，2015 年 12 月 31 日を期日として，ASEAN 共同体の実現を目指している。ASEAN 共同体は，政治安全保障共同体，経済共同体，社会文化共同体の 3 つの共同体構想から成るが，最も重要な柱が，ASEAN 経済共同体である[1]。経済分野では，2007 年に策定された ASEAN 経済共同体ブループリント（ASEAN, 2008）に基づき，幅広い分野での経済統合の努力が進められている。

　それでは，2016 年 1 月 1 日以降の ASEAN 経済統合の将来展望はどのようなものになるのであろうか。ASEAN の首脳は，ASEAN 統合を「プロセス」と理解し，2016 年以後も ASEAN 統合の取組が継続・深化するものと考えている。実際，「ASEAN 共同体に関するポスト 2015 ビジョン」（以下，「ポスト 2015 ビジョン」）の策定作業が始まっており，その骨子は，2014 年 11 月の第 25 回 ASEAN 首脳会議で採択された「ASEAN 共同体のポスト 2015 ビジョンに関するネピドー宣言」として公表されている。ポスト 2015 ビジョンの詳細は引き続き検討段階にあり予断できないが，本章では，原稿執筆時点（2015 年 4 月）で見えてきているポスト 2015 ビジョンの内容について経済共同体を中心に紹介することとしたい。

　まず，第 1 節において，議論の前提として，ASEAN 経済共同体における「2015 年」の意義を確認する。ASEAN 経済共同体を巡りマスコミを中心に，「2015 年に何か大きな変化が起きる」との誤解が存在する。ASEAN 経済共同体の主要成果は，2015 年を待たずにすでに実現しているし，2016 年以後も統

合の努力が継続する。第2節では，ポスト2015ビジョンに関する検討の経緯について述べた上で，第3節では，ネピドー宣言から見えるポスト2015ビジョンの内容を解説する。続いて，第4節では前節の議論を補足するために，ASEAN経済共同体の達成度と主な宿題について論じる。第5節は，結語である。

第1節　ASEAN経済共同体における「2015年」の意義

2015年12月31日がASEAN経済共同体の「期限」とされていることから，ASEAN経済共同体は急速に関心を集めている。多くの企業から，経済共同体実現に対する期待と不安の声が聞こえてくる一方で，「自社の事業環境は変わらない」という声も多い。本節では，ポスト2015ビジョンの議論の前提として，ASEANの経済統合において「2015年」がどのような意義を持つのか，確認しておきたい。

「2015年」について，ASEAN事務局や各国政府は，「2015年は通過点」「重要な一里塚（an important milestone）」といった表現を用いることが多い[2]。この言葉にはいくつかの異なるニュアンスが含まれている。そのいずれを欠いても，正確な意味は理解できない。

第1に，ASEAN経済統合の重要な成果は，2015年を待たずしてすでに実現している。ASEAN経済共同体について，「2015年12月31日に何が起こるのか」「2016年までに何が変わるのか」との質問を多く受けるが，このような質問を発すること自体，ASEAN経済共同体の本質を誤って理解している可能性が高い。2007年に採択されたASEAN経済共同体ブループリントでは，2008年から2015年までの8年間に実施すべき措置を規定している。すなわち，すべての措置が2015年に実施されるのではなく，数多くの措置がもっと早い段階で実施されることが予定されている。この結果，例えば関税でいえば，2010年時点で先進6カ国が関税撤廃を実施している[3]。関税以外の分野でも，2007年から今日までに，貿易円滑化・サービス貿易・投資・交通などの分野で数多くの協定が新たに署名・発効してきている。したがって，「ASEAN

経済共同体 2015」の評価にあたっては，2015 年にのみ着目するのではなく，① 2007 年時点でどのような目標を設定したのか，② これまでに何が実現してきたのか，そして，③ 2015 年末までに追加的に何が実現するのかという 3 点を総合評価する必要がある[4]。

　第 2 に，「2015 年」は統合に向けたモメンタムを形成しており，年内にも追加的な措置が講じられる。2015 年は通過点の 1 つではあるが，首脳が掲げた大きな政策目標であり，産業界からの関心も高い。結果として，「2015 年」は政府当局に対して良い意味でのプレッシャーとなっている。同時に，各国国内においては，「2015 年」が，ASEAN 経済共同体の周知不足，競争激化に対する懸念等の産業界の反応を引き出す契機ともなっている。2015 年中に追加的に実現する可能性が高い経済共同体関連措置は，① CLMV 諸国（カンボジア，ラオス，ミャンマー，ベトナム）における関税撤廃（品目ベースで 4 カ国平均 91.1%，2018 年に 7%分を追加），② サービス貿易自由化に関する第 9 パッケージの署名，③ 金融サービス貿易自由化に関する第 6 パッケージの署名，④ 通過貨物円滑化に関する枠組み協定第 7 議定書の署名である。また，ASEAN 自己証明制度の導入，ASEAN シングルウィンドウ，自動車部品に関する相互認証協定，ASEAN Trade Repository の構築等において，重要な成果が出る可能性がある。しかし，これらの措置も 12 月 31 日に実施されるわけではなく，むしろ，関税撤廃のように 1 月時点で実現済のものもある。

　「2015 年」に限定して ASEAN 経済共同体の影響を考える場合，その意義は国・業種によって大きく異なる。2015 年は CLMV 諸国にとって，これまでの関税削減から関税撤廃に移行する重要な節目である。従来は，自国の関税を撤廃することなく，先進 6 カ国への無関税での市場アクセスの恩恵を受けていたが，このような優遇措置は終了し，自国の製造業を競争的な環境に晒すこととなる。7%相当の品目については 2018 年まで延期することが認められるが，すでに 3 年後と視野に入ってきており，製造業の立地に大きな影響を与える。このため，CLMV 諸国は製造業の保護・育成策を検討する必要に迫られている[5]。また，これまで高関税で守られていた産業に属する企業の視点に立てば，CLMV 諸国における生産拠点を維持するのか，CLMV 諸国から撤退し，他の ASEAN 加盟国に集約するのかの判断を迫られることになる[6]。これに

対し，ASEAN 先進 6 カ国にとっては，最大の課題である関税撤廃は 2010 年に実施済であるため，「2015 年」の影響は相対的に小さいが，CLMV 諸国への輸出拡大を期待できる国（特にタイ）にとっては輸出機会の拡大につながる。他方，CLMV 諸国への輸出が相対的に小さい国（例えばインドネシア）にはあまり大きな影響を与えない。

第 3 に，ASEAN 経済統合の取組は 2016 年以降も継続する。2015 年 11 月の第 27 回 ASEAN 首脳会議において，ポスト 2015 ビジョンが策定され，さらに統合の取組が深化する予定である。その内容は，ASEAN 経済共同体 2015 の未達成事項（「宿題」）と新たな取組との組み合わせになるであろう。以下の節において，ポスト 2015 ビジョンの検討過程および現時点までに判明しているその内容について紹介する。

第 2 節　ポスト 2015 ビジョンに向けた検討の経緯

ポスト 2015 ビジョンに関する議論は，2013 年から本格化した[7]。同年 4 月の第 22 回 ASEAN 首脳会議は，ASEAN 政治安全保障共同体理事会，同経済共同体理事会，同社会文化共同体理事会（いずれも閣僚級）に，ポスト 2015 ビジョンに関する検討を指示した。同年 10 月の第 23 回首脳会議は，「ASEAN 共同体ポスト 2015 ビジョンに関するバンダル・スリ・ブガワン宣言」を採択した。同宣言では，「ASEAN 調整委員会は，2014 年中に ASEAN 共同体ポスト 2015 ビジョンの中心的要素（central elements）を首脳会議に報告する」こととされた。これを受け，ASEAN 調整委員会の下に新たに作業部会（ACCWG）が設置され，2014 年 4 月にミャンマーにおいて第 1 回会合が開催された。

経済分野において中心的な役割を果たしているのが，各国貿易省の副大臣級から構成される「ASEAN 経済統合ハイレベルタスクフォース」（以下，HLTF-EI）である。元々，HLTF-EI は，AFTA を超える ASEAN 経済統合のあり方について検討することを目的に 2002 年に設立された会議体であり，既定プログラムの実施ではなく，中長期ビジョンの策定を主な任務とする。HLTF-

EIでは、2013年1月の第23回会合において2015年以後のASEAN経済共同体の議論を開始した。また、2014年4月には、ポスト2015ビジョンに関する検討を深めるために、新たに作業部会（HLTF-EI WG）を設置した。

こうした検討の結果、2014年11月に発表されたのが、「ASEAN共同体のポスト2015ビジョンに関するネピドー宣言」（以下、「ネピドー宣言」）である。ネピドー宣言は、原稿執筆時点（2015年4月）において、ポスト2015ビジョンに関する唯一の公式資料であり、非常に多くの情報を含んでいる。

第3節 「ASEAN共同体のポスト2015ビジョンに関するネピドー宣言」の概要

1. 分野横断的な要素

ネピドー宣言は、宣言文本体（2ページ）および付属文書（4ページ）から成るが、実質的な内容に富むのは、「ASEAN共同体ポスト2015ビジョンに関する中心的要素」（Consolidated Central Elements of the ASEAN Community's Post 2015 Vision）と題する付属文書である。同宣言から、分野横断的な要素として以下の点を読み取ることができる。第1に、ポスト2015ビジョンは、2016年から2025年までの10年間を目標期間とする。ポスト2015ビジョンに関する議論の当初には、その終期を2025年とするか2030年とするかはっきりしていなかった。第2に、ポスト2015においても、3つの共同体（政治安全保障共同体、経済共同体、社会文化共同体）が維持される。2015年の議長国であるマレーシアのナジブ首相は、既存の3共同体構想では、間に落ちるような事項（持続可能性など）が存在するとして、「4つ目の共同体」（具体的には環境を想定）を新たに打ち立てることを提案していた[8]。結局、ナジブ提案は受け入れられなかったが、その影響は後に述べるとおり、各論の中に見られる。第3に、ポスト2015ビジョンの策定と合わせて、社会経済面についてベンチマークとするべく、明確で計測可能な「ASEAN開発目標」を策定することとされた。すでに2013年時点でインドネシアのユドヨノ大統領（当時）が、貧困率削減等の目標を提案していたが、これを受け、何ら

かの数値的目標を導入することが検討されている。2015年は国連のポスト・ミレニアム目標の策定のタイミングであり，国連の目標と平仄の合った目標となることが予想される。第4に，ASEAN関連機関（事務局等）の能力強化の必要性が謳われている。

2. ASEAN経済共同体2025の5本柱

次に，経済共同体に関する記述から，ポスト2015ビジョンの検討状況を確認したい。まず，ASEAN経済共同体2025（以下，AEC2025）は5本柱から構成される。すなわち，① 統合されかつ高度に結束した経済（an integrated and highly cohesive economy），② 競争力のある革新的でダイナミックなASEAN（a competitive, innovative and dynamic ASEAN），③ 強靱で包括的，人間本位・人間中心のASEAN（a resilient inclusive and people-oriented, people-centred ASEAN），④ 分野別統合・協力の強化（enhanced sectoral integration and cooperation），そして ⑤ グローバルASEAN（a global ASEAN）である。ASEAN経済共同体2015（AEC2015）との対比でいえば，既存の四本柱の名称は変更され，それぞれの概念が拡充されている。新たに加わった項目は，「分野別統合・協力の強化」である。

まず，第1の柱は「単一市場・生産基地」から，「統合されかつ高度に結束した経済」へと改められた。従来は，「単一市場」というEUを想起させ，特

第11-1表　ASEAN経済共同体の新たな柱立て

	AEC2025	AEC2015
1	統合されかつ高度に結束した経済	単一市場・生産基地
2	競争力のある革新的でダイナミックなASEAN	競争力のある地域
3	強靱で包括的，人間本位・人間中心のASEAN	衡平な経済発展
4	分野別統合・協力の強化	【従来，第一の柱の一部であった「優先統合分野」の拡大】
5	グローバルASEAN	グローバル経済への統合

（出典）　ASEAN（2008）およびネピドー宣言より作成。

定の意味を有する用語が用いられていたが，AEC2025 ではこのような用語法を回避し，代わりに「深く統合され，高度に結合した」との修飾語が用いられている。ネピドー宣言からは文意は明らかではない。この点，Intal et al. (2014, pp.96-101) では，ASEAN 域内に存在する経済格差を踏まえれば，ヨーロッパの文脈における単一市場を実現するとの結果を得るのは非常に困難であるとの認識に立ち，「Integrated and highly contestable ASEAN」との概念を提案している。同概念は，「同一国内と同じように可能な限り容易に物品・サービスおよび生産要素が国境を越えて移動できる状態」およびこれを実現するためのプロセスを指す。

第 2 の柱は，従来の「競争力のある地域」との概念を拡大し，「競争力のある革新的でダイナミックな ASEAN」となった。従来の「競争力のある」との概念は，① 競争政策，② 消費者保護，③ 知的財産権，④ インフラ開発，⑤ 税制，⑥ 電子商取引と，多くの施策を含んでいた。第 1 の柱が典型的な貿易アジェンダを扱っているのに対し，国内経済法制およびインフラを扱う概念であった。AEC2025 では，これらに加え，「革新的」「ダイナミック」との言葉を追加した。上記のとおり，AEC2015 には知的財産権が含まれていたが，より広範なイノベーション政策は，社会文化共同体の下に設置された科学技術大臣や教育大臣が扱っていた。これに対し AEC2025 では，イノベーションおよび技術開発によって，生産性の向上を促進するとの目標を位置づけた。このように，イノベーションを単に科学技術行政と捉えず，技術の商業的活用や，高技術を活用した製造業・サービス業など，より広い経済産業的概念として位置づけたものである。これに対し，「ダイナミック」の位置づけは必ずしも判然としないが，前後の文脈から理解するに，イノベーションを通じ，また，日々変化する国際経済の下で，経済構造・産業構造を機動的に変化させていくことを示唆しているものと考えられる[9]。また，「連結性」も第 2 の柱の一部として理解されているように見える。連結性とは，ハードインフラ，制度，人と人とのつながりなどを指す概念であるが，ネピドー宣言では経済共同体の一環として連結性を位置づけた[10]。

第 3 の柱は，従来の「衡平な経済発展」との概念を拡大し，「強靭で包括的，人間本位・人間中心の ASEAN」とされた。従来の柱では，① CLMV 諸国の

開発を支援する ASEAN 統合イニシアチブ，② 中小企業開発，を政策項目として盛り込んでいた。衡平性と包括性は，共に，発展格差を扱うという点で共通する部分が多い。今回，こうした概念に，強靭性等の項目を追加した点が特徴である。まず，強靭性は，食料安全保障，エネルギー安全保障，防災等を意識した概念である。これらの政策課題は，従来は社会文化共同体の一部とされていたが，AEC2025 では経済アジェンダとしても位置づけられた。第 2 に，人間本位・人間中心との概念が加わった。この言葉は，ASEAN では 90 年代から用いられてきた言葉であるが，特にマレーシアが 2015 年のテーマとして「人間中心の ASEAN」を位置づけたことで，経済文脈でも改めて位置づけられた[11]。マレーシアの問題意識は，第 1 に ASEAN 統合に関する一般国民への周知と対話であり，第 2 に中小企業などの小規模事業者に加え，女性・老人・若者が ASEAN 統合に参画し，その果実を得ることである。そのような意味で，従来の「衡平性」の概念との重複も見られるが，これを前面に打ち出した点に特徴がある。

　以上の柱立てとの関係性は不明であるが，第 1 から第 3 の柱のいずれかに属すると思われるものとして，衡平で包括的な成長に加え，「持続可能な成長」（グリーンテクノロジー，グリーンエネルギー）が AEC2025 で扱われることも明示されている。

　第 4 の柱として追加されたのが「分野別統合・協力の強化」である。これは，一見，まったくの新規項目であるように見えるが，実際には，AEC2015 において「優先統合分野」（PIS: Priority Integration Sector）として扱われていた項目の延長である。ASEAN は，2004 年に優先分野の統合に関する ASEAN 枠組み協定を採択し，12 産業を優先統合分野と位置づけ[12]，協力事業を行うとともに，貿易自由化においても早期実施項目と位置づけてきた。AEC2025 では，産業別の協力を強化するとの意思の表れと捉えられるが，具体的にどの産業を指定するのか，どのような措置を講じるのかは決まっていない。

　第 5 の柱は，従来の「グローバル経済への統合」から，「グローバル ASEAN」へと名称が変更された。従来の概念では，日 ASEAN 経済連携協定のように，ASEAN が一体となって域外国と自由貿易協定（FTA）を締結することが具

体的な施策であった。これに対し，AEC2025 では「統合」との文言がなくなり，より広い概念となった。具体的には，第1に，引き続き，東アジア経済統合の中心として，またその進行役としての役割を維持し，ASEAN 中心性を強化するとした上で，第2に，G20 などへの参画を通じ，グローバルな経済問題についても ASEAN として共通の立場を構成し，ASEAN としての声を挙げ，ASEAN の存在感を示すとの政策が新たに掲げられた。

　以上を要するに，AEC2025 は，本質的に AEC2015 の延長として位置づけられる。現時点までに，例えば関税同盟の設立，通貨統合等，EU を想起させるような大きな飛躍は検討されていない。他方，新五本柱の内容は，従来の AEC2015 における四本柱を拡充したものであり，経済共同体がカバーする政策領域が広くなっている。すなわち，AEC2025 では，従来，社会文化共同体の中で扱われていた環境・防災・イノベーション等が経済共同体の中でも扱われることとなる。その背景として，①環境問題や自然災害が経済にも大きな影響を与えることが認識されたこと（例えば 2011 年のタイ洪水によるサプライチェーンへの影響）に加え，②マレーシア・ナジブ首相が環境問題を念頭に「4つ目の共同体」を提案したこと，③「中所得国の罠」への関心が高まっていることなどが影響しているものと考えられる。ナジブ首相の問題意識としては 3 つの共同体構想の狭間に落ちる政策課題が生じることへの懸念があるため，環境・防災等の問題が社会文化共同体から経済共同体に移管されたというよりは，両側面から総合的に対応策を検討するとの位置づけになる可能性が高い。

　最後に，5本柱の議論における ERIA 研究（Intal et al., 2014）の影響に言及したい。ERIA（東アジア・アセアン経済研究センター）は，我が国が提案し，東アジア首脳会議の承認の下，ジャカルタの ASEAN 事務局内に設置された国際機関である。ERIA は，従来から ASEAN 統合・東アジア統合に関する提言を行ってきたが，ASEAN 経済共同体ポスト 2015 ビジョンについても，2014 年 2 月に開催された第 25 回 HLTF-EI において発表を行った。AEC2025 の柱立ての再定義において，ERIA 研究の影響が随所に見られる[13]。

3．ASEAN 経済共同体 2025 を支える制度設計

　ネピドー宣言は，AEC2025 の 5 本柱に加え，これらを支えるための制度設

計として，① グッドガバナンス，② 透明性，③ 柔軟な規制メカニズム（Responsive regulations and regulatory regimes），④ 民間企業等への積極的関与，⑤ 紛争解決規定の活用に言及している。ここでは，③・④・⑤ に着目したい[14]。

まず，今回取り入れられた「柔軟な規制メカニズム」とは，ERIA が提案する不断の規制改革を行うためのメカニズムである（Intal et al., 2014, pp.321-346）。マレーシアの Pemudah Task Force をモデルとする。Pemudah では，① 政府官房長官を筆頭とし（政治的コミットメント），② 官民同数の委員からなる組織（多様な民間企業の声を反映するチャネル）であり，実質的には ③ 通商産業省事務次官をヘッドとする Malaysian Productivity Corporation という官僚組織が支える（有能な事務局の存在）。同会議の設置後，マレーシア国内では規制改革が加速し，世界銀行の Doing Business 等の数値等が大幅に改善している。このように，国内規制措置に着目し，官民連携により規制を大幅に簡素化するとともに，経済環境の変化に伴い，柔軟かつ機動的に規制を改正するためのメカニズムの構築を提言している。

第 2 に，「民間企業等への積極的関与」には，マレーシア議長年のテーマ「人間中心の ASEAN」の影響が見られる。関与の対象としては，民間企業に加え，地域社会基盤の組織やその他の利害関係人が言及されており，市民社会団体など，非常に多岐に渡る組織が対象として想定されている。

第 3 に，紛争解決規定の活用については，その活用を「称揚する」とともに，「紛争解決を迅速化するためのその他のアプローチを構築する」とされた。ASEAN 経済共同体に関する国家間紛争を解決するための規定として，2004 年に採択された紛争解決制度（Enhanced Dispute Settlement Mechanism）が存在するが，実際にはまったく活用されていなかった。2012 年以来，制度設計の詳細の見直しの議論が活発化しており，2016 年以降は実際に活用される可能性が高くなる。紛争解決制度の活用は，各国による協定遵守を強化する結果につながることが期待される。

最後に，既述のとおり，ポスト 2015 ビジョンの中で何らかの数値目標が設定される可能性があるが，経済共同体については具体的な数値は言及されていない。

4. ポスト2015ビジョンの文書形式

ASEAN共同体2015に関する基本文書は,「ASEAN共同体に向けたロードマップ2009-2015」(ASEAN, 2009)である。同ロードマップは5つの文書からなる。すなわち,①2009年3月に採択された「ASEAN共同体ロードマップに関するチャアム・ホアヒン宣言」(3頁),②ASEAN政治安全保障共同体ブループリント(15頁),③ASEAN経済共同体ブループリント(46頁),④ASEAN社会文化共同体ブループリント(38頁),⑤ASEAN統合イニシアティブ(IAI)戦略枠組みおよび第二作業計画(17頁)である。このうち,特に経済共同体ブループリントについては,21頁のブループリント本体に加え,25頁の「戦略的日程」(Strategic Schedule)が添付されており,2年毎の成果目標が具体的かつ詳細に記載されている。

ポスト2015ビジョンについても,基本的に同様の文書形式が維持されるであろう。すなわち,2015年11月の第27回ASEAN首脳会議では,経済共同体を含めたポスト2015ビジョンを採択した上で,合わせて3つの共同体に関する付随文書(Attendant Documents)が決定される[15]。他方,「戦略的日程」は策定されず,個別具体的な内容および達成時期については,分野別大臣会合・分野別専門家会合(いわゆるセクトラル・ボディ)によって策定される[16]。これまでも,金融,交通,エネルギー,ICT,中小企業,競争政策,知的財産権など,分野ごとのブループリント・戦略・作業計画等が存在しており,ASEAN経済共同体ブループリントに書かれていない内容を含め,より詳細な計画が立てられてきた。ポスト2015ビジョンにおいて,「戦略的日程」が策定されないことの背景には,①首脳会議で取りまとめる内容としては技術的に過ぎること,②首脳会議で決めることによって柔軟性を失う可能性があることに加え,③分野によっては計画等の見直しの時期が合わない(2020年を目標とする金融統合など)という現実もある。他方,従来のブループリントの「戦略的日程」で具体的な目標・日程が策定されていた貿易省関連分野(関税,非関税障壁・措置,サービス,投資)については,首脳からのマンデートが抽象的になることで,自由化へのモメンタムが下がる懸念もあり,注視していく必要がある。

第3節　AEC2015 の宿題と AEC2025

　AEC2025 は，本質的に AEC2015 の延長線にである。したがって，2015 年時点での達成点と宿題を把握することが，AEC2025 を理解するうえでの出発点となる。詳細は，本書・第 7 章～10 章において詳述されているため，ここでは，第 1 の柱（単一市場・生産基地），第 2 の柱（競争力のある地域）に限定した上で，AEC2015 の到達点と宿題，AEC2025 に向けた方向性に関する筆者の見立てを簡潔に述べる[17]。

　まず，ASEAN 経済共同体の最も重要な成果の 1 つは，関税撤廃である。2010 年時点で先行 ASEAN 6 カ国は，99％以上の物品について ASEAN 内での関税撤廃を実現済である。CLMV 諸国は 2015 年 1 月に 91.1％（4 カ国平均）の品目について関税撤廃済であり，18 年までに残りの 7 ％分の品目について関税撤廃を実現する予定である。高度の関税撤廃を受け，ASEAN 関税同盟の設立に動くべきとの学者の意見もあるが（Das, et al., 2015），課題は小さくない。特に，共通域外関税を設定する場合に，① シンガポールに合わせて域外関税を原則ゼロとするのか，② シンガポールが域外関税を上げるのか，という大きな選択を迫られることとなる。域外関税ゼロとすることは，関税収入が歳入の大きな部分を占める国々にとって非常に大きな困難になる[18]。他方，ゼロ関税からの逸脱は，シンガポールの経済政策の根源を変えることとなる。現時点での議論の熟度から判断するに，AEC2025 に「ASEAN 関税同盟」が盛り込まれる可能性は低い。したがって，関税分野については ASEAN 物品貿易協定（ATIGA）の枠組みの中でわずかに残る有関税品目の削減が課題となろう[19]。

　また，関税撤廃と並び，ATIGA の導入と共に，原産地規則が緩やかなものに置き換えられた（付加価値基準と関税分類変更基準の選択式原産地規則を原則とした）ことも，域内の生産ネットワークの発達に向けて重要な意義を持つ。引き続き，ビジネスにとって利用しやすい簡素な原産地規則の実現を目指し，① 自己証明制度の運営・改善，② 選択式原産地規則の適用範囲拡大，③

品目別規則の拡大などを図ることとなろう。

　貿易円滑化分野（主に税関手続きの簡素化）における AEC2015 の最大の目標は，各国間で貿易関係文書の電子的交換を行う ASEAN シングルウィンドウ（ASW）の実現であった。ERIA（2012）は，2015 年時点までに，カンボジア・ラオス・ミャンマーを除く 7 カ国がナショナルシングルウィンドウ（NSW）の導入を終え，ASW の試験的な運用がなされている状況を予想する。ASW の運用開始自体が 2016 年にずれ込む可能性が浮上しているが，2016 年以後は，① 残る 3 カ国での NSW の実現，② ASW 対象文書の拡大，③ ASW の継続的な運用・メンテナンスの制度作りなどが課題として残る[20]。また，ASEAN Trade Repository については，2015 年内の構築を目指すが，16 年以降にも継続的なアップデート作業が必要である。

　関税に比して，非関税障壁（NTB）分野での進捗は停滞している。ATIGA（42 条）は，NTB の撤廃を規定したが，NTB の定義が存在しなかった結果，「非関税措置（NTM）は存在するが，撤廃すべき障壁ではない」との各国の主張の余地を生んだ。NTM には，安全・環境等の正当な政策目的があり，貿易阻害を目的とはしていないとの主張である。こうした結果，「障壁」であるか否かはさておき，多くの NTM が残存しており，経済大臣会合の最重要焦点の 1 つとなっている。現在は，① 透明性の向上（ASEAN NTM データベースの更新），② 個別の紛争事案の解決（Matrix of Actual Cases of NTMs / Trade Barriers と呼ばれる取組）を図っているが，さらなる取組の加速が必要である[21]。

　サービス貿易については，1995 年の ASEAN サービス貿易枠組み協定（AFAS）に基づき，パッケージと呼ばれる新規の約束表を積み重ねる形で自由化が進んでいる。2012 年に第 8 パッケージが実現し，2015 年までに第 10 パッケージ妥結が目標とされる。その結果，全 128 サービスセクターの直接投資（モード 3：商業拠点）において，ASEAN 外資出資比率 70% の実現を目指す。原稿執筆時点で，第 9 パッケージは妥結間近（フィリピンの署名を残すのみ）であり，第 10 パッケージ交渉も継続している。仮に，AEC ブループリントの目標が実現した場合，高度なサービス自由化が実現することになるが，なお残る課題も小さくない。目下，AFAS を全面的に刷新する ASEAN サービ

ス貿易協定（ATISA）が検討されているが，こうした議論を通じて，① 例外分野の削減，② 透明性の確保，③ 内外無差別規制の改革などに取り組む必要が残る。

　投資分野（サービス貿易でカバーされない製造業等に関する投資）では，2012年のASEAN包括投資協定（ACIA）の発効が重要な成果である。サービス貿易と異なり，外資出資比率等に関する具体的な数値目標は存在せず，2015年以降も，留保表掲載項目の削減等に継続的に取り組むこととなろう[22]。

　人の移動分野は，AECブループリントでは限定的な位置づけにある。すなわち，熟練労働者の移動がその対象とされ，非熟練労働者の移動については社会文化共同体の下で議論される[23]。熟練労働者の移動における取組は，専門資格の相互承認であり，8分野での議論が進んでいるが，国内法の整備が遅れるなど，課題が残る。仮に，AECブループリントの目標どおり，8分野での相互承認が実現したとしても，実際に外国での労働のためには，労働ビザを取得する必要がある。この点，2012年に妥結したASEAN自然人移動協定（MNP）が重要な基礎を提供するが，各国の約束表を見ると，協定の適用対象は基本的に① 商用目的訪問者，② 社内転勤者の滞在が中心であり，その適用範囲は狭い（2条）。また，製造業がカバーされていないとの大きな欠点もあり，2016年以後に本格的に取り組むべき課題である[24]。

　以上のような，経済統合分野で典型的な「自由な移動」（Free Flow）アジェンダに加え，知的財産法，競争法，消費者保護法，租税法など，国内法制に関わる取組が存在するのも，ASEAN経済統合の重要な一側面である。2015年までの重要な成果は，知財においては，特許・商標・意匠に関する国際出願条約への加盟拡大であろう。競争法においては，ASEAN競争政策地域ガイドラインが策定されており，これに基づき，10カ国での競争法導入を目指すが，道半ばである。他方，広く規制協力という観点でいえば，AEC2015の取組は，① 対象とする範囲が極めて限定されている，② ソフトアプローチが多く，（歴史が浅いことも大きな要因であるが）効果が見えづらいといった課題がある。今後，ASEAN地場企業が域内での経済活動を拡大すれば，国内規制の齟齬によるコンプライアンスコストや競争条件の不均衡といった課題が認識されるようになることが予想され，AEC2025の最重要課題の1つとなろう。環太平洋

パートナーシップ（TPP）等の議論も参考にしつつ，規制協力を強化する必要がある。

第4節　まとめ

本章では，ASEAN 経済共同体の将来展望として，ポスト 2015 ビジョンの検討状況について議論した。AEC2025 は，基本的に AEC2015 の柱立てを維持しつつ，既存の取組を深掘りし，また社会文化共同体アジェンダを取り込む形で拡がっていくこととなる。同時に，ASEAN 経済共同体を推進する上で，他の2つの共同体，すなわち政治安全保障共同体および社会文化共同体を進めていくことの重要性を忘れてはならない。政治安全保障共同体は，ASEAN 加盟国の間の信頼関係の基礎を提供する。また，社会文化共同体は，国民レベルでの ASEAN 意識の醸成につながるのみならず，各国が直面する政策課題に対応するための協力プログラムが実施されており，国民にわかりやすい。経済統合の度合いが深まれば深まるほど，その取組は難易度を増す。次の段階に入るためには，国家間の信頼関係，国民レベルでの共同体意識がなくては，大きな壁にぶつかることになろう。そういう意味で，3つの共同体を同時進行で進めるという ASEAN の構想は極めて正しい。本章では検討の対象としていないが，政治安全保障共同体，社会文化共同体についても，2015 年時点での到達点を確認し，ポスト 2015 ビジョンの議論を推し進めることが，経済共同体の深化にもつながることになる[25]。

注
1) ASEAN 共同体の全体像については，山影（2011）を参照。ASEAN 経済共同体の全体像については，本書各章のほか，石川他（2009，2013）を参照。
2) 例えば，第 22 回 ASEAN 首脳会議後のブルネイ・ボルキア国王は，「ASEAN 共同体構築は，本質的に，2015 年の一里塚を越えて続く，継続するプロセスである」と発言している（Reuters, 25 April 2013）。また，マレーシア・ナジブ首相は，第 26 回 ASEAN 首脳会議のオープニングリマークにおいて，「2015 年は，ASEAN の歴史における一里塚（a milestone）」と発言している。
3) ASEAN 先進 6 カ国とは，ブルネイ，インドネシア，マレーシア，フィリピン，シンガポール，タイを指す。
4) このような観点から ASEAN 経済共同体の進捗を評価したものとして，石川他（2014）を参

5) その典型例がベトナムの自動車製造業である。ベトナム政府が 2014 年 7 月に発表した自動車産業発展戦略（仮訳）については，JETRO ホームページ参照（https://www.jetro.go.jp/world/asia/vn/business/pdf/1168QD-TTg.pdf）。
6) 春日（2014）は，トヨタの観点からベトナム自動車製造業の置かれた状況を説明している。
7) ポスト 2015 ビジョンの初期の経緯については，福永（2013）を参照のこと。
8) The Sun Daily, 8 April 2014.
9) Intal et al. (2014) では，イノベーションを含む概念として「ダイナミック」を用いているが，ネピドー宣言ではイノベーションを取り出したため，「ダイナミック」の意味が希薄化している。
10) 「連結性」は非常に多岐に渡る政策課題を取り扱うものであり，過去の議長声明等において，経済アジェンダとして扱うのか，政治安全保障アジェンダとして位置づけるのかが判然としていなかった（例えば，議論をリードする ASEAN 連結性調整委員会（ACCC）は外務省主導のプロセスである）。
11) 2015 年 4 月の第 26 回 ASEAN 首脳会議において，議長声明とは別に「人間本位・人間中心の ASEAN に関するクアラルンプール宣言」（以下，「クアラルンプール宣言」）が採択された。
12) 自動車，エレクトロニクス，IT，航空，木材，農業，漁業，観光，ゴム，繊維・アパレル，ヘルスケア，ロジスティックス。厳密には，ロジスティックス以外の 11 産業が PIS と呼ばれるが，ロジスティックスも実質的には PIS と同じ扱いを受ける。
13) ERIA の提言（Intal et al., 2014）は，① Integrated and Highly Contestable ASEAN，② Competitive and Dynamic ASEAN，③ Inclusive and Resilient ASEAN，④ Global ASEAN の四本柱であった。社会文化共同体アジェンダの扱いなどについては，アジア開発銀行研究所が取りまとめた報告書，「ASEAN2030」（ADBI, 2014）の影響も見られる。
14) 2014 年 11 月の第 25 回 ASEAN 首脳会議では，ネピドー宣言の採択と同時に，ASEAN 制度改革に関する提案を採択し，徐々にではあるが，ASEAN 事務局強化等に乗り出している。但し，その詳細は本稿執筆時点では未公表である。
15) ASEAN 統合イニシアチブ（IAI）の時期計画も策定中であるが，首脳会議文書の一部を構成するか否かは不明。
16) 以上，ASEAN 事務局担当者からのヒアリング（2015 年 2 月 13 日）による。
17) 第 26 回 ASEAN 首脳会議議長声明では，ASEAN 経済共同体にかかる主要優先措置の実施率を 90.5% と公表している。但し，当該評価手法には課題も多く，鵜呑みにはできない。梅崎（2011），福永（2015）参照。
18) Das et al. (2015) は，ASEAN 関税同盟の具体的な段取りとして，① 10 カ国による関税同盟に移行する形に加え，② シンガポール以外の 9 カ国による「部分的関税同盟」（Partial Customs Union）という形を検討している。「ASEAN 関税同盟」に進む際の障壁については，福永（2013）参照。
19) この一環として，ASEAN 域内の最恵国待遇（MFN）規定の導入も検討されている。
20) ASW を担当するコンサルタントとの意見交換（2015 年 2 月 10 日）。
21) 例えば，民間事業者が他国政府を直接訴えることができる制度（ACT と呼ばれる）の復活が検討されている。第 26 回 ASEAN 首脳会議議長声明。
22) 2014 年には，ACIA 留保表改訂手続きを定める議定書が署名された。
23) 鈴木（2012）を参照。
24) クアラルンプール宣言では，ビジネスマンおよび熟練労働者の移動が特に言及されており，将来に向けて議論が深まる可能性がある。

25) 社会文化共同体ポスト2015ビジョンの策定に関し，ERIAが貢献していることが，第13回ASEAN社会文化共同体理事会共同閣僚声明に言及されている。

参考文献

ADBI (2014), *ASEAN 2030: Toward a Borderless Economic Community*, Tokyo: Asian Development Bank Institute.

ASEAN (2008), *ASEAN Economic Community Blueprint*, Jakarta: ASEAN Secretariat.

ASEAN (2009), *Roadmap for an ASEAN Community 2009-2015*, Jakarta: ASEAN Secretariat.

Asian Development Bank Institute (2014), *ASEAN 2030: Toward a Borderless Economic Community*, Tokyo: ADBI.

Das, S.B., Sen, R. and Srivastava, S. (2015), "AEC Vision Post-2015: Is an ASEAN Customs Union Feasible?", Working Paper No.2015-1, Singapore: Institute of Southeast Asian Studies.

Economic Research Institute for ASEAN and East Asia (2012), *Mid-Term Review of the Implementation of AEC Blueprint: Executive Summary*, Jakarta: ERIA.

Intal, P., Fukunaga, Y., Kimura, F., Han, P., Dee, P., Narjoko, D., and Oum, S. (2014), *ASEAN Rising: ASEAN and AEC Beyond 2015*, Jakarta: ERIA.

石川幸一・清水一史・助川成也編（2009）『ASEAN経済共同体』ジェトロ。

石川幸一・清水一史・助川成也編（2013）『ASEAN経済共同体と日本』文眞堂。

石川幸一・清水一史・助川成也・福永佳史（2014）「ASEAN経済共同体の進捗状況を評価する」『フラッシュ210号』国際貿易投資研究所。

梅崎創（2011）「ASEAN経済共同体を巡る最近の情勢」アジア経済研究所（http://www.ide.go.jp/Japanese/Publish/Download/Overseas_report/pdf/1109_umezaki.pdf）。

春日尚雄（2014）「AFTAの完成とASEAN域内企業立地の再編成―ベトナムトヨタの悩ましい「2018年問題」―」『フラッシュ208号』国際貿易投資研究所。

鈴木早苗（2012）「移民労働者問題をめぐるASEANのジレンマ」『ワールド・トレンドNo.205』アジア経済研究所。

福永佳史（2013）「2015年以後のASEAN経済統合の更なる深化に向けて」石川幸一・清水一史・助川成也編『ASEAN経済共同体と日本』文眞堂。

福永佳史（2015）「ASEAN経済共同体の進捗評価とAECスコアカードを巡る諸問題」『ワールド・トレンドNo.231』アジア経済研究所。

山影進編（2011）『新しいASEAN』アジア経済研究所。

（福永佳史）

第 3 部

ASEAN の産業と企業

第 12 章

ASEAN の自動車産業
―域内経済協力と自動車産業の急速な発展―

はじめに

　現在，ASEAN は世界の有力な成長センターとなり，ASEAN の自動車産業も急速に発展してきている。ASEAN では，成長とともに所得が上昇して自動車を購買できる中間層も急速に増大し，自動車の生産・販売・輸出も大きく拡大している。自動車産業は，ASEAN 各国にとってきわめて重要な戦略産業である。自動車産業は，完成車メーカーだけではなく，部品産業や素材産業など幅広い裾野産業を抱え，各国の経済発展にきわめて大きな影響を与えるからである。ASEAN 各国は，産業政策によって自動車産業を保護育成し，またタイやインドネシアに見られるように日本メーカーを中心に外資を導入しながら，自動車産業を急速に発展させてきた。そして 2013 年には ASEAN 主要 7 カ国で約 359 万台の自動車を販売し，ASEAN 主要自動車生産国の 5 カ国で約 444 万台の自動車を生産するようになった。2013 年の 5 カ国の生産台数は，インドの約 388 万台をも大きく上回っている。

　他方，ASEAN の域内経済協力も，早くから自動車産業の部品補完や国際分業を支援してきた。これまでの域内経済協力政策の中で，自動車部品補完など自動車に関する政策は，とりわけ重要な位置を占めてきた。他の域内経済協力に比べても，1988 年のブランド別自動車部品相互補完流通計画（BBC スキーム）に始まり，最も早くから着実に実践されてきたからである。そして ASEAN の現在の目標は，ASEAN 経済共同体（AEC）の実現である。

　また ASEAN 自動車産業において日系自動車メーカーの占める位置は大き

く，ASEANは日本の自動車産業にとっても，最重要な生産・販売拠点の1つである。そしてBBCスキーム，ASEAN産業協力（AICO），ASEAN自由貿易地域（AFTA）も，一貫して日系自動車メーカーのASEAN域内での部品の域内補完と自動車生産ネットワークの構築を支えてきた。その典型例は，トヨタ自動車（トヨタ）の革新的国際多目的車（IMV）プロジェクトであった。

現在，2015年末のAECの実現が迫っている。ASEANでは，AFTAにより2010年にはASEAN先行加盟6カ国ですでに自動車に関する関税が撤廃されており，CLMV諸国においても，遅くとも2018年1月1日には関税が撤廃される予定である。AFTAの完成とAECの実現は，ASEANの自動車産業にもきわめて大きな影響を与えるであろう。

本章では，これまでのASEAN域内経済協力の展開と自動車産業の発展について振り返りながら，現在のASEANの自動車産業とAECが与えるインパクトについて分析したい。ASEANの自動車産業は，本書第1部の経済発展と第2部の経済統合の両方に大きく関係している。先ずは，現在のASEAN自動車産業について概観することから始めよう。

第1節　現在のASEAN自動車産業

1. 世界金融危機後のASEAN自動車産業
　　―危機からの急回復と世界の成長センターへ―

本節では，世界金融危機後の現在のASEAN自動車産業について分析しよう。2008年からの世界金融危機は，ASEANとASEAN諸国にとっても打撃となり（第7章，参照），タイ，インドネシア，マレーシア，フィリピンの4カ国の販売台数は2008年の189.6万台から2009年には170.4万台へ，また生産台数も2008年の259.3万台から2009年に202.3万台へ減少した[1]。しかし他の世界各国に比べて，ASEAN各国経済は危機から急速に回復し，2010年には4カ国とも過去最高を記録した。ASEANは世界の有力な成長センターの1つとなり，成長と所得の向上による急速な内需の拡大が期待されるようになっている。

世界金融危機は，世界の自動車産業に対しても大きな転換を迫った。自動車各社は，中国やASEANのような新興国向け車や環境対応車へのシフトを急速に進めている。ASEAN各国も，タイの「エコカー政策」に見られるように，環境対応車の生産を促進するようになった。ASEANにおける自動車と部品の生産は，危機後のASEAN内の需要の拡大と新興国向けの輸出を含め，大きな可能性を有する。

またASEANにおいては，2015年のAECの確立を目指し，域内経済協力を深化させてきている。2010年1月1日には，AFTAによる先行6カ国の関税の撤廃がほぼ完成した。次節で見るように，タイなどASEAN各国のAFTAの利用，とりわけ自動車と自動車部品に関する利用も拡大してきている。自動車と自動車部品の域内国際分業は，さらに加速する可能性がある。また2010年1月1日には，ASEANを軸として日中韓，インド，オーストラリア，ニュージーランドとのFTA網が完成に近づいた。ただし，例えばASEAN中国自由貿易地域（ACFTA）では，自動車と自動車部品の関税の多くが撤廃の例外とされており，自動車と自動車部品に関しては，ASEAN域内の協力と統合が先行している。

2. 現在のASEAN各国自動車産業と自動車産業政策

ASEANにおける自動車生産と販売の分析に入る前に，ASEAN主要国の自動車産業の現状と最近の「エコカー政策」等の自動車産業政策について，簡単に触れておこう[2]。

(1) タイ

ASEANの自動車産業の核であるタイは，政情不安，アジア経済危機や世界金融危機，大洪水等の多くの影響を受けながらも，自動車生産と販売を大きく拡大させてきた。日系の主要なメーカーが生産を行っており，日系自動車メーカーの一大集積地となっている。また日系を含め2000社以上の第1次から3次の部品メーカーが集積している。販売では約90％を日系自動車が占め，日系メーカーの世界における重要な生産基地と市場である。また最近では年に100万台以上を輸出する自動車輸出国である。需要においては，1トン・ピッ

クアップトラックの需要が大きかったが，最近では乗用車の需要も増えてきている。

　タイにおいては，これまでも自動車産業政策によって自動車産業を保護育成してきたが，2007年1月に発表した最初の「エコカー政策」で，低燃費の乗用車への投資誘致と生産促進を図ってきた。その最初のモデルは日産自動車（日産）のマーチで，これまで日産，本田技研工業（ホンダ），三菱自工，スズキ，トヨタの日系5社が認可を受けて生産している。2013年10月には第2弾の「エコカー政策」を発表し，現在，日系5社とともにマツダ，フォード，GM，上海汽車の投資申請が認められている。

(2) インドネシア

　インドネシアは，ASEANで最大の人口を抱えながら成長を続け，生産と販売が大きく拡大してきている。インドネシアにおいても日系の主要なメーカーが生産を行っており，日系自動車メーカーの主要な生産基地と市場となっている。また日系を含め1000社以上の部品メーカーが集積している。販売では，タイを上回る約95％のシェアを日系自動車が占めている。また最近では20万台ほどを輸出している。需要においては，7人乗りなどのミニバンの需要が大きく，ミニバンを含めた乗用車の割合が大きい。

　自動車政策においては，2013年に「LCGC政策（低コストグリーンカー政策）」を発表し，タイと同様の政策を進めている。2014年までにダイハツ，トヨタ（生産はダイハツ），スズキ，ホンダ，日産の日系5社が認可され生産している。なお，タイとインドネシアの政策では，エンジン部品等の主要部品の現地生産が求められ，部品の現地化も促進される。

(3) マレーシア

　マレーシアは，他のASEAN各国と異なり，1980年代から独自の国民車を生産してきており，プロトン，プロデュア（ダイハツの資本が入っている）に代表される国民車の生産と販売の割合が大きい。ただし2000年代初めに80％以上を占めた国民車のシェアは下がっており，現在では45％程度である。完成車の輸出は2013年でも2万台程度である。自動車の需要に関しては，マ

レーシアの1人当たり所得が高いこともあり，乗用車中心でやや成熟した市場といえる。自動車政策においては，2014年1月に低燃費車生産を促進する「EEV政策」を発表し，第2国民車のプロデュアが認可され生産している。

(4) フィリピンとベトナム

フィリピンやベトナムの自動車生産と販売の規模は，上記3カ国に比べるときわめて小さい。フィリピンでは現在，販売に比べ生産が半分以下で輸入車が多く，AFTAによる関税撤廃の影響を受けている。ベトナムも日系を含め自動車生産を行っているが，今後，AFTAによる関税の撤廃の影響を受けることが予想される。

(5) シンガポール・ブルネイ・カンボジア・ラオス・ミャンマー

シンガポールとブルネイは自動車生産を行っておらず，自動車販売の規模も小さい。ただし1人当たり所得がASEANでは最も高く，高級車が売れる市場である。カンボジア，ラオス，ミャンマーでは，まだ自動車販売の規模はきわめて小さく，同時に販売のほとんどが輸入車である。

第2節　2013年と2014年のASEANの自動車生産・販売・輸出

1. 2013年と2014年のASEAN自動車生産—タイとインドネシアの優位—

最近のASEANの自動車生産を見てみよう。タイ，インドネシア，マレーシア，フィリピン，そして1995年にASEANに加盟したベトナムの主要な自動車生産国5カ国の自動車生産台数は，ASEAN各国の成長にともない急速な拡大が続いてきた。2010年には310.2万台であったが，2011年にはタイの洪水の影響があり299.5万台に減少したものの，2012年には423.8万台，2013年には443.9万台に拡大した。ただし2014年にはタイの生産減少により398.5万台に減少している（第12-1図参照）[3]。

2013年の生産状況を見ると，2012年の423.8万台から443.9万台へ4.8％増加し，過去最高を更新した。それらのうち，タイが245.7万台，インドネシア

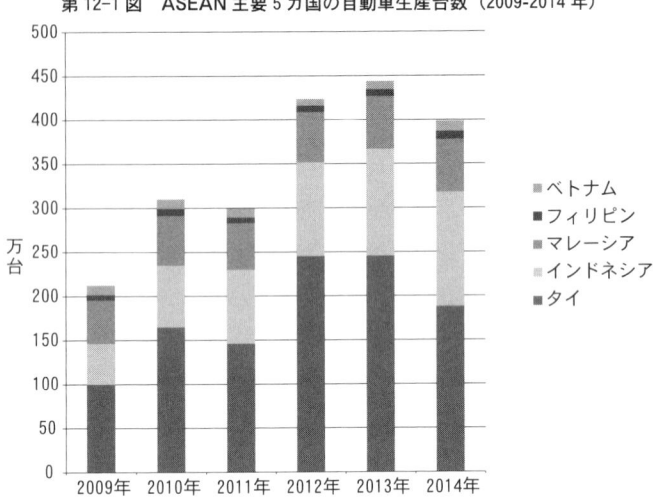

250　第3部　ASEAN の産業と企業

第12-1図　ASEAN 主要 5 カ国の自動車生産台数（2009-2014 年）

■ベトナム
■フィリピン
■マレーシア
■インドネシア
■タイ

（出所）　FOURIN（フォーイン）『アジア自動車調査月報』2015 年 2 月号，23 頁から作成。
（注）　各国自動車工業会資料等より FORIN 作成。

が 120.8 万台，マレーシアが 60.1 万台，フィリピンが 7.9 万台，ベトナムが 9.4 万台であった[4]。シェアを見ると，タイが 55.4％，インドネシアが 27.2％で，タイとインドネシアで 82.6％を占めた。また第 3 位のマレーシアが 13.5％で，タイとインドネシアとマレーシアの 3 国で 96.1％を占めた。

2014 年の生産状況を見ると，5 カ国合計で 398.4 万台へと大きく減少した。特にタイが 188.0 万台と大きく減少し，インドネシアが 129.9 万台と 7.5％増で，マレーシアが 59.6 万台と微減，フィリピンは 8.9 万台へと拡大，ベトナムも 12.1 万台と拡大した[5]。2014 年のシェアでは，タイとインドネシアで 79.8％，タイとインドネシアとマレーシアの 3 国で 94.7％を占め，依然として圧倒的である。

2. 2013 年と 2014 年の ASEAN 自動車販売―タイとインドネシアの優位―

次に販売を見てみよう。タイ，インドネシア，マレーシア，フィリピン，ベトナム，シンガポール，ブルネイの ASEAN の主要 7 カ国の自動車販売台数は，ASEAN 各国の成長にともない拡大が続き，2010 年から過去最高を更新

して 2013 年に 359.2 万台に達した。しかし 2014 年には，とりわけタイが，政情不安や 2011-12 年度に実施した「ファーストカー購入政策」（初めて自動車を購入する消費者に物品税を払い戻す政策）による需要の先食いの影響があり，販売が大きく落ち込み，ASEAN 主要 7 カ国で約 324.9 万台となった（第12-2 図参照）[6]。

2013 年の販売状況を見ると，2012 年の 351.3 万台から 359.2 万台へ 2.3%増加し過去最高を更新した。国別では，タイが 133.1 万台，インドネシアが 123.0 万台，マレーシアが 65.6 万台，フィリピンが 21.3 万台，ベトナムが 11.1 万台，シンガポールが 3.4 万台，ブルネイが 1.9 万台であった。シェアを見ると，タイが 37.1%，インドネシアが 34.1%で，タイとインドネシアで 71.3%を占めた。また第 3 位のマレーシアが 18.3%で，タイとインドネシアとマレーシアの 3 国で 89.6%を占めた[7]。他の ASEAN 各国の販売シェアは小さく，ASEAN の自動車販売は，上位 2 カ国の販売に大きく左右される。この 2013 年の販売状況が，現在の ASEAN の自動車販売状況をよく反映している。

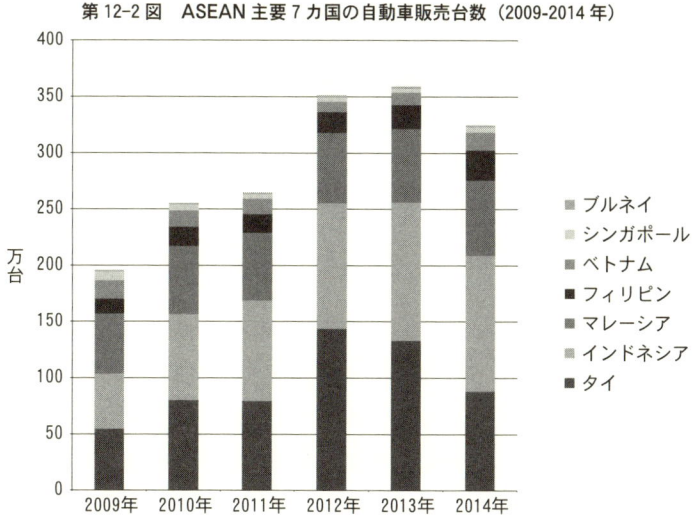

第12-2 図　ASEAN 主要 7 カ国の自動車販売台数（2009-2014 年）

(出所)　FOURIN（フォーイン）『アジア自動車調査月報』2015 年 2 月号，22 頁から作成。
(注)　各国自動車工業会資料，AAF 資料等より FORIN 作成。

2014年の販売状況を見ると，7カ国合計で324.9万台へと大きく減少した。特にタイが88.2万台と大きく減少し，インドネシアが120.8万台と微減で，マレーシアが66.6万台と微増，フィリピンは26.9万台へと拡大，ベトナムも15.8万台と拡大，シンガポールも47.0万台と拡大，ブルネイが1.8万台と微減であった[8]。2014年のシェアでは，タイとインドネシアで64.3%，タイとインドネシアとマレーシアの3国で84.8%を占め，依然として圧倒的である。2015年も販売は不振が続いているが，ASEAN自動車販売は長期的には拡大を続けるであろう。

3. 日系自動車メーカーの優位

ASEAN自動車販売においては，日系ブランドが80%を越え，圧倒的シェアを握っている。規模の小さいブルネイを除くASEAN主要6カ国において，日系ブランドのシェアは，2013年に85.2%，2014年にも84.1%である。特にインドネシアでは，2013年に95.5%，2014年に96.2%と圧倒的で，タイにおいてもそれぞれ89.4%，89.2%と圧倒的である。またトヨタのシェアは，2013年に30.5%，2014年に29.9%ときわめて大きく，マレーシアとシンガポールを除くASEAN主要国でそれぞれ30%を越えるシェアを有する。続けてダイハツが2013年に10.5%，2014年に11.9%，ホンダがそれぞれ10.5%，11.4%，いすゞが7.4%，6.9%，三菱自工が7.1%，6.7%，スズキが6.3%，5.9%，日産が6.2%，5.4%である。その他のメーカーでは，マレーシアのプロトンが2013年に3.9%，2014年に3.6%，フォードがそれぞれ2.6%，3.1%，GMが2.4%，1.6%，起亜が1.2%，1.6%ときわめて小さい[9]。なお，生産においては，輸出を含めさらに日系メーカーが優位となっている。

ASEAN市場は，日系メーカーにとって日本や北米と並ぶ最重要市場である。中国市場と比べても，中国市場は規模が大きいが日系ブランドのシェアが小さいため，日系企業にとっては，ASEAN市場と中国市場はほぼ同等の300万台クラスの市場であり，ASEAN市場は最重要な巨大販売市場である。

ASEAN市場では，タイでは1トン・ピックアップトラック，インドネシアではミニバン，マレーシアでは乗用車の需要が大きいというように，それぞれに需要が異なっている。日系メーカーは，各国のそれぞれ異なる需要に対応し

てきており，1トン・ピックアップトラックやミニバン，小型乗用車で大きなシェアを有する。また部品や素材の現地調達を拡大して低コストの現地生産を達成しながら，AFTA 等により完成車と部品の輸出入においても関税等での恩典を獲得してきている。さらに低燃費の小型乗用車においては，最近のタイの「エコカー政策」やインドネシアの「LCGC 政策」によって，税の優遇を受けている。また ASEAN 市場では，シェアの大きさゆえに価格競争でも優位にあるといえる。

4. ASEAN 自動車産業の輸出拠点化―タイとインドネシアの輸出拠点化―

ASEAN の自動車生産と販売を比べてみると，生産が販売を上回っており，これらの差は主として輸出を反映している。とりわけタイでは，2013 年の販売が 133.1 万台に対して生産は 245.7 万台，2014 年にも販売が 88.2 万台に対して生産は 188.0 万台であった。

ASEAN では，2005 年頃から販売を生産が上回り，輸出が拡大してきた。それは 2004 年からトヨタの IMV がタイとインドネシアで生産開始され，タイやインドネシアからの IMV の輸出が拡大してきたことを反映する。また 2010 年にはタイで日産の小型乗用車のマーチが生産開始され，ASEAN 各国や日本への輸出が拡大してきたことにもよる。

ASEAN における主要な自動車輸出国のタイは，2000 年代半ばから ASEAN の輸出拠点となり，2013 年に自動車輸出が 112.1 万台に達し，2014 年においても，国内販売と生産が大きく縮小する中で，輸出は 112.2 万台と若干ではあるが拡大した。2013 年の輸出では，乗用車が 39.2 万台，1 トン・ピックアップトラックが 67.0 万台である。トヨタの IMV などの 1 トン・ピックアップトラックが大きな割合を占めるが，マーチなどの乗用車の輸出も拡大している。2014 年の輸出は，乗用車が 41.3 万台，1 トン・ピックアップトラックが 64.5 万台であった[10]。

インドネシアにおいても，2013 年には販売が 123.0 万台で生産が 120.8 万台だが，2014 年には販売が 120.8 万台で生産が 129.9 万台と，販売を生産が上回った。輸出に関しては，トヨタの IMV の輸出が始まった 2004 年には 1 万台弱であったが，2008 年に 10 万台を越え，2013 年には約 17 万台，2014 年度に

は約20万台に達し,インドネシアもASEANの輸出拠点となりつつある[11]。
　輸出の拡大においては,次節で見るようにAFTAなどによる関税削減の効果も大きい。今後,さらにAFTAとAECの実現,ASEAN+1などのFTAの整備が進められ,輸出が拡大するであろう。輸出の拡大と生産の拡大は,ASEAN経済全体の成長を導くであろう。

第3節　ASEAN域内経済協力と自動車産業

1. ASEAN域内経済協力とBBCスキーム

　本節では,AECの実現に至るASEANの域内経済協力と自動車産業の急速な発展を見ていくことにしよう[12]。ASEANは,1976年の第1回首脳会議と「ASEAN協和宣言」より域内経済協力を開始した。1976年からの域内経済協力は挫折に終わったが,プラザ合意を契機とする世界経済の構造変化を基に,1987年の第3回首脳会議を転換点として,「集団的外資依存輸出指向型工業化戦略」による域内経済協力へと転換した(第7章,参照)。この戦略のもとでの協力を体現したのは,日本の三菱自動車工業(三菱自工)がASEANに提案して1988年に調印された,ブランド別自動車部品相互補完流通計画(BBCスキーム)であった。BBCスキームは,ASEANの域内経済協力の中でも最も早くから着実に実践されてきた協力でもあった。

　当時のタイ,インドネシア,マレーシア,フィリピンの4カ国における販売台数は,1988年には約41万台だったが,1995年に約137万台,1996年には約145万台へと急速に拡大していた。このASEAN市場の中で日系自動車メーカーのシェアは圧倒的であり,例えば最大のタイ市場で90%以上のシェアを占めてきた。自動車産業は多くの裾野産業を有し域内各国経済に大きな影響力を持つため,ASEAN各国は自動車産業を成長のための戦略産業として保護育成し,完成車の輸入に障壁を設けるとともに国産化義務づけ等により,完成車並びに部品の国産化を目指した。日系を中心とする外資系メーカーは,各国に合弁の形態で直接投資を行い,自動車の生産と販売を行ってきたが,その際,部品の国産化規制をクリアーしながら二重投資を避け,同時にスケールメ

リットを発揮して生産を行うことを模索してきた。BBC スキームは，この状況に適合するものであった。

2. BBC スキームの内容と実践

　三菱自工の提案と 1987 年からの ASEAN 域内経済協力の変化を基に，1988 年 10 月の第 20 回 ASEAN 経済相会議において「BBC スキームに関する覚書」が調印された。BBC スキームは，各メーカーのブランド内における部品の ASEAN 各国間補完流通を目的とし，各外資系メーカーが部品の集中生産とその域内流通を行うことを，ASEAN が制度化するものであった。それはまた，各外資系メーカーと関与して国産化を進めていた ASEAN 各国の意向にも沿うものであった。BBC スキームによって，各メーカーには，「特典」として ① 部品の国産化認定と ② 最少 50％ の特恵（関税のカット）が与えられた。ただし「必要条件」として，BBC 製品の ASEAN 各国における付加価値は 50％ 以上とされた。

　BBC スキームは，三菱自工，トヨタ，日産等により実践されてきた。三菱自工は，当初より BBC スキームにイニシアチブを発揮し，BBC スキーム構想が動き出した 1987 年より ASEAN 各国間部品補完を始め，その認可と同時に同スキームに乗せてきた。マレーシアからタイへのランサー用ドア・フルセットの流通やフィリピンからタイへのトランスミッション並びに同部品の補完などであった。

　トヨタは，さらに大規模に相互補完と集中生産とを行ってきた。トヨタは ASEAN 各国に生産拠点を有し乗用車・商用車の生産を行ってきたが，ASEAN 域内での部品の相互補完と集中生産のために，1990 年には新たにトヨタ・オートパーツ・フィリピン（TAP）とマレーシアの T&K オートパーツを設立した。そして 1992 年からはフィリピンの TAP で集中生産したトランスミッションをタイ，マレーシア，インドネシアへ，同じくマレーシアの T&K オートパーツで集中生産したステアリングギアをタイ，フィリピン，インドネシアへ，BBC スキームを使いながら補完し，ASEAN 域内での部品補完は急速に拡大した。

3. AICO・AFTAと自動車部品補完

　ASEANの域内経済協力は，1991年から生じたASEANを取り巻く政治経済構造の歴史的諸変化から新たな局面を迎えた（第7章，参照）。これらの変化を受け，さらに域内経済協力の深化と拡大が迫られた。1992年にはAFTAに合意し，1993年から関税の切り下げを開始した。AFTAは，「AFTAのためのCEPT協定」により，適用品目（IL）を，当初は2008年までに0～5％に引き下げる構想であった。

　またBBCスキームは，AFTAに対応した新たなスキームへの転換を迫られた。同時に各国自動車産業は，先進国やWTOにより保護撤廃と市場開放を迫られてきた。こうしてBBCスキームのAFTAへの統合と自動車と自動車部品のAFTAへの編入が焦点となり，1996年4月のASEAN非公式経済相会議で「AICOスキームに関する基本協定」が調印され，同年11月に発効した。他方，冷戦構造の変化を契機に，1995年にはベトナムがインドシナ諸国で初めてASEANに加盟し，1997年にはラオス，ミャンマーが加盟，1999年にはカンボジアも加盟した。

　「AICOスキームに関する基本協定」によると，AICOの目的は，工業部門の基礎の強化や域内投資の拡大とともに，域外からの投資の促進である。製品の範囲は自動車に限定されず，原産地規則もBBCスキームの場合（50％以上）よりも条件が緩くなった。AICO製品に対しては「特典」として，①関税0～5％の範囲で各加盟国が決定する特恵譲許，②国産化認定，③非関税恩典の特典が与えられ，BBCスキームに比べ恩典も拡大した。しかし，各個のAICOの決定権はASEAN各国に委ねられており，認可は各国の利益を反映した。また実際の認可の際に貿易のバランスが考慮され，不均衡の際には認可されない場合があった。

4. アジア経済危機とAICO・AFTA

　1997年半ばからは，ASEAN経済並びにASEAN自動車産業を揺るがす，アジア経済危機が発生した。90年代に急速に成長していたASEAN各国では，成長率が鈍化さらにはマイナスとなった。またASEANにおける需要の減退は顕著であり，インドネシア，マレーシア，フィリピン，タイの4カ国の合計

の自動車販売台数は，1996年まで拡大を続け同年に144.7万台となったが，1997年には129.9万台へと減少し，1998年には65.6%減の44.6万台へと激減してしまった[13]。

AICOスキームは，1996年11月の受付開始以来1年以上認可が降りなかったが，アジア経済危機のもと，1998年に入ってから認可が下りるようになった。1999年8月時点で30件が認可され，そのうち自動車部品関係が23件となった。2003年2月時点では101件が認可され，そのうち90件は自動車関連であった。トヨタが27件，ホンダが26件と過半を占め，他にデンソー7件，日産5件，三菱自工2件等であった[14]。

5. AECへ向けての域内経済協力の深化と自動車産業

2003年10月第9回ASEAN首脳会議の「第2ASEAN協和宣言」は，域内経済協力をさらに深化しAECを実現することを宣言した。アジア経済危機を契機に，ASEANを取り巻く世界経済・東アジア経済の構造が大きく変化したからであった（第7章，参照）。AECは，2020年（現在では2015年末）までに物品・サービス・投資・熟練労働力の自由な移動に特徴づけられる単一市場・生産基地を構築する構想であった。

AECの柱であるAFTAの確立も加速を迫られ，当初は各国がAFTAから除外してきた自動車と自動車部品も，徐々に適用品目に組み入れられてきた。最後まで除外してきたマレーシアも，2004年にはそれらを適用品目へ組み入れ関税を引き下げ，2007年には関税を5%以下に引き下げた。「第2ASEAN協和宣言」に基づき，2004年11月に調印された「ASEAN優先統合分野枠組み協定」も，自動車分野を対象として優先的に関税を引き下げることを求めた。

一方，AICOに関しては2004年4月のASEAN非公式経済相会議で，付与する関税率をシンガポール，マレーシア，インドネシア等6カ国で撤廃することに合意し，AFTAに比較して一定の優位を得た。AICOは，2008年9月時点では150件が認可されていた。そのうち134件が自動車関連であった。トヨタが33件，ホンダが51件，デンソーが12件，ボルボが8件，日産が7件等であり，日系自動車メーカー・部品メーカーの利用が大勢を占めた[15]。

ASEAN各国の自動車販売・生産は，アジア経済危機から回復し，タイ，イ

ンドネシア，マレーシア，フィリピンの4カ国の販売台数は1998年の44.6万台から2007年には167.1万台，2008年には189.6万台へ，また生産台数は1998年の41.9万台から2007年に220.5万台，2008年に259.3万台へと大きく拡大した[16]。AICOはこれらの生産を支援してきた。

　第1節で見たように，2008年からの世界金融危機は，ASEANとASEAN諸国にとっても打撃となり，2008年から2009年にかけて販売台数も生産台数も減少した。しかし他の世界各国に比べてASEAN各国経済は危機から急速に回復し，2010年には販売と生産は過去最高を記録した。

　AFTAの関税率の引き下げとともに，AICOからAFTAへの切り換えが進められ，2011年にはAFTAに切り換えられた。AFTAに関しては，例えばタイのASEAN各国向けの輸出に占めるAFTA利用率も拡大し，2008年や2010年のインドネシア向け輸出では6割を越えた。その後2011年から2012年には大洪水の影響で利用率が低下したものの，2013年上期には60.3％に回復した。またタイのAFTAの利用上位品目は自動車関連品目が多く，毎年AFTA利用輸出額上位5品目をほぼ独占し，例えば2013年上期には，1位の商用車，2位の乗用車（ガソリン／1から1.5L）など，上位5品目すべてが自動車関連品目であった[17]。

　以上のように，ASEAN域内経済協力政策であるBBC，AICO，AFTAによって，自動車産業のASEAN全体の自動車部品補完・生産ネットワーク形成が支援されてきた。そして各社は，主要な部品補完を基に，ASEAN大での自動車生産を進めてきた。次節では，ASEAN域内経済協力と自動車部品補完・ASEAN生産ネットワーク形成を示す典型例である，トヨタ自動車のIMVプロジェクトについて見てみよう。

第4節　ASEANにおける自動車生産ネットワーク—トヨタ自動車のIMVと自動車部品補完・生産ネットワーク—

1. トヨタ自動車IMVプロジェクトとその特徴

　トヨタの革新的国際多目的車（IMV）プロジェクトは，これまでの域内経

済協力の支援の延長にあり，ASEAN 域内経済協力と自動車部品補完・生産ネットワーク形成の典型的な例である[18]。IMV は，最初に 2004 年 8 月にタイで生産開始した，1 トン・ピックアップトラックベース車を部品調達から生産と輸出まで各地域内で対応するプロジェクトである。日本にベースとなる車種とマザー工場を持たず，日本製部品にほとんど頼らない。また生産の多くを輸出する。そしてこれまでの域内での部品の集中生産と補完を基に，域内分業と現地調達を大幅に拡大し，多くの部品をタイと ASEAN 各国で生産している。

IMV プロジェクトの経緯としては，第 1 に，アジア経済危機に対応して計画された。経済危機によりタイでは生産が約 70％減となってしまい，部品生産を含めタイで生産を存続させるために，ピックアップトラックの集中生産と輸出を計画した。第 2 に，タイの自動車産業に対する優遇政策もきっかけとなった。そして第 3 に，それまでの ASEAN 域内経済協力の展開とそれに対応した部品補完の蓄積が，IMV プロジェクトを後押ししたのである。

IMV は，ピックアップトラック「ハイラックス」とアジア専用ミニバン「TUV」（インドネシアのキジャン等）の後継の統合モデルである。新たに開発した車台を使い，ピックアップトラック（タイでは「ハイラックス・ヴィーゴ」）を 3 種（シングルキャブ，エクストラキャブ，ダブルキャブ），ミニバン（「イノーバ」），SUV（「フォーチュナー」）の計 5 車種を製造している。タイ，インドネシア，南アフリカ，アルゼンチンの 4 カ国が IMV の主要生産拠点で，そこからアジア，ヨーロッパ，アフリカ，オセアニア，中南米，中近東に供給する。4 つの生産拠点の中でも世界最大の生産拠点が，タイである。

2. IMV の生産と輸出

トヨタは ASEAN 各国に生産拠点を有するが，IMV に関してはタイとインドネシアを主力生産拠点とし，マレーシア，ベトナム，フィリピンでも生産を行っている。タイは，IMV の最大の生産拠点であり，ピックアップトラックと SUV のマザー工場である。また IMV 用のディーゼル／ガソリンエンジンの世界供給拠点である。インドネシアはタイに次ぐ IMV の拠点であり，ミニバンのマザー工場である。また IMV 用のガソリンエンジンの世界供給拠点で

ある。

　最大の拠点のタイでは，例えば2010年には43.5万台を生産した。2010年のタイの自動車生産台数のうち，トヨタ自動車の生産台数は63.1万台で38.3%を占め，IMVの生産台数（43.5万台）だけで，タイの商用車生産台数の39.9%，全自動車生産台数でも26.5%を占めた。なお，IMVに関しては，インドネシアでも2010年に8.8万台を生産した。部品の現地調達率に関しても，タイでIMV以前の現地調達率は約60%程度であったが，IMVのタイの主要モデルの調達率（トヨタの調達）は約90%を達成した。またインドネシアのモデルでも約80%を達成してきた。

　IMVプロジェクトでは輸出も大きな特徴であり，前例がない。輸出では，例えばタイから2010年には27.1万台を輸出していた。2010年におけるIMVの生産に占める輸出の割合は，62.3%に達した。またインドネシアからも2010年には2.7万台を輸出した。

3. IMVの自動車と部品補完並びに部品メーカーの部品補完の拡大

　トヨタは，これまでBBCスキームにはじまりASEAN域内経済協力スキームを利用して，ASEAN域内における主要部品の集中生産と補完による生産体制を構築してきた。IMVにおける集中生産と補完は，これまでのそれらをより発展させたものである。IMVの主要部品に関しては，ディーゼルエンジンをタイで，ガソリンエンジンをインドネシアで，マニュアルトランスミッションをフィリピンとインドで生産し補完している。同時に世界各国へも輸出している。また完成車もASEAN域内で補完し，かつ世界各国へ輸出している（第12-3図参照）。そしてIMVに関するASEAN域内補完に関しては，AFTAを利用している。先述した現地調達率においても，インドネシアでは約80%，マレーシア，フィリピンでは約40%であるが，タイからの調達を含めてASEAN調達で見ると約90%と高くなっている。ASEAN域内での主要部品の集中生産と相互補完流通の成果である。

　IMVプロジェクトにともない，部品各社もASEAN各国での生産や投資と部品補完を拡大した。デンソーは，ASEAN域内ではタイ，インドネシア，マレーシア，フィリピン，ベトナムに製造会社を有して事業展開し，AICOや

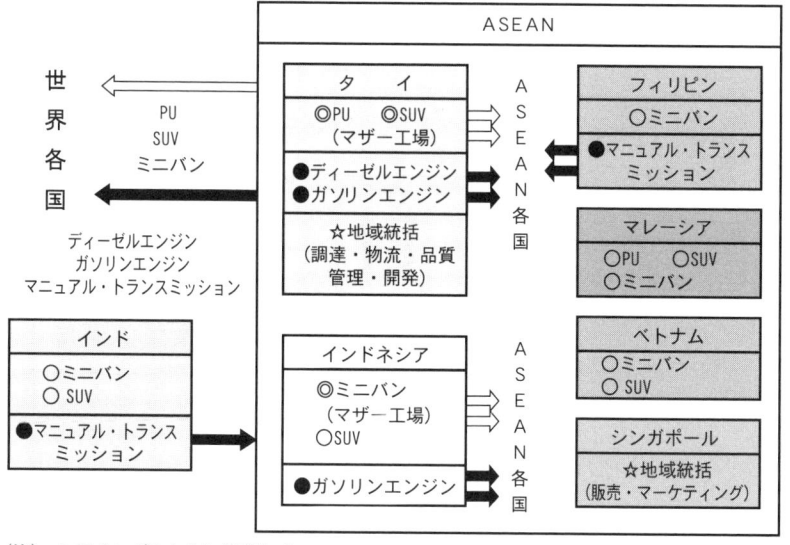

第 12-3 図　トヨタ自動車 IMV の主要な自動車・部品補完の概念図

```
                      ┌─────────────── ASEAN ───────────────┐
                      │  ┌──────タイ──────┐ A               │
世          PU        │  │ ◎PU　◎SUV     │ S  ┌─フィリピン─┐ │
界          SUV       │  │ （マザー工場） │ E  │ ○ミニバン   │ │
各 ←────── ミニバン   │  │ ●ディーゼルエンジン│ A  │ ●マニュアル・│ │
国                    │  │ ●ガソリンエンジン │ N  │ トランス    │ │
                      │  │ ☆地域統括      │ 各  │ ミッション  │ │
    ディーゼルエンジン │  │ （調達・物流・品質│ 国  └───────────┘ │
    ガソリンエンジン   │  │ 管理・開発）    │     ┌─マレーシア─┐ │
    マニュアル・トランスミッション│ └──────────────┘ │ ○PU　○SUV  │ │
                      │                        │ ○ミニバン   │ │
  ┌─── インド ───┐    │                        └───────────┘ │
  │ ○ミニバン    │    │  ┌─インドネシア─┐ A                  │
  │ ○SUV         │────│  │ ◎ミニバン    │ S  ┌─ベトナム──┐  │
  │ ●マニュアル・│    │  │ （マザー工場）│ E  │ ○ミニバン  │  │
  │ トランス     │    │  │ ○SUV         │ A  │ ○SUV      │  │
  │ ミッション   │    │  │               │ N  └──────────┘  │
  └──────────────┘    │  │ ●ガソリンエンジン│ 各  ┌─シンガポール─┐│
                      │  └──────────────┘ 国  │ ☆地域統括     ││
                      │                        │ （販売・マーケティング）││
                      │                        └─────────────┘│
                      └──────────────────────────────────────┘
```

（注）ヒアリングをもとに筆者作成。
（出所）清水 (2011), 73 頁。

AFTA を利用しながら，ASEAN 域内を中心に一部インドも含めて，熱機器，電気・電子，パワートレイン製品・部品等を補完してきており（第 12-4 図参照），IMV の生産の拡大に伴い，部品の生産と補完も急速に拡大した。

以上のように，IMV プロジェクトは，トヨタの自動車と部品の集中生産と相互補完だけではなく，1 次部品メーカーの代表であるデンソーの部品の集中生産と相互補完をも拡大し，1 次部品メーカー，2 次部品メーカーや素材メーカーを含め，ASEAN における重層的な生産ネットワークを拡大してきている。ASEAN 域内経済協力と生産ネットワークから見ても，域内協力政策と企業の生産ネットワーク構築の合致であり大きな成果といえる。また ASEAN 内の生産の拡大や現地調達，技術向上も促進されてきている。IMV は，2015 年 5 月から新モデルの生産が開始された。今後，さらに生産と輸出，現地調達と部品補完が拡大するであろう。

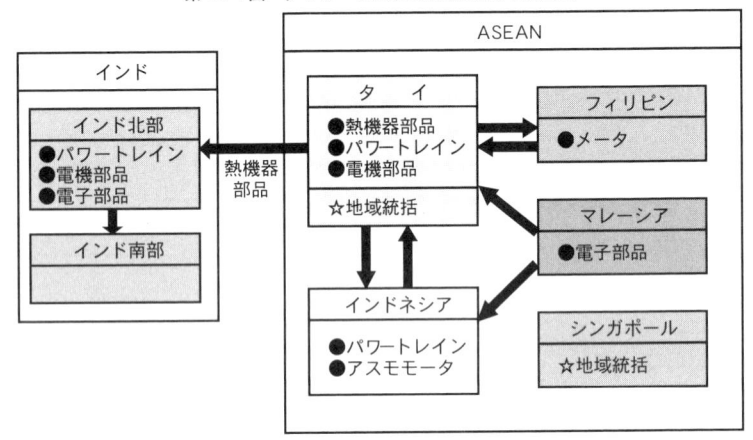

262　第3部　ASEANの産業と企業

第12-4図　デンソーの主要な部品補完の概念図

```
┌─インド──────────┐  ┌─ASEAN──────────────────────────┐
│ ┌─インド北部──┐ │  │  ┌─タイ────────┐    ┌─フィリピン──┐  │
│ │●パワートレイン│ │  │  │●熱機器部品   │◄──►│●メータ    │  │
│ │●電機部品   │ │  │  │●パワートレイン │    └────────┘  │
│ │●電子部品   │ │←─┤  │●電機部品    │    ┌─マレーシア──┐  │
│ └────────┘ │熱機器│  │            │◄──►│●電子部品   │  │
│     ↓     │部品 │  │ ☆地域統括    │    └────────┘  │
│ ┌─インド南部──┐ │  │  └────────┘                  │
│ │          │ │  │      ↕                         │
│ └────────┘ │  │  ┌─インドネシア──┐   ┌─シンガポール─┐  │
└───────────┘  │  │●パワートレイン │    │☆地域統括   │  │
                  │  │●アスモモータ  │    └────────┘  │
                  │  └────────┘                     │
                  └──────────────────────────────┘
```

（注）　ヒアリングをもとに筆者作成。
（出所）　清水（2011），74頁。

第5節　AECが自動車産業に与えるインパクト

　現在，ASEAN は，2015年末の AEC の実現を目指している。AFTA の確立を含めた AEC の実現は，ASEAN の自動車産業にさらに大きなインパクトを与えるであろう。2010年1月1日には，AFTA による先行6カ国による関税の撤廃がほぼ完成した。自動車産業の発展とともに，自動車と自動車部品の域内国際分業がさらに加速してきている。ただし，タイとインドネシアに自動車産業がさらに集積してきており，タイとインドネシアから完成車と部品を輸出する可能性が大きくなっている。タイとインドネシアが，相互に得意な車種を一層集中生産して域内へ輸出する可能性もある。

　他方，2010年1月の関税撤廃はフィリピンの自動車産業に負の影響を与え，タイなどからの自動車輸入が拡大している。経済統合の進展は，全体のパイを拡大するが，常に各国間の分配の問題を発生させる可能性がある。ASEAN にとっては，域内での分配問題や格差問題を抱えながら，どのように協力・統合

を深化させていくことができるかが課題である。

　2015年1月1日には，CLMV諸国においても，一部を除いて関税が撤廃された。ただし7％の品目に関しては2018年1月1日まで撤廃が猶予されており，ベトナムでは自動車と自動車部品の撤廃を猶予している。ベトナムでは，2015年には50％掛かっている完成車の関税が撤廃されると，ベトナムで生産する自動車よりも輸入車の方が安くなる可能性があり，2018年1月1日の関税撤廃によって各社がベトナムでの生産を維持できるかが問われている。ベトナムでの生産の維持は，ベトナム政府がどのような自動車政策を採るかにも関わるであろう。また各メーカーにとっては，ベトナムでの長期的な需要の拡大を考えながら，少数の車種の生産を残すことも検討されるであろう。

　現在のASEANでは，「タイ・プラス・ワン」のような新たな域内国際分業が拡大してきていることも注目される。タイなどの主要国の賃金が上昇し失業率がきわめて低下しているからである。自動車産業においても，矢崎総業，トヨタ紡織，デンソーなどの例があげられる。例えば矢崎総業は，2012年12月にタイ国境に近いカンボジアのコッコン経済特区でワイヤーハーネスの分業工場を稼働させ，タイ工場を補完している。最終的な納入先は，トヨタや三菱自工のタイ工場である[19]。新たな域内国際分業は，CLMV諸国の自動車部品産業を発展させるであろう。そしてこれらの新たな域内国際分業は，関税の撤廃や貿易の円滑化，輸送インフラの整備などのAECの実現によって支援されるであろう。

　ASEANは，日系メーカーにとって世界で最重要な生産基地の1つである。これまでのASEANの域内経済協力も，日系メーカーの国際分業と生産ネットワークの拡大を支援してきた。またASEAN市場は，日系メーカーにとって，日本や北米，そして中国と並ぶ最重要市場である。そのシェアも圧倒的である。ただし，現在，関税が撤廃される中で，ダイムラー，BMW，VW（フォルクスワーゲン），GM，フォード，奇瑞などが参入して競争が激しくなりつつある。AECが確立する中で，これまでの優位を保ち続けることができるかが問われてきている。

　なお，ASEANにおける自動車の生産や1次部品生産においては，日系企業による生産が大きな割合を占めてきているが，今後，ASEANにおける自動車

生産・販売・輸出の拡大が，ASEAN 各国の成長を牽引するとともに，域内における現地調達を拡大し，また技術移転を促進することにより，現地部品産業を含めた ASEAN の自動車産業全体を発展させることが期待される。

おわりに

　本章では，ASEAN の自動車産業の発展を ASEAN 域内経済協力とともに，考察してきた。ASEAN の自動車産業は，ASEAN 各国の発展とともに大きく発展してきた。同時にBBC スキームに始まる ASEAN の域内経済協力が，日系メーカーを中心とする自動車産業における国際分業と生産ネットワークの拡大を支援してきた。その典型はトヨタの IMV プロジェクトであった。

　現在，世界金融危機後の世界経済の変化の中で，ASEAN は世界の有力な成長センターの1つとなり，自動車の生産・販売・輸出も大きく拡大してきている。そして AEC の実現は，ASEAN の自動車産業にさらに大きなインパクトを与えるであろう。

注
1) フォーイン『アジア自動車月報』2010年2月号，14頁。
2) 各国の自動車産業の状況に関しては，フォーイン（2015）の第2章等を参照。
3) フォーイン『アジア自動車月報』2015年2月号，23頁。
4) 同上。
5) 同上。
6) 『アジア自動車月報』2015年2月号，22頁。
7) 同上。
8) 同上。
9) フォーイン（2015），32〜35頁。
10) フォーイン（2015），84頁。
11) フォーイン（2015），100頁。
12) 以下，本節に関して詳細は，清水（2010, 2011），参照。また ASEAN 域内経済協力と BBC スキームに関して詳しくは，清水（1998），第5章を参照されたい。
13) フォーイン『世界自動車調査月報』1999年3月号，4頁。
14) ASEAN 事務局資料による。
15) ASEAN 事務局資料による。
16) フォーイン『アジア自動車月報』2010年2月号，14頁。
17) 助川成也（2013），50〜51頁。
18) 以下，本節の記述は，清水（2011）に基づく。詳しくは，清水（2010, 2011）を参照頂きたい。

19) フォーイン（2015），171頁。

参考文献

石川幸一・清水一史・助川成也編（2009）『ASEAN経済共同体―東アジア統合の核となりうるか』日本貿易振興機構（JETRO）。
石川幸一・清水一史・助川成也編（2013）『ASEAN経済共同体と日本』文眞堂。
上山邦雄編著（2014）『グローバル競争下の自動車産業』日刊自動車新聞社。
清水一史（1998）『ASEAN域内経済協力の政治経済学』ミネルヴァ書房。
清水一史（2010）「ASEAN域内経済協力と生産ネットワーク」，日本貿易振興機構（JETRO）『世界経済危機後のアジア生産ネットワーク―東アジア新興市場開拓に向けて―』。
清水一史（2011）「ASEAN域内経済協力と自動車部品補完―BBC・AICO・AFTAとIMVプロジェクトを中心に―」，『産業学会研究年報』，26号。
助川成也（2013）「物品貿易の自由化・円滑化に向けたASEANの取り組み」，石川・清水・助川（2013）。
野村俊郎（2015）『トヨタの新興国車IMV―そのイノベーション戦略と組織―』文眞堂。
フォーイン『アジア自動車月報』。
フォーイン（2011）『アジア自動車産業』フォーイン。
フォーイン（2012）『アジア自動車部品産業』フォーイン。
フォーイン（2014）『インドネシア自動車産業』フォーイン。
フォーイン（2015）『ASEAN自動車産業』フォーイン。

（清水一史）

第 13 章

ASEAN と電機電子産業
―めまぐるしく変化をする市場とアジア主要企業の対応―

はじめに

　この数年で日本の電機電子産業の行く末を案じる書籍，報告書が数多く出されている。ベストセラーともなった泉田（2013）は，米アップル社が IT 産業の産業構造を変えたことが大きいことを指摘している。CPU（中央演算装置），OS（オペレーティング・システム），検索ソフト，電子商取引システムなど，米企業を中心にそれぞれの「レイヤー」の覇者がいたにもかかわらず，アップルの各レイヤーを取り込む戦略に対して，自らも同様の垂直統合型の（囲い込み）事業戦略にシフトせざるを得なくなっている，という動きである[1]。そのため，事業の選択と集中を主戦略として進めてきた日本各メーカーは，オープン・イノベーションの波に乗れない悪循環に陥った状況であり，これが業績長期不振の一因であることは間違いないだろう。

　一方，電機電子産業の生産地としてのアジアは，日本メーカーの委託加工先としての ASEAN が先発して立ち上がり，オープン・ソースの流れで台湾系 EMS（電子機器受託生産企業）と生産地としての中国がそれに続く。さらには韓国メーカーの台頭と，EMS メーカーの活動範囲が OEM（相手先ブランド供給）から ODM（設計も含めた受託生産）に拡大するようになり，電機電子産業の参入障壁の低さもあり，そのようなメーカーの中から自社ブランドを持った中国地場企業などが数多く現れた。

　ASEAN においては，域内関税削減をもたらした AFTA の進展とサプライチェーンの最適化を支援するための ASEAN 連結性の強化による交通・輸送

の改善が続いている（第 10 章，参照）。また地理的な状況から，インド，中東などへの製造・輸出ハブとしての好位置にあり，2 国間 FTA，広域 FTA が進展することでその役割は高まると考えられる。中国における極端な生産の集中が行われてきた電機電子産業であるが，ASEAN への生産拠点の展開は ASEAN の消費市場の動向も見据えて今後増えると考えられる。

第 1 節　電機電子産業のアジア生産状況

1. 電機電子産業の特性と立地

　家電・電機，IT 機器産業（「電機電子産業」と称する）の多国籍企業は自動車産業と比べて多面性が際だっている。その事業は多種多様であり，国ごとにその事業展開が大きく異なる場合すらある。電機・電子機器，および部品，ソフト・ソリューションなどの ICT（情報通信技術）産業も含まれる。五味(2011) は，① 重電を起源とする E&E (Electric & Electronics) 型企業，② コンピュータ，通信を起源とする C&C (Computer & Communication) 型企業，③ 民生家電を起源とする AVCE (Audio Video Consumer Electronics) 型企業に分類できるとしている[2]。

　業種の特性として，自動車産業は資本集約的要素が強く，サプライヤーとの強固なヒエラルキーが形成されており集積密度も高い。それに対して，電機電子産業の生産拠点の立地は比較的自由であり，かつ生産拠点の移動についても自動車産業ほどの制約は少ない。ASEAN の中でもタイ，マレーシア，ベトナムなどには，グローバル企業から単独で進出した中堅企業，大手企業の下請けとして追随した零細企業までの幅広い電機電子産業が進出している。資本集約的裾野産業の集積をあまり必要とせず，環境の変化によって機動的に立地を変えることが比較的容易であることが自動車産業との大きな違いである。また自動車の製品サイクルは 5 年程度であるのに対して，電機電子産業では 3 カ月（半導体系）から 12 カ月（家電系）と短い。さらには市場への新規参入者も多いことから過当競争になりやすい業界である。かつ環境変化のスピードが極めて速いことがこの産業の特徴になっている。またアセンブルを中心とした労働

集約的工程が主となるが故に雇用人員も多く，進出した国からの撤退は往々にして当該国との政治的な摩擦を生み出す。これは自動車産業と同様であるが，特に大手企業にとっては自由な拠点移動の制約条件の1つとなっている。

2. 電機電子産業の品目別の概要

極めて多様性に富んだ電機電子産業の品目の中から，ここでは主な消費財を中心にその概要を見る。中間財にあたる電気，電子部品や，産業用，インフラ関連の機器などは除きたい。これらの品目の分類，カテゴリー分けも何通りか考えられる。デジタル機器と非デジタル製品，あるいは（白物）家電，情報機器，AV機器などといった用途別の分類もできる。また近年実用化，低価格化されている，照明に用いられる白色LEDは主要品目に加える必要があるだろう。

第13-1表から，世界の電機電子産業，エレクロニクス消費財の品目について，最終財の生産，組立が中国に圧倒的に集中していることが明らかである。日本における生産はデジタル一眼レフが約28％，白色LEDが約22％（2013年）[3]であるが，その他の品目はほとんど数％にとどまり，日本においてエレクトロニクス主要消費財の生産は現状ごくわずかになっている。そのような状況の下でも，品目別のトレンドは短期的要因で常に変化をしているのがこれらの製品の特徴と言える（以下生産台数は富士キメラ総研（2014）より2013年実績）。

(1) LCD－TV

技術革新の結果，薄型テレビは競合していたPDP（プラズマ型）が衰退し，LCD（液晶型）がほぼ市場に唯一残ることになった。しかし，すでに先進国市場では飽和が始まっており，中国市場も横ばいに入っている。日系メーカーによる生産は2700万台，これに対して非日系は1億9300万台にのぼっている[4]。最大の生産メーカーは韓国サムスン電子であるが，中国のTCL，TPV，Hisense（海信）といったメーカーが中国国内市場をバックにシェアを高めている。

第 13-1 表　主なエレクロニクス製品の世界生産台数とアジア生産国

製品名	世界生産台数（2014年見込）	2011年-2014年の増減率	中国生産比率	主な ASEAN 生産国
LCD－TV	22,700 万台	+4.6%	51.0%	マレーシア 840 万台 タイ 390 万台
コンパクトデジカメ	4,300 万台	-65.3%	66.0%	インドネシア 400 万台 ベトナム 215 万台
デジタル一眼レフ	1,800 万台	+17.6%	15.0%	タイ 520 万台
ルームエアコン	13,500 万台	+13.4%	77.1%	タイ 1,100 万台 マレーシア 350 万台
冷蔵庫	11,300 万台	+7.6%	57.2%	タイ 630 万台 インドネシア 525 万台
洗濯機	10,200 万台	+7.0%	48.5%	タイ 270 万台 インドネシア 55 万台
スマートフォン	128,600 万台	+166.0%	71.7%	ベトナム 1,220 万台 マレーシア 430 万台
デスクトップ PC	13,400 万台	-0.6%	66.1%	
ノート PC	16,600 万台	-22.8%	87.0%	
タブレット PC	32,500 万台	+345.8%	82.5%	
白色 LED	1,483 億個	+142.6%	43.1%	マレーシア 15 億個

（注）　中国生産比率と ASEAN 生産台数は 2013 年実績。
（資料）　富士キメラ総研『ワールドエレクロニクス市場調査』各年度版から筆者作成。

(2) コンパクトデジカメ

コンパクトデジカメは，スマートフォンに装備されているカメラ機能の利用増大のため，近年需要が急速に減少している。日系メーカーによる生産は2800 万台，非日系は 2600 万台と拮抗している。日系メーカーではキヤノン，ソニー，パナソニックなどであり，非日系では中国 Ability（佳能），韓国サムスン電子などとなっている。

(3) デジタル一眼レフ

コンパクトデジカメの衰退に比較し，高機能，高画質を備えた高級機であるデジタル一眼レフの需要がエントリー機を中心に伸びている。日系メーカーによる生産は 1570 万台であるのに対して，非日系は 160 万台にとどまっている。

日系メーカーではキヤノン，ニコン，ソニー，オリンパスなどであり，非日系では中国Ability（佳能）などである。ASEANにおける生産は，ニコン，ソニーがタイで行っていることからタイ生産が突出している。

(4) ルームエアコン

　白物家電の中では比較的成長率の高い製品である。日系メーカーによる生産は2600万台，非日系は1億300万台にのぼっている。日系メーカーでは，パナソニック，ダイキン，三菱が中国を主力拠点とし，ASEANではタイ，次いでパナソニックが主力としているマレーシアで生産を行っている。非日系では，中国Gree（格力），Midea（美的），Haier（海爾），韓国LGなどであり，中国メーカーは中国国内生産が大半となっている。

(5) 冷蔵庫

　先進国では需要は一巡しているが，中長期的には中東，アフリカ向けの普及製品が伸びると考えられている。日系メーカーによる生産は960万台，非日系は7900万台にのぼっている。日系メーカーではシャープ，パナソニック，日立，三菱で，ASEAN生産ではタイに集中している。非日系では，Haier，LG，サムスン，Hisense（海信）などであり，生産は中国が主体であり，次いで韓国，インドとなっている。

(6) 洗濯機

　新興国における伸びも停滞しているが，水道・電力供給の不足していた地域における潜在需要があると考えられる。日系メーカーによる生産は940万台，非日系は5960万台にのぼっている。日系メーカーでは，パナソニック，東芝，日立などで，パナソニックは中国主体であるが他のメーカーはタイ生産が多い。非日系では，Haier，LG，シーメンス，サムスン，Mideaなどであり，生産は中国が主体であり，次いでタイ，インドとなっている。

(7) スマートフォン

　すでに年間13億台の生産台数となってきている。OS別の台数ではアンド

ロイドが80%を占め，アップルのiOS，マイクロソフトのWindowsで計20％というシェアとなっている。日系メーカーによる生産が3600万台であるのに対して非日系では10億8000万台で，Xiaomi（小米）のような中国ローエンドメーカーのシェアが急速に増える傾向にあり，中国，インドなどの新興国需要がさらに伸びると予想される。ASEANにおける生産では，サムスン電子が進出したベトナムで1億2000万台以上が生産されており，ベトナムは中国に次ぐ生産国となった。

(8) デスクトップPC

コモディティ化している汎用PCは基幹部品の入手が容易であり，すでに地産地消製品の1つとなっており，一部米国メーカーでは最終組立を本国で行う米国回帰の動きも起きてある。日系メーカーは，主要ブランドでは富士通が220万台日本で生産を行っている。これに対して非日系では1億3000万台とされるが，EMSメーカーがODM化していることから，Foxconn（鴻海），Wistron（緯創）といった台湾系と中国Lenovo（聯想）などによる中国における生産が大半を占めている。

(9) ノートPC

ノートPCもデスクトップPCと同様の動きになっている。日系メーカーによる生産は，パナソニック，東芝による320万台で，日本を中心に組立を行っている。非日系では1億8000万台とされ，Quanta（広達），Compal（仁宝），Wistron，Inventec（英業達）といった台湾系の中国における生産が大半となっている。

(10) タブレットPC

タブレットPCは軽量，低価格であることが支持され，すでにノートPCの2倍に近い台数に達している。日系メーカーによる生産は60万台にとどまり富士通，シャープが日本を中心に行っている。非日系メーカーは2億6000万台とされ，Foxconn，サムスン，Pegatron（ASUS子会社），Quantaなど他のPC同様，台湾系のODMメーカーがシェアをもっている。

(11) 白色 LED（パッケージ）

LCD バックライト用途から，一般照明へと低価格化と汎用化が本格化している。日系メーカーによる生産は，283億個で日亜化学，豊田合成などによるものである。非日系は949億個とされ，台湾 Everlight（億光電子），サムスン，Seoul Semiconductor，LG など，台湾系，韓国系が多い。日系メーカーは大半を日本にて生産しているのに対して，非日系メーカーは中国，台湾，韓国が生産国となっている。

3. ASEAN における電機電子産業

電機電子産業に関して，ASEAN の中では1970年代の家電を中心とした輸入代替期を経て，比較的早い時期に「集団的外資依存輸出指向型工業化戦略」[5]の一環ともいえる輸出を主目的とした企業が進出し始めた。特に1980-90年代のシンガポール，マレーシアにおいては日系家電製品メーカーが集積した。しかし両国の人件費の高騰，AFTA の実効化，投資恩典の変化，インフラの改善などの影響下で，中国，タイなどへの生産拠点の移動が進み[6]，一方マレーシアでは非日系の半導体系企業の進出，また白物家電から IT・AV 機器などへの日系企業内も生産品目のシフトが見られた。その結果，白物家電の中でも代表格であるエアコンで見た場合，タイの輸出額が45.1億ドル，マレーシアの輸出額が11.8億ドル（いずれも2013年）[7]となっているように，現在ではタイが ASEAN における日系企業の白物家電製品の輸出の中核基地となっている。一方，巨大な国内市場を背景とした中国地場企業の急速な成長があり，中国のエアコン輸出額は132.4億ドル（2013年）に達するなど，中国はグローバル的にも圧倒的な生産シェアを占めるようになった。

その反動ともいえる，地政学的な中国のリスクに対する「チャイナ・プラス・ワン」が2000年代前半から言われ始めたことから，ASEAN とタイの周辺国特にベトナムが注目されてきた。しかし現時点でその筆頭と目されているベトナムの主要工業製品輸出額の規模は，携帯電話など特定品目を除きその多様性においてもタイを大きく下回っている。ベトナムへの積極的な外国投資が続いているが，タイと比較すると裾野産業を含めた集積の規模と質の差は歴然としている。これは自動車産業のように集積規模が大きく，またロックイン効

果（凍結効果）[8]の大きい業種がすでにタイに一大集積を形成していることは，ASEANにおける電機電子産業の現在の状況と無関係ではないであろう。

また前項における主要品目の動向と生産国の比較において，ASEAN各国は汎用演算処理を行うPC・デジタル系の製品（デスクトップ，ノート，タブレット）について，PC主要部品であるHDD（ハードディスクドライブ）などは，タイが主要生産国でありながらPCは主な最終生産地となっていない。これは特に台湾系を中心としたEMS，ODMが大規模な組立工程産業の集積を形成したのに対して，日系電機メーカーがクローズドな規格に固執したことで対応できず，さらには製品が短期間でコモディティ化したことが対照的な状況を招いた。一方，ルームエアコン，冷蔵庫，洗濯機のように，製品アーキテクチャーでいえばインテグラル（摺り合わせ型）性の要素の強いアナログ系の製品は，日系メーカーが裾野産業を含めてタイに集積を作ったことは，自動車産業と共通する背景があると考えられる。また後述するが，韓国サムスン電子により，裾野産業が薄いベトナムにおいて，スマートフォンの一大輸出拠点ができたことは，非常に興味深くまた特殊な事例ともいえる。当該製品のサイクルが超短期であることから，こうした積極戦略が長期に渡って成功するかはしばらく待たねばならないだろう。

第2節　ASEAN経済統合と電機電子産業

1. 主要メーカー別のアジア生産拠点戦略

中国が電機電子産業の圧倒的な生産基地となる一方，ASEAN地域統合が企業の生産立地にも影響を与えている。前提としてASEAN各国で大規模な外資導入と輸出指向政策により工業化が大幅に進んだこと，さらに貿易自由化に関する交渉の遅延しているGATT＝WTO体制を補完し，あるいは先行する形で，東アジアではASEANが中核的な地域経済統合体となり，その域内自由貿易協定であるAFTAが深化したことが挙げられる。ASEANの地域経済統合はAFTAの深化と共に本格化した。AFTAは1992年に署名され，2010年にはASEAN＋1FTA体制が確立した。これによりASEANが東アジアに

おける事実上の地域統合の中心的な存在になった。

　AFTAの実効化によってサービス・リンク・コストが下がることで，多国籍企業による生産ブロックの分散立地が進むという主張がある一方[9]，産業の集積効果による特定国への拠点の偏在が見られる。東アジア全体では，日系，非日系メーカーを問わず，中国拠点は中国内需および輸出対応への最大拠点であることは共通している。日系メーカーの中国拠点は，日本への持ち帰り需要について輸送距離の面からも重視している。ASEANにおいてはタイへの重点化がほぼ全メーカーで見られる。三菱電機はタイにおけるシェアの高さ

第13-2表　日系・非日系アジアメーカーの主な生産拠点の役割

メーカー名		国名	
パナソニック	輸出拠点	中国，タイ，マレーシア	中国は国内，日本向け タイ，マレーシアはASEAN対応
	内需対応	インドネシア，フィリピン	
東芝	輸出拠点	中国，タイ	中国は日本向け タイはASEAN向け
	内需対応	インドネシア	
シャープ	輸出拠点	中国，タイ	
	内需対応	インドネシア，フィリピン	
日立	輸出拠点	中国，タイ，マレーシア	
	内需対応	インド	
三菱	輸出拠点	タイ	タイはタイ国内＋輸出，中国は内需対応
	内需対応	中国	
サムスン	輸出拠点	中国，タイ	インドは輸入関税対応
	内需対応	韓国，インド	
LG	輸出拠点	中国，タイ，インドネシア	
	内需対応	ベトナム，インド	
Haier（海爾）	輸出拠点	中国	生産の90%中国国内 タイは旧三洋電機
	内需対応	タイ，インドネシア，ベトナム	
Widea（美的）	輸出拠点	中国	90%以上が中国生産
	内需対応	ベトナム	

（出所）　富士経済［2014］。

ら，タイ国内市場に重点をおき，余力を輸出に振り向けている。インドについては各社とも，AIFTA（ASEAN－インドFTA）の利用によるタイからの輸出を考慮または実施している。但し，日立および韓国メーカーについてはインド内需を主目的としたインド拠点設置に積極的である。

ASEAN最大の人口を擁するインドネシアには，今後内需対応の拠点が整備されると思われるが，各社の足並みが揃っているわけではない。マレーシアについては，タイに次ぐ裾野産業の厚みがあることから，パナソニックはシェアの高いエアコン生産を強化し，業務用パッケージ型をさらに増産するとされている。

2. 特定電機電子産業によるベトナム・ハノイ近郊への集積例

自動車産業の厚みのある裾野産業がタイにあることで，集積規模としては自動車に比べて小さい電機電子産業もタイ・バンコク周辺における近接の利益を得てきたと考えることができる。一方，バンコクから約1500km離れたベトナム・ハノイ近郊に，電機電子産業の集積が形成されつつある。2001年にタンロン工業団地に進出した，プリンターを主生産品目とするキヤノンは，朽木(2007)の言うアンカー企業としての役割を果たした[10]。ハノイは中国・広東省，華南地域との距離は約1000kmであり，陸路による部材，製品の輸送も十分可能である。一方，他の産業ではベトナムの自動車完成車生産はごくわずかであることから[11]，幅広い裾野産業の育成が困難であり，タイ・バンコク周辺のような，自動車，電機電子産業という2大産業の裾野産業の「相互作用」による集積効果は望める状況にはない。

そうした状況にも関わらず，電機電子産業のハノイ近郊への集積はその後も続いている。2003年に同じくタンロン工業団地におけるパナソニックによる冷蔵庫，洗濯機の生産開始，HOYAは2005年タンロン工業団地でガラス基盤を生産開始，キヤノンは2005年クエボ工業団地，ティエンソン工業団地で生産を拡大，2007年ブラザー工業がフックディエン工業団地でプリンター生産開始，などである[12]。

とりわけ大きな投資となったのは，韓国サムスン電子による携帯電話，スマートフォン生産工場である。2009年にイエンフォン工業団地で携帯電話の

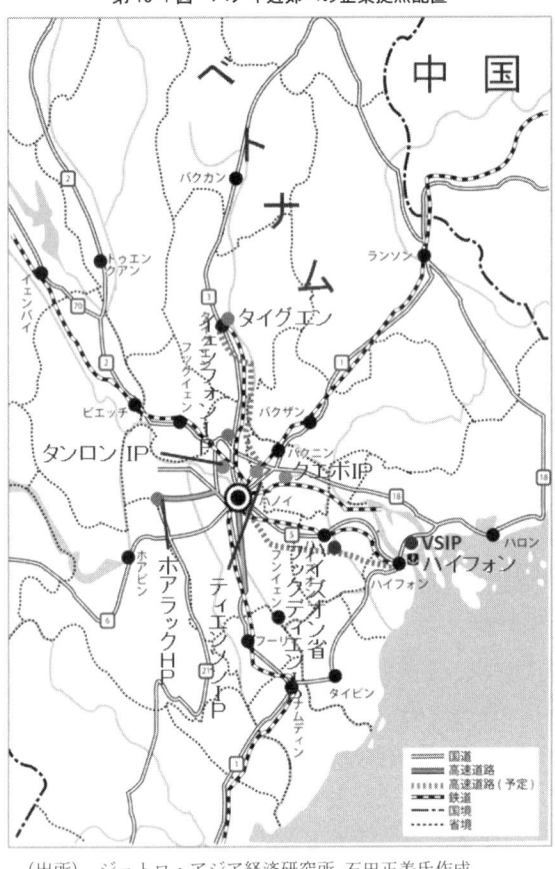

第 13-1 図　ハノイ近郊への企業拠点配置

（出所）ジェトロ・アジア経済研究所 石田正美氏作成。

テスト生産を開始したのが始まりであり，ベトナム貿易統計では，2012 年から輸出に影響が大きく出るようになる。2014 年にはタイグエン工場稼働，ホアラック・ハイテクパークにおける R&D 拠点新設など，サムスンによる積極投資が続いている。2014 年のベトナムからの輸出は，電話・同部品が 240 億ドルを記録し輸出品目のトップとなり，それまで中国からの生産移転，FTA 利用などで好調を維持していた繊維製品の輸出額 210 億ドルを抜いた[13]。サムスン 1 社の生産立地は，ベトナム経済と同国の貿易構造に大きな影響を与え

る規模までに達している。しかしながら，スマートフォンの世界シェアは短期スパンで変動しており，サムスンのベトナムにおける生産拡大がこのまま続くか不確定要素もあるといえる。

3. 製品アーキテクチャーと産業集積の特性

　今まで見てきたASEANの電機電子産業を例として，産業集積とフラグメンテーション（工程間分業）の視点から見てみたい。まず品目としては非常に幅の広い電機電子製品を，製品アーキテクチャー（設計思想）の点から区分を行ってみる。製品アーキテクチャーは，インテグラル（摺り合わせ）型とモジュラー（組み合わせ）型があるとされる。インテグラル型は自動車，高級腕時計に代表される，多数の部品を相互に調整（摺り合わせ）しながら組立を行い，機能，性能を出そうとするタイプの製品である。一方，モジュラー型は統一，標準化された規格の部品を組み合わせて製造するタイプの製品である。近年の電機電子産業には，モジュラー型の製品が増えており，LCD-TVやPCなどが代表的で，特にデジタル化された電子基板を多用する特徴がある。

　電機電子産業における，製品のインテグラル型とモジュラー型の区別は明確には難しいが，インテグラル型に近い製品が存在する。白物家電などがその特徴を持っており，エアコン，冷蔵庫，洗濯機などはその工程や使用部品からインテグラル的な要素が強い。構成するのはデジタル化された基板などより金属・樹脂のカスタム加工部品などが主体を占める，むしろアナログ的な製品であるということができるだろう。これらの要因から便宜上，①巨大な集積を持つ自動車産業，②白物家電のようなアナログ的電子電機産業，③LCD，PCのようなデジタル的電子電機産業，の3つのそれぞれが集積を形成していることを前提とする。

　タイにおける自動車産業の集積に見られるように，完成車プラントと主要サプライヤーとの関係は，JIT（ジャストインタイム）生産で時間納入などを求められることから，ほぼ100～150km圏内の距離に集中している[14]。一方，電機電子産業は自動車産業より産業規模が小さく，またサプライヤーとの関係も自動車産業ほど近接を重視していない。さらにデジタル的電機電子製品である，例えばLCD-TVのような製品であれば，液晶ディスプレイ，電子基板と

いった電子系の部品の生産ロットが大きいこともあり、中間財のサプライヤーと最終組立地が遠隔地であることがしばしば起こる。白物家電のようなアナログ的な電機電子製品は、この中間的な存在であるといえるだろう。輸出生産拠点である程、マーケット各国向けの多様な仕様があることから多品種少量生産となり、かつ摺り合わせが求められる製造工程があることから、自動車産業に比較して小規模なサプライヤーからの購入、もしくは非効率な工程分割を避けるための内製化という指向性が強くなる。

第13-2図では、製品カテゴリーから3つの産業集積を距離、製品アーキテクチャーの関係からイメージすることができる。ASEAN大陸部であるメコン地域を対象地域と仮定すると、多くの場合数百 km の移動で越境することになり、越境によるサービス・リンク・コストの増加は格段に大きくなる[15]。したがって、インテグラル要素を持つアナログ的電機電子製品は、現地調達できない電子部品などを除き、越境をしない圏内に最終組立工場と部品、中間財などの裾野産業が近接することによるメリットが相対的に大きくなる。

それに対して、デジタル的電機電子製品は距離にあまり制約がなく、国際的

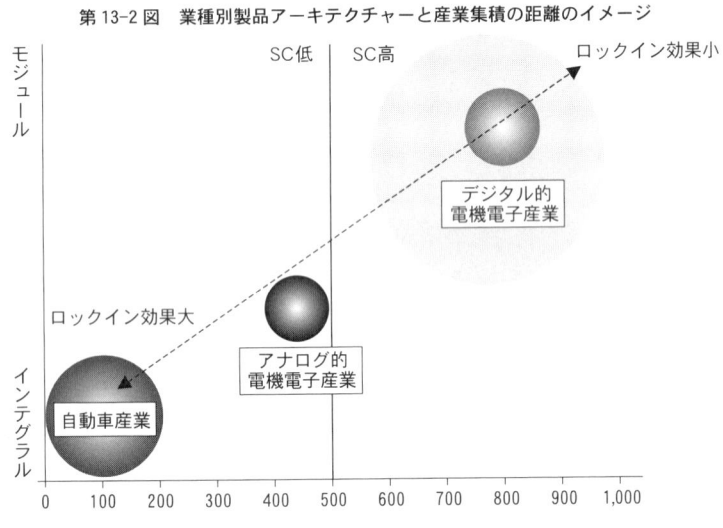

第13-2図 業種別製品アーキテクチャーと産業集積の距離のイメージ

(注) 円の大きさは産業の規模を示す。SC : Service link cost（サービス・リンク・コスト）
(出所) 筆者作成。

なサプライチェーンを前提とした製品も多い。そのため，越境フラグメンテーション（工程間分業）が起きる可能性が高い。前述の品目別の生産国でわかるように，LCD-TV はマレーシアにおける組立が多くなっているが，液晶パネルは多くを輸入に依存している[16]。ベトナムにおけるスマートフォン生産も，基幹部品はほぼすべて輸入であり，最終組立は労働集約的な工程である。

現時点で，日系企業が強みを持っているのは，インテグラル的要素をもつ工業製品と考えられている。これは産業集積としては，調達が近接もしくは内製を得意とすることが特徴として見られる。ASEAN の電機電子産業においては，サプライチェーンを効率化する交通運輸の改善などの要因を考え合わせると，将来的にも中国からの輸送が有利な地域に，よりモジュラー的要素をもつ製品の生産拠点が立地する可能性が高いと考えることができるだろう。

注
1） 泉田（2013）24～32 頁。
2） 五味（2011）3 頁。日本企業においては，E&E 型としては日立，東芝，三菱など，C&C 型としては富士通，NEC など，AVCE 型としてはソニー，パナソニック，シャープなど，があげられるとしている。
3） 富士キメラ総研（2014）。
4） 日系メーカーは超解像度の 4K テレビを投入しているが，市場シェアにどの程度影響を与えるかは現時点で不明である。
5） 清水一史（2009）「世界経済の構造変化と ASEAN 経済統合」石川幸一・清水一史・助川成也編著（2009）『ASEAN 経済共同体：東アジア統合の核となりうるか』ジェトロ，3 頁。
6） 松下電器（現パナソニック）などの電機電子日系企業のマレーシア撤退に詳しいのは，国際協力銀行（2004）「マレーシアにおける日系／欧米系電機・電子メーカーの投資環境評価の調査・分析」『開発金融研究所報』2004 年 2 月号，77～107 頁。これによるとマレーシアにおける日系企業数は 1998 年をピークに減少に転じている。
7） UNCOMTRADE より HS8415（エアコン）の輸出額から。
8） 空間経済学で言うロックイン効果（凍結効果）とは，産業集積がより強い集積力を持つほど，（関連した）企業，技能労働力などはその集積に引き寄せられることを示す。
9） 第 10 章において，「タイ・プラス・ワン」の日系企業による工程間分業については例示してある。
10） 朽木昭文（2007）『アジア産業クラスター論―フローチャート・アプローチの可能性』書籍工房早山。大手グローバル企業の進出により，部品メーカーなど裾野産業の進出，育成が一気に進むような状況を指す。
11） 最大手のベトナムトヨタの現地生産台数は年間約 3 万台にとどまっている。
12） 各種報道，各社 HP などより。
13） UNCOMTRADE より。スマートフォンの輸出先は約 40％が EU 向けで，続いて UAE，ASEAN 各国，中国などとなっている。この内訳から，ベトナムにおけるサムスンのスマートフォン生産は欧州景気に左右されると考えられる。

14) 春日（2014）ほかを参照。
15) 生産ブロックを結ぶコストである SC（サービス・リンク・コスト）は，距離だけではなく越境をすることによる諸費用の発生が大きい。
16) パナソニックは，生産改革の一環として中国における LCD-TV 生産を撤退，マレーシアにおける液晶パネル生産を増産する予定。

参考文献
泉田良輔（2013）『日本の電機産業　何が勝敗を分けるのか』日本経済新聞出版社。
春日尚雄（2014）『ASEAN シフトが進む日系企業―統合一体化するメコン地域―』文眞堂。
経済産業省（2014）『我が国企業の国際競争ポジションの定量的調査』経産省（富士キメラ総研調査報告書）。
五味紀男（2011）「日本の電機・電子産業における多国籍企業の現況と対応戦略」『アジア経営研究』No.17，アジア経営学会。
近藤信一（2014）「電機産業における製造委託の拡大によるサプライチェーンの変化が及ぼす我が国電子部品および電子デバイスと同製造装置メーカーの事業戦略に対する影響」『アジア経営研究』No.20，アジア経営学会。
猿渡剛（2014）「東南アジアの FTA と白物家電産業」『東アジア研究』東アジア学会 (16)，pp.53-69。
富士キメラ総研『ワールドエレクロニクス市場総調査』各年版，富士キメラ総研。
富士経済『グローバル家電市場総調査』各年版，富士経済。

（春日尚雄）

第 14 章

ASEAN のサービス産業
―日本企業の進出を中心に―

はじめに

　本章では，大きなうねりとなりつつあるサービス産業に属する日本企業の ASEAN での展開を中心に解説する。
　一般的に「日本企業の海外進出」というと自動車，電機，事務機器といった製造業であり大企業の海外展開をイメージされるのではないか。しかし近年では製造業ではなく，サービス産業の中堅・中小・零細企業，それも地方からの企業が海外へ挑戦し市場を開拓している。特に新しい動きとして消費者対面性の高い B to C 型のビジネス，外食産業や流通・小売業，理美容業，教育業など多くのサービス産業の経営者が ASEAN を中心とした海外市場に目を向け始めている。本章では，その動向と理由，海外進出に必要となる視点などについて，マーケットや企業活動の実態に即し現場感を持たせた上で論考を進める。本章では定量データを企業活動の背景説明としてのみ活用することとし，論述の基礎を筆者が 2008 年から進めてきた数多くの企業への聞き取り調査の結果より導いている。

第 1 節　なぜサービス産業が海外進出するのか

1. サービス産業の海外進出の背景
　先に示したとおり，一般的な認識では日本企業で海外展開しているのは製造

業，といった印象が強い。しかし第14-1図によると，非製造業の海外進出を示す2013年の数字は製造業を凌駕している。さまざまな統計上の数字の整理の制約はあるものの，必ずしも「日本企業の海外展開＝製造業」という等式は成り立たないようにみえる。ASEANや中国の経済成長率も，第14-1表，2表にあるように高い成長が見込まれる。日本企業のマーケットは徐々にASEAN地域などに進みつつある。

　ビジネスを進める上でもっとも重要な「市場の賑わい」はどうか。特にサービス産業の中でも消費者対面型のビジネスでは客数の存否が重要だ。商品を多数購入し，加えて将来にわたり購入見込みを持つ若年層や中間層が多ければそれに越したことはない。言うまでもなく日本は少子高齢社会であり，今後人口が増加する見通しは今のところない。第2次世界大戦後，日本は世界で5番目の人口数であったが，第14-3表のとおり2010年には同10位に後退，今後も人口数は減少をたどるものと予想されている。他方ASEANやアフリカ諸国などは人口増が見込まれている（第14-2図）。しかしながら，人口数は多けれ

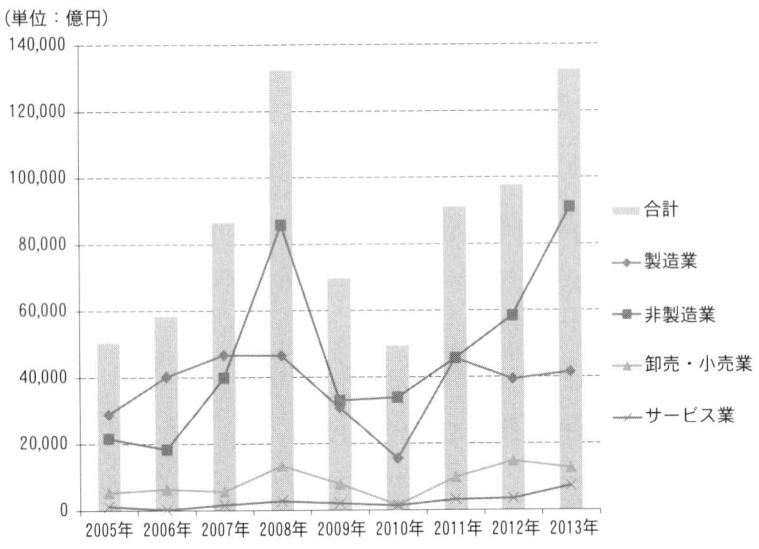

第14-1図　日本の業種別対外直接投資（国際収支ベース，ネット，フロー）
（単位：億円）

（資料）　日本銀行「国際収支統計」から北川作成。

第14章 ASEANのサービス産業　283

第14-1表　2014年のASEAN各国の経済見通し（GDP成長率）（各国政府等による発表）

	2010年（実績）	2011年（実績）	2012年（実績）	2013年（実績）	2014年（見通し）	2015年（見通し）	プラス要因	マイナス要因
タイ	7.8	0.1	6.5	2.9	1.0	3.5〜4.5	消費は増加基調をたどると期待され、投資も民間投資、公共投資とも増加に転じる見込み。外国人観光客数も増加の見込	先進国の金融緩和等、為替相場の大幅な変動、労働コストの上昇、国際農産品価格の下落傾向、により農家所得が予想以上の低減、中国経済の低成長
シンガポール	14.5	4.9	1.9	3.9	2.8	2.0〜4.0	国際経済の緩やかな回復を背景に、外需に支えられる製造業、卸売業、金融・保険分野は成長に貢献	欧州が低成長・低インフレのデフレスパイラルに陥る可能性など国際経済を減速させる要因
マレーシア	7.2	5.1	4.5〜5.0	4.7	5.5〜6.0	5.0〜6.0	引き続きサービス業が成長を牽引	物価上昇率は4.0〜5.0%と拡大を予想
インドネシア	6.1	6.5	6.2	5.8	5.5	5.8	対内直接投資は過去最高ペースで増加が続く。自動車やニ輪車などの製造業が多くを占めるが、不動産、IT、流通などの第三次産業への拡大も目立つ。	世界経済の減速、資源価格の下落に加え、2014年から開始した鉱物資源の禁輸により減速
フィリピン	7.6	3.9	6.8	7.2	6.7〜7.5	7.0〜8.0	フィリピンがAPECの議長国となること、2015年後半から次回国政選挙に向けた政府支出の増加が見込まれることにより、プラス効果の期待も	―
ベトナム	5.0	5.4	5.0	5.4	5.8	6.2	2015年以降も、工業・建設業が経済成長を牽引	国内需要と企業への貸出しの伸び悩み
カンボジア	6.0	6.0	7.3	7.5	7.0	7.0	都市部での所得の向上を背景とした卸・小売業、不動産業、建設業の好調。外国人観光客増加に伴う観光関連サービス業の成長。縫製品の輸出増大	最低賃金の上昇による経済への影響
ミャンマー	5.3	5.5	7.6	8.3	8.5	8.5	日本が官民挙げてティラワ経済特区の開発を進めるなど、2015年内の稼働を目指しており、日本企業の進出ラッシュに期待	―

（資料）各国政府等からジェトロ作成分を北川加工。

284　第3部　ASEAN の産業と企業

第14-2表　2014年の北東アジア諸国の経済見通し（GDP 成長率）（各国政府等による発表）

	2010年(実績)	2011年(実績)	2012年(実績)	2013年(実績)	2014年(見通し)	2015年(見通し)	プラス要因	マイナス要因
中国	10.4	9.3	7.7	7.7	7.3	7.0	消費は全体的に安定した伸び	世界経済の低迷
(香港)	7.0	4.9	1.5	2.9	2.2	3.3	中国本土やアジア各国の経済成長の恩恵	香港の民主化デモの影響や、世界各地の地政学リスク、先進国の一様でない経済回復
(台湾)	10.7	4.1	1.5	2.2	3.4	3.5	民間消費の拡大や輸出入の増加で、台湾経済は回復基調が続く	―
韓国	6.2	3.6	2.0	3.0	3.5	3.9	財政支出の規模拡大	製造業全般における遊休設備の増加や企業投資心理回復が鈍い

(資料) 各国政府等からジェトロ作成分を北川加工。

	2010年	2011年	2012年	2013年	2014年(見通し)	2016年(見通し)
日本	4.7	▲0.5	1.4	1.5	0.9	0.8
(東京)	1.1	2.2	▲0.1	1.8	▲0.5	―

(資料) IMF, 東京都総務局統計部から北川作成。

第14章 ASEANのサービス産業　*285*

第14-3表　世界の人口推移

(単位：1,000人)

順位	1950年 国名	総人口	2010年 国名	総人口	2050年 国名	総人口	2100年 国名	総人口
1	中国	543,776	中国	1,359,821	インド	1,620,051	インド	1,546,833
2	インド	376,325	インド	1,205,625	中国	1,384,977	中国	1,085,631
3	アメリカ合衆国	157,813	アメリカ合衆国	312,247	ナイジェリア	440,355	ナイジェリア	913,834
4	ロシア連邦	102,799	インドネシア	240,676	アメリカ合衆国	400,853	アメリカ合衆国	462,070
5	日本	82,199	ブラジル	195,210	インドネシア	321,377	インドネシア	315,296
6	インドネシア	72,592	パキスタン	173,149	パキスタン	271,082	タンザニア	275,624
7	ドイツ	70,094	ナイジェリア	159,708	ブラジル	231,120	パキスタン	263,120
8	ブラジル	53,975	バングラデシュ	151,125	バングラデシュ	201,948	コンゴ民主共和国	262,134
9	イギリス	50,616	ロシア連邦	143,618	エチオピア	187,573	エチオピア	243,416
10	イタリア	46,367	日本	127,353	フィリピン	157,118	ウガンダ	204,596
11	フランス	41,832	メキシコ	117,886	メキシコ	156,102	ニジェール	203,781
12	バングラデシュ	37,895	フィリピン	93,444	コンゴ民主共和国	155,291	ブラジル	194,533
13	ナイジェリア	37,860	ベトナム	89,047	タンザニア	129,417	フィリピン	187,702
14	パキスタン	37,542	エチオピア	87,095	エジプト	121,798	バングラデシュ	182,238
15	ウクライナ	37,298	ドイツ	83,017	ロシア連邦	120,896	ケニア	160,423
16	メキシコ	28,296	エジプト	78,076	日本	108,329	ケニア	139,795
17	スペイン	28,070	イラン	74,462	ウガンダ	104,078	エジプト	135,200
18	ベトナム	24,949	トルコ	72,138	サウジアラビア	103,697	ザンビア	124,302
19	ポーランド	24,824	タイ	66,402	スーダン	100,598	スーダン	116,141
20	エジプト	21,514	フランス	63,231	ケニア	97,173	モザンビーク	112,018
21	トルコ	21,238	コンゴ民主共和国	62,191	トルコ	94,606	イラク	106,319
22	タイ	20,607	イギリス	62,066	スーダン	77,138	マダガスカル	105,128
23	韓国	19,211	イタリア	60,509	イラン	73,212	ロシア連邦	101,882
24	フィリピン	18,580	ミャンマー	51,931	イラク	73,131	アフガニスタン	100,751
25	エチオピア	18,128	南アフリカ	51,452	フランス	72,566	イラン	97,337
26	ミャンマー	17,527	韓国	48,454	ドイツ	71,336	イラク	94,324
27	アルゼンチン	17,150	コロンビア	46,445	イギリス	69,410	トルコ	86,465
28	イラン	17,119	スペイン	46,182	ニジェール	63,405	南アフリカ	84,986
29	ルーマニア	16,236	ウクライナ	46,050	南アフリカ	62,942	日本	84,471
30	カナダ	13,737	タンザニア	44,973	タイ	61,740	カメルーン	82,393

(出所)　国連「世界人口推計2012年改訂版(World Population Prospects, the 2012 Revision)」。

286　第3部　ASEANの産業と企業

第14-2図　世界の人口推移

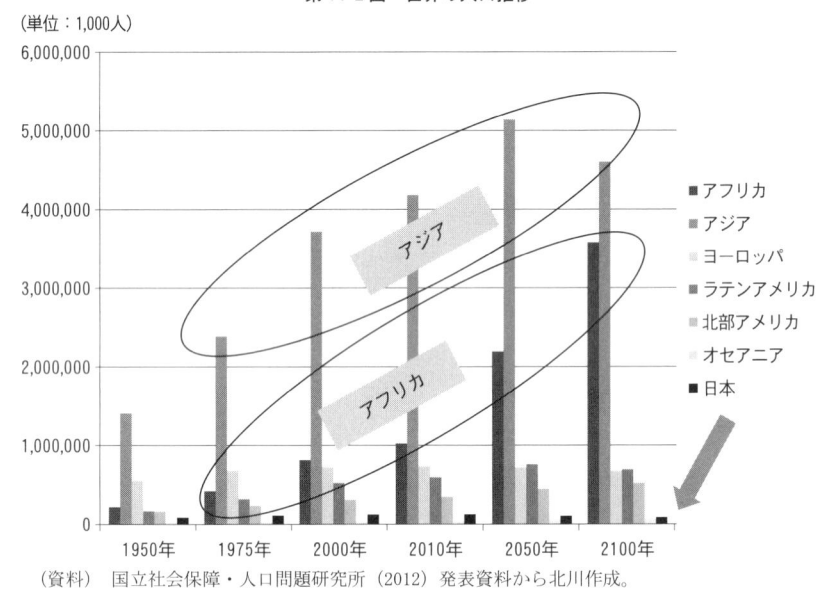

(単位：1,000人)

凡例：アフリカ、アジア、ヨーロッパ、ラテンアメリカ、北部アメリカ、オセアニア、日本

(資料)　国立社会保障・人口問題研究所（2012）発表資料から北川作成。

ばよいということではない。人口ボーナスも重要なポイントである。第14-3図にあるタイ，インドネシア，マレーシア，ベトナムといった国々の「形」，いわゆる釣鐘型の構成比は今後若年層が成長し購買力が増加することが見込まれる。この趨勢の中，ASEAN各国の1人当たりGDPも右肩上がりとなるものと予想され，今後もアジアや中国，新興国の成長は続き，マーケットは広がるものと思われる。これら地域の人々の生活は成熟度を増し，以前日本が歩んできた道のように「昨日よりも今日，今日よりも明日」の生活が充実することを望むようになろう。洗練された消費者となれば新しいモノを購入するだけではなく，これまで現地にはなかった新しいサービス，気持ちのよいサービスを求めるようになろう。縮小を免れない日本の消費市場に比し「これから」の要素が数多く存在するASEAN等新興国は，日本の経営者にとっても大きなフロンティアとなる可能性があるようだ。消費者対面型のサービス業態は付加価値が高く，海外でも競争力が強いと言われている。サービス産業の海外展開は可能性を多く含んだ新ビジネスとして注目される。

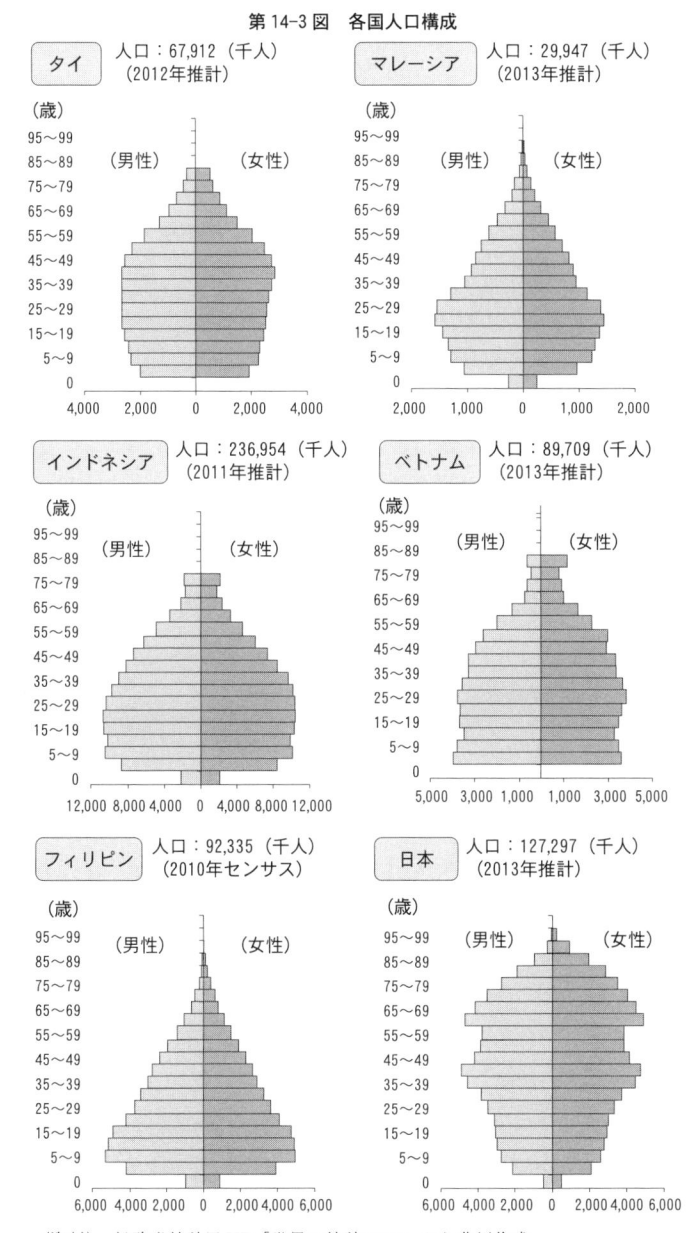

第14章　ASEANのサービス産業　287

第14-3図　各国人口構成

タイ　人口：67,912（千人）（2012年推計）

マレーシア　人口：29,947（千人）（2013年推計）

インドネシア　人口：236,954（千人）（2011年推計）

ベトナム　人口：89,709（千人）（2013年推計）

フィリピン　人口：92,335（千人）（2010年センサス）

日本　人口：127,297（千人）（2013年推計）

（資料）　総務省統計局HP「世界の統計2015」から北川作成。

2. 海外進出をする企業側の理由

聞き取り調査から判明した進出理由は次のとおりとなる。

(1) 日本の市場の縮小

この「現実」を挙げる企業が多いことは事実である。改めて日本国内の市場を概観してみる。例として第14-4図にあるアパレル市場の売り上げ推移を確認するとその国内市場縮小度合いはよくわかる。第14-5図の外食産業では，1997年のピーク時29兆円あった売上高が2013年には23.9兆円となった。ある外食産業の経営者はその状況を次のように表現する。「日本人の胃袋が小さくなってしまった」。少子高齢社会において「少子」というキーワードでは人口の絶対数が減少，また「高齢」というキーワードでは食が細くなる。すると1人当たり消費量も以前より減少する。「胃袋が小さくなってしまった」社会では，これまで雇用した従業員を抱えきれなくなってしまう可能性もあろう。そのため「胃袋が大きい」地域に進出する，すなわち成長が見込まれるASEANへの進出という選択肢も経営者の視野に入る。

(2) 事業家としての海外進出意欲

「ポジティブな」側面での海外展開への動機もある。

まず，創業者であり現在も経営に携わっている方々にとても多いケースだが，「いつかは海外へ出て成功を収めたかった」という例だ。海外進出の希望を持つ経営者は多い。自身はサービス産業という国内向け（内需型の産業）の仕事に長年携わってきたが，他方で同時代にともに仕事をしてきた製造業の各社は海外の市場でもビジネスを拡大してきた。その姿を見てきて，自分もいつかは海外へ雄飛したいと考えていた，というケースが典型例である。また，以前（たいていは若年時）海外に留学していたものの，就職は国内市場向けの内需型産業となり，いつかは海外で活躍したいと考えていたところ，機が熟したという例もある。

次に「海外のダイナミズム」に惹かれる，という例だ。ふとしたきっかけ，例えば業界団体や地域の商工団体の研修旅行などに参加した結果，「ASEANはこんなにも活力があるのか」と思いを新たにし，もしかしたら自分のビジネスはこの地でもやって行ける，大きく伸びるのではないかと考えるケースであ

第 14 章　ASEAN のサービス産業　　289

第 14-4 図　我が国アパレル産業の状況

日本の大型小売店の衣料品販売動向

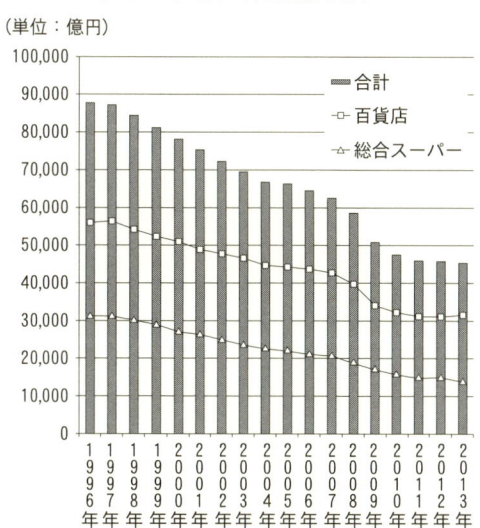

（単位：億円）

（資料）　経済産業省　商業動態統計調査から北川作成。

日本の衣料品の家庭消費規模の推移

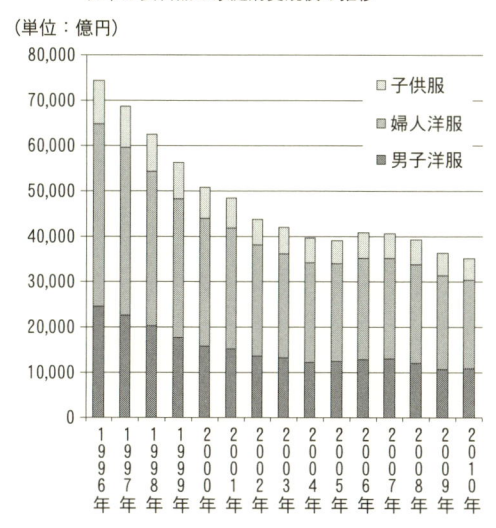

（単位：億円）

（資料）　日本アパレル工業技術研究会 HP の DB から北川作成。

第14-5図　我が国外食産業の状況
平成25年外食産業の市場規模（推計値）

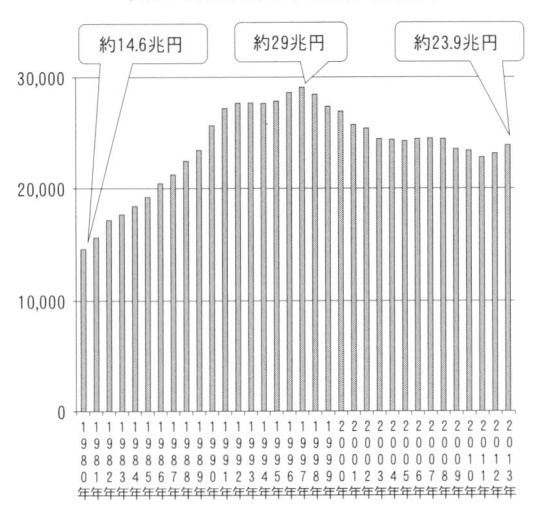

約14.6兆円　約29兆円　約23.9兆円

外食産業（JF会員社）の市場動向（2000〜2014年）

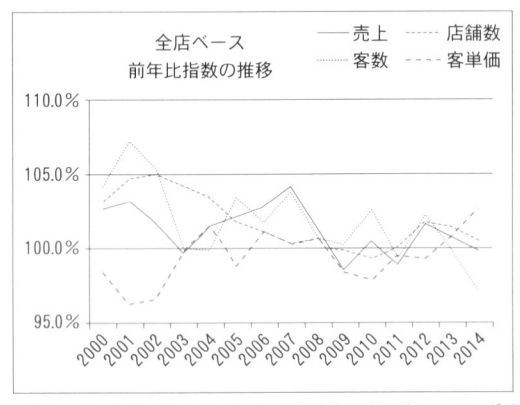

全店ベース
前年比指数の推移
売上　店舗数　客数　客単価

（資料）日本フードサービス協会HPおよび外食産業総合調査研究センター資料から北川作成。

る。他律的なケースもある。国内ビジネスは順調であり，海外市場など一切意識していない状況であったものの，ある日お客として来店した外国人から「あなたのビジネスを自分の国でもやってみたい。是非，私と一緒に取り組んでみないか」と誘われるという状況である。このケースはアジア進出において多く

の事例がある。経営者にとっては「突然のこと」であるものの，いつかは決断し海外市場へのチャレンジを目指す，という流れになる。外国人に自社のビジネスモデルを「引かれる」形で海外の市場へ向う経営者もいる。一度海外に進出すると，その魅力に引き寄せられ，最初に進出した国や地域から別の国・地域へとさらに展開していくというパターンもある。このケースもアジア進出においては一定の普遍性を持つ。

(3) 企業内のモチベーションアップ

「社員のモチベーションを上げたい」を海外市場への挑戦理由に挙げる経営者もいる。これは日本国内の市場で成功を収めた会社に多い。内需型の産業であるサービス産業では，日本国内でまず成功を収めることが必須だ。日本国内に店舗網を築いてしまうと，逆に今度は企業成長の糧を別の場所に求めなくてはならない。目標を見失う社員もいるかもしれない。場合によっては「次の仕事へのモチベーションが上がらない。辞める」といった状況もある。その観点から経営者は海外へ目を向けるのである。また新卒採用などで優秀な人材を集めたい，という理由もある。国内では有名なブランドではあるものの優秀な人材が採用できない，という企業がその打開策として海外進出することによってグローバルな企業である点を強調し，これまでに採用できなかったような人材を獲得することが可能となる。企業内のグローバル化が一層高まる可能性もある。

第2節　ASEANにサービス産業が進出する際の「視点」

1. わかりやすいケーススタディから

サービス産業が進出する際の現地マーケットを見る視点の1つの例として，ASEANの中でも日本の企業から高い注目を集めるインドネシアの首都ジャカルタでのわかりやすいケースを示してみよう。

「インドネシアの首都ジャカルタ」から，日本の多くのビジネスパーソンはどのような光景を思い浮かべるだろうか。人々が生鮮品や雑多な日用品を販売

する喧騒感ある市場，多くの自動車やバイクが行き交う街。これらはいずれもジャカルタの街の一部の今を確かに表現したものだろう。しかしその一方で巨大な高級ショッピングモールも含めて100棟以上林立していることも事実である。このようなショッピングモールへ，ジャカルタ市内に500万人存在するといわれる富裕層がショッピングを楽しみに足を運んでいる。ショッピングモールには日本のラーメン店「山頭火」や，「ペッパーランチ」（ステーキ）「MOMI&TOY'S（モミアンドトイズ）」（クレープ）などのユニークなコンテンツを持つ日本の外食業態が店を連ねている。ショッピングセンター内ではないが「ミニストップ」も日本さながらのコンビニエンスストアを開いている。「ヤマハ音楽教室」や，数学教室を展開する「サカモト式セミナー」などの日本発の教育産業もインドネシアの子供たちに受け入れられている。

　ジャカルタでは日本の「豚骨」ラーメンに人気がある。世界の無形遺産に「和食」が選定されたこともあり，やはり日本のラーメンもインドネシアの消費者に受け入れられているのか，とも捉えることができる。しかしジャカルタは2億4000万人の人口を有するインドネシアの首都であり，イスラム教を信仰する者も国民の9割近い。ゆえに，豚を口にすることは難しいのではと考えるのが自然である。しかしながらジャカルタの街に足を運ぶとこの疑問は簡単に解消されよう。ジャカルタの豚骨ラーメン店の多くは欧米のハイブランドが入居する高級ショッピングモール内に店舗を構えており，豚骨ラーメンを楽しんでいる消費者は，どちらかというと中華系の，イスラム教徒ではない人々が多いようだ。豚骨ラーメンのマーケットはこのような消費者層なのである。もちろん商圏設定ではミクロな地域性も考慮に入れる必要がある。ジャカルタ市内を東西南北に分けると，このような消費者層は主に北部に多いと言われている。渋滞が大きな課題となっているジャカルタであれば，渋滞を避けたいこのマーケット層に焦点を定め，北部地域に豚骨ラーメン店を出店する会社もあるだろう。日本では，外食産業がインドネシアへの出店を計画する場合，まずはハラル認証[1]が大切であるという議論となる。当然間違ってはいないものの，現地でマーケティングした場合，ハラルの設定が不要な場合もあるという，従来抱いていた観点を多少変えることも必要だ。つまり「2億4000万人の人口を意識して，インドネシアへ外食店舗を出店する」といった大きな発想は，実

際の現場感からやや遠い計画になろう。特にBtoC型のビジネスをASEANで展開する場合は，より現地の粘着性の高い情報を獲得した上でビジネスプランを練る必要があり，そのためには自らの五感を活かしたマーケティングをしなければならない。

2. 現地での「調査」とは

　ASEANを進出先候補地としたときに，何をどのように「確認」すればよいのだろうか。日本国内で獲得した「平面的」な情報を現地でどのように自分の中で「立体的」にするかということがポイントとなる。先に示した五感，つまり体で感じる現地の「気温」「湿度」「におい」「喧騒感」「人の流れ」「味覚」「色感」「人と人との距離感」「親日度」など「平面的」な情報では獲得できない「感覚」を吸収する体感調査が，海外で行う本当の意味での調査となる。筆者が聞き取り調査をさせていただいたほぼすべての企業は上記のような調査を自ら行っていた。気温が暑い国や地域では街歩きそのものが体力的にも負担がかかることにはなるが，自分の足で歩くことが必要だ。「歩く」ことでさまざまな情報が目や耳の中に入る。恐らく書籍や人の話からでは得られない情報だ。

　ASEAN各国市場に対する先入観は排除しなければならないが，「仮説の設定」は必要だ。よく知られた例を示すと，シンガポールのユニクロでフリースが売れた，というケースがある。一般的には，シンガポールは気温が高い暑い国であるからフリースは売れないだろうと考えてしまう。しかしながら筆者自身は実際，シンガポールのユニクロの店舗で，多くの客がフリースを購入し，中には何着も購入している客を目にした。この場合，仮説設定として「シンガポールの気温は高い→フリースのような暖かい服→売れない」とするか，あるいは「シンガポールは暑い国→＜暖かい服は他店で取り扱っていない＞→フリースのような暖かい服→売れる」となる。＜暖かい服は他店で取り扱っていない＞というシンガポールの販売の現場を少しでも足を使って回っていれば，簡単に理解できる要素を自分の仮説の中に投入することができ，仮説の最後の結論の部分は最初に示した一般的な発想（つまり『フリースは売れない』）とは大きく変わる。このような仮説設定を現場の要素を盛り込むことで実態に近

い答えを得る,ある種の「訓練」が,ことBtoC型のサービス産業がASEANで勝負するために求められることなのではないか。

第3節　サービス産業の海外展開の意義

　サービス産業の海外展開は製造業に比べて遅れている,と批判的に表現されることがある。多くの海外の現場を歩き,駆け回り,そして数多くのサービス産業の事業者と接してきた筆者はこの見方に疑問を抱いている。

　なるほどサービス産業の海外進出は製造業に比べてその数はまだ少ない。そして進出の手法も確立されていないかもしれない。筆者らが実施したジェトロの調査[2]の結果では,サービス産業,特にBtoC型のビジネスの場合,海外進出が本格的に開始されたのはおよそ2008-09年頃であった。中堅・中小・零細の企業が海外に目を向け始めたのはここ数年のことだ。従来,内需型の産業であり,海外のマーケットは基本的には関係のない業種であるこれら企業群の動きを,1980年代半ばから進展している製造業の海外展開と比較してもほとんど意味はない。サービス産業のグローバル化はまさに始まったばかりなのである。

　ではサービス産業のグローバル化にはどのような意義があるのか。第1に「空洞化」は関係ないということだ。製造業が海外進出すると日本国内の雇用は海外に移ってしまうことから,所謂「空洞化」を引き起こし雇用喪失という大きな問題が発生する。特に地域経済では打撃となる。しかし同じ海外進出といえども,サービス産業の場合はこれに当てはまらない。例えばコンビニエンスストアの海外進出において,コンビニエンスストアが海外出店することで,日本の従業員の労働力が失われることはない。コンビニエンスストア事業をされる企業の本社の人材が,そのビジネスシステム移植のために海外へ駐在することはある。しかしそれは日本の工場で雇用されていた人数の比ではないだろう。先述した筆者らが実施したジェトロの調査でも,サービス産業の方々が海外へ進出する際の派遣員の数は0人から2人という回答が最も多く,その比率は50％以上を占めており,10人以上の派遣員を出している比率はわずか11.6

％であった。コンビニエンスストアであれば海外各国でフランチャイズの展開が可能であり，日本でのフランチャイズと同様，フランチャイズ店舗が増えれば増えるほどロイヤリティ収入は増加する。さらに規模の経済によって店舗内に新しい商品やサービスを取り入れ，組み込むことも可能となることから，収益構造を一段と強化できるだろう。

2点目はサービス産業が海外展開することで当該企業の日本国内での雇用増加が期待できるとうことだ。これは2012年度に経済産業省が発表した「通商白書」のデータが示している。通商白書によると海外展開をしたサービス産業（非製造業）の企業は，海外展開をしていない非製造業，製造業に比べて雇用創出のポイントが高かった，という（第14-6図）。上述した海外展開したコンビニエンスストアの例から考えても，確かに海外でビジネスを量的にも質的にも拡大することで，日本国内でも新しいビジネスモデルを構築するなどの工夫やイノベーションが生まれ（あるいは生み出す），業容は広がる可能性がある。

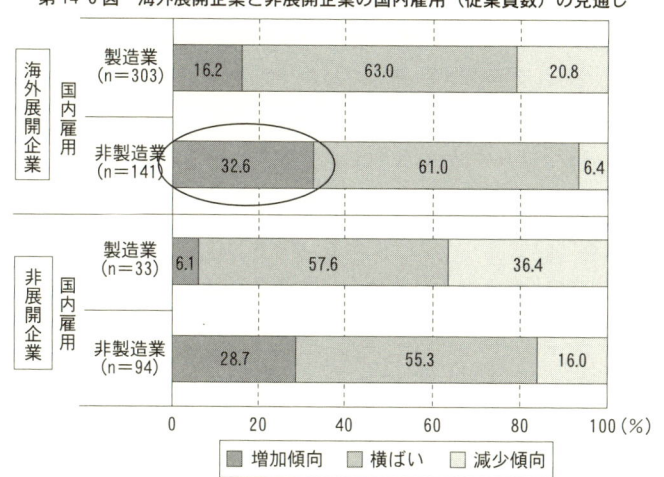

第14-6図　海外展開企業と非展開企業の国内雇用（従業員数）の見通し

区分		増加傾向	横ばい	減少傾向
海外展開企業 国内雇用	製造業 (n=303)	16.2	63.0	20.8
	非製造業 (n=141)	32.6	61.0	6.4
非展開企業 国内雇用	製造業 (n=33)	6.1	57.6	36.4
	非製造業 (n=94)	28.7	55.3	16.0

（備考）　上記は今後3年後の見通しとして国内従業者が「増加傾向」「横ばい」「減少傾向」のいずれかの回答を集計。
（資料）　三菱UFJリサーチ＆コンサルティング「我が国企業の海外事業戦略に関するアンケート調査」から作成。
（出所）　経済産業省　通商白書2012。

海外で稼得することで資本が生まれ，日本でも再投資することができるかもしれない。

　3点目は進出先国の消費の高度化に貢献できるということだ。日本に住む私たちも，所得水準の向上やそれに伴う消費生活意識の変化を体験してきた。1960年代の「三種の神器」（自動車，クーラー，カラーテレビ）と言われる「モノ」への消費から，あるときを境にサービスへの関心が高まったことは事実である。その過程の中で海外から紹介されたビジネス（例えばハンバーガーや，イタリアンレストラン，あるいはスーパーマーケットやコンビニエンスストアなどさまざまであろう）が大きく消費の高度化に貢献したのではないか。まさにこれらの例と同様，進出先国に日本の優れたサービス産業のビジネスモデルを導入することで，過去の日本を再現できるかもしれない。当然のことながら現代はインターネットやスマートフォンの時代であり，過去とまったく同じようなことが起こるとは思えないものの，消費者への生活に影響を与えることは間違いないだろう。筆者は「振り返りビジネス」という概念を示すことがある。それはこのような例である。ある日本の経営者がASEANの街の発展度合いを見たときに，まだ米国系ハンバーガー店が進出していないことを街歩きで確認する。それを経営者自身が，ビジネスを日本で進めていたときの状況と比較し，当時自身が行っていたビジネスはどのようなものなのか，今この街は日本でいえばどのあたりの年代であったかということを理解し，仮に同地に進出するとすればどの程度の熟度を持つ商材を投入すれば良いか，などといったことを考えるというストーリーである。筆者らはこの「振り返りビジネス」の概念をヒントにしつつ，日本のサービス産業発展史をつぶさに可視化した年表を作成した。すると予想した通り日本の経営者が辿ってきた足跡と，ASEANなどのサービス産業の発展状況との比較ができた。筆者はインドネシアやベトナムの商工関係者，企業人が来日した際，この年表を活用し日本のサービス産業発展史を丁寧に説明してみたところ，インドネシアやベトナムの方々から，今後の自国のサービス産業の発展の見通しを理解できたとのポジティブなコメントをいただいた。サービス産業の発展見通しを情報提供することにより，ASEANなど各国が規定している海外のサービス産業に関わる「外資規制」を，緩和の方向に導く可能性もあるだろう。「振り返りビジネス」は

日本の国や企業のためのみに存在するのではなく，これから我々がビジネスをする国々にとっても極めて有益な情報となるのではないか。

4点目は消費の高度化への貢献にも繋がることではあるが，ASEANなど進出先国のサービス産業のビジネスモデル自体の高度化にも貢献できるのではないか，ということだ。日本がすでに取り組んでいる，あるいは取り組みつつあるビジネスモデルを，リアルタイムで進出先国において反映できる可能性がある。例えば日本はすでに高齢社会に突入している。そのことからたいへんな勢いで介護サービスの業態が増加している。今後，高齢化社会を迎えるASEANなどの国々でもこの状況を早い段階で応用できるだろう。また，ASEANにおいても健康への関心の高さが認められる（意外かもしれないが，ASEANの国の中では栄養の過剰摂取といった現実もある）。今後，日本のフィットネスクラブやスイミングスクール，サッカー教室といった健康教育に近いサービスなどのビジネスチャンスが大いに広がることも予想される。

第4節　サービス産業のASEAN展開の課題

1. 人材確保

まずは人材の確保だ。海外，ASEANに相応しい人材をとにかく，できれば早く，社内に用意することが必要だ。近年は特にB to C型のビジネスの海外展開が急加速していることもあり，「育成」が間に合わなくなってきているようにもみえる。サービス産業は内需型の産業であり，専ら国内消費者をターゲットにして成立していた業種である。それらを目的にサービス産業へ就職，就社した人材は海外（に関連する業務）への動機づけを大多数の場合「予め」持ち合わせてはいない。筆者の企業経営者への聞き取り調査でも多くの経営者がビジネスを成功させた上での「課題」としていたことは，やはり海外ビジネスのための社内人材確保であった。ジェトロの調査[3]の定量的なデータでもこのことは指摘されている（66.5%の企業が「海外現地で事業をマネジメントするグローバル人材の確保」を課題と回答）。他方で製造業は1985年のプラザ合意を1つの起点として海外進出が多くなされ，すでに30年近い歴史を持つ。

1980年代当時に製造業各社へ新入社員として入職，入社した人材は，恐らく若い時代から海外を意識しつつ仕事をされているだろう。このような人材は現在，組織の主要なポストも担っているかもしれない。また，各社の人事制度なども海外での仕事に対応した設計も整備が多くなされてきているのではないか。製造業では会社内の人材の意識面や制度面で，すでに「海外対応」が刷り込まれていてもおかしくはない。

　特にBtoC型のサービス産業各社において，本格的なグローバル化の開始はここ近年のことであり，その一方で各社がターゲットとすべきASEANなどの消費市場の成長は極めて早いものがある。日本のサービス産業の競争力が海外でも優位性を持つものであるとすれば，速やかに海外の消費市場に参入するほうが得策だ。しかし各社が持つ商材のマーケットへの付加価値の浸透の推進力を，各社が持つ「人材の力」に頼ることが大きいサービス産業では，海外での仕事への意識や動機づけ，人事制度といったことが製造業ほど整備されていないことから，「グローバル人材」の確保や育成に今後一層の工夫が必要であろう。筆者が接してきたサービス産業の経営者は，グローバル人材の確保・育成という面では一所懸命に工夫をしていた。例えば，海外への進出を全社内で明らかにする前に，海外で活躍してくれそうな可能性を持つ人材に対してごく自然な形で海外（事業）に関する情報や話題の提供をして「海外」への親和性を徐々に高めていく。また，日本人の社員の人材でグローバル対応がどうしてもできないようであれば，日本の大学や大学院に留学している進出候補地の出身の学生を採用し，一定程度の時間をかけて戦力化する，などの丁寧な努力である。もちろん海外でのビジネス経験や語学に長けた外部人材の採用というケースもある。海外ビジネスの経験ある人材を他業種や他業態から取り入れることも1つのやり方であろう。しかし留意すべきこともある。サービス産業，特にBtoC型ビジネスの場合はいかなる状況においても「現場力」が最重要視されることもあり，何らかの形で各社での現場経験を持つことがないと，海外現地ではその力量を発揮できないようだ。

　サービス産業のグローバル化の現場では，日本を代表する小売や流通，外食産業などの企業から少ない人数で派遣される社員の仕事は，「日本流の高度なサービス」という不可視性（目に見えないこと）の高い商材を，そもそも生き

てきた文脈（コンテクスト）が異なる現地の人材に毎日辛抱強く彼／彼女らが理解できるまで教え続ける，という極めて根気のいる作業となる。サービス産業の海外展開の「はじめの一歩」には日本の企業のサービスをリアルに再現できる人材の派遣が避けて通れない。経営者はさまざまなメリット，デメリットを検討しつつ，現実的な人材の確保の手段を考えなければならない。

2.「親日度」を活かせるか

　次の点は「親日度を活かせるか」ということだ。日本で業界1位の有名企業でもASEAN市場では現地の消費者には知られていない企業となる。これは意外にも経営者に意識されていない盲点となる。名の知られていない企業に現地の優秀な人材は集まるだろうか。マネジメント層でも店舗人材の面でも，人材の確保は難しい。ましてや消費者への訴求の難度が高くなることは当然だろう。しかし日本企業にはアドバンテージもある。それは「親日度」だ。もともと日本への憧れや日本の品質への信頼ということがASEANなどでは強い。ポップカルチャーなどの浸透によってASEANの若者の日本への関心度合いは高いものと思われる。「クールジャパン」といった観点もある。これらのアドバンテージをビジネスとして如何に活かすか，ということだろう。例えばタイではドラえもんの人気が高く，街の至る所で目にする。発想を柔軟にし，ビジネスとして親日度の高いコンテンツは活用した方が良いだろう。「大人になってしまった自分の考え方」に固執して，大切なチャンスを逃してしまうことは避けたい。このことは日本人のビジネスパーソン以上に外国人のビジネスパーソンの方が日本のアドバンテージを上手に活用している例が多くある。わかりやすい例を示すと，ASEANなどの新興国で商品や看板に「ひらがな」を使うと訴求度が高まる，という事象がある。もちろん地域によってこの手法に効果の高低はあるものの，地場の粘着性の高い情報（ここでいうと日本語という標記文字は訴求力が高いということ）を冷静に見極め，現地企業以上に活用して日本のアドバンテージを活かしきりたい。

　そのためにもまずは海外を目指すサービス産業の間で緩やかな紐帯を作り，シナジーを発揮することだ。例えば外食産業でいえば，1つのレストランをバンコクに出店するとしよう。店舗ではおいしい料理を提供するということは当

然として，厨房施設も必要である。テーブルや椅子などの家具も必要であり，白布クロスや従業員用ユニフォームなども用意しなければならない。そもそも内装はどうするか。インテリアやその設計，そして掃除のノウハウも求められる。すべてを日本の企業で賄う必要はないかもしれないが，部分的にも日本の会社で予め提携を組むことができれば，海外での仕事のハードルは少しでも低くなる可能性がある。当然物流やITシステムなどもその提携先としてあり得るだろう。

　サービス産業の海外展開といえどもその業種は幅広い。消費者の目にブランドが飛び込みやすいビジネス，それは流通業や小売業，外食業などもあるが，バックヤード的にサービスを施す業態もある。これらは物流業や内装業，人材業，清掃業，さらにコンテンツを広げるような仕事などだ。最近では日本の鉄道システムや郵便の制度も，ASEANを含む新興国，先進国を問わず展開させようという声もある。さらに医療や介護サービスの分野の海外展開も始まりつつある。これらはいずれも海外で高い競争力を持つことは間違いないが，海外で仕事をするとき単体での頑張りには限界がある。可能な限りシナジーを出せるような仕組みをサービス産業全体で考えることが求められよう。

第5節　地域から海外へという新しい潮流

　近年の海外進出の特徴の1つは，日本各地の地方の企業が，東京や大阪などの国内の大都市を経由せず，海外各都市へ直接進出する例が多く出始めたという点だ。これまでのパターンは地方都市で成功した企業が日本国内の大都市圏に進出し，全国的な基盤を固めるという動きが一般的であった。しかし国内の需要が縮小しつつあるマーケットの現状から，伸び行くASEANなどの市場に直接進出し，次の飛躍を求める地方企業が増えてきている。例えば広く知られているケースでは熊本県を拠点とする「味千ラーメン」を運営する重光産業のアジア圏を中心とした進出は目覚しいものがある。石川県のハチバン（ラーメン，進出先：タイなど）はタイでの店舗数は110[4]を超えている（ちなみにハチバンの店舗は東京，大阪にはない）。そのほか新潟県の企業である三宝

（中華料理，進出先：中国・上海，シンガポール），島根県の企業で，100円ショップ「得々屋」を運営するイーシーアイ（小売，進出先：ミャンマー・ヤンゴン，カンボジア・プノンペン，ベトナム・ホーチミン，他），などもASEAN市場を意識した動きを示している[5]。

　サービス産業の海外展開が，文化的・地理的にも近い地域からの「横展開」が1つのわかりやすい，リスクの少ない手法とすると，もし地方の企業が海外へと考えた場合，その行動パターンとしては，まず日本国内の大都市圏へ進出し，その後海外へ進出ということになろう。しかし上記の企業は敢えて東京や大阪の大都市圏と同様に，海外市場をも重視して企業活動を展開している。筆者の経営者への聞き取りからは次の理由が見て取れた。

　近年，地方空港の海外への航空便（いわゆる直行便）が充実してきたことなどもあり[6]，経営者からは日本の大都市圏へ赴く時間と，ASEANや中国などへ向かう時間には大きな違いがないとの認識が広まっていた。航空便と現地に到着後の移動手段をきっちりと設計すれば，旅程全体では地方から東京や大阪に向かうより時間的な合理性が高いのである。

　また，日本国内の大都市で，もう一段階のビジネス展開に時間や労力を費やすよりは，自社の商材がまだグリーンフィールド（未開拓の地）である海外の市場でビジネスを進展させたほうが有利である。特に地方の優れた企業は，日本の大都市圏に進出する際にコンペティターとの競争において知名度の点で劣位となることがあるという。これを挽回するための経済的・時間的な投資を日本国内の大都市圏で行うには負担が重いということだろう。他方で自社の商材が海外市場にそもそも「存在しない」のであれば，伸びゆくことが期待できる市場で先行者利益を獲得することも容易となるということだ。

第6節　ASEANで市場を獲得するために
　　　　　―ジャパン・ユナイテッドの必要性―

　サービス産業の各企業にとって，今後予想される少子高齢社会の本格的な到来は厳しい経営環境となろう。しかし，それも考え方次第である。つまりその

来るべき環境は「まずは日本国内の状況」であって，日本の近隣には大きく伸び行く市場がある。それらの市場を「新しい内需」として考えることが求められるのではないだろうか。そのためにはまず ASEAN 各市場のダイナミズムを経営者が体感し，新しい進路を見極めることが重要であろう。もちろん ASEAN の市場だけがビジネスの進むべき道ではない。重要なことは自らの目で日本国内以外の状況を確認した上で進路を判断することだ。海外に伸びゆく市場があり，開拓していこうとするならば，もう 1 つ考えてみたい視点がある。

　前項で「サービス産業全体でのシナジー」を海外で発揮したいとした。しかしこれはサービス産業だけでなく，すべての企業体で発揮できるかという観点もあろう。

　それは例えば自動車産業や家電産業といった，日本がもともと ASEAN で強い産業とサービス産業のシナジーだ。

　いきなり大きなプロジェクトを皆で始めよということではなく，小さなことでも，お互いの良さを活かすことを考えたい。例えば近年，トヨタ自動車が「初音ミク」というバーチャルキャラクターを活用してアメリカでキャンペーンをしたという事例があった。これも広い意味で従来にない発想の協業のシナジーと考えられる。また，ASEAN でよく見かける身近な例を挙げよう。バンコクの書店では，タイの地場雑誌と日本のファッション誌が提携した女性誌が多数販売されており，日本の最新のファッションも紹介されている。しかし雑誌で紹介されている服がバンコク現地の店頭で販売されていなければ利益には結びつかない。筆者の究極的な目標は，業種業態を問わず，ASEAN で日本企業のプレゼンスを大きく伸ばすということである。韓国の ASEAN を含む新興国等での快進撃は目覚ましいものがある。韓国ではコンテンツ（韓流ドラマなど）を広く ASEAN 等新興国に浸透させ，まずは韓国へのイメージアップを図り，その後化粧品などの消費材のマーケットを開拓した。続いてイメージアップを活かして自動車や家電製品の市場を広げ，韓国食品・レストランの普及を図った。その結果，韓国への観光客の増加も企図している。これらの流れは 2005 年頃に韓国で「戦略」として提言されていた。そして現在も着々と進行している。

日本が韓国と同じことをする必要はないと思われるものの，このような流れは参考になろう。もともとASEANを含む海外市場に強かった日本の製造業と，潜在的な競争力を持つサービス産業が今一度共同でグローバルな市場の開拓を進めることができれば，新しいグローバルビジネスモデルが出現するのではないだろうか。そのために重要なことは，サービス産業においては日本の企業が持つ強みをしっかり認識しつつ，海外に挑戦する視点を持つことであり，他方製造業ではサービス産業の潜在競争力をビジネスの観点として持ちつつ，ともにシナジーが期待できることを意識しながら，1つ1つのプロジェクトに腰を据えて成功させていくことではないだろうか。日本の企業が業種を越えた「連合体」として地理的にも文化的にも近接性が高いASEANの市場を開拓し，現地の消費者の人々の生活向上に貢献できれば，さらに日本ファンが増え，日本への誘客にもつながる。そして，日本企業との取引が今以上に発展するwin-win関係の構築がなされることが望まれよう。

注
1）「ハラル（HALAL）とは，『合法的なもの』や『許されたもの』を意味するアラビア語で，立法者であるアッラーが人類に示した規範『シャリーア（イスラム法）』に則った合法なものをいいます。ハラルは食品にも適用され，イスラム法上合法な食品をハラル食品といいます。ハラル証明書とは，イスラム法上合法であることを表す認定証のことです」。日本貿易振興機構（ジェトロ）HP内「貿易・投資相談Q&A」より抜粋。
2）「第2回サービス産業の海外展開実態調査」（2013年3月）。
3）「第2回サービス産業の海外展開実態調査」。
4）2015年2月20日現在。
5）これらは一例に過ぎない。
6）「地方空港を起点とする国際線ネットワークの状況をみると，定期便，チャーター便双方で東アジアの諸都市との間での路線が多数形成されている。定期便では，地方空港25空港において週613便の定期国際旅客便が22都市に向けて就航している。また，国際チャーター便についても，48の地方空港で合計3,613便の国際チャーター便が運航された。また，茨城，高松，佐賀など一部の地方空港ではLCC国際線の就航を実現しているところも登場している」。『自治体国際化フォーラム』Apr.2013「地方空港の国際化/ MICE誘致　1 地方空港の国際化」3～4頁。

参考文献
Akehurst, G. and N. Alexander (1995), "Developing a framework for the study of the internationalisation of retailing," *The Service Industries Journal*. Vol.15, No.4. pp.204-209.
Alexander, N. and H. Myers (2000), "The Retail Internationalisation Process," *International Marketing Review*. Vol.17, No.4/5. pp.334-353.
Chen, Y. F. and B. Sternquist (1995), "Differences between International and Domestic Japanese Retailers," *The Service Industries Journal*. Vol.15, No.4. pp.118-133.

Dahringer, L. D. (1991), "Marketing Services Internationally: Barriers and Management Strategies," *The Journal of Serveces Marketing*. Vol.5, No.3. pp.5-17.
Davies, B. J. and P. Jones. (1993), "International Activity of Japanese Department Stores," *The Service Industries Journal*. Vol.13, No.1. pp.126-132.
Dawson, J. A. (1994), "Internationalization of Retailing Operations." *Journal of Marketing Management*. Vol.10, pp.267-282.
Douglas, S. P. and C. S. Craig (1989), "Evolution of Global Marketing Strategy," *Columbia Journal of World Business*. Fall. pp.47-59.
Kacker, M. (1988), "International Flow of Retailing Know-How: Bridging the Technology Gap in Distribution," *Journal of Retailing*. Vol.64, No.1. pp.41-67.
Pellegrini, L. (1994), "Alternatives for Growth and Internationalization in Retailing," *The International Review of Retail, Distribution and Consumer Research*. Vol.4, No.2. pp.121-148.
Sternquist, B. (1997), "International expansion of US retailers," *International Journal of Retail and Distribution Management*. Vol.25, No.8. pp.262-268.
Vida, I. and A. Fairhurst. (1998), "International expansion of retail firms: A theoretical approach for future investigations," *Journal of Retailing and Consumer Services*. Vol.5, No.3. pp.143-151.
Williams, D. E. (1991), "Differential Firm Advantages and Retailer Internationalisation," *International Journal of Retail and Distribution Management*. Vol.19, No.4. pp.3-12.
Williams, D. E. (1992a), "Motives for Retailer Internationalization: Their Impact, Structure and Implication," *Journal of Marketing Management*. Vol.8, No.3. pp.269-285.
Williams, D. E. (1992b), "Retailer Internationalization: An Empirical Inquiry," *European Journal of Marketing*. Vol.26, No.8/9. pp.8-24.
石田英夫 (1984)「ケース 3　タイ大丸 (B)」石田英夫編著『ケースブック　国際経営の人間問題』慶應通信株式会社.
上村淳三 (1993)「大型小売業の海外出店」日経流通新聞編『流通現代史』5 章　日本経済新聞社.
江原淳 (1994)「流通国際化と流通業海外出店の分析—生産性規定モデルを中心として—」『商学研究年報 (専修大学商学研究所)』第 19 巻, 5～31 頁.
北川浩伸 (2011)「日本のサービス産業のアジア進出状況」『アジアの消費明日の市場を探る』第 5 章, 日本貿易振興機構.
北川浩伸 (2012)「サービス産業のグローバル化と地域金融機関の今後の役割」『月刊金融ジャーナル』2012 年 10 月号, 8～11 頁.
北川浩伸 (2013)「サービス業の新展開」『グローバル・マーケティングの新展開 (日本流通学会設立 25 周年記念出版プロジェクト第 5 巻)』第 10 章, 白桃書房.
北川浩伸 (2013)「拡大する海外展開:「サービス産業の海外展開実態調査」より (サービス産業は海外で今 : 先行企業の取り組み事例)」『ジェトロセンサー』2013 年 10 月号, 36～37 頁.
北川浩伸 (2013)「サービス産業の海外展開「ジャパン・ユナイテッド」で海外へ」『ジェトロセンサー』2013 年 1 月号, 82～83 頁.
北川浩伸 (2013)「日本のサービス産業グローバル展開を目的としたマーケティングのための現場からのヒント」『マーケティング・リサーチャー』121 号, 28～31 頁.
北川浩伸 (2014)「海外を目指す日本のサービス産業の動向と実態～アジア新興国を中心に」『月刊信用金庫』2014 年 4 月号, 56～62 頁.
北川浩伸 (2014)「〈ジャパン"を海外へ (サービス)〉海外展開を目指す　日本型健康長寿社会」

『ジェトロセンサー』2014 年 10 月号, 32～33 頁。
経済産業省（2012）『通商白書 2012 年版』経済産業省 HP。
白木三秀（1995）「日本企業の国際展開の事例―国際流通グループ・ヤオハン―」白木三秀著『日本企業の国際人的資源管理』第 5 章，日本労働研究機構。
竹之内秀行・齊藤泰浩・溝江慶吾（2003）「日系小売業のグローバル化とグローバルマネジャーの役割」『世界経済評論』Vol.47, No.10, 36～42 頁。
日本貿易振興機構（2008）『ジェトロ貿易投資白書』日本貿易振興機構。
日本貿易振興機構（2011）『第一回サービス産業の海外展開実態調査』日本貿易振興機構。
日本貿易振興機構（2013）『第二回サービス産業の海外展開実態調査』日本貿易振興機構。
日本貿易振興機構 HP（2015）『インタビュー：サービス産業の国際展開』日本貿易振興機構。

（北川浩伸）

第 15 章

ASEAN 進出日系企業と ASEAN 企業

はじめに

　日本企業は近年，ASEAN での事業活動を強化している。ASEAN は日本企業の生産や販売の拠点として存在感を増しており，そこでの戦略の成否が経営に及ぼす影響も大きくなっている。本章では主に昨今の日本企業の ASEAN における経営動向に着目する。第 1 節でまず ASEAN への関心の高まりを確認し，第 2 節でその背景を考える。第 3 節で現地法人数や従業員数などから在 ASEAN 日系企業の動向を概観する。第 4 節で地元 ASEAN 企業の国際化が急進展している点に触れ，それらの企業が日本企業の協力相手としても重要度を高めていることを見る。最後に日本企業の ASEAN 戦略のあり方などを考える。

第 1 節　日本企業に注目される ASEAN 経済

　昨今，新聞やテレビなどマスコミが ASEAN 経済に関する情報を頻繁に伝えているが，実際にはどの程度増えているのか。日本経済新聞に掲載された ASEAN 関連の記事数[1]を調べると 2010 年頃から大幅に増えていることがわかる（第 15-1 図）。2009 年まで年間 800〜900 件台で推移していたが 2010 年に 1000 件を突破し，2013 年は 2100 件超に膨らんだ。節目となった 2010 年は，日本政府が日本経済の再生のための「新成長戦略」を打ち出し，この中で成長力に富むアジア諸国との連携強化を訴えた年である。これを機に日本国内

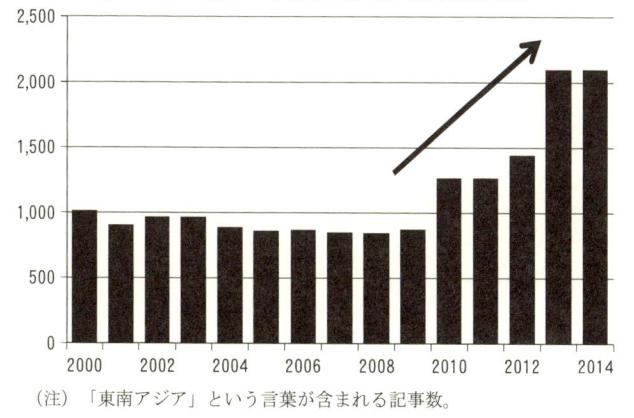

第15-1図　東南アジア関連の記事数（日本経済新聞）

（注）「東南アジア」という言葉が含まれる記事数。

で新興アジア経済への関心が高まり，その一翼を担うASEANに対する注目度も上昇したといえよう。

　国際協力銀行が日本の製造業を対象に毎年実施しているアンケート調査では，中期的（今後3年程度）に有望な事業展開先として，2014年度はASEAN10カ国からインドネシアやタイ，ベトナムなど8カ国がランクインした（第15-1表）。10年前の2004年度（6カ国）と比べると，ミャンマーとカンボジアの2カ国が新たに加わっている。また，上位のインドネシアやタイはこのところ有望な事業展開先としての得票率を一段と上げており，特にインドネシアは2013年調査で中国を抜いて初めて1位に輝いた。このように日本の企業関係者の"ASEAN熱"の高まりを如実に示すアンケート調査は，他にも枚挙に暇がない[2]。

第2節　ASEAN経済が注目される要因

　アジアの中でもASEANが特に注目される理由は何か。それらは「ASEAN要因」と「中国要因」の2つに大別されよう。前者は，① ASEAN経済の規模，② カンボジア，ラオス，ミャンマー（CLM）の胎動，③ ASEAN経済共

第 15-1 表　中期的（今後 3 年程度）に有望な事業展開先

順位	国名
1	インド
2	インドネシア
3	中国
4	タイ
5	ベトナム
6	メキシコ
7	ブラジル
8	米国
9	ロシア
10	ミャンマー
11	フィリピン
12	マレーシア
13	トルコ
14	シンガポール
15	カンボジア
15	韓国
17	台湾
18	ドイツ
19	フランス
19	サウジアラビア
19	南アフリカ

（注）　網掛けは ASEAN 諸国。
（資料）　国際協力銀行（2014）「わが国製造業企業の海外事業展開に関する調査報告」から作成。

同体（AEC）創設の動き，④ASEAN を中核とする広域経済連携ネットワークの形成——の 4 つ，後者は，①中国での急速な賃上げ，②日中関係の悪化——の 2 つが挙げられる。

「ASEAN 要因」のうち，①の ASEAN 経済の規模というのは，域内 10 カ国を一括りにした場合の大きさだ。ASEAN の総人口は 6 億人超。中国やインドの約半分だが日本の約 5 倍の規模である。名目国内総生産（GDP，2013 年）の合計額は約 2 兆 4000 億ドルと世界 7 位に相当し，2000 年の同 11 位から順位は上昇している[3]。また日本の名目 GDP に対する割合は 1990 年の約 1 割から 2013 年は約半分にまで高まっている。ASEAN 経済は今後も国際的な存

在感を高めていくことが予想される。

　②のCLMの胎動は，発展が遅れていたこれらの国々が経済の改革・開放政策を推進する中で，日本企業の新たな進出先として浮上したことを意味する。代表的な事例はミャンマーで，2011年3月の民政移管を経て，政治の民主化とともに経済の自由化，対外開放が進み，日本企業の間にミャンマー・ブームが起きた。低廉な労働力，成長力に富む市場を持つCLMは生産拠点と市場の両面で注目度を高めており，ASEANは外資の進出先として厚みを増している。

　③と④は，経済のボーダレス化を映す動きだ。③のAEC創設は，2015年末の目標時期に向け，関税・非関税障壁の削減・撤廃，さまざまな制度・ルールの共通化といった取り組みが進められており，域内の事業環境改善に資するとみられる[4]。④の広域経済連携ネットワークとは，ASEANが日本，中国，韓国，インド，オーストラリア・ニュージーランドといった域外諸国と自由貿易協定（FTA）/経済連携協定（EPA）を個別に締結していることを指す。アジア地域の全主要国とFTA/EPAで結び付いているのはASEANのみであり，国際事業拠点としてのASEANの魅力を高めている[5]。

　一方の「中国要因」ではまず，①の急速な賃上げが，現地の日系企業にとって大きな頭痛の種となっている。ジェトロの調査によれば，「従業員の賃金上昇」を経営上の問題点として挙げる日系企業の割合が最も高いのが中国で[6]，同国ではすでに企業の年間負担額（ワーカー）がASEANのすべての国より高い（第15-2図）。②の日中関係の悪化に関しては，沖縄県尖閣諸島の問題などを巡る対立などから中国国内における反日的な動きを警戒する企業がある。これらの「中国要因」も加わって，日本企業がASEANに向ける視線は熱くなっているといえよう。

　もちろん日本企業にとってASEANは以前から身近な存在であった。ASEAN各国の輸入代替政策に対応し自動車や家電業界では1960年代頃から現地に生産拠点を展開してきたし，1980年代半ばのプラザ合意を受け急速な円高が進むと日本企業の間でタイやマレーシアなどへ生産・輸出拠点を移転する動きが加速した。しかし，その後1992年に中国が社会主義市場経済を掲げ改革・開放政策を加速し，さらに1997年にタイを震源とするアジア通貨危機

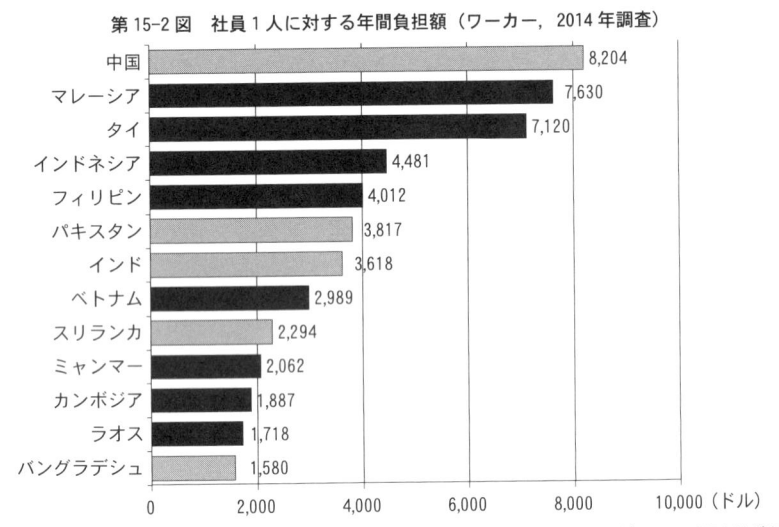

第 15-2 図　社員 1 人に対する年間負担額（ワーカー，2014 年調査）

国	金額（ドル）
中国	8,204
マレーシア	7,630
タイ	7,120
インドネシア	4,481
フィリピン	4,012
パキスタン	3,817
インド	3,618
ベトナム	2,989
スリランカ	2,294
ミャンマー	2,062
カンボジア	1,887
ラオス	1,718
バングラデシュ	1,580

（注）　負担総額は，基本給，諸手当，社会保障，残業，賞与などの合計。黒塗りは ASEAN 諸国。
（資料）　ジェトロ「在アジア・オセアニア日系企業実態調査（2014 年度調査）」より作成。

が発生して ASEAN 経済が大きな痛手を被ると，事業展開先としての ASEAN の存在感は中国の陰で相対的に薄れていった。そうした構図に変化が生じているのが昨今の状況なのであり，日本企業の間で ASEAN が改めて注目されているといった方が実態に近い。

第 3 節　在 ASEAN 日系企業の動向

本節は ASEAN 域内における日本企業の動向を見ていく。具体的には投資額や現地法人数，売上高，従業員数等を個別に取り上げよう。

まず日本企業の対 ASEAN 直接投資額は 2011 年から急増している[7]（第 15-3 図）。2013-14 年は 200 億ドル台と過去最高水準で推移しており，対中国直接投資額と比べると 2013 年は 2.6 倍，14 年は 3 倍の規模だ。国別にみるとタイ，シンガポール，インドネシア向けが大きく，2014 年はこれら 3 カ国で全体の 8 割超を占めた。タイ，シンガポールは以前から主要な投資先であったが，近

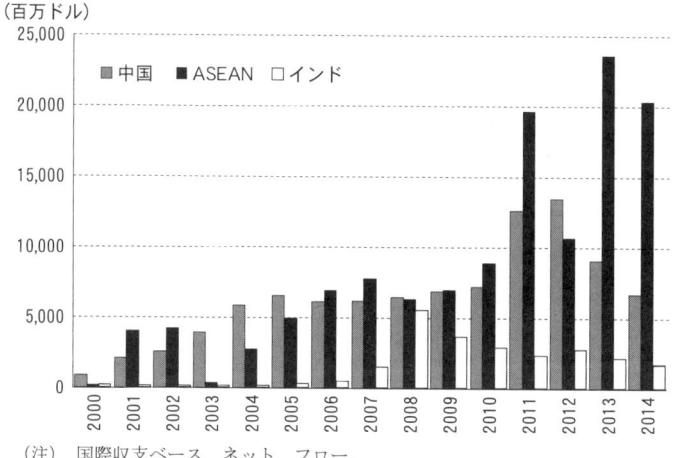

第 15-3 図　日本の対アジア直接投資（国・地域別）

（百万ドル）

■中国　■ASEAN　□インド

（注）　国際収支ベース，ネット，フロー。
（資料）　ジェトロの統計より作成。

年は対インドネシア投資の拡大が目立っている。人口約 2 億 5000 万人と ASEAN 最大の市場を持つ同国に対する関心の高まりを映している。

　一方，日本企業の直接投資残高（2013 年末）をみると，ASEAN の中で最も多い投資先はタイで，以下，シンガポール，インドネシア，マレーシアと続く（第 15-4 図）。いずれも 1 カ国では中国に遠く及ばないが，ASEAN を合計すると中国を凌駕し，日本企業の対アジア直接投資残高の 4 割強を占める。ASEAN 域内で日本企業の投資の蓄積が分厚いという事実は，前述のとおり，日本企業が早い時期からこの地域へ進出してきたことを示すものであろう。

　次に現地法人数を確認しよう。経済産業省の「第 43 回海外事業活動基本調査」（以下，海事調査）によると，中国における日本企業の現地法人数は 2012 年度末で 7700 社（香港の 1221 社を含む）である[8]。ASEAN 各国を個別にみると，タイ（1807 社），シンガポール（974 社），インドネシア（787 社）の順に多く，域内合計では 5410 社と中国を下回る水準にとどまっている。しかし，日本人商工会議所の現地会員企業数で比較すると，中国 4200 社超，ASEAN4800 社超と，後者の数が上回っている[9]。

　海事調査によると，日本企業の現地法人売上高（2012 年度）は，中国（34

312　第3部　ASEANの産業と企業

第15-4図　日本の対外直接投資残高（2013年末）

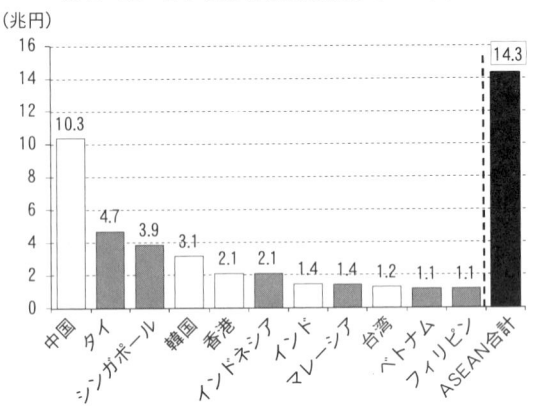

(兆円) 中国 10.3／タイ 4.7／シンガポール 3.9／韓国 3.1／香港 2.1／インドネシア 2.1／インド 1.4／マレーシア 1.4／台湾 1.2／ベトナム 1.1／フィリピン 1.1／ASEAN合計 14.3

(注)　網掛けはASEAN諸国。
(資料)　日本銀行，直接投資残高統計より作成。

第15-5図　日本企業の現地法人売上高

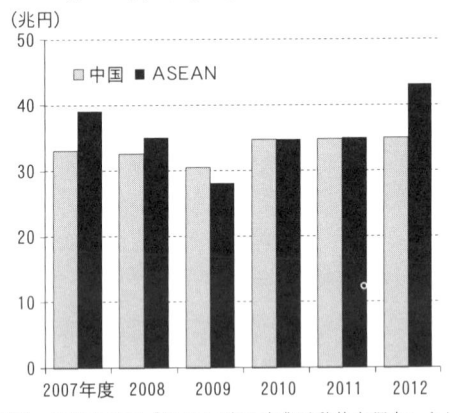

(資料)　経済産業省「第43回海外事業活動基本調査」より作成。

兆9375億円）よりASEAN（43兆2087億円）の方が大きい（第15-5図）。国別では1位タイ（16.7兆円），2位シンガポール（12兆円），3位インドネシア（7.3兆円）の順となる。また，現地法人の「常時従業者数」（2012年度）で比べてもASEAN（約187万人）が中国（約168万人）を上回る。国別ではタイ（約67万人）が最多で，以下，インドネシア（約39万人），ベトナム

第 15-2 表　民間企業関係者の人数（帯同家族含む）

国・地域名	2008 年	2013 年	増減率
中国	99,951	107,514	8%
タイ	33,284	44,044	32%
シンガポール	18,816	23,648	26%
インドネシア	8,001	11,795	47%
マレーシア	6,224	14,977	141%
ベトナム	5,490	9,400	71%
フィリピン	7,922	7,543	-5%
ミャンマー	227	451	99%
カンボジア	206	632	207%
ラオス	114	186	63%
ブルネイ	69	53	-23%
ASEAN 合計	80,353	112,729	40%
韓国	3,715	5,610	51%
台湾	11,745	9,077	-23%
インド	2,199	5,955	171%
米国	128,353	126,060	-2%

（注）　各年とも 10 月 1 日時点の数字。
（資料）　外務省「海外在留邦人数調査統計」より作成。

（約 34 万人）が続いている。以上見てきた投資額，企業数，売上高，従業員数の数字から日本企業の最大の ASEAN 拠点がタイであることも確認できる。

　本節の最後に外務省の「海外在留邦人数調査統計」を紹介する。それによると ASEAN 域内に居住する日本人の民間企業関係者数（帯同家族含む，2013 年）は約 11 万 3000 人[10]と中国[11]の約 10 万 8000 人より多い（第 15-2 表）。2008 年以降の 5 年間，ASEAN は 40％増と中国の 8％増を大きく上回る伸びを示し，両者の人数は逆転した。ASEAN の人数は米国に肉薄しており，このペースが続けば ASEAN はすぐに米国を追い抜き，日本人の民間企業関係者が最も多く分布する地域になる見通しである。

第4節　日本企業の新たな動き

　日本企業のASEAN展開で昨今目立つ動きは何だろうか。さまざまな現象が観察されるが，業種，手段，展開先という3つの側面から整理しよう。

1. 非製造業の進出が活発化

　業種別では非製造業の進出が活発になっている。経済産業省の海事調査によると，2011～12年度の2年間，ASEANに設立された日本企業の現地法人数は，製造業24％増，非製造業30％増と，後者の増加率が勝った。絶対数では製造業がまだ300数十社多いものの差は縮まってきている。同調査で非製造業に含まれるのは卸売業，小売業，情報通信業，運輸業，サービス業などだが，このうち小売業や情報通信業の伸び率は40～50％台と高い[12]。

　日本企業の最大のASEAN拠点，タイでは2012年以降，日本人商工会議所の会員企業数に占める製造業の割合が50％を下回って推移しており，こうした数字からも非製造業の積極姿勢がうかがえる。日本の非製造業の対ASEAN直接投資額は2013年，前年比6倍増の1兆4000億円超となった（第15-6図）。大手邦銀によるタイ有力銀行の買収[13]があったため金額が膨らんだとみられるが，それを除いても数年前に比べ規模は拡大している。

　非製造業のASEAN進出が加速しているのはもちろん，現地で商機が拡大しているためだ。第5章「都市化と消費社会の発展」で見たようにASEANでは富裕層・中間層が拡大しており，基礎的な日用品から自動車やテレビなど耐久財，さらに快適な生活を送るためのサービスへの需要が増えている。日本国内において人口減による内需の先細りが懸念される中，ASEAN経済の勢い，さらに日本での"ASEAN熱"の高まりに刺激され，外食や小売りなどサービス関連でASEAN進出が相次いでいる[14]。

　例えば，小売業ではコンビニ大手4社（セブン-イレブン・ジャパン，ファミリーマート，ローソン，ミニストップ）のASEAN域内の店舗数（2014年[15]）が合計約1万3500店と前年に比べ約3割増えた。日本（7％増）や中国（8

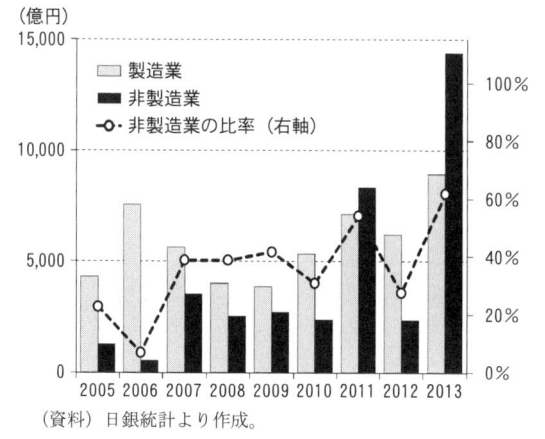

第 15-6 図　日本の対 ASEAN 直接投資（製造業・非製造業別）
（億円）

（資料）日銀統計より作成。

%増）を大きく上回る伸び率であり，ASEAN 重視の姿勢が浮かび上がっている。また，「ユニクロ」を展開するファーストリテイリングは 2014 年時点（8月）でマレーシア（21 店），タイ（20 店），シンガポール（18 店）など域内に 79 店舗を有す。その 3 年前の 2011 年（同）は 7 店だったから増加ピッチは著しい。他にも金融や運輸，不動産，さらにその他のさまざまなサービス関連企業（学習塾や美容院・床屋，警備会社，100 円ショップ，日本食レストランなど）が ASEAN 市場を開拓するため，既存の拠点を拡充強化したり，新たな拠点を開設したりしている。

2. M&A の増加

　ASEAN 進出の手段としては M&A（買収・合併）が増えている。日本企業が 2013 年に域内で実施した M&A は 82 件と国際金融危機が発生した翌年の 2009 年（40 件）から倍増し，域内の総 M&A 件数（387 件）に占めるシェアは 21.2% と最大だった[16]。また，大手コンサルティング会社アクセンチュアによれば，日本企業の ASEAN 企業に対する M&A 額（2013 年）は 7540 億円と 2 年間で 2.3 倍に膨らみ，アジアでの日本企業の総 M&A 額に占める割合（同）は 91% と同 3 倍に高まった[17]。同じ期間に日本企業による中国企業に対する M&A 額が約 96% 減の 140 億円，インド企業に対する M&A 額が同約 60

％減の 330 億円とともに減ったのと対照的だ。

　アクセンチュアによれば，日本企業は近年，海外事業の拡大に際し，グリーンフィールド投資（自前の工場や販売拠点等の設立のための投資）でなく M&A を活用する姿勢を強めている。地域としては ASEAN が注目されており，現地企業が持つ販売網や技術，人材等を獲得し，成長力に富む ASEAN 市場で速やかに優位な立場を築きたいと考える向きが増えている。

　最近の代表的な事例としては，三菱東京 UFJ 銀行がタイの大手商業銀行，アユタヤ銀行を約 5360 億円で買収した案件（2013 年）があり，邦銀のアジアでの M&A として過去最大規模となった[18]。同じ年にはアサヒグループホールディングスによるインドネシアの飲料水事業（189 億円），三井物産によるマレーシアの不動産会社（150 億円）をそれぞれ対象とする M&A 案件もあった。

3. CLM への進出が加速

　ASEAN 域内の新たな進出先としてはカンボジア，ラオス，ミャンマー（CLM）が浮上してきた。CLM は投資先として蚊帳の外に置かれてきたが，第 1 節で述べたように今や有望な事業展開先とみなされており，ミャンマーでは 2011 年度まで 50 社程度だった日本人商工会議所の会員企業数が 13 年度に 100 社，14 年度に 200 社を相次いで突破した（第 15-7 図）。カンボジアも 2010 年度まで 50 社程度に過ぎなかったが，2014 年度は 150 社超にまで増えた。ラオスも 2014 年度は約 80 社に達し，3 年間でほぼ倍増した[19]。

　CLM が台頭してきたのは，各国が外資誘致に注力している上，低廉な労働力が存在し（第 15-2 図参照），高成長に伴い内需も拡大するとの期待が膨らんでいるためだ。CLM が位置するメコン地域において国際幹線道路の整備が進められているという事情もある。具体的には東西経済回廊，南部経済回廊，南北経済回廊といった主要ルートがほぼ整備されており，CLM はこれらを通じてタイなど隣接国との連結性を強めている。このことも日本企業の CLM 進出を促す要因となっている。

　CLM に展開する日本企業の事業パターンとして近年増えているのが「タイ・プラス・ワン」と呼ばれるものだ。タイで人件費上昇，人手不足に直面す

第 15-7 図　日本人商工会議所の会員企業数の推移

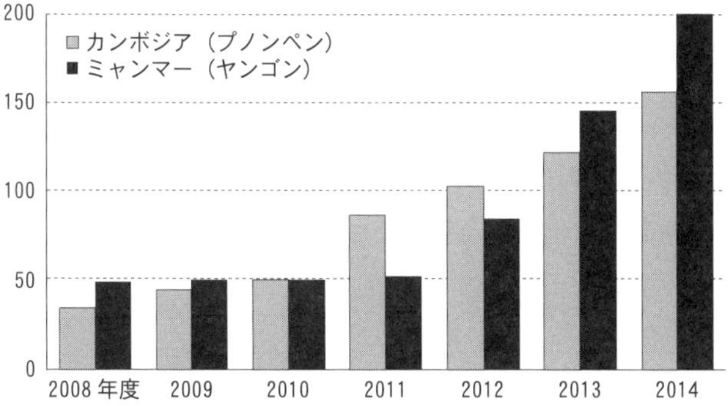

[棒グラフ：カンボジア（プノンペン）とミャンマー（ヤンゴン）の会員企業数推移、2008年度～2014年度]

（注）年度末時点の数字。2014 年度はカンボジアは 3 月上旬，ミャンマーは 12 月末。

る日系企業が労働集約的な生産品目・工程をタイ工場から隣接するカンボジアやラオスの工場へ移転するもので，タイより低廉な労働力を活用しコストを圧縮する狙いがある。このパターンではタイから原材料をカンボジアやラオスに運び，製品に組み立てて再びタイに戻すという陸路による物流が発生することが多い。このため物流ルートとして使用する国際幹線道路の整備が重要となる。

　本節では，非製造業の進出加速，M&A の増加，CLM への進出拡大という日本企業の ASEAN 展開で昨今観察される 3 つの動きを見た。紙幅の関係で取り上げなかったが，これら以外にも，例えば AEC 発足を視野に ASEAN 域内の生産拠点を再編する動きや，ASEAN・アジア事業を強化するため金融・物流機能が充実したシンガポールに地域経営本部を新設する動き，さらに ASEAN 最大の経済規模を持つインドネシアにおいて自動車や家庭日用品をはじめとする日系メーカーが生産・販売体制を相次いで大幅強化していることなども，このところ目を引く動きとして挙げられる。

第5節　ASEAN企業の動向[20]

1. 国際的プレゼンスの増大

本節では海外事業を積極的に拡大しているASEAN企業に着目しよう。実はASEANには「世界有数」ないしは「アジア有数」などと冠される地元企業が少なからず存在する。これら有力企業群の多くは2000年代にASEAN経済の成長とともに実力を付け，国際的な存在感を高めてきた。

例えば，シンガポールにはオラム・インターナショナルという世界有数の農産物商社がある。ココアやコーヒー，カシューナッツなど多彩な品目の生産・販売を手掛け，世界65カ国に事業拠点を持つ。売上高（2014年度）は邦貨換算で約1兆7000億円[21]，総従業員数は約2万3000人に及ぶ。また携帯電話事業を手掛けるシングテルは，タイ，インドネシア，インドでシェア1位，フィリピン，オーストラリアでシェア2位の地元携帯会社にそれぞれ出資し，総契約者数（2013年）は4億人超と東南アジア・南アジアで最大規模。同じシンガポール企業にはラッフルズ・エデュケーションというアジア有数の教育関連会社もある。中国やインド，インドネシアなどアジア太平洋地域の12カ国・29都市で大学を運営し，合計2万人超の学生を抱えている（第15-8図）。

隣国マレーシアにはアジア最大の病院グループ，IHHヘルスケアが本拠を構える。すでにシンガポールや中国，インドなど10カ国に37病院（2014年）を展開し，2016年までに中東やインドでさらに19の病院を新増設する計画だ[22]。格安航空（LCC）のエアアジアは2001年の創業後，急成長を遂げ，年間乗客数が4000万人超を誇るアジア最大のLCCとなった。本拠地マレーシアのほか，タイ，インドネシア，フィリピンに運航拠点を設け，ASEAN域内に路線網を張り巡らせている。また携帯電話事業会社アシアタはすでにインドネシア，カンボジア，スリランカなど7カ国に進出。インドネシアでは2014年，地元の同業大手を買収，業界2位へ躍進した。アシアタは東南・南アジアで計2億4000万人超の契約者を持つ。

グローバル化に力を注ぐASEAN企業が最も重視するのが地元ASEAN市

第15-8図　ラッフルズ・エデュケーションの進出先（2014年）

（資料）　同社の決算資料より作成。

場である。ASEAN企業を対象に行われたあるアンケート調査では回答企業の6割近くが「最も有望視する国・地域」にASEANを挙げ，中国の2割弱を圧倒した[23]。実際，ASEAN企業は攻めの姿勢を強めており，2013年にASEAN企業が域内で実施したM&A額は，域内M&A総額の半分強を占めた（第15-3表）。従来，買い手としてはシンガポールやマレーシアの企業が中心だったが，最近はタイやインドネシアの企業も増えるなど顔触れが多様化し

第15-3表　ASEAN域内におけるクロスボーダーM&Aの買収側の国・地域（2013年）

	国・地域名	金額（百万ドル）	シェア
1	ASEAN	20,339	53.2%
2	日本	8,461	22.2%
3	英国	2,108	5.5%
4	オランダ	2,043	5.3%
5	香港	1,545	4.0%
6	スイス	1,186	3.1%
7	イタリア	698	1.8%
8	メキシコ	689	1.8%
9	キプロス	590	1.5%
10	オーストラリア	539	1.4%
	総額	38,198	100.0%

（資料）　ASEAN（2014）より作成。

ているのが特色である[24]）。

2. 日本企業との連携相次ぐ

　本節で ASEAN 企業の動向に注目したのは，日本企業が海外事業に力を注ぐ ASEAN 企業と協力関係を築く事例が増えているためだ。例えば三井物産は 2011 年，IHH ヘルスケアの株式の一部を取得，同社の経営に参画した。アジア最大の病院グループである IHH と組み，ASEAN 域内外で増大する医療需要を取り込む狙いがある。また，伊藤忠商事は 2014 年，タイ最大級の財閥，チャロン・ポカパン（CP）グループと資本・業務提携した。CP グループは農業や食料品を中心に流通，金融，医薬品など多彩な事業を手掛ける。伊藤忠は提携により中国をはじめアジア市場の開拓に共同で取り組む方針だ。このほか即席麺大手のサンヨー食品がオラム・インターナショナルとアフリカ市場の開拓に向け合弁会社を設立することなども報じられている[25]）。

　日本企業が ASEAN 企業と組むこと自体は目新しくないが，最近はその内容に変化も見られる。従来は ASEAN 域内の 1 つの国で日本企業がその国の地元企業と連携するというパターンが多かった。ASEAN 各国に根を下ろした財閥や国営企業が持つ人脈やノウハウを取り込むのが主な狙いであり，この種の関係はこれからも続くであろう。一方で昨今目立つのは ASEAN，アジア，さらに世界も見据えた，より広域的な連携である。ASEAN 企業は近年，資金力や技術力，人的資源を蓄積しながら経営力を高め，海外事業を積極展開している。日本企業はその実力を評価し，ASEAN 企業を有力な海外パートナーと位置づけるようになった。ASEAN で地元企業の国際化で先行するのはシンガポール，マレーシア，タイの 3 カ国であり，日本企業とこれらの国々の地元企業との間で経営の広域展開を見据えた協力関係の構築が目立っている。

おわりに

　最後に日本企業の ASEAN 展開に関し，2 点指摘しておく。第 1 に ASEAN でも投資環境は刻々と変化している。例えば，中国と同様，ASEAN 各国でも

賃金は急上昇しており，日系企業は対応を迫られている。このことは低廉な労働力が魅力のCLMも同じである。また，タイやマレーシアなどが，いわゆる「中所得国の罠」を回避するため，産業の高付加価値化に役立つ外資の誘致を重視するという選別の姿勢を強めている。企業の域内経営に影響を及ぼすAEC構築の動き等も含め，さまざまな環境変化にうまく対応し，ASEANでの事業体制を強化していくことが肝要だ。第2にASEANへの関心を高めているのは，当然ながら日本企業だけではない。欧米，韓国，中国，インド，さらにASEANの企業も同様に熱視線を注いでいる。実際，ビジネス拠点のシンガポールでは世界中のさまざまな国の企業がASEAN事業の統括本社・本部を開設，拡充するなど体制強化にしのぎを削っている。韓国のように自国企業のASEAN事業が活発化した結果，多くの自国民がASEAN域内に居住するようになり，その数が現地に滞在する日本人を大きく上回るケースも見られる[26]。有望市場のASEANでは世界の企業が入り乱れての大競争が始まっている。「拡大するパイ」が無条件で日本企業の懐に入るわけではない。

注
1) 「東南アジア」という語句が含まれる記事数。実際には東南アジアを主要な報道対象としていないものも含まれるが，ここではすべて対象とした。
2) 例えば，日本経済新聞が2014年に行った「日中韓経営者アンケート」で，日本企業の経営者は「2015年の有望市場」として1位に東南アジア（76％），2位に北米（44％），3位に中国（41％）を挙げている。
3) IMF, World Economic Outlook Databaseに基づく。
4) AECの詳細については第8章参照。
5) ASEANの域外諸国・地域との経済連携については第9章参照。
6) ジェトロ（2014）に基づく。「賃金上昇」を挙げた企業の比率が最も高かったのは中国（83.9％）で，以下，インドネシア（83.8％），カンボジア（80％）の順。
7) 2012年は非製造業セクターでタイからの大規模な資本の引き揚げがあり，この一時的要因が全体の額を大きく押し下げたとみられる。
8) 以下，海事調査の中国の数字は香港を含む。
9) 日本アセアンセンターのホームページ上の情報に基づく。2010年度末現在の数字。中国は香港を含む。
10) 経済団体（NGO，NPO等）や外国企業の職員も含まれる。人数は10月1日時点。
11) 香港を含む。
12) 「サービス業」には経営コンサルタント業，広告業，生活関連サービス業，娯楽業，学術・開発研究，専門・技術サービス業などが含まれる。
13) 日本企業のM&A動向に関する説明で改めて触れる。
14) 製造業においても，ASEANの位置づけが低廉な労働力を有する生産拠点から成長力に富む市場へ変容している状況が観察される。

15) セブン-イレブン・ジャパンは 12 月，他の 3 社は 3 月時点の数字。
16) 通商弘報 2014 年 11 月 26 日付。
17) アクセンチュア（2014）に基づく。
18) 買収金額は，日本経済新聞 2014 年 3 月 31 日付に基づく。
19) ただ，日銀統計によると，2013 年の CLM への直接投資額は合計約 170 億円に過ぎず，例えばベトナム 1 カ国への直接投資額（約 3177 億円）の足元にも及ばない。
20) ASEAN 企業の経営動向に関する詳細な内容は，牛山（2014）参照。
21) 2015 年 4 月上旬時点での為替レートで換算。
22) 日本経済新聞 2014 年 12 月 4 日付。
23) ASEAN ビジネス委員会とシンガポールのリー・クアンユー公共政策大学院が 2013 年に実施したアンケート調査の結果を Wong and Wirjo（2013）がまとめている。
24) ASEAN（2014）pp.26。
25) 日経産業新聞 2014 年 8 月 29 日付。
26) 経済産業省（2012）によると，ベトナムに居住する韓国人（2010 年，永住権取得者と市民権者を除く）は約 8 万 3638 人で，日本人の 8462 人を大きく上回る。

参考文献

ASEAN (2014), "ASEAN Investment Report 2013-2014"
Wong, Marn-Heong and Wirjo, Andre (2013), "Findings from 2013 ASEAN-BAC Survey on ASEAN Competitiveness", Jakarta: ASEAN Business Advisory Council.
アクセンチュア（2014）『加速する ASEAN での M&A を成功させるために』。
牛山隆一（2014）「加速する ASEAN 企業の『ASEAN 展開』」，日本経済研究センター『ASEAN 経済統合　どこまで進んだか』，2014 年 12 月。
外務省『海外在留邦人数調査統計』各年版。
経済産業省（2012）『通商白書 2012』。
経済産業省（2014）『第 43 回海外事業活動基本調査結果概要確報―平成 24（2012）年度実績―』。
国際協力銀行（2014）『わが国製造業企業の海外事業展開に関する調査報告―2014 年度海外直接投資アンケート結果（第 26 回）』，2014 年 11 月。
日本貿易振興機構（ジェトロ）（2014）『在アジア・オセアニア日系企業実態調査』（2014 年度調査），2014 年 12 月 16 日。

（牛山隆一）

終　章

ASEANと日本
―相互依存の深まりと対等な関係への変化―

はじめに

　日本とASEANの経済関係は，先進国と発展途上国，経済大国と小国，豊かな国と貧しい国，援助する国とされる国の関係だった。こうした面は残っているが，日本とASEANの関係は対等で相互に依存する関係に変ってきている。ASEANが創設された1967年のASEANの名目GDP 227億ドルは日本の名目GDP 1243億ドルの18％だった[1]。2013年のASEANの名目GDPは2兆4000億ドルで日本の4兆9000億ドルの48％となっている。1967年の1人当たりGDPは，日本の1245ドルに対して最大のシンガポールが618ドル，インドネシアは51ドルに過ぎなかった。2013年になると，シンガポールは5万4776ドル，ブルネイは3万9942ドルで3万8491ドルの日本を超えている。円安で日本のドル建てGDPが小さくなっていることを考慮しても日本とASEANの関係はより対等なものに変ってきたことは確かだ。

　貿易も同様である。1967年のASEANの輸出額は日本の輸出額の43％だったが，2013年には日本の1.76倍に拡大した。1967年は，ASEANは日本への1次産品供給国であり，日本の工業製品の市場だったが，現在ASEANは1次産品に加え自動車，家電など工業製品を日本に輸出している。先進国と途上国の貿易関係から先進国同士の貿易関係に類似してきている。

　投資では日本からASEANへの一方通行でなく，ASEAN（シンガポールが圧倒的だが）は日本への投資国・地域となっている。政府開発援助（ODA）の借款は，日本からのASEANへの貸付は52億9300万ドル，返済は67億

3500万ドルで返済額のほうが14億4100万ドル多くなっている[2]。贈与を含めたODA支出純額は，インドネシア，タイ，フィリピン，マレーシアではマイナスとなっている。人の移動でもASEANからの訪日旅行者が年々増加しており，2005年の51万人が2014年には160万人となった。とくにタイからの旅行者は2013年74%増，2014年45%増となり2014年は65万人が訪日した。2005年の日本人のASEANへの旅行者は356万人であり，ASEANからの訪日旅行者は51万人と14%だったが，2013年は401万人に対し115万人と38%に上昇している。

　日本とASEANの関係は拡大・緊密化をするとともに構造変化が起きている。投資，援助，人の移動は一方通行ではなくなり，双方向の交流と相互依存が深まっている。日本とASEANは益々対等な関係となってきており，対等なパートナーとして協力・連携を深めて行くべきである。

　ASEANは，2015年末のAECの実現を目指している。AEC実現へ向けての協力も，現在の日本とASEANにおいて重要な課題となっている。

　本章は，日本とASEANの経済関係を貿易と投資を取り上げて現状を描き出し，さらに日本とASEANのこれまでの緊密な協力関係と課題を論じている。

第1節　日本とASEANの経済関係

1. 拡大の中で構造変化が進む貿易

低下する日本の地位

　2013年の日本のASEANとの貿易は，輸出1109億ドル，輸入1221億ドル，ASEANのシェアは輸出が15.5%，輸入が16.2%で，ASEANは輸出では米国，中国に次いで3位，輸入では中国に次いで2位の重要な貿易相手国・地域である[3]。1980年の日本とASEANの貿易は輸出が135億ドル，輸入が247億ドルだったから，輸出が8.2倍，輸入が4.9倍に拡大している。

　日本とASEANの貿易は大幅に拡大したが，その過程で構造的な変化が起きている。日本の貿易総額に占めるASEANのシェアは1980年以降14%程度

を維持している。一方，ASEAN の貿易に占める日本のシェアは 1980 年には25.9％と最大だったが，その後漸減し 2013 年には 9.0％となっている（終-1表）[4]。日本にとっての貿易面での ASEAN の重要性は変っていないが，ASEAN からみた日本の貿易面の重要性は小さくなったのである。日本の貿易相手国・地域をみると，欧米のシェアが 1990 年に 46.0％と 5 割に近づき，2000 年に 39.8％になった後 2013 年に 22.8％に大幅に縮小している。一方，中国は 1980 年の 3.5％から 2013 年は 20.0％となり，中国，ASEAN，韓国を合計すると 40.2％となり，東アジアへのシフトが鮮明である。ASEAN の貿易相手国・地域では，欧米のシェアは 1980 年の 28.4％から 2013 年には 16.2％に縮

終-1 表　ASEAN の主要貿易相手国・地域シェア（単位：％）

	1980 年	1990 年	2000 年	2013 年
日本	25.9	21.2	16.1	9.0
ASEAN	15.9	17.0	22.8	24.4
中国	1.8	2.4	4.4	15.5
韓国	1.6	3.2	4.2	5.2
米国	15.7	16.8	16.7	7.5
EU	12.7	15.5	12.7	8.7
その他	26.4	24.0	23.2	29.7

（出所）　日本アセアンセンター（2014）「ASEAN 情報マップ」。

終-2 表　日本の主要貿易相手国・地域シェア（単位：％）

	1980 年	1990 年	2000 年	2013 年
ASEAN	14.1	12.1	14.9	14.8
中国	3.5	3.5	10.0	20.0
韓国	3.1	5.6	6.0	6.0
米国	20.8	27.5	25.2	13.1
EU	9.8	18.5	14.6	9.7
その他	48.8	32.8	29.3	36.4

（出所）　終-1 表と同じ。

小し，ASEAN 域内と中国が 17.7％から 39.9％に拡大した。ASEAN については，日本を含め先進国・地域の重要性が大幅に低下し，中国と ASEAN 域内が重要性を増している。

国別にみても日本の地位の低下は明らかである。1980 年に日本が最大の貿易国となっていたのは，ブルネイ（輸出），インドネシア（輸出入），マレーシア（輸出入），タイ（輸入），ラオス（輸出），ミャンマー（輸入），シンガポール（輸入），ベトナム（輸出）と 8 カ国を数えたが，2013 年はブルネイ（輸出），フィリピン（輸出）の 2 カ国のみとなった。相手国・地域として台頭したのは ASEAN であり，カンボジアとベトナムを除いた 8 カ国で輸出入あるいはどちらかで ASEAN が最大となっている。

ASEAN の域内貿易比率は EU，NAFTA と比べて低く，AFTA は効果がないとの批判の理由となっているが，ASEAN 各国の貿易相手国として ASEAN は重要性を増している[5]。今後，ASEAN 各国の消費市場が拡大することは確実であり，資本財・中間財に加えて消費財の域内貿易が拡大すれば域内貿易比率がさらに高まることが予想される（域内貿易については 4 章を参照）。

垂直分業から水平分業へ

次に貿易品目の変化をみてみよう。日本と ASEAN の貿易品目は国により違いが大きい[6]。例えば，ブルネイの対日輸出は 1980 年，2013 年とも鉱物性燃料が 99％以上となっている。ブルネイを除くと，ASEAN 各国の対日輸出は，1980 年は原料品と鉱物性燃料のシェアが高かったが，現在は多様な製造業品が中心になってきている。ただし，インドネシアとマレーシアは鉱物性燃料が依然として重要である。

いくつかの国を取り上げてみる。例えば，カンボジアの 1990 年の対日輸出は 81.4％が木材など原料品だったが，2013 年は 90.5％が衣類・同付属品となっている。ラオスも 1990 年は 93.2％が原料品だったが，2013 年はコーヒー，調味料など食料品が最大の輸出品となり，衣類，履物などもシェアを拡大している（日本側統計では衣類が 24.0％で最大，履物は 15.5％）。大きな変化と多角化が進んだのはタイである。1990 年は食料品が 31.4％，原料品が 15.5％であり，2013 年は食料品が 18.3％と最大であるが，分類を細かくすると，

自動車・同部品が6.0%で最大となっている。主要輸出品は，加工鶏肉，ゴム，コンピューター・同部品，水産品缶詰，機械・同部品，プラスチック製品，美容品・化粧品などと極めて多様化している。

マレーシアの2013年の対日輸出は鉱物性燃料が58.0%（天然ガスが50.2%）を占めたが，これは稼動停止中の原子力発電所に代替する火力発電用の燃料の増加のためである[7]。ちなみに2010年の鉱物性燃料のシェアは42.7%だった。マレーシアの世界向けの輸出では天然ガスのシェアは8.2%に過ぎず日本向けでマレーシアが重要な燃料供給国となっていることがわかる。インドネシアの対日輸出では，鉱物性燃料が52.2%，原料品が14.0%と1次産品が62.2%を占めている。ブルネイ，インドネシアを除くと発展途上国が資源を輸出し先進国が工業製品を輸出する垂直分業から工業製品を輸出入する水平分業に構造が変ってきている。ただし，タイやマレーシアに見られるように農水産品や鉱物も依然としてASEANの重要な対日輸出品となっており，日本への輸出品目の多角化が進んでいる。対日品目の構造的な変化をもたらした大きな要因は日本のASEANへの製造業投資である。

2. 中国向けを上回る日本のASEAN投資

ASEANは日本の重要な投資先である。日本の2013年のASEANへの直接投資残高は1362億ドルで日本の対外直接投資残高の12.2%を占めている[8]。日本のアジア投資は中国向けが多いとのイメージがあるが，同年の中国への直接投資残高は981億ドル，シェアは8.7%であり，ASEANのほうが多い。注目されているインドは137億ドル，1.2%であり，ASEANの1割に過ぎない。ASEANの中では，タイが446億ドルと最大でASEAN向けの32.7%を占めている。以下，シンガポール365億ドル，インドネシア198億ドル，マレーシア132億ドル，フィリピン132億ドル，ベトナム108億ドルとなっており，これら6カ国でASEAN向けの99.5%を占める。

次に最近6年間のASEANと中国向けの直接投資フローをみてみよう（終-3表）。フローでも2012年を除きASEAN向けが中国向けを上回っていることがわかる。2010年以前は中国向けとASEAN向けはほぼ拮抗する状態が続いていた。タイへの投資は洪水の影響で2012年に大幅減少となったが，2013年

はタイへの投資が中国への投資を上回るという画期的な年となった。特に三菱東京 UFJ 銀行によるアユタヤ銀行買収（53 億ドル）という大型案件が増加に大きく寄与している。中国への投資は 2012 年の尖閣諸島国有化後の反日運動の激化による政治リスクへの懸念だけでなく，人件費などコスト上昇が影響し 2013 年以降減少している。新たな投資先および中国からの移管・分散の投資先として ASEAN が注目されており，2013 年，2014 年とも ASEAN への投資が中国向けを大幅に上回っている。「チャイナ・プラス・ワン」といわれる動きが実際に起きている。ASEAN の中ではシンガポールが永年最大の投資先だったが，2011 年以降タイ，そしてインドネシアが台頭している。主要 6 カ国以外への投資は極めて小さいが徐々に拡大している。

2013 年末の ASEAN 向け直接投資の業種別残高をみると総額 14 兆 2948 億円のうち製造業が 58.8％，非製造業が 41.2％を占める[9]。対世界の残高では製造業は 46.7％なので ASEAN 向けでは製造業の比率が高い。製造業の中では輸送機械器具が製造業の残高の 25.1％，電気機械器具が 19.0％，化学・医薬が 13.4％を占めている。製造業ではタイへの投資が 38.8％を占め，輸送機械器具でもタイが 51.7％を占めており，タイが製造業そして輸送機械器具（自動車）分野の日本の ASEAN 投資の中核となっていることが示されている。非製造

終-3 表　ASEAN 主要国および中国への直接投資（単位：100 万ドル）

	2009	2010	2011	2012	2013	2014
ASEAN	7,002	8,930	19,645	10,675	23,619	20,367
シンガポール	2,881	3,845	4,492	1,566	3,545	7,580
タイ	1,632	2,248	7,133	547	10,174	5,175
インドネシア	483	490	3,611	3,810	3,907	4,407
マレーシア	616	1,058	1,441	1,308	1,265	972
フィリピン	809	514	1,019	731	1,242	478
ベトナム	563	748	1,859	2,570	3,266	1,348
その他 ASEAN	18	27	90	143	220	407
中国	6,899	7,252	12,649	13,479	9,104	6,741

（出所）　ジェトロ「日本の国・地域別対外直接投資」。

業では金融・保険業が47.4%,卸売・小売業が22.1%を占めている。非製造業ではシンガポール向けが42.3%を占めている。

タイが日本企業の最大の投資先

ASEANの対内直接投資における日本の地位をみてみる。2005年～13年のASEANの対内直接投資累計額(7300億ドル)では,EUが最大で23%,ASEANが16%,日本は14%で3位となっている[10]。米国は7%,近年対外投資を増加させている中国は4%となっている。国別にみると,日本はタイ(2001年～13年累計)で41%と圧倒的なシェアを占める最大の投資国である[11]。日本の投資統計と受入れ国の統計から日本が投資先としてタイを重視しタイに集中する傾向があることがわかる。日本はマレーシア(同シェア16%),ベトナム(同14%)でも最大の投資国であるが,米国やシンガポールと拮抗している。一方,CLMでは中国のプレゼンスが大きい。中国のシェアはカンボジア(1994年～2013年累計)では20%で最大,ラオス(2000年～13

終-4表　ASEAN各国における投資累計額でみた上位投資国のシェア

ブルネイ	英国 54%	オランダ 27%	日本 9%	
インドネシア	シンガポール 21%	オランダ 18%	日本 9%	
マレーシア	日本 16%	米国 14%	シンガポール 9%	
フィリピン	米国 11%	日本 10%	韓国 8%	
シンガポール	米国 33%	欧州 26%	シンガポール 17%	日本 10%
タイ	日本 41%	米国 8%	シンガポール 5%	
カンボジア	中国 20%	韓国 9%	マレーシア 6%	
ラオス	ベトナム 24%	中国 20%	タイ 15%	
ミャンマー	中国 31%	タイ 22%	香港 14%	
ベトナム	日本 14%	シンガポール 11%	韓国 11%	

(注)　カンボジアとラオスは国内投資を含めたシェアである。外国投資のみだと中国のシェアはカンボジアで34%,ラオスで26%となる。ブルネイは2001年～12年,カンボジアは1994年～2013年,ラオスは2000年～13年,ミャンマーは1989年～2014年6月,その他は2001年～13年。
(出所)　日本アセアンセンター「ASEAN情報マップ」。原データは各国の認可統計。

年累計）は20％で2位，ミャンマー（1989年～2014年6月）は31％で最大となっている。日本のシェアはラオスで2％である。ただし，カンボジアへの経済特別区への投資（フローベース）では2012年，13年とも日本が最大となっている。

　国際協力銀行（JBIC）が毎年実施している「わが国製造業企業の海外事業展開に関する調査報告」の2014年度調査（第26回）では，中期的有望事業国の上位10位にASEANから4カ国，上位20位には8カ国が入った（2013年度は9カ国がランクインしている）。2012年度まで首位だった中国は3位となっており，上位5カ国中3カ国がASEANである。このように投資先としてのASEANへの評価は将来を含め高くなっている。しかし，ASEANの投資環境は問題がないわけではない。ジェトロの「在アジア・オセアニア日系企業実態調査（2014年度調査）」によると，人件費の上昇はシンガポール（回答企業の72.9％が指摘），マレーシア（68.9％），タイ（70.2％），インドネシア（83.8％），ベトナム（74.4％），カンボジア（80.0％），ミャンマー（68.0％）で最大の問題点と指摘されている[12]。マレーシアやタイなどASEAN先行国では産業高度化を進めることが課題であり，労働集約型工程の海外移管が起きている。低コストにより労働集約型製品の輸出を本格化させつつあるカンボジアなどでの人件費上昇は投資環境を悪化させ生産性向上が伴わないと競争力を阻害し投資先としての魅力を損なうことになろう。

　日本のASEAN投資は，1960年代～70年代は輸入代替工業化に対応した投資先国での市場確保を目的とした投資だった。その後，輸出指向型の投資が増加し，特に1985年のプラザ合意による円高の進展後は輸出指向型の投資が急増した。現在は，輸出指向型に加え，所得上昇により急拡大している国内消費市場の獲得，ASEANの経済統合に対応したASEANを1つの市場，生産地域と考える投資が増加している。こうしたASEAN各国の開発政策と環境の変化に応じた日本企業のASEAN投資は，日本企業の事業の発展とグローバル化に寄与するとともにASEAN諸国の製造業の発展，工業品輸出の拡大など経済発展にも貢献してきたと評価できる。

　ASEANは日本への直接投資を徐々に増加させている。日本の対内直接投資残高に占めるASEANのシェアは2000年末は0.9％だったが，2005年末に2.2

終　章　ASEANと日本　　*331*

終-5表　中期的有望事業展開先・国の上位5カ国とASEAN

2012年度		得票率%	2013年度		得票率%	2014年度		得票率%
1位	インド	45.9%	1位	インドネシア	44.9%	1位	中国	62.1%
2位	インドネシア	45.7%	2位	インド	43.6%	2位	インド	56.4%
3位	中国	43.7%	3位	タイ	38.5%	3位	インドネシア	41.8%
4位	タイ	35.3%	4位	中国	37.5%	4位	タイ	32.1%
5位	ベトナム	31.1%	5位	ベトナム	30.3%	5位	ベトナム	31.7%
10位	ミャンマー	11.0%	8位	ミャンマー	13.1%	10位	ミャンマー	9.9%
11位	フィリピン	10.0%	11位	フィリピン	8.0%	15位	フィリピン	4.1%
12位	マレーシア	9.2%	12位	マレーシア	7.6%	16位	シンガポール	3.1%
14位	シンガポール	5.0%	15位	シンガポール	3.9%	17位	カンボジア	2.5%
15位	カンボジア	4.0%	17位	カンボジア	2.5%			
			20位	ラオス	1.8%			

（出所）　国際協力銀行（JBIC）が毎年実施している「わが国製造業企業の海外事業展開に関する調査報告」の2014年度調査（第26回）。

%，2010年末に6.8%となり，2013年末は8.2%に拡大した。2013年末のASEANからの残高は141億ドルだが，シンガポールが134億ドルと95%を占めている。近年話題となる中国からの投資残高は5億7600万ドルとシンガポールの4.3%の規模である。

第2節　経済連携協定の締結

　日本がFTA交渉を開始したのは21世紀に入ってからであり，最初の交渉相手国はシンガポールであった。2002年1月に署名され，同年11月に発効した日本シンガポール新時代経済連携協定（JSEPA）は日本の最初のFTAであり，その後のFTAの内容および交渉方式のモデルとなった。

　ASEANは日本のFTA交渉では優先的な交渉相手と位置づけられていた。2002年10月に外務省が発表した「日本のFTA戦略」では，広い意味での政治的経済的安保の確保を考慮しながら緊密な経済関係を有しつつも比較的高い貿易障壁の存在故に日本経済の拡大の障壁の残る国・地域とのFTA締結を優先すべきとして，東アジアを有力な交渉相手地域とし，韓国とASEANを最

初の交渉相手と位置づけた[13]。韓国とのFTA交渉は中断したままであるが，ASEANとは7カ国と2国間FTA，ASEAN全体とAJCEP（日ASEAN包括的経済連携）を締結している。

最初に日本のEPA締結状況をみておこう。なお，以下では，FTAではなく日本政府が使用しているEPA（経済連携協定：Economic Partnership

終-6表 日本のEPAの取り組み状況（発効および締結）

相手国	交渉開始	署名	発効	
シンガポール	2001年1月	2002年1月	2002年11月	2006年4月改正交渉，2007年7月署名，9月発効
メキシコ	2002年11月	2004年9月	2005年4月	2011年9月改正議定書署名
マレーシア	2004年1月	2005年12月	2006年7月	
フィリピン	2004年2月	2006年9月	2008年12月	
チリ	2006年2月	2007年3月	2007年9月	
タイ	2004年2月	2007年4月	2007年11月	
ブルネイ	2006年6月	2007年6月	2008年7月	
インドネシア	2005年7月	2007年8月	2008年7月	
ASEAN全体（AJCEP）	2007年1月	2008年3月4月	2008年12月	日本，シンガポール，ラオス，ミャンマー，ベトナム2008年12月発効，ブルネイ2009年1月，マレーシア2月，タイ6月，カンボジア12月発効，フィリピン2010年7月発効．AJCEPのサービス，投資は交渉中
ベトナム	2007年1月	2008年12月	2009年10月	
スイス	2007年5月	2009年2月	2009年9月	
インド	2007年1月	2011年2月	2011年8月	
ペルー	2009年5月	2011年5月	2012年3月	
豪州	2007年4月	2014年7月	2015年1月	
モンゴル	2012年6月	2015年2月		

（注）　交渉中は，カナダ，コロンビア，日中韓，RCEP，EU，TPP，トルコ，AJCEP（サービス，投資）の8件である。韓国は2004年11月から交渉中断。GCCは2010年10月より交渉延期。
（資料）　外務省資料により作成。

Agreement) を使用する[14]。日本の EPA は 2015 年 5 月時点で発効が 14, 署名したものが 1, 交渉中が 6 となっている（終-6 表）。

FTA 比率（貿易額に占める FTA 締結国との貿易比率）は 22.6%（2013 年のシェア）となり，うち ASEAN が 14.8% を占めている。自動車，電機電子などの競合国である韓国は，ASEAN のほか米国，EU，中国と締結しており，FTA 比率は 41%，署名済を含めると 63%（2014 年）となる。

ASEAN との EPA の特徴

ASEAN7 カ国との EPA（他の国との EPA も同様だが）の特徴は極めて包括的であることだ。その対象分野は，物品の貿易，サービス貿易の自由化，投資の自由化から，税関手続きと貿易円滑化，衛生植物検疫（SPS），強制規格・任意規格・適合性評価手続き（TBT），貿易取引文書の電子化，政府調達，知的財産権，競争，自然人の移動，エネルギー資源の安定供給，ビジネス環境整備，2 国間協力，紛争解決まで極めて広範囲であり，幅広い経済関係の強化を実現することが期待されている[15]。自然人の移動では，ビジネス関係者の移動に加え，フィリピン，インドネシア，ベトナムとの EPA で看護師，介護福祉士の移動が規定されている。ビジネス環境整備は日本企業が事業展開で直面する問題や障害を具体的に改善することを目的にしており，日本の EPA 独自の規定である。

次に 2 国間協力があげられる。2 国間協力はシンガポールとの EPA から実施されており，マレーシアとの EPA では自動車産業への協力，インドネシアとの EPA では金型産業と自動車部品産業への協力，タイとの EPA では食品安全協力や地域間協力など農水産分野での協力を行うなど相手国の産業の競争力強化に役立つ協力を行っている。エネルギー資源の安定供給は，ブルネイとインドネシアとの EPA で独立の章が設けられ，安定供給，投資環境整備，協力，政策対話などが規定されている。

3 番目に自由化（関税撤廃）率が概して高くないことが指摘できる。WTO 協定での FTA の要件は GATT24 条に規定されている「実質的にすべての貿易上の障害を撤廃すること」である。輸入額の 90% 以上を自由化（関税撤廃）すると解釈されてきたが，近年では関税分類品目数（タリフライン）でのゼロ

関税品目数で判断することが多くなっている。輸入額ベースで見た日本のFTA の自由化率（無税化率）は 90%を超えているが，シンガポール，マレーシア，フィリピン，タイとの EPA では相手国の自由化率よりも低くなっている（終-7 表）。先進国と開発途上国の FTA では，先進国側の自由化率が高いのが普通であるが，日本の FTA の場合，逆となっている。自由化率をタリフライン（関税分類品目 HS8-9 桁）ベースでみると，日本の自由化率はさらに低くなる。

　日本の自由化率が低い理由は，農水産品を例外としているためである。関税撤廃をしたことのない品目は 940 品目のうち，855 品目は農水産品である。日本側が農林水産品を例外扱いにすることにより，相手国側は工業製品を例外とすることが可能となる。

最も良く利用される ASEAN との EPA

　日本が締結している EPA で最も良く利用されているのが ASEAN 各国との EPA である。EPA の利用件数は日本商工会議所が発給している原産地証明の発給件数でわかる（終-8 表）。EPA の発効数が増加すれば発給総件数は当然増加するが，EPA1 件当たりの発給件数も概ね増加傾向にあり，日本企業が

終-7 表　日本と ASEAN との EPA における自由化率

	日本側自由化率	相手国側自由化率
日本シンガポール	94.7%（84.4%）	100.0%
日本マレーシア	94.1%（86.8%）	99.3%
日本タイ	91.6%（87.2%）	97.4%
日本フィリピン	91.6%（88.4%）	96.6%
日本ブルネイ	99.9%（84.6%）	99.9%
日本インドネシア	93.2%（86.8%）	89.7%
日本 ASEAN	93.0%（86.5%）	90.0%
日本ベトナム	94.9%（86.5%）	87.7%

（注）　カッコ内は品目ベース（タリフライン）の自由化率（10 年以内に関税を撤廃する品目の比率）。
（資料）　外務省（2009）「日本の経済連携協定（EPA）交渉−現状と課題−」，タリフ・ラインの自由化率は，内閣官房（2011）「包括的経済連携の現状について」。

終-8表　特定原産地証明発給件数（ASEANのみ）

	2005	2006	2007	2008	2009	2010	2011	2012	2013
マレーシア		1,018	5,335	6,194	6,934	8,349	9,228	11,289	13,054
タイ			6,678	21,129	28,255	44,132	47,175	58,957	65,735
インドネシア				6,579	16,013	23,672	30,096	33,911	36,939
ブルネイ				0	3	13	30	25	35
フィリピン				225	2,477	4,255	4,457	5,575	7,108
ベトナム					500	2,294	2,749	4,572	3,262
ASEAN				239	2,832	4,490	4,653	5,288	7,108
総発給件数計	4,859	6,935	19,278	44,561	67,269	101,093	119,193	153,217	177,876

(注)　その他の国の2013年の発給件数は、メキシコ5233、チリ4246、スイス6195、インド6501、ペルー1275である。
(出所)　経済産業省。

EPAを使うようになってきていることが示されている。発給件数が最も多いのは日タイEPAであり、毎年大幅に増加を続けている。続いて、インドネシアが2位、マレーシアが3位となっており、日本企業がASEAN諸国とのEPAを良く使っていることが示されている。

　ジェトロのアンケート調査でも同様の結果となっている[16]。2014年度調査では、輸出でFTAを利用している企業の比率が多いのは、タイ32.6％が最も多く、インドネシア25.9％が3位、マレーシア18.9％が6位となっている。輸入ではタイが53.2％で3位、インドネシアとベトナムが51.7％で4位である。アンケートへの回答企業数は、輸出の場合タイ1105、インドネシア791、マレーシア784などASEAN諸国は多いが、チリは160社などASEAN以外は少なく、利用企業数でみるとASEANが圧倒的に多い。なお、同調査によると日本企業は、AFTA、ASEAN中国などASEANが結んでいるFTA（第三国間FTA）を積極的に利用している[17]。

第3節　日本とASEANの協力
　　　　—AECの実現へ向けて—

1. 日本とASEANの40年を越える協力関係

　日本とASEANの協力は，1973年11月の日本ASEAN合成ゴムフォーラムが最初であり，それから40年を越える緊密な協力関係を維持してきた。日本とASEANは，政治的にも経済的にもきわめて緊密な関係を保ち続けてきている。経済的関係はとりわけ深く，貿易投資関係も緊密である。最近の日本のアジア向け直接投資でも，ASEAN向けが中国向けをも上回っており，ASEANは日本企業にとっても最重要な生産拠点と市場である。同時に自動車や電機など多くの生産ネットワークが構築されてきている。

　日本とASEANの深い経済関係の中で，日本にとっても日本企業にとっても，AECの確立は，きわめて重要である。日本は，これまでの深い経済関係と緊密な協力関係の上に，現在のASEANの目標であるAECの確立へ向けて，さらに協力を拡大することが期待される。

　本節では，日本とASEANの協力に関して，2015年末にAECの実現を目指す地域協力体としてのASEANとの協力関係を中心に考察する。以下，2～4でこれまでの日本ASEAN関係を振り返り，5でAECへ向けての日本の協力に関して述べる[18]。

2. 1973年における日本ASEAN協力の開始と発展

　日本と地域協力体としてのASEANの協力は，1973年11月の日本ASEAN合成ゴムフォーラムが最初であった。ASEANの設立は1967年8月であり，その6年後という早い時期であった。1970年代初期にマレーシア，インドネシア，タイは世界の主要な天然ゴム生産国並びに輸出国であったが，日本の合成ゴム生産と輸出の急速な拡大に被害を受けており，ASEANは日本に対して合成ゴムの生産と輸出の抑制を求め，日本ASEAN合成ゴムフォーラムが開催されたのである。その後，日本ASEAN合成ゴムフォーラムの延長に，1977

年3月には第1回日本ASEANフォーラムが開催され,幅広い分野について意見交換する場となってきた。

1977年8月のクアラルンプールにおける第2回ASEAN首脳会議では,域外の首脳では日本の福田首相だけが招待され,日本ASEAN首脳会議が開催された。ASEANと域外国との初の首脳会議であった。その際に福田首相は,1976年に開始したASEAN域内経済協力プロジェクトへの10億ドルの援助を行うことを約束した[19]。また福田首相は,この東南アジア訪問の最後にマニラで,① 日本は軍事大国にならない,② ASEANと「心と心の触れあう」関係を構築する,③ 日本とASEANは対等なパートナーである,というASEAN外交三原則(「福田ドクトリン」)を打ち出した。福田ドクトリンは,その後の日本のASEAN外交の基本原則となった。

翌1978年にはASEAN外相会議に園田外相が招かれ,第1回日本ASEAN外相会議が開催された。この外相会議はASEANの域外国との最初の外相会議であり,その後,日本ASEAN外相会議がASEAN拡大外相会議に続けて毎年行われ,対話が続けられることとなった。なお,首脳会議が定例化する以前は,外相会議がASEANの最も主要な会議であった。

1987年のマニラで開催された第3回ASEAN首脳会議の際にも,域外首脳では竹下首相だけが招かれ,日本ASEAN首脳会議が開催された。その際に竹下首相は,20億ドルを下らないASEAN日本開発基金(AJDF)の設立を約束した。その基金は,1987年におけるASEAN域内経済協力の転換を受け,1977年に約束したようなプロジェクトへの援助ではなく,民間企業の育成と直接投資の促進を目的とするものであった[20]。1992年からは,日本ASEAN経済相会議も,毎年,定期的に開催されてきた。

アジア経済危機直後の1997年12月のASEAN首脳会議の際には,1987年以来の日本ASEAN首脳会議が開催された。また初のASEAN+3(日中韓)首脳会議も開催された。このASEAN+3首脳会議も,日本からのASEANとの首脳会議の提案がきっかけであった[21]。その後,ASEANと日本だけではなく,ASEANと日中韓各国との首脳会議,ASEAN+3の首脳会議が定例化することとなった。

アジア経済危機に際し日本は,IMFの救済パッケージに最大出資国として

参加し，新宮沢構想によってASEAN諸国等に800億ドルに及ぶ資金還流の支援を実施してきた。またASEAN＋3による通貨金融協力であるチェンマイ・イニシアチブ（CMI）を牽引してきた。

1973年からの約4半世紀においては，日本はASEANにとって最も緊密な関係を持つ対話国であった。しかし，アジア経済危機後には中国が急成長し影響力が拡大し，同時にASEAN＋3などの東アジア大の地域協力が形成され変化が生まれてきた。

3. 2003年以降のAECへ向けての日本ASEAN協力

ASEANは，2003年10月の第9回ASEAN首脳会議で「第2ASEAN協和宣言」を発し，AECを含めたASEAN共同体を2020年までに創設することを宣言した。2003年は，1973年から30年目の日本ASEAN交流年でもあり，12月11-12日には東京で日本ASEAN特別首脳会議が開催された。ASEANの全首脳と日本の首相が域外で集まった初の首脳会議であった。同首脳会議では「新千年期における躍動的で永続的な日本とASEANのパートナーシップのための東京宣言」によって，これまでの30年に及ぶ友好協力関係とともに，今後の日本とASEAN間の特別の関係を拡充することを確認した[22]。具体的な協力措置を示した「日本ASEAN行動計画」では，人材育成の支援，メコン地域開発などの統合強化への支援を約束した。また東南アジア友好協力条約（TAC）の締結の意図が表明され，翌2004年7月には日本の加盟が実現した。

2008年4月には，日本ASEAN包括的経済連携協定（AJCEP）が調印され，8月に発効した。日本は，2002年に初めてのEPAをシンガポールと発効させて以後，ASEAN各国と2国間のEPAを発効させてきたが，AJCEPは日本とASEAN全体とのEPAであった。日本にとって，初めての複数国とのEPAでもあった。AJCEPにより，2国間EPAが締結されていなかった新規加盟の4カ国ともEPAが結ばれることになり，ASEAN全体との経済関係がより強化されることとなった。2008年8月には，第1回のASEAN事務総長とASEAN日本人商工会連合会（FJCCIA）との対話がバンコクで行われた。

2011年3月の東日本大震災の際には，その直後からASEAN諸国から多く

の支援がなされ，4月にはジャカルタで日本の松本外務大臣を招いたASEAN特別外相会議も開催された。6月にはスリンASEAN事務総長もボランティアチームを率いて来日した。共に自然災害を受けやすい地域として一層の関係の強化が図られている。

2011年11月の日本ASEAN首脳会議では，「共に繁栄する日本とASEANの戦略的パートナーシップの強化のための共同宣言（バリ宣言）」によって，ASEANの統合を支援し，地域の開発格差を是正するために取り組むことを宣言した。2003年の「東京宣言」以降の変化，とりわけ世界経済におけるASEAN経済の重要性とASEANのAECへ向けての取組の進展により，AEC構築へ向けての支援が強く打ち出されている[23]。また，2011年5月には，ジャカルタにASEAN日本代表部を開設した。ASEAN域外の国では米国に次いで2番目の開設であった。

2012年8月の日本ASEAN経済相会議では，「日本ASEAN10年間戦略的経済協力ロードマップ」が合意された。2015年のASEAN経済共同体（AEC）の確立を挟んで2012年からの10年間を，日本とASEANが経済統合と経済成長をより高いレベルで推進していく重要な時期として，長期的な目標を提示した。本ロードマップの目標は，①10年間で日本ASEAN間の貿易と投資の倍増，②ASEANの投資先としての魅力の増大，③日本からASEANへの技術移転の増大，④ASEAN後発途上国における発展格差の縮小，⑤AECとRCEPの実現への貢献などであった[24]。

4. 日本ASEAN友好協力40周年を越えて

2013年1月には，安倍首相が再就任後初の外国訪問先としてベトナム，タイ，インドネシアを訪問してASEAN重視を示し，さらにインドネシアでは「対ASEAN外交5原則」を発表した。「対ASEAN外交5原則」は，第1にASEAN諸国と共に，自由，民主主義，基本的人権等の普遍的価値の定着および拡大に共に努力をしていくこと，第2に「力」ではなく「法」が支配する自由で開かれた海洋は「公共財」であり，これをASEAN諸国と共に全力で守り，米国のアジア重視を歓迎すること，第3にさまざまな経済連携ネットワークを通じ，モノ，カネ，ヒト，サービスなど貿易および投資の流れを一層進

め，日本経済の再生につなげ，ASEAN 諸国ともに繁栄すること，第4にアジアの多様な文化・伝統を守り，育てていくこと，第5に未来を担う若い世代の交流をさらに活発に行い，相互理解を促進することである[25]。

2013年は日本 ASEAN 友好協力40周年であり，日本と ASEAN の間で，政治，経済，文化，青少年交流，観光などに関する多くの交流事業や会合が行われた。そして12月14日には，10年ぶりに東京で日本 ASEAN 特別首脳会議が開催された。首脳会議では，「日本 ASEAN 友好協力に関するビジョン・ステートメント」を採択し，「平和と安定のパートナー」，「繁栄のためのパートナー」，「より良い暮らしのためのパートナー」，「心と心のパートナー」の4つの分野で，日本と ASEAN が協力を強化することを確認した[26]。「日本 ASEAN 特別首脳会議共同声明」では，地域の課題と地球規模の課題に，日本と ASEAN が協力して対応することも述べている[27]。そして2015年の AEC 実現に向けて，ASEAN の連結性を高めるためのインフラ整備を中心に，日本が今後5年間で2兆円規模の ODA 支援を行うことが表明された。

これまで日本と ASEAN は，首脳会議，外相会議をはじめ多くの対話を実践してきている。経済関係に関しても，日本 ASEAN 経済相会議（AEM-METI）などの多くの対話が行われている。2008年からは ASEAN 事務総長と ASEAN 日本人商工会連合会（FJCCIA）との対話も行われている。また日本は，ASEAN 文化基金や日本 ASEAN 統合基金などの多くの基金を創設して，ASEAN への支援を行ってきている。日本 ASEAN 友好協力の40周年を越えて，ASEAN との関係は，さらに緊密になることが期待される。

5. AEC 実現へ向けての日本の協力

現在の ASEAN の目標である AEC の実現は，経済関係の深い日本にとってもきわめて重要である。日本は，AEC の確立へ向けて，さらに協力を拡大することが期待される。日本の協力は，東アジア全体の発展のためにも必要である。ASEAN 経済統合においては，「統合の深化」と「域内格差の是正」が一貫した課題である。「統合の深化」と「域内格差の是正」を達成するために，日本ができる協力についていくつか考察したい[28]。

先ずは，ASEAN 統合の深化に向けた協力である。ソフトインフラ構築や

ルール構築における協力,ハードインフラ整備を含む。第1に,ASEANの統合の阻害要因の検討と解決への協力である。ASEANは単一市場と単一生産基地になることを目標としており,ASEAN大で生産ネットワークを構築している日系企業からの視点で阻害要因を洗い出し,ASEANに提示することが重要である。例えば,2008年からのASEAN事務総長とASEAN日本人商工会連合会(FJCCIA)との対話が重要な例である。第2に,ASEANにおける貿易や物流円滑化への支援が必要である。第3に,ASEAN全体の物流や交通のインフラの整備への支援が必要であろう。またASEAN地域規格・標準策定,相互承認(MRA)の促進への協力,各種資格制度の構築支援など,人の移動の自由化への協力,知的財産権分野の支援等のルールにおける協力も考えられる。

次に,域内格差是正に向けた協力である。その第1は,新規加盟諸国を中心に物流インフラ整備への協力である。域内格差の是正は,いうまでもなくASEAN統合の不可避の目標であり,日本に対する期待も大きい。第2に,新規加盟国など統合のネガティブな影響を受ける各国への技術人材育成,中小企業や裾野産業の育成などへの支援も考えられる。

上記の「統合の深化」と「域内格差の是正」の両方に関係するが,ASEAN統合に関する調査と提言も,重要な協力である。例えば,東アジアASEAN経済研究センター(ERIA)や国際協力機構(JICA)などの調査と提言が上げられる。

さらに日本には,RCEPなどのASEANの経済連携への協力が必要である。また日本自身の成長と市場開放が求められるであろう。人の移動に関しても,専門労働や留学生の相互の受け入れなどとともに,相互の観光客等の受け入れも,より進めるべきであろう。

そして現在においては,世界経済の中でASEANがより重要な地位を占めてくることもあり,ASEANに対して日本が協力するとともに,より相互の協力が必要になってくるであろう。

現在,日本とASEANとの関係はさらに重要になってきている。日本とASEANは,友好協力の40年を越えてさらに緊密な関係を築いていくべきである。

注

1) 1967年の数値は，経済企画庁調査局（2001）による。
2) 外務省（2014）。
3) IMFのDirection of Tradeによる。1980年の貿易額にはASEANに加盟していなかったベトナム，ミャンマー，ラオスとの貿易額を含めている。
4) シェアは，日本アセアンセンター（2014）による。
5) 岡部（2014）は域内貿易結合度でみるとASEANの域内貿易はかなり大きく，ASEAN各国のGDP，加盟国の地理的な距離など域内貿易額に影響を及ぼす要素を考慮して理論的な域内貿易額を計算すると26％となり，ASEANの域内貿易比率（25％）は妥当な水準であるとしている（岡部2014，53～54頁）。
6) 貿易品目の変化については，日本アセアンセンター（2014），ジェトロ（2014）のデータを利用した。
7) ジェトロ（2014）のマレーシアについての記述による（185～186頁）。
8) 対外直接投資残高はジェトロ「日本の国・地域別対外直接投資残高」による。原データは財務省「国際収支状況」である。
9) 日本銀行「国際収支統計・直接投資残高」による。
10) 日本アセアンセンター（2014）による。
11) 日本アセアンセンター（2014）による。受入国の認可統計に基づいている。
12) 中国では賃金上昇が83.9％で最大の問題であり，インドでも71.7％で最大となっており，アジア新興国に共通する経営上の問題となっている。
13) http://www.mofa.go.jp/mofaj/gaiko/fta/senryaku.html
14) EPAは，物品の貿易だけでなく，サービス，投資，協力など幅広い分野での経済連携を強化する協定を意味するが，米韓FTAなど近年のFTAは幅広い分野を対象とするものが多く，大きな差はない。
15) ASEANとの7つの2国間EPAにこれらすべての分野が含まれているわけではなく，例えばマレーシアとのEPAには政府調達は含まれていない。
16) 日本貿易振興機構国際経済研究課「2014年度日本企業の海外事業展開に関するアンケート調査」，2014年12月に実施され，5768社に調査票を発送し，2995社から回答を得ている（37.6％）。
17) 第三国間FTAの利用は，AFTA50.8％（総回答250社），ASEAN中国33.9％（330社），ASEAN韓国34.1％（126社），ASEANインド49.4％（89社）などとなっている。AFTAについては，回答企業250社で，利用しているという回答が50.8％，利用を検討中が17.8％，利用していないが26.8％，無回答が4.8％である。
18) 日本ASEAN協力に関して詳細は，清水（2013），参照。
19) 清水（1998）第2章，参照。
20) 清水（1998）第4章，本書第7章，参照。
21) ASEAN＋3首脳会議は，1997年1月にASEANを訪問した橋本首相が日本とASEANの首脳会議を提案し，1997年がASEAN30周年であるためASEAN側から中国，韓国も招待したいとの提案があり，実現したものであった。
22) 「新千年期における躍動的で永続的な日本とASEANのパートナーシップのための東京宣言」。
23) 「共に繁栄する日本とASEANの戦略的パートナーシップの強化のための共同宣言（バリ宣言）」。
24) 「日本ASEAN10ヶ年戦略的経済協力ロードマップ」。
25) http://www.kantei.go.jp/jp/headline/gaikou201301.html
26) 「日本ASEAN友好協力に関するビジョン・ステートメント」。

27) 「日本 ASEAN 特別首脳会議共同声明」。
28) AEC 実現に向けての協力に関しては，清水（2013）第 2 節，石川・清水・助川（2009）終章，参照。

参考文献
石川幸一・清水一史・助川成也編（2009）『ASEAN 経済共同体―東アジア統合の核となりうるか』日本貿易振興機構（JETRO）。
石川幸一・清水一史・助川成也編（2013）『ASEAN 経済共同体と日本』文眞堂。
岡部美砂（2014）「ASEAN 域内貿易の進展―担い手が多様化，更なる拡大へ」，日本経済研究センター（2014）『ASEAN 経済統合　どこまで進んだか』。
外務省（2014）『政府開発援助（ODA）白書』
経済企画庁調査局（2001）『アジア経済 2000』大蔵省印刷局。
ジェトロ（2014）『世界貿易投資報告 2014』(http://www.jetro.go.jp/world/gtir/2014.html)。
清水一史（1998）『ASEAN 域内経済協力の政治経済学』ミネルヴァ書房。
清水一史（2011）「ASEAN―世界政治経済の構造変化と地域協力の深化―」，清水一史・田村慶子・横山豪史編（2010）『東南アジア政治入門』ミネルヴァ書房。
清水一史（2013）「AEC と日本 ASEAN 協力」，石川・清水・助川（2013）。
「新千年期における躍動的で永続的な日本と ASEAN のパートナーシップのための東京宣言」(http://www.mofa.go.jp/mofaj/kaidan/s_koi/asean_03/pdfs/tokyo_dec.pdf)。
「共に繁栄する日本と ASEAN の戦略的パートナーシップの強化のための共同宣言（バリ宣言）」(ttp://www.mofa.go.jp/mofaj/area/asean/j_asean/pdfs/bali_declaration_jp_1111.pdf)。
「日本 ASEAN10 ヶ年戦略的経済協力ロードマップ」(http://www.meti.go.jp/policy/trade_policy/east_asia/dl/AJ_Roadmap_MAIN_TEXT.pdf)。
日本アセアンセンター（2014）『ASEAN 情報マップ』(http://www.asean.or.jp/ja/asean/know/base/outline/6.html)。
「日本 ASEAN 特別首脳会議共同声明」(http://www.mofa.go.jp/mofaj/files/000022450.pdf)。
「日本 ASEAN 友好協力に関するビジョン・ステートメント」(http://www.mofa.go.jp/mofaj/files/000022446.pdf)。
「日本 ASEAN 友好協力 40 周年　つながる想い　つながる未来」(http://www.mofa.go.jp/mofaj/area/asean/j_asean/ja40/pdfs/pamph_jp.pdf)。

（石川幸一・清水一史）

索　引

【アルファベット】

APEC　153
ASEAN＋1FTA　100, 149, 152, 153, 155, 157, 254
ASEAN＋3　17, 143, 149, 337
ASEAN＋3 首脳会議　149, 337
ASEAN＋6　17, 143, 149
ASEAN 安全保障共同体（ASC）　16, 147
ASEAN・インド包括的経済協力枠組み協定　194
ASEAN インド FTA（AIFTA）　149, 152
ASEAN 外交三原則（「福田ドクトリン」）　337
ASEAN 外相会議　339
ASEAN 韓国 FTA（AKFTA）　149
ASEAN 共同工業化プロジェクト（AIP）　162
ASEAN 共同体（AC）　16, 147
ASEAN 共同体のポスト2015 ビジョンに関するネピドー宣言　226
ASEAN 協和宣言　14, 144, 254
ASEAN 経済共同体（AEC）　16, 17, 18, 83, 143, 147, 148, 154, 155, 156, 157, 158, 161, 162, 177, 226, 245, 246, 247, 254, 257, 262, 263, 264, 307, 336, 338, 339, 340
　──2015　231
　──2025　172, 231
　──スコアカード　154
　──ブループリント　17, 147, 154, 155, 164, 187, 205, 206, 213, 226
ASEAN 経済相会議　154, 255, 256
ASEAN 憲章　17, 147, 151, 155, 168
ASEAN 高速道路ネットワーク（AHN）　170, 209
ASEAN 国家間輸送円滑化枠組み協定（AFAFIST）　171
ASEAN サービス貿易協定（ATISA）　170

ASEAN サービス枠組み協定（AFAS）　170
ASEAN 産業協力（AICO）　145, 149, 162, 180, 246, 256, 257, 258, 260
ASEAN 産業補完計画（AIC）　162
ASEAN 事務局　156
ASEAN 事務総長　339, 340, 341
ASEAN 社会文化共同体（ASCC）　16, 147, 161, 162
ASEAN 自由貿易地域（AFTA）　15, 18, 91, 143, 145, 148, 149, 152, 155, 161, 163, 246, 247, 249, 253, 254, 256, 257, 258, 260, 261, 262
　──原則　151
　──用原産地証明書フォーム D　189
ASEAN 首脳会議　14, 15, 17, 144, 145, 146, 148, 156, 254, 257, 337, 338
ASEAN シングル・ウインドウ（ASW）　155
ASEAN 設立宣言（バンコク宣言）　14, 144
ASEAN 単一海運市場（ASSM）　219
ASEAN 単一航空市場（ASAM）　219
ASEAN 中国 FTA（ACFTA）　95, 149, 151, 193, 247
ASEAN 通過貨物円滑化枠組み協定（AFAGIT）　171, 218
ASEAN 統合イニシアチブ（IAI）　171, 205, 208
ASEAN オーストラリア・ニュージーランド FTA（AANZFTA）　149, 152
ASEAN 特恵貿易協定（PTA）　162
ASEAN 日本人商工会連合会（FJCCIA）　338, 340, 341
ASEAN 日本代表部　339
ASEAN 日本包括的経済連携協定（AJCEP）　149
ASEAN の経済格差　206
ASEAN 複合一貫輸送枠組み協定（AFAMT）　171
ASEAN 物品貿易協定（ATIGA）　187

索引

ASEAN 包括的投資協定（ACIA）　170
ASEAN 優先統合分野枠組み協定　184
ASEAN 累積付加価値率（RVC）　188
ASEAN 連結性　205, 206, 218
　──マスタープラン（MPAC）　17, 148, 166, 167, 205
CEPEA　153
CLM　307
EAFTA　153
EAS　151
EMS　266, 271, 273
ERIA（東アジア・アセアン経済研究センター）　234
EU　6
FTA プラス　166
GMS プログラム　208
HLTF-EI　229
IHH ヘルスケア　318
IMV　246, 253, 258, 259, 260, 261, 264
M&A（買収・合併）　315
NAFTA　6
NIES　7
ODM　266, 271, 273
PIS　233
RCEP（東アジア地域包括的経済連携）　18, 97, 153, 155, 156, 157, 171, 177, 341
TPP（環太平洋経済連携協定）　18, 152, 153, 154
TRIM 協定　106
WTO　152, 256
　──の政府調達協定　165

【ア行】

アジア経済危機　16, 146, 337
アシアタ　318
アジア太平洋 FTA（FTAAP）　203
アジア太平洋経済協力（APEC）　145
アジア通貨危機　69, 82, 309
壱番屋　124
一括受諾方式　196
インフォーマル・セクター　34
海の ASEAN　2
エアアジア　318
越境交通協定　216, 217
越境輸送円滑化協定の締結　170
欧州連合（EU）　86
大戸屋ホールディングス（HD）　124
オラム・インターナショナル　318

【カ行】

海外旅行　120
外食産業　299
家電製品　117
雁行形態型発展　7
関税撤廃　165, 169
関税と貿易に関する一般協定（GATT）　178
関税番号変更基準（CTC）　188
管理フロート制　76
危機の「伝染」（contagion）　70
企業債務再構築諮問委員会　71
キャッチアップ型工業化　7
教育産業　292
競争力のある経済地域　165
共通効果特恵関税（CEPT）協定　179
金融監督機関　77
金融機関政策委員会　78
金融再建　70
金融政策委員会　78
金融制度改革　75
金融セクター・マスタープラン　78, 79
金融の自由化と国際化　67
金融包摂　80
国と投資家の紛争解決（ISDS）　170
グローバル金融危機　72, 74
グローバル経済への統合　165
経済回廊　208
経済格差　206
経済統合の発展段階説　164
健康関連サービス　122
原産地規則　154, 173
合計出生率　129, 130, 131, 133
構造調整政策　26, 30
構造転換連鎖　7
高等教育　54
公平な経済発展　165
高齢化　53
国際協力銀行　307
国際収支構造　74
コンビニエンスストア　294

コンビニ大手4社　314

【サ行】

サービス産業　281
サービス貿易　169
　　　　──に関する一般協定（GATS）　178
最恵国待遇（MFN）　178
産業構造の高度化　60
産業集積　277
自己実現的予想　38
自己証明制度　189
指定された越境交通路（TTRs）　208
自動車　117
ジニ係数　57
資本取引　67
自由職業サービスの資格の相互認証取決め　170
集団的外資依存輸出指向工業化戦略　162
集団的輸入代替重化学工業化戦略　162
少子高齢化　126, 132
消費市場　113
消費者対面型　286
消費の質　46
シンガポール・昆明間鉄道リンク計画（SKRL）　170, 209
シングテル　318
シングル・アンダーテイキング　196
シングルウィンドウ化　215
シングルストップ　215
人口オーナス　134
　　　　──期　139
人口ボーナス期　53, 134, 139
親日度　299
静学的効果　178
生産年齢人口　135, 136
　　　　──（15〜64歳）　139
政治安全保障共同体　161, 162
制度的連結性　167
製品アーキテクチャー　277
政府主導型アプローチ　72
世界金融危機　17, 143, 151, 152, 264
世界貿易機関（WTO）　102, 146
設計も含めた受託生産　266
洗濯機　118
相互認証（MRA）　341

【タ行】

対外資産負債残高　74
タイ・プラス・ワン　221, 316
第2 ASEAN協和宣言　147, 16, 143, 146, 148, 257, 338
対ASEAN外交5原則　339
対外債務　70
第三者証明制度　189
タイ資産管理会社　71
大メコン圏経済協力（GMS）プログラム　166
ダブル・ミスマッチ　30
単一海運市場　170
単一航空市場　170
単一の市場と生産基地　83, 165
チェンマイ・イニシアチブ（CMI）　149, 151, 338
チャロン・ポカパン（CP）グループ　320
中間層・富裕層の増加　114
中国・ASEAN包括的経済協力枠組み協定　193
中所得国の罠　46
通過貨物円滑化に関する枠組み協定（AFAFGIT）　214
通貨のダブルミスマッチ　70, 77
転換点　58
電子機器受託生産企業　266
ドイモイ（刷新）　10
動学的効果　178
東西経済回廊　210, 220, 316
投資収支　67
東南アジア司令部　2
東南アジア友好協力条約　14, 144
　　　　──（TAC）　151, 338
特定措置の要求の禁止　170
都市化　110
　　　　──率　111
ドル・ペッグ制　68

【ナ行】

内需型産業　288
習い事　123
南部経済回廊　211, 220, 316
南北経済回廊　211, 220, 316
日中韓のFTA　153

日本ASEAN外相会議　337
日本ASEAN経済相会議　339,340
日本ASEAN合成ゴムフォーラム　336,336
日本ASEAN首脳会議　337,339
日本ASEAN特別首脳会議　338,340
日本ASEAN包括的経済連携協定（AJCEP）　338
日本食人気　124
乳児死亡率　131
農・食・観光産業クラスター　63

【ハ行】
バンコク国際バンキング・ファシリティ　76
晩婚化　137
東アジアASEAN経済研究センター（ERIA）　341
東アジア自由貿易地域（EAFTA）　149
東アジア首脳会議（EAS）　149
東アジアの奇跡　6,82
東アジア包括的経済（CEPEA）　149
非関税障壁の撤廃　165,169
非関税措置　155
非居住者バーツ勘定　76
非製造業　314
人と人の連結性　167
ファーストリテイリング　315
双子の危機　69
物的連結性　167
部分累積　189
ブミプトラ政策　165
フラグメンテーション　277,279
プラザ合意　24,28,82,162,309
フランチャイズ　295
ブランド別自動車部品相互補完流通計画（BBCスキーム）　145,162,180,245,246,254,255,258,260,264
振り返りビジネス　296
不良債権比率　68,71
ペティ＝クラークの法則　23,35
ボーモル病　42
北米自由貿易協定（NAFTA）　86,162
ポスト2015ビジョン　226

【マ行】
マニラ宣言　82
未婚率　138
メガFTA　157
メルコスール　6

【ヤ行】
優先主要措置　168
輸出指向型工業化政策　82
輸出指向型の工業化　15,145
輸入代替型工業化政策　82
輸入代替工業化　15,144
輸入代替政策　309
横展開　301

【ラ行】
ラッフルズ・エデュケーション　318
リーマンショック　103
利益の否認　173
陸のASEAN　2
量的金融緩和政策　74
冷蔵庫　118
歴史的日本機会　29

執筆者紹介 （執筆順）

石川幸一	亜細亜大学アジア研究所所長・教授	はしがき，序章，第8章，終章
朽木昭文	日本大学生物資源科学部教授	はしがき，第2章
清水一史	九州大学大学院経済学研究院教授	はしがき，序章，第7章，第12章，終章
小黒啓一	静岡県立大学名誉教授	第1章
高安健一	獨協大学経済学部教授	第3章
助川成也	日本貿易振興機構（ジェトロ）海外地域戦略主幹（ASEAN）	第4章，第9章
牛山隆一	日本経済研究センター主任研究員	第5章，第15章
可部繁三郎	日本経済新聞社 NAR 編集部シニアエディター （前日本経済研究センター主任研究員）	第6章
春日尚雄	福井県立大学地域経済研究所教授	第10章，第13章
福永佳史	経済産業研究所コンサルティングフェロー （前・東アジア・アセアン経済研究センター（ERIA）上級政策調整官）	第11章
北川浩伸	日本貿易振興機構（ジェトロ）総務部総務課長兼サービス産業部主査	第14章

編著者紹介

石川　幸一（いしかわ　こういち）
　1949 年生まれ。東京外国語大学外国語学科卒業。ジェトロ国際経済課長，国際貿易投資研究所研究主幹等を経て，現在，亜細亜大学アジア研究所所長・教授。国際貿易投資研究所客員研究員。主要著書に，『ASEAN 経済共同体』（共編著，ジェトロ，2009 年），『ASEAN 経済共同体と日本』（共編著，文眞堂，2013 年），『TPP 交渉の論点と日本』（共編著，文眞堂，2014 年）など多数。

朽木　昭文（くちき　あきふみ）
　1949 年生まれ。京都大学農学部卒業。ジェトロ・アジア経済研究所入所後，ペンシルバニア大学・客員研究員，国際協力機構（旧海外経済協力基金）経済部参事，世界銀行・上級副総裁室・上級エコノミスト，ジェトロ理事を経て，現在，日本大学・生物資源科学部・教授。主要著書に，『貧困削減と世界銀行』ジェトロ・アジア経済研究所（2004 年），『アジア産業クラスター論：フローチャート・アプローチ』書籍工房早山（2007 年），『日本の再生はアジアから始まる』農林統計協会（2012 年）など多数。

清水　一史（しみず　かずし）
　1962 年生まれ。北海道大学大学院経済学研究科博士課程修了。博士（経済学）。現在，九州大学大学院経済学研究院・教授。国際貿易投資研究所客員研究員。主要著書に，『ASEAN 域内経済協力の政治経済学』（ミネルヴァ書房，1998 年），『ASEAN 経済共同体』（共編著，ジェトロ，2009 年），『東南アジア現代政治入門』（共編著，ミネルヴァ書房，2011 年），『ASEAN 経済共同体と日本』（共編著，文眞堂，2013 年）など多数。

現代 ASEAN 経済論

2015 年 9 月 15 日　第 1 版第 1 刷発行　　　　　　　　　　検印省略

編著者	石　川　幸　一	
	朽　木　昭　文	
	清　水　一　史	
発行者	前　野　　　隆	

東京都新宿区早稲田鶴巻町 533

発行所　株式会社　文眞堂
電話 03（3202）8480
FAX 03（3203）2638
http://www.bunshin-do.co.jp
郵便番号 162-0041　振替 00120-2-96437

製作・モリモト印刷
© 2015
定価はカバー裏に表示してあります
ISBN978-4-8309-4875-6　C3033

【好評既刊】

ASEAN経済共同体の実像と将来。
ASEAN大市場(メガ)統合と日本 TPP時代を日本企業が生き抜くには
深沢淳一・助川成也 著
ISBN978-4-8309-4838-1／C3033／A5判／292頁／定価2200円＋税

2000年代，日本，中国，韓国，そしてインド，豪NZがASEANを巡りFTAの主導権争いが展開された。通商環境が激変する中，日本企業は東アジア戦略の舵をどう切り，今後どう展開していくべきなのかを分析。ASEAN経済共同体（AEC）の死角から東アジア大統合の展望まで全てわかる。ビジネス関係者，学生，研究者から政府関係者まで必読の１冊。

ASEAN経済理解のための必読書。
ASEAN経済統合の実態
浦田秀次郎・牛山隆一・可部繁三郎 編著
ISBN978-4-8309-4868-8／C3033／A5判／236頁／定価2750円＋税

日本企業の事業展開先として注目されるASEAN。2015年末の経済共同体（AEC）創設により，その存在感は一段と高まる見通しだ。本書は，AEC構築を控えたASEAN経済が実際にはどれほど統合度を高めているのか，様々な統計や事例をもとに貿易，投資，企業・人の動きなど多角的に検証したものである。

東南アジアのエネルギーの最新情報満載！
東南アジアのエネルギー 発展するアジアの課題
武石礼司 著
ISBN978-4-8309-4825-1／C3033／A5判／174頁／定価2000円＋税

好調な経済の下，発展を遂げてきた東南アジアの10カ国は，アセアンを形成して域内協力を深めており，日本にとって，ますます重要な国々となっている。アセアン10カ国は，歴史，人口，気候，宗教，資源，産業も大きく異なり，エネルギー需給への取り組みと政策も実に多様である。最新の現地情報を盛り込み，アセアンの現状と今後を解説する。

2015年，世界の成長センターASEANが巨大統合市場に！
ASEAN経済共同体と日本 巨大統合市場の誕生
石川幸一・清水一史・助川成也 編著
ISBN978-4-8309-4778-0／C3033／A5判／238頁／定価2600円＋税

2015年，ASEAN経済共同体（AEC）が創設される。完成すれば中国やインドにも対抗する経済圏となり，日本と日本企業にとっても最重要の地域となる。日本とASEANとの関係は40年を迎え，ASEANとの経済関係を戦略的に見直す時期に来ている。各分野の専門家が統合への進展状況，課題，実現への展望などを検討，2015年末のASEANの姿を描く。

201X年，日本の投資はどこへ向かうのか？
ASEANシフトが進む日系企業 統合一体化するメコン地域

春日尚雄 著

ISBN978-4-8309-4772-8／C3033／A5判／212頁／定価2400円＋税

近年の状況を見ると，海外進出企業は集中のメリットを優先し，リスク分散をはかる必要を軽んじていた感がある。日本企業はASEANとりわけメコン地域への投資の比重を増やす行動が起きつつある。本書では一大経済圏となりつつあるGMS（拡大メコン経済圏）で，日系グローバル企業を中心に産業の集積と分散がどのように起きているかを論じている。

メガFTA，今後の展望をも図る最新版！
メガFTA時代の新通商戦略 現状と課題

石川幸一・馬田啓一・髙橋俊樹 編著

ISBN978-4-8309-4870-1／C3033／A5判／276頁／定価2900円＋税

メガFTA時代に日本企業の強みをどう活かしていくか。本書は，メガFTAによって変容する通商秩序の行方を見据えながら，グローバル化するサプライチェーンの実態と，東アジアのFTAが日本の経済と企業に与える影響を検証しつつ，メガFTA時代の新たな通商戦略の現状と課題を様々な視点から考察。今後の展望をも図る最新版。

持続的発展の為の実態分析，政策提言を試む！
東アジア経済と労働移動

トラン・ヴァン・トウ／松本邦愛／ド・マン・ホーン 編著

ISBN978-4-8309-4867-1／C3033／A5判／278頁／定価3000円＋税

東アジアで国際間労働移動が活発化している。しかし，その実態を把握した研究は少なく，ましてや国内の労働移動との関係を分析した研究はない。本書は日本，韓国，台湾から中国，タイ，マレーシア，インドネシア，フィリピン，ベトナム，ミャンマー等，国内と国際間の労働移動，送出国と受入国の実態を分析し，持続的発展の為の政策提言を行う。

今後の通商秩序を展望。FTA分析の最新版！
FTA戦略の潮流 課題と展望

石川幸一・馬田啓一・国際貿易投資研究会 編著

ISBN978-4-8309-4858-9／C3033／A5判／234頁／定価2650円＋税

ドーハ・ラウンドの停滞によって，メガFTA締結が今や世界の潮流となった。新たな通商ルールづくりの主役はWTOでなく，TPP，RCEP，日EU・FTA，日中韓FTA，TTIPなどのメガFTAである。本書は，メガFTA交渉と主要国のFTA戦略の現状と課題を検証し，今後の通商秩序を展望。FTA分析の最新版。

焦眉の諸問題現状と課題を学際的に考察。

国際関係の論点 グローバル・ガバナンスの視点から

馬田啓一・小野田欣也・西 孝 編著

ISBN978-4-8309-4857-2／C3033／A5判／220頁／定価2800円＋税

大きく変容する戦後の国際秩序，その先行きには暗雲が漂う。一国の統治だけでは解決できない多くの厄介な問題に直面する世界。利害の対立で綻びが目立つ国際協調の枠組み。グローバル・ガバナンスの意義が問われている。焦眉の国際関係の諸問題にどう対応していくべきか，現状と課題を学際的に考察。

現場現実を驚嘆すべき精密さ正確さで活写！

トヨタの新興国車 IMV そのイノベーション戦略と組織

野村俊郎 著

ISBN978-4-8309-4847-3／C3034／A5判／218頁／定価2600円＋税

年間販売100万台を超え，カローラと並ぶ最量販車である新興国車 IMV。販売でも利益でも，新興国で大きな成功を収めている成功要因は，製品開発，製造，調達など多岐に亘るイノベーションにある。製品開発組織Zの現場から新興11カ国12工場の現場まで，様々な現場の人々をインタビューし，驚くべき正確さでそのイノベーションの全貌に迫る。

難航するTPP交渉の背景と争点を検証。

TPP交渉の論点と日本 国益をめぐる攻防

石川幸一・馬田啓一・渡邊頼純 編著

ISBN978-4-8309-4823-7／C3033／A5判／256頁／定価2300円＋税

年内妥結かそれとも漂流か。正念場を迎えた TPP 交渉。日米をはじめ交渉参加12カ国はセンシティブな問題をめぐり激しく対立。関税撤廃，知的財産権，国有企業規律，投資（ISDS条項），環境など難航する交渉分野の主な争点は何か。合意への道筋をどう付けるのか。本書は，TPP の背景と交渉分野における主要な論点を取り上げ，攻めと守りの TPP 交渉を検証。

日本の通商戦略論の最新版！

通商戦略の論点 世界貿易の潮流を読む

馬田啓一・木村福成 編著

ISBN978-4-8309-4822-0／C3033／A5判／232頁／定価2600円＋税

世界貿易の潮流に大きな変化が生じるなか，日本の通商戦略も大きな転機を迎えている。日本経済再生のカギを握る新通商戦略が目指すべきものとは。アジア太平洋の新通商秩序，新たな通商立国の条件，次世代型の通商課題など，日本が直面する目下焦眉の通商上の問題を様々な視点から取り上げ，その現状と課題を鋭く考察。